Fernando De Filippis

Währungsrisikomanagement in kleinen und mittleren Unternehmen

GABLER RESEARCH

Fernando De Filippis

Währungsrisikomanagement in kleinen und mittleren Unternehmen

Mit einem Geleitwort von
Univ.-Prof. Dr. Matija Mayer-Fiedrich

GABLER

RESEARCH

Bibliografische Information der Deutschen Nationalbibliothek
Die Deutsche Nationalbibliothek verzeichnet diese Publikation in der
Deutschen Nationalbibliografie; detaillierte bibliografische Daten sind im Internet über
<http://dnb.d-nb.de> abrufbar.

Dissertation Helmut-Schmidt-Universität Hamburg, 2010

Gedruckt mit Unterstützung der Helmut-Schmidt-Universität, Universität der Bundeswehr
Hamburg, sowie der Gesellschaft der Freunde und Förderer der Helmut-Schmidt-Universität,
Universität der Bundeswehr Hamburg e.V.

1. Auflage 2011

Alle Rechte vorbehalten
© Gabler Verlag | Springer Fachmedien Wiesbaden GmbH 2011

Lektorat: Stefanie Brich | Anita Wilke

Gabler Verlag ist eine Marke von Springer Fachmedien.
Springer Fachmedien ist Teil der Fachverlagsgruppe Springer Science+Business Media.
www.gabler.de

Umschlaggestaltung: KünkelLopka Medienentwicklung, Heidelberg
Gedruckt auf säurefreiem und chlorfrei gebleichtem Papier
Printed in Germany

ISBN 978-3-8349-2544-2

Geleitwort

Die Globalisierung der Wirtschaft ist heute allgegenwärtig. Gegenstand des internationalen Finanzmanagements sind vorrangig multinationale Unternehmen. Doch auch kleine und mittlere Unternehmen (KMU) müssen sich mit Währungsrisiken auseinandersetzen, gerade im rohstoffarmen und exportabhängigen Deutschland. Ansätze zum Management dieser spezifischen Risiken lassen sich jedoch nicht ohne weiteres von großen Unternehmen auf KMU übertragen. Herr De Filippis widmet sich in der vorliegenden wissenschaftlichen Arbeit dieser Problematik. Er setzt sich mit der Identifikation und Quantifizierung von Währungsrisiken auseinander und diskutiert deren Bedeutung und Managementansätze speziell für KMU. Basierend auf einer ausgewogenen Definition und Darlegung der Merkmale kleiner und mittlerer Unternehmen erfolgt eine sinnvolle Abgrenzung des Untersuchungsgegenstandes KMU.

Der Kernbereich der theoretischen Abhandlung beinhaltet in fundierter und wissenschaftlich aktueller Weise Alternativen der Risikomodellierung und die damit verbundene Quantifizierung von Währungsrisiken. Erwähnenswert ist, dass für jedes Modell der jeweils notwendige Dateninput und dessen Einfluss auf das zu erwartende Ergebnis dargestellt sind. Eine besondere Transferleistung des Verfassers findet sich in einer ausführlichen, argumentativ logischen Übertragung der gewonnenen allgemeinen Erkenntnisse auf den Untersuchungsgegenstand KMU. Herr De Filippis legt nachvollziehbar und fundiert dar, die Währungsrisikopositionen mithilfe der vorgestellten Verfahren zu aggregieren und en bloc abzusichern. Abschließend ermahnt er KMU zum frühzeitigen Währungsrisikomanagement und leitet theoretisch fundiert und praktisch brauchbare Implikationen ab.

Die Lektüre empfiehlt sich nicht nur für wissenschaftlich Interessierte und Studierende in Vertiefungsstudiengängen, sondern gibt auch praxisorientierten Nachwuchskräften ein fundiertes und brauchbares Rüstzeug an die Hand, um im globalen Wettbewerb nicht an Währungsrisiken zu scheitern.

Univ.-Prof. Dr. Matija Mayer-Fiedrich

Danksagung

Die vorliegende Arbeit entstand während meiner Zeit als wissenschaftlicher Mitarbeiter am Lehrstuhl für ABWL und Internationale Finanzierung an der Helmut-Schmidt-Universität, Universität der Bundeswehr Hamburg. Ich möchte mich an dieser Stelle ganz herzlich bei Frau Prof. Dr. Matija D. Mayer-Fiedrich für die engagierte und aufmunternde Betreuung meiner Dissertation sowie die stets lehrreichen, spannenden und angenehmen Jahre am Lehrstuhl bedanken. Danken möchte ich ebenso Herrn Prof. Dr. Stefan Müller für die Betreuung als Zweitgutachter und Herrn Prof. Dr. Ullrich Tüshaus für sein Mitwirken im Promotionsausschuss. Sie haben mit ihren kritischen und hilfreichen Hinweisen zum Gelingen der Dissertation beigetragen.

Darüber hinaus gilt mein Dank meinen Kollegen und ehemaligen Kollegen für die äußerst angenehme und freundschaftliche Zusammenarbeit der letzten Jahre. Für zahlreiche kritische Diskussionen bzw. das hartnäckige und zeitintensive Ausmerzen orthografischer und stilistischer Fehler möchte ich Olaf Schnier, Sascha Otto, Daniel Kolbow, Peter Wiencke, Tobias Grahlmann, Nico Lehmann, Björn Döring, Nils Brandt und Monica De Filippis, für ihre Hilfe in Literaturfragen Frau Anneliese Ianigro und für die erfrischenden und belebenden Pausen „der Mittagsrunde" danken.

Der erfolgreiche Abschluss meiner Promotion wäre ohne den großartigen Rückhalt, den ich durch meine Familie erfahren habe, nie möglich gewesen. Von ganzem Herzen möchte ich mich daher bei meiner Frau Jacqueline für die selbstlose Unterstützung und die tiefe Freude, die sie und mein Sohn Ennio mir jeden Tag schenken, sowie bei meinen Eltern und meinen Schwestern für die langjährige Unterstützung, Prägung und den familiären Rückhalt bedanken. Ihnen ist diese Arbeit gewidmet.

Fernando De Filippis

Inhaltsverzeichnis

Abbildungsverzeichnis

Tabellenverzeichnis

Abkürzungsverzeichnis

G	GBP	Great Britain Pound
	GE	Geldeinheit
	GmbHG	Gesetz über die GmbH
	GoB	Grundsätze ordnungsmäßiger Buchführung
	GOVA	Gegenwartsorientierte Verlaufsanpassung
H	HGB	Handelsgesetzbuch
I	IASB	International Accounting Standards Board
	IBRD	International Bank for Reconstruction and Development
	IfM	Institut für Mittelstandsforschung
	IMF	International Monetary Fund
	IMM	International Monetary Market
	IWF	Internationaler Währungsfonds
J	JAE	Jahresarbeitseinheiten
	JPY	Japanischer Yen
K	KKP	Kaufkraftparität
	KapCoRiLiG	Kapitalgesellschaften- und Co-Richtliniengesetz
	KMU	Kleine und mittlere Unternehmen
	KNN	Künstliche neuronale Netze
	KonTraG	Gesetz zur Kontrolle und Transparenz im Unternehmensbereich
	KRK	Konzept der Rückwärtskumulation
M	M	Mark
	MaRisk	Mindestanforderung an das Risikomanagement
O	OTC	Over the Counter
P	PHLX	Philadelphia Stock Exchange
R	RM	Reichsmark
S	Skr	Schwedische Kronen
	SMB	Small and medium-sized businesses
	SME	Small and medium-sized enterprises
	SPMM	Sticky-price monetary model
	SV	Shareholder-Value
U	US	United States (of America)
	USD	US-Dollar
V	VaR	Value at Risk
	VKM	Varianz-Kovarianz-Modell
W	WAEMU	West African Economic and Monetary Union
	WKM	Europäischer Wechselkursmechanismus
Z	zł	Polnischer Złoty

Symbolverzeichnis

α Konfidenzniveau
γ Schiefe
κ Kurtosis
μ Erwartungswert
ρ Risikomessfunktion/Risikomaß
σ Standardabweichung
σ^2 Varianz

Σ Ereignisalgebra
Ω Ergebnismenge

c Konstante
p Wahrscheinlichkeit
q Quantil
r Gesamtertrag
w Wert

C Cashflow
$D(x)$ Verteilungsfunktion
$D^{-1}(x)$ Quantilsfunktion
F Nominaler Terminkurs
H Haltedauer
I Investitionen
L Lag
Q Menge
S Nominaler Kassakurs (Mengennotierung)
$\check{S}$ Nominaler Kassakurs (Preisnotierung)
K Zustände
P Preis im Heimatwährungsgebiet
P^* Preis im Fremdwährungsgebiet
$P(x)$ Dichtefunktion
R Realer Wechselkurs
T Steuern
V Verlusthöhe
W Währungsrisikoposition
X Zufallsvariable
Y Zufallsvariable

1. Einleitung

„Für kleine und mittlere Unternehmen nimmt die Bedeutung des Außenhandels rapide zu. Es wird erwartet, dass sich in den nächsten Jahren der Anteil des Auslandsgeschäfts am Gesamtumsatz bei mittelständischen Firmen fast verdoppeln wird."[1] Diese Stellungnahme des Bundesministeriums für Wirtschaft und Technologie verdeutlicht die erwarteten Auswirkungen, die der internationale Wettbewerb angesichts der fortschreitenden Globalisierung auf kleine und mittlere Unternehmen (KMU) haben wird. Obwohl große multinationale Unternehmen mit Tochterunternehmen in verschiedenen Teilen der Erde im Mittelpunkt des Prozesses stehen, können sich auch deutsche Mittelständler nicht von den Folgen der Globalisierung abkoppeln.[2] Mit dem weltweiten Anstieg des Außenhandels treten auf lokalen Märkten vermehrt Konkurrenten aus dem Ausland auf, gegen die es sich zusätzlich zu behaupten gilt.

Auf der anderen Seite begreifen KMU die Globalisierung auch als Chance, international neue Absatz- und Einkaufsmärkte zu erschließen. Bereits 2004 waren rund 98 % aller deutschen Exporteure KMU, die zusammen rund 21 % der deutschen Exportumsätze erwirtschafteten.[3] Die Mehrheit des Exportvolumens betrifft den Handel mit Ländern außerhalb des Euroraums, so dass mit wachsendem Außenhandel auch der Kontakt mit fremden Währungen in Form höherer Fremdwährungsumsätze zunimmt. Entschließen sich KMU nicht nur für die Internationalisierungsformen Export und Import, sondern für die Gründung eines Tochterunternehmens im Ausland, führt dies neben Fremdwährungscashflows auch zu größeren Anlagevermögen in Fremdwährung.

1.1. Problemstellung und Ziel der Untersuchung

Seit den siebziger Jahren herrschen auf den weltweiten Devisenmärkten ununterbrochen Wechselkursschwankungen. Betroffen sind alle Devisenkurse der im Welthandel wichtigen Währungen wie US-Dollar, Japanischer Yen, Britisches Pfund oder Schweizer Franken zum Euro und damit nahezu alle deutschen Unternehmen, die über Währungsgrenzen hinweg handeln. Schwankungen, die Ausprägungen von durchschnittlich 9 % innerhalb eines Jahres oder 4 % innerhalb dreier Monate[4] annehmen, können die wirtschaftliche Lage dieser Unternehmen entscheidend prägen – sowohl zum Positiven als auch zum Negativen.

---

[1] BMWi 2008.
[2] Vgl. KfW 2006, S. 1.
[3] Vgl. Wallau 2006, S. 22.
[4] Es handelt sich hierbei um den US-$/€-Wechselkurs von 1990 bis 2004. Vgl. Rehkugler und Schindel 2004, S. 345.

Während ungeplante Währungsgewinne als willkommener zusätzlicher Cash-flow selten Probleme hervorrufen, stellen unerwartete Währungsverluste eine Gefahr für das Jahresergebnis und wiederkehrend auch für den Fortbestand des Unternehmens dar.

In großen multinationalen Unternehmen ist das Management dieser Währungs-risiken durch mehrere spezialisierte Mitarbeiter in einem eigenen Bereich in-nerhalb der Treasury üblich.[5] Im Kontrast dazu beschränkt sich die Verantwor-tung und Durchführung finanzieller Überwachungs- und Absicherungsgeschäfte bei KMU meist auf wenige Mitarbeiter oder nur den Eigentümer.[6] So urteilt EILENBERGER über ein Währungsmanagement bei KMU wie folgt: *„Erhebliche Schwierigkeiten für das Währungsmanagement ergeben sich naturgemäß für kleine und mittlere Unternehmungen, die bereits häufig mit der Wahrnehmung eines effektiven Finanzmanagements im Inland überfordert sind und mit der Währungssicherung zusätzliche Aufgabengebiete zu bewältigen haben, denen ihre Qualifikationen und ihr unternehmerisches Leistungspotential nicht mehr gerecht werden können."*[7]

Die vorliegende Arbeit setzt sich mit diesen Problemen auseinander, indem sie die Thematik des Währungsrisikomanagements – die bislang nahezu aus-schließlich von der Unternehmensgröße unabhängig erfolgte[8] – mit dem Unter-suchungsgebiet der KMU verknüpft. Das Ziel der Untersuchung besteht in der Klassifizierung entsprechender Risiken und ihrer Auswirkungen sowie in der Dar-legung KMU-gerechter Wege der Modellierung, Messung und des Managements. Im Laufe der Arbeit werden auch die Fragen behandelt, inwiefern und weshalb sich das Währungsrisikomanagement von KMU von dem großer Unternehmen unterscheidet und wie KMU angemessen und mit vertretbarem Aufwand die beschriebenen Gefahren vom Unternehmen abwenden können.

1.2. Gang der Untersuchung

Zur Klärung der Fragestellung wurde die vorliegende Arbeit in sechs Teile ge-gliedert (Abb. 1.1). Im Anschluss an diese einleitenden Ausführungen setzt sich das *zweite Kapitel* mit dem Untersuchungsobjekt der Ausarbeitung auseinander: kleinen und mittleren Unternehmen. Auf Grundlage einer quantitativen Definiti-on erfolgt eine erste Abgrenzung zu großen Unternehmen. Dabei zeigt sich, dass

---

[5]   Vgl. Bloss u. a. 2009, S. 27 ff.
[6]   S. Bloss u. a. 2009, S. 12 ff.; Eilenberger 2004, S. 77.
[7]   Eilenberger 2004, S. 78.
[8]   S. Sercu 2009; Shapiro und Sarin 2009; Stocker 2006; Küpper 2005; Eilenberger 2004; Henk 2003; Brunner 2003; Jokisch und Mayer 2002; Priermeier und Stelzer 2001; Breuer 2000.

Abbildung 1.1.: Gang der Untersuchung

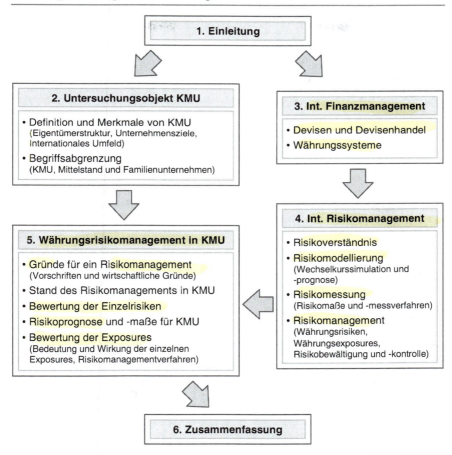

Quelle: eigene Abb.

eine rein quantitative Darstellung für eine angemessene Untersuchung des Währungsrisikomanagements im Zusammenhang mit KMU nicht ausreicht und eine ergänzende Beschreibung mittels qualitativer Definitionen benötigt wird. Um die unterschiedlichen Rahmenbedingungen für das Währungsrisikomanagement bei großen Unternehmen auf der einen Seite und KMU auf der anderen Seite ausarbeiten zu können, erfolgt eine Untersuchung der Eigentümerstruktur und der unternehmerischen Zielsetzung. Die anschließende Auseinandersetzung mit dem internationalen Umfeld deutscher Unternehmen erforscht die Bedeutung des internationalen Handels für KMU. Neben der quantitativen und qualitativen Definition des KMU-Begriffs widmet sich ein dritter Abschnitt der inhaltlichen Abgrenzung von ähnlichen Begriffen.

Das *dritte Kapitel* schafft die Grundlage für eine ausführliche Auseinandersetzung mit der Thematik des *Internationalen Finanzmanagements*. Gegenstand des ersten Abschnitts ist die Untersuchung verschiedener Devisenkurse und Möglichkeiten ihrer Darstellung. Der anschließende Abschnitt beschäftigt sich mit dem Devisenhandel und seiner jüngsten Entwicklung, bei der auch der Devisenmarktzugang durch KMU thematisiert wird. Den Abschluss bilden zwei Abschnitte über die weltweit bestehenden Währungssysteme. Der erste Teil beleuchtet die Merkmale der einzelnen Systeme, während der zweite Abschnitt den historischen Verlauf mit mehrfachen Systemwechseln und ihren Auswirkungen auf Devisenkurse abbildet. Diese machen deutlich, welchen Gefahren sich KMU im internationalen Handel ausgesetzt sehen.

Vor dem Hintergrund dieser Bedrohung befasst sich das anschließende *vierte Kapitel* mit dem *Internationalen Risikomanagement*. Es beginnt mit einer Diskussion verschiedener Risiko-Definitionsansätze, die sich aus der „intuitiv" negativen Bewertung auf der einen Seite und der mathematisch, statistischen Auffassung auf der anderen Seite ergeben. In die Darstellung fließen auch Unterschiede und Zusammenhänge zwischen Risiko und weiteren entscheidungstheoretischen Begriffen ein. Anschließend erfolgt der Einstieg in die drei Phasen einer betriebswirtschaftlichen Auseinandersetzung mit internationalen finanzwirtschaftlichen Risiken:

- Die Risikomodellierung vollführt mittels einer Auswahl von Verfahren und Prognosen den Übergang einer ungewissen in eine modellierte Zukunft. Beginnend mit der Random-Walk-Theorie – einem rein zufallsgesteuerten naivem Modell – stehen Modelle der Fundamentalanalyse, der Technischen Analyse und neuerer Verfahren im Blickpunkt dieses Abschnitts.

- Der zweite Abschnitt befasst sich mit der Risikomessung und beginnt mit einer Diskussion über Merkmale eines sinnvollen Risikomaßes. Anschließend wird die Entwicklung der Risikobemessung am Beispiel bekannter Maße aufgezeigt. Unter Berücksichtigung der Risikodefinition liegt der Fokus auf einseitigen Risikomaßen, mithilfe derer die Gefahr von Währungsverlusten gesondert von potentiellen positiven Auswirkungen quantifiziert werden kann.

- Den dritten und letzten Schritt bildet das Risikomanagement mit seinen Komponenten Risikobewältigung und -kontrolle. Zuvor untersucht dieser Abschnitt die Risikoklassen, mit denen sich das Währungsrisikomanagement auseinandersetzt, sowie die Art, in der sich diese Risiken auf das Unternehmen auswirken. Letzteres erfolgt über Exposurekonzepte, die im späteren Verlauf zentraler Bestandteil der Sicherungsstrategien sind.

Das *fünfte Kapitel* lenkt die Thematik zurück auf das Untersuchungsobjekt, indem es die Erkenntnisse aus dem Internationalen Risikomanagement mit den Eigenschaften kleiner und mittlerer Unternehmen verknüpft. Zunächst befasst es sich mit der potentiellen Notwendigkeit zum Währungsrisikomanagement durch gesetzliche Vorschriften, bevor es betriebswirtschaftliche Gründe für eine Begrenzung des Wechselkursrisikos untersucht. Diese gesetzlichen und wirtschaftlichen Anreize werden anschließend mit empirischen Befunden über den Stand des Risikomanagements bei KMU verglichen, um potentielle Defizite zu identifizieren.

Im zweiten Abschnitt erfolgt eine Bewertung der zuvor eingeführten Währungsrisikoklassen in Verbindung mit KMU-geeigneten Absicherungsmaßnahmen. Während für einige der beschriebenen Gefahren leicht anzuwendende Absicherungsinstrumente, wie z. B. Versicherungen, angeboten werden, erfordert das Management von Wechselkursrisiken eine differenzierte Analyse der bestehenden Exposures. Zunächst untersucht die vorliegende Arbeit jedoch die Anforderungen an eine geeignete Gestaltung von Währungsrisikomodellierung und -messung in KMU. Während bei Ersterem die Frage nach geeigneten Devisenkursprognosen im Mittelpunkt steht, untersucht letzteres ressourcenarme Verfahren zur Risikomessung.

Mit diesem Rüstzeug für ein angemessenes Risikomanagement nimmt sich der letzte Abschnitt der Auswirkungen der zuvor beschriebenen Exposurekonzepte auf kleine und mittlere Unternehmen an. Die Untersuchung befasst sich zunächst mit den Exposures direkter Wechselkursrisikoauswirkungen und geht im letzten Abschnitt auf die Auswirkungen der indirekten Wechselkursrisiken ein. Bestandteil der Untersuchung ist neben der Darstellung potentieller Gefahren die Gestaltung eines geeigneten Wechselkursrisikomanagements für KMUs.

2. KMU als Untersuchungsobjekt

Die Untersuchung des Währungsrisikomanagements findet in der vorliegenden Arbeit in Abhängigkeit von der Unternehmensgröße statt. Im Mittelpunkt stehen Unternehmen geringer und mittlerer Größe, die in Deutschland auch unter der Bezeichnung *Mittelstand* bekannt sind. International ist die Bezeichnung *kleine und mittlere Unternehmen (KMU)*[1] sowie der Begriff *Familienunternehmen* geläufig. Obwohl alle drei Begriffe auch synonym verwendet werden[2], sind in der Fachliteratur unterschiedliche Definitionen vorzufinden – sowohl in der Abgrenzung der drei Bezeichnungen zueinander und zu großen Unternehmen als auch in der Definition jedes einzelnen Begriffs.[3] Eine grobe Strukturierung ermöglicht die Einordnung in eine von zwei Definitionstypen: Während *quantitative Definitionen* Unternehmen aufgrund mess- und zählbarer Größen unterscheiden, nutzen *qualitative Definitionen* weichere Unterscheidungsmerkmale, die insbesondere die Wesensverschiedenheiten der Unternehmen erfassen.[4] Jede der beiden Kategorien weist eigene Vorteile auf, so dass einige Autoren bereits früh Bestandteile beider Kategorien miteinander kombinierten[5] – ein Vorgehen, dem auch die vorliegenden Arbeit folgt.

2.1. Quantitative Kriterien der KMU-Definition

Die Kommission der Europäischen Gemeinschaft (EG) arbeitete erstmals 1996 eine Empfehlung zur Definition kleiner und mittlerer Unternehmen aus. Am 6. Mai 2003 wurde diese Empfehlung unter der Kennung 2003/361/EG überarbeitet und seit dem 1. Januar 2005 durch eine neue Fassung ersetzt.[6] Sie trägt durch eine Erhöhung der Grenzwerte vor allem der volkswirtschaftlichen Entwicklung im europäischen Raum Rechnung. Zudem unterscheidet die überarbeitete Fassung im unteren Bereich nun zwischen *kleinen Unternehmen* und *Kleinstunternehmen* (micro enterprises). Die Kommission der Europäischen Gemeinschaft greift mit dieser Aufteilung eine Definition des Europäischen Statistischen Amtes „Eurostat" auf.[7] Die Nutzung der Definition ist für die Mitgliedsstaaten der Europäischen Gemeinschaft nicht vorgeschrieben. Die Europäische Kommission legt zusammen mit der „Europäischen Investmentbank" (EIB) und dem

---

[1] Als englische Bezeichnung hat sich *small and medium-sized enterprises* (SME) etabliert. Vgl. EC-Commission 2003.
[2] Vgl. Kayser 2006, S. 35 f.
[3] S. Viehoff 1978.
[4] Vgl. Behringer 2004, S. 6.
[5] Vgl. Hruschka 1976, S. 4. f.; Naujoks 1975, S. 12 ff.
[6] Vgl. EC-Commission 1996; EG-Kommission 2003.
[7] Vgl. Brockmann 2005, S. 40.

Tabelle 2.1.: KMU-Definition der EG seit dem 1. Januar 2005

Unternehmenskategorie	*Mitarbeiter*	*Jahresumsatz*	*Jahresbilanzsumme*
	JAE	*Mio. €*	*Mio. €*
großes Unternehmen	≥ 250	> 50 (1996: 40)	> 43 (1996: 27)
mittleres Unternehmen	< 250	≤ 50 (1996: 40)	≤ 43 (1996: 27)
kleines Unternehmen	< 50	≤ 10 (1996: 7)	≤ 10 (1996: 5)
Kleinstunternehmen	< 10	≤ 2 (1996: −)	≤ 2 (1996: −)

Quelle: EG-Kommission 2003

„Europäischen Investitionsfonds" (EIF) die Nutzung aber nahe. Ziel der Empfehlung ist die Vereinheitlichung der Definitionen in allen EU-Mitgliedsländern, um die Förderung der Unternehmen auf nationaler und gemeinschaftlicher Ebene anzugleichen und Wettbewerbsverzerrungen zu verhindern.[8]

Tabelle 2.1 zeigt die Unterteilung der Unternehmen[9] in Größenkategorien nach den von der EG-Kommission vorgeschlagenen quantitativen Kriterien. Die Vergleichsdaten sind dabei dem letzten Jahresabschluss zu entnehmen. Hauptkriterium der Größeneinteilung ist die Anzahl der Mitarbeiter in Jahresarbeitseinheiten (JAE).[10] Ergänzt wird das Kriterium der Mitarbeiterzahl in der zweiten Fassung durch zwei finanzielle Kriterien, von denen eines die angegebenen Schwellenwerte übersteigen darf: Jahresumsatz und Jahresbilanzsumme. Zusammen umfassen die drei Größenkategorien „mittleres Unternehmen", „kleines Unternehmen" und „Kleinstunternehmen" ungefähr 23 Millionen Betriebe und 75 Millionen Arbeitsplätze, was einem Anteil von ca. 99 % aller Unternehmen der EU-Staaten entspricht.[11]

Sofern ein Unternehmen nicht autonom ist, sind zur Ermittlung der Unternehmensgröße die Daten des Unternehmens zuzüglich der anteiligen Kennzahlen aller Partnerunternehmen und der Kennzahlen des Unternehmensverbundes in voller Höhe heranzuziehen. Berücksichtigung finden auch Partnerunternehmen, die an einem beliebigen Unternehmen des Verbundes beteiligt sind. Eine Unterscheidung in eine der genannten drei Unternehmensarten geschieht durch die Überprüfung der in Tabelle 2.2 aufgeführten Bedingungen. Besitzt ein Unter-

---

[8] Vgl. EC-Commission 2005, S. 6.
[9] Als Unternehmen gelten rechtsformunabhängige Einheiten, die eine wirtschaftliche Tätigkeit ausüben.
[10] Auszubildende werden nicht berücksichtigt. Beschäftigte, die nicht das ganze Jahr tätig waren oder in Teilzeit arbeiten, sind anteilig hinzu zu zählen.
[11] Vgl. EC-Commission 2005, S. 5.

Tabelle 2.2.: Kriterien der EG zur Unterscheidung der Unternehmensart

Unternehmensart	Besitzanteil an einem weiteren Unternehmen	In Besitz eines Unternehmens, zu einem Anteil von	Teil einer konsolidierten Bilanz
	%	%	
autonomes Unternehmen	< 25	< 25	nein
Partnerunternehmen	≥ 25 und < 50	≥ 25 und < 50	nein
Unternehmensverbund	≥ 50	≥ 50	ja

Quelle: EC-Commission 2003

nehmen einen Anteil von 25 % oder mehr eines weiteren Unternehmens oder ist selbst zu mindestens 25 % in Besitz eines autonomen Unternehmens, eines Unternehmensverbundes, des Staates oder einer Körperschaft des öffentlichen Rechts[12], wird es nicht als autonomes Unternehmen angesehen. Relevant sind sowohl Kapitalanteile als auch Stimmrechte. Weiterhin darf das Unternehmen keine konsolidierte Bilanz aufstellen oder Teil einer konsolidierten Bilanz sein. Ob es sich bei einem Unternehmen um ein Partnerunternehmen oder einen Unternehmensverbund handelt, ergibt sich aus der Höhe der Beteiligungsanteile und dem Vorhandensein bzw. Fehlen einer konsolidierten Bilanz.

Ein Vergleich der EU-Definition mit dem Handelsgesetzbuch (HGB)[13] zeigt eine grobe Übereinstimmung. Die Unterscheidung von Kapitalgesellschaften in Größenklassen wird durch die quantitativen Kriterien Arbeitnehmeranzahl, Bilanzsumme und Umsatzerlöse durchgeführt. Auch hier darf eines der Kriterien den angegebenen Betrag überschreiten. Die Grenzwerte liegen jedoch mit 4 840 000 € Bilanzsumme für kleine und 19 250 000 € für mittelgroße Kapitalgesellschaften deutlich unter den Grenzen der EG-Definition. Ebenfalls niedriger liegen die Grenzwerte der Umsatzerlöse (9 680 000 € für kleine und 38 500 000 € für mittelgroße Kapitalgesellschaften). Nahezu identisch sind hingegen die Grenzen der Beschäftigungszahl mit 50 und 250 Arbeitnehmern.[14] Der Verflechtungsgrad mit anderen Unternehmen findet in § 267 HGB keine Berücksichtigung; hingegen

---

[12] Eine Beteiligung von ≥ 25 % und maximal 50 % ist in Ausnahmefällen erlaubt. Beispielsweise bei Beteiligungen von Venture Capital Gesellschaften und Business Angels (bis zu einer Höhe von 1 250 000 €), gemeinnützigen Organisationen, Universitäten oder regionalen Entwicklungsfonds. S. EG-Kommission 2003.

[13] S. § 267 HGB, Umschreibung der Größenklassen, mit Berücksichtigung des Gesetzes zur Modernisierung des Bilanzrechts. S. BGBl vom 28.5.2009 Teil 1.

[14] Auszubildende werden nicht berücksichtigt. Die durchschnittliche Zahl der Arbeiter ist durch die Erfassung an vier Stichtagen im Jahr zu berechnen.

gilt jede Kapitalgesellschaft als groß, wenn sie an einem organisierten Markt gehandelt wird oder die Zulassung zum Handel beantragt ist.

Ein internationaler Vergleich von Definitionen kleiner und mittlerer Unternehmen lässt Einigkeit in der Kriterienauswahl, insbesondere dem Kriterium der Mitarbeiterzahl, erkennen.[15] Die Grenzwerte differieren jedoch und lassen sich nur zum Teil durch einen unterschiedlichen Entwicklungsgrad der verschiedenen Länder erklären. So gelten in Dänemark bereits Unternehmen mit mehr als 100 Mitarbeitern als groß, während in Frankreich Unternehmen mit weniger als 500 Mitarbeitern noch als KMU angesehen werden.

Obwohl quantitative Abgrenzungen eine eindeutige Einordnung ermöglichen, stehen sie durch ihre willkürlich und politisch festgelegten Grenzwerte in der Kritik.[16] Während ein Betrieb mit 249 Mitarbeitern noch als Unternehmen mittlerer Größe zählt, gilt es durch die Einstellung eines weiteren Mitarbeiters bereits als Großunternehmen. Ein Einfluss auf das Währungsmanagement des Unternehmens ist durch die Erhöhung der Personalkapazität um wenige Jahresarbeitseinheiten unwahrscheinlich. Dennoch würde dieser Schritt bei betroffenen Unternehmen zur Einordnung in eine neue Größenkategorie führen. Denkbar sind außerdem Unternehmen, die aufgrund eines hohen wirtschaftlichen Wachstums nötige organisatorische Veränderungen nicht umsetzen und entgegen ihrer wirtschaftlichen und personellen Größe Merkmale kleiner Unternehmen aufweisen. Andererseits sind auch junge und kleine Unternehmen mit Strukturen großer Unternehmen zu beobachten. Der Übergang ist fließend, kann bei Wahl einer quantitativen Definition jedoch nur durch feste Größen bestimmt sein.

Quantitative Kriterien, die sich auf wirtschaftliche Kenngrößen beziehen, unterliegen zudem Veränderungen im zeitlichen Verlauf.[17] Ein Grund ist die Inflation der zugrunde liegenden Währung, die sich auf den Jahresumsatz eines Unternehmens auswirkt. Im Laufe der Jahre steigt inflationsbedingt der Umsatz, so dass bei gleichbleibenden Kenngrößen die Anzahl der großen Unternehmen stetig zunimmt. Deshalb bedarf es in regelmäßigen Abständen einer Anpassung der Grenzwerte, wie es durch die überarbeitete Fassung der EG-Definition 2003 geschehen ist. Weitere Faktoren, die durch eine dauerhafte Reduzierung bzw. Erhöhung der Mitarbeiterzahlen zu einer Veränderung im zeitlichen Verlauf führen können, sind verbesserte Produktionsverfahren oder staatliche Eingriffe, die eine Beschäftigungserhöhung fördern oder hemmen.

---

[15] S. Behringer 2004, S. 9.
[16] S. Bickel 1981, S. 182; Rohlfing und Funck 2002, S. 13; Behringer 2004, S. 9.
[17] Vgl. Günterberg und Wolter 2002, S. 4.

Tabelle 2.3.: Betriebsgrößenraster nach dem Kriterium der Beschäftigtenzahl

Bereich	Größe	Beschäftigte	Bereich	Größe	Beschäftigte
Verarbeitendes	klein	1 bis < 50	Baugewerbe	klein	1 bis < 10
Gewerbe	mittel	50 bis < 500		mittel	10 bis < 50
	groß	≥ 500		groß	≥ 50
Großhandel	klein	1 bis < 10	Einzelhandel	klein	1 bis < 10
	mittel	10 bis < 200		mittel	10 bis < 50
	groß	≥ 200		groß	≥ 50
Dienst-	klein	1 bis < 10	Fremden-	klein	1 bis < 10
leistungen	mittel	10 bis < 50	verkehr	mittel	10 bis < 50
	groß	≥ 50		groß	≥ 50
Handwerk	klein	1 bis < 5			
	mittel	5 bis < 50			
	groß	≥ 50			

Quelle: In Anlehnung an Menzenwerth und Metzmacher-Helpenstell 1976, S. 25

Neben der regelmäßigen Anpassung wirtschaftlicher Grenzwerte trägt auch eine Berücksichtigung von Wirtschaftsbereichen zu einer verbesserten Abgrenzung bei. Tabelle 2.3 zeigt ein Betriebsgrößenraster von MENZENWERTH und METZMACHER-HELPENSTELL aus dem Jahr 1976, welches zwischen sieben Wirtschaftsbereichen unterscheidet. Durch sie können Branchenbesonderheiten, wie beispielsweise ein hoher Bedarf an Arbeitskräften oder ein hoher Automatisierungsgrad, Berücksichtigung finden. Obwohl einige Autoren, wie beispielsweise GÜNTERBERG und WOLTER[18], die Berücksichtigung des Wirtschaftszweiges als zentral erachten, unterbleibt die Berücksichtigung dieses Kriteriums in der Definition der Europäischen Union. Ein Grund ist die schlechtere Handhabbarkeit: Die Unterteilung setzt Wissen über die speziellen Eigenschaften der Unternehmen einer Branche voraus, erhöht die Komplexität der Definition und erschwert letztendlich deren Verwendung.

Die vorliegende Arbeit verfolgt das Ziel, das Währungsmanagement kleiner und mittlerer Unternehmen branchenübergreifend zu erfassen. Sie lehnt sich bezüglich der KMU-Definition an die aktuelle Empfehlung 2003/361/EG[19] der EG-Kommission an, erweitert diese jedoch durch betriebsgrößenrelevante Merkmale, die es im folgenden Kapitel zu konkretisieren gilt.

---

[18] Vgl. Günterberg und Kayser 2004, S. 2.
[19] Vgl. EG-Kommission 2003.

2.2. Qualitative Kriterien der KMU-Definition

1981 stellte BICKEL in seiner Definition des gewerblichen Mittelstandes fest, dass diese wirtschaftliche, soziale und gesellschaftliche Gruppe nur sehr bedingt an eine bestimmte Betriebsgröße gebunden ist.[20] BEHRINGER fragt aus diesem Grund, ob sich quantitative Kriterien dazu eignen, Wesensverschiedenheiten auszudrücken.[21] Um dies zu bewerkstelligen, sind von quantitativen Größen unabhängige Merkmale – wie sie beispielsweise BICKEL zuvor ermittelte – nötig, wodurch sich jedoch eine statistische Erfassung erschwert. Dies ist laut WALLAU ein Grund dafür, dass sich im Laufe der Zeit ein „Gewöhnungseffekt" einge-stellt hat, der „*dazu führte, dass die quantitative Definition, die ursprünglich nur ein Hilfskriterium war, als konstitutiv für ein mittelständisches Unternehmen angesehen wurde.*"[22] Auch wenn ein Großteil der Definitionen sich auf quanti-tative Kriterien beschränkt, finden sich in der Literatur *Merkmalskataloge* und *Typologien* wieder. Wie quantitative Definitionen ermöglichen sie nicht nur ei-ne Charakterisierung kleiner und mittlerer Unternehmen, sondern auch eine Abgrenzung von großen Unternehmen.[23]

Ein solcher Merkmalskatalog ist eine von KMU unterschiedlicher Branchen abgeleitete Auflistung von Beschreibungen.[24] Anhand des Katalogs wird jedes Merkmal für ein beliebiges Unternehmen auf sein Vorhandensein oder Fehlen hin überprüft. Im Gegensatz zu quantitativen Kriterien gibt es keine scharfen Grenzen, sondern zumeist nur eine Mindestanzahl von Merkmalen, die ein klei-nes oder mittleres Unternehmen erfüllen muss. Weist es diese Mindestanzahl nicht auf, handelt es sich um ein großes Unternehmen. Diese Kataloge unter-scheiden sich sowohl hinsichtlich der Anzahl der Merkmale als auch hinsichtlich der Merkmale selbst.

Auf diese Kataloge aufbauend, entstanden Typologien, bei denen es sich um Formen von Unternehmen handelt, die in der Wirtschaft wiederkehrend zu beobachten sind und sich anhand fester Merkmale beschreiben lassen. Typolo-gien greifen wie Merkmalskataloge auf Unternehmensmerkmale zurück. Diese werden jedoch nicht einzeln überprüft, sondern mittels häufig auftretender Merk-malskombinationen zu Typen zusammengefasst. Erst im zweiten Schritt wird ein Unternehmen einem dieser Typen zugeordnet und somit klassifiziert. Die Typi-

---

[20] Vgl. Bickel 1981, S. 181 f.
[21] Vgl. Behringer 2004, S. 6.
[22] Wallau 2006, S. 15.
[23] Vgl. Lüpken 2004, S. 8 ff.; Mugler 1998, S. 19 ff.; Hruschka 1976, S. 4 f.
[24] PFOHL hat 1997 einen Merkmalskatalog aus einer Vielzahl von Veröffentlichungen zusammen getragen. S. Pfohl 1997, S. 18. ff.

sierung beruht in der Regel auf Unternehmermotiven oder der Marktposition.[25] Beide Methoden stellen umfangreiche Verfahren dar, deren Einsatz in empirischen Erhebungen zeitintensiv ist. Sie besitzen gegenüber einer quantitativen Definition jedoch den Vorteil, Gruppen geringerer Heterogenität zu schaffen.

Die vorliegende Arbeit bedient sich neben der im vorangegangenen Kapitel beschriebenen quantitativen Definition der europäischen Gemeinschaft keines konkreten Katalogs. Stattdessen erfolgt eine eigene Untersuchung und Beschreibung der KMU, um daraus Merkmale zu gewinnen, die im Zusammenhang mit dem internationalen Finanzmanagement stehen.[26] Wie die KMU-Definition im vorangegangenen Kapitel bereits gezeigt hat, handelt es sich bei der Gruppe der KMU um eine heterogene Menge.[27] Die Vielfalt an Unternehmensgrößen, -rechtsformen, -branchen und weiteren Kriterien erschwert die Erforschung allgemein gültiger Aussagen und Empfehlungen für KMU. Es lassen sich jedoch Erkenntnisse gewinnen, die für einen Großteil der KMU zutreffen und darauf aufbauende Überlegungen, Ableitungen und Empfehlungen zulassen. Ein Merkmal, das in der folgenden Arbeit von zentraler Bedeutung ist und allen KMU aufgrund ihrer Größe unterstellt wird, ist ein Mangel an Ressourcen. Dies wird von einigen Autoren als zentrales Charakteristikum der KMU angesehen und äußert sich in Engpässen in Bezug auf Personal, Kapital und Information.[28] Die folgende Auswahl an Merkmalen soll das Bild kleiner und mittlerer Unternehmen weiter schärfen und als Grundlage für die Betrachtung des Internationalen Finanzmanagements dienen.

2.2.1. Eigentümerstruktur von KMU

Eine zentrale Rolle in Merkmalskatalogen kleiner und mittlerer Unternehmen nimmt die Verbindung zwischen Inhaber und Unternehmen ein.[29] Im Gegensatz zu großen Unternehmen, in denen überwiegend Manager mit der Steuerung und Leitung beauftragt sind, übernehmen in KMU oft Inhaber diese Funktionen. Die Unternehmensführung durch Manager stellt vereinfacht eine auf Verträgen basierende, zeitlich befristete Zusammenarbeit zwischen den Unternehmenseignern und dem Management dar. Bei einer Führung durch den Eigner besteht oft eine engere und längerfristigere Beziehung, die bei Familienunternehmen nicht selten auch über eine Generation hinaus andauert.

---

[25] Vgl. Mugler 1998, S 19. ff.
[26] S. Bamberger und Wrona 2002, S 279.
[27] Vgl. auch Sachverständigenrat 2005, S. 475 f.
[28] Vgl. George u. a. 2005, S. 211; Rohlfing und Funck 2002, S. 20 f.
[29] Vgl. Günterberg und Wolter 2002, S. 3; Rohlfing und Funck 2002, S. 17; Pfohl 1997, S 19; Bickel 1981, S. 182.

Abbildung 2.1.: Rechtsformen kleiner und mittlerer sowie großer Unternehmen

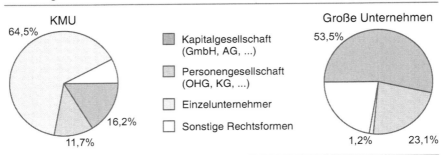

Quelle: Statistisches Bundesamt 2007, eigene Berechnung

Einige Autoren sehen die Verbindung zwischen Inhaber und Unternehmen bei KMU als plausibel an und verzichten auf eine empirische Erhebung.[30] Andere Untersuchungen unterstützen die Aussage jedoch durch ermittelte Daten oder Berechnungen: Ein Beispiel bietet das IfM Bonn, dem zufolge 94,8 % aller mittelständischen Unternehmen eigentümer- oder inhabergeführt sind – nur ein geringer Anteil zählt zur Gruppe der managementgeführten Unternehmen.[31] Unterstützt wird dieses Ergebnis durch Zahlen des Statistischen Bundesamtes. Abb. 2.1 zeigt, dass Einzelunternehmen und Personengesellschaften die vorherrschenden Rechtsformen unter KMU sind. Große Unternehmen besitzen in der Regel die Rechtsform einer Kapitalgesellschaft, wodurch bei ihnen der Anteil der Einzel- und Personengesellschaften gering ausfällt.[32]

Die enge Bindung zwischen Inhaber und Unternehmen beschreiben MORITZ und PERTENFELDER als die Einheit von Eigentum und Haftung oder die Einheit der persönlichen und der unternehmerischen Existenz.[33] Im Gegensatz zu Kapitalgesellschaftern haften Einzelunternehmer und Personengesellschafter überwiegend unbeschränkt und unmittelbar, also sowohl mit ihrem Geschäfts- als auch mit ihrem Privatvermögen. Führen Fehlentscheidungen zu negativen Konsequenzen, wirken sich diese unmittelbar auf die finanzielle Lage der Eigentümer aus. Hieraus ergeben sich Unterschiede im Führungsstil und in der Zielsetzung der meisten KMU gegenüber großen Kapitalgesellschaften, in denen Eigentümer nur mit ihrem eingesetzten Kapital haften.

---

[30] Vgl. Pfohl 1997, S. 19.
[31] Vgl. Günterberg und Wolter 2002, S. 4.
[32] Für den Zusammenhang der Rechtsform und der Unternehmensgrößeneinordnung s. Wolter und Hauser 2001.
[33] Vgl. Moritz und Partenfelder 2008, S. 8

FAMA und JENSEN beschäftigten sich Anfang der achtziger Jahre mit dem Einfluss von Eigentümerschaft und Staat sowie mit der Trennung von Management und Besitzern/Risikoträgern bei großen Unternehmen.[34] Bis zu diesem Zeitpunkt sahen Organisationsmodelle nur inhabergeführte Unternehmen, also die Bündelung der Management- und Eigentümerfunktion in der Unternehmensführung, vor. Die Trennung beider Funktionen führt nicht nur zu einem verbesserten Verständnis einzelner Interessengruppen im Sinne der Principal-Agent-Theorie[35], sondern ermöglicht es zudem, inhaber- und managementgeführte Unternehmen zu vergleichen und typische Merkmale zu identifizieren. Über die im vorangegangenen Absatz beschriebene Verknüpfung von Unternehmensgröße und Rechts-/Führungsform lassen sich Merkmale einer Rechtsform auf KMU übertragen. Wenn Unternehmensmerkmale auf die vorhandene Führungsform (inhabergeführt vs. managementgeführt) zurückzuführen sind und diese Führungsform überwiegend in einer Größenkategorie vorzufinden ist, geben diese Merkmale ebenfalls Hinweise auf Eigenschaften von KMU.

Im Hinblick auf das Risikomanagement sind insbesondere jene Erklärungsansätze von Interesse, in denen Unterschiede der Eigenschaft „Risikobereitschaft" untersucht und erklärt werden.[36] In diesem Zusammenhang steht eine Studie von GEORGE u. a. aus dem Jahr 2005, die sowohl Risiko- als auch Wachstumsbereitschaft im Zusammenhang mit Internationalisierungsplänen 889 schwedischer KMU untersucht.[37] Die Studie kommt zu dem Schluss, dass ein signifikanter negativer Zusammenhang zwischen dem Anteil der Unternehmensleitung am Unternehmen und ihrer Risikobereitschaft besteht. In Unternehmen mit „internen Eignern" liegt die Bereitschaft Internationalisierungsrisiken einzugehen niedriger als bei Unternehmen mit „externen Eignern".

2.2.2. Unternehmensziele von KMU

Die Führung eines Unternehmens ist eng mit den Unternehmenszielen verbunden. Dabei stehen sich im Wesentlichen zwei Ansätze gegenüber: der Shareholder-Value- und der Stakeholder-Value-Ansatz.[38] 1986 veröffentliche Alfred Rappaport[39] das Buch *„Creating Shareholder Value – The New Standard for Business Performance"*, in dem er eine Orientierung am Eigenkapitalwert des Unternehmens propagierte. Dem *Shareholder Value* (SV) liegt – vereinfacht betrachtet – die

---

[34] S. Fama 1980; Fama und Jensen 1983.
[35] S. Jensen und Meckling 1976.
[36] Vgl. Beatty und Zajac 1994, S. 329.
[37] S. George u. a. 2005.
[38] S. Speckbacher 1997; Hill 1997.
[39] S. Rappaport 1986.

Annahme zugrunde, dass die von den Eigentümern des Unternehmens bestimmte Unternehmensleitung in ihrem Sinne zu handeln habe. Die Maximierung des
Shareholder Value, also die Erwirtschaftung des größtmöglichen Eigenkapitalwertes, wird infolgedessen als primäres Ziel angesehen. Die Befürworter des
SV-Konzeptes versprechen sich daraus den höchsten Nutzen für die Eigentümer
in Form einer den Zinssatz für langfristiges Fremdkapital nachhaltig überstei-
genden Rentabilität des Eigenkapitals[40] sowie eine Produktivitätssteigerung, die
auch für das Unternehmen selbst, die Wirtschaft eines Landes und andere Interessengruppen Vorteile birgt.[41] Der SV blendet Interessen anderer Gruppen
nicht aus, sondern berücksichtigt sie, insofern sie einen Beitrag zur Erhöhung
des Eigenkapitalwertes leisten.[42] Interessengruppen, wie beispielsweise die Mitarbeiter, unterstützen das wertorientierte Vorgehen der Unternehmensleitung,
da nur diese Zielsetzung das Überleben des Unternehmens auf dem Markt gewährleistet – ein anderes Vorgehen führt zur Verdrängung oder einer Übernahme
durch einen anderen Investor.[43]

Der *Stakeholder-Value-Ansatz* stellt die Beziehungen des Unternehmens mit
allen Gruppen, die Ansprüche an das Unternehmen haben, in den Vordergrund.
Gleichzeitig rückt die Befriedigung der Bedürfnisse dieser Gruppen ins Zentrum
der Unternehmensziele. Der Begriff wurde 1984 von FREEMAN und 1987 von
CORNELL und SHAPIRO entscheidend geprägt: Sie stellten fest, dass nicht nur
Interessen der Anteilseigner auf dem Spiel stehen (to be at stake), sondern auch
Stakeholder Risikoträger des Unternehmens sind.[44] Mitarbeiter, die neben Kun-
den, Lieferanten, Verbände, der Öffentlichkeit und dem Staat als Stakeholder
gelten, müssen beispielsweise in schlechten Zeiten oder auch bei Restrukturie-
rungsmaßnahmen um ihre Arbeitsplätze fürchten.[45] Während im Shareholder-
Value-Ansatz die soziale Verantwortung eines Unternehmens gegenüber der
Öffentlichkeit und seinen Mitarbeitern nur von Relevanz ist, wenn sie auch zur
Maximierung des Eigenkapitals beiträgt, nimmt diese beim Stakeholder-Value-
Ansatz eine der Wirtschaftlichkeit gegenüber ebenbürtige Rolle ein.

Die Verantwortung des Unternehmens gegenüber den Stakeholdern beruht auf
ihren impliziten Ansprüchen (z. B. Zusagen zur Arbeitsplatzsicherheit oder zur

---

[40] Zur Messung der Rentabilität s. Copeland u. a. 2002 und Hill 1997, S. 413 f.
[41] Vgl. Copeland u. a. 2002, S. 27 ff. und Hill 1997, S. 413; Für eine kritische Position s. Kürsten 2000.
[42] Vgl. Speckbacher 1997, S. 630.
[43] Vgl. Speckbacher 1997, S. 630 f.
[44] S. Freeman 1984; Cornell und Shapiro 1987.
[45] Die Gruppe der Shareholder besitzt zwar unternehmensbezogene Interessen, wodurch sie den Sta-
      keholdern zugerechnet werden kann, sie wird aufgrund der Abgrenzung des Shareholder-Value-
      und des Stakeholder-Value-Ansatzes jedoch in der Regel nicht dazu gezählt. Vgl. Speckbacher
      1997, S. 633; Hill 1997, S. 415.

Weiterbildung), die im Gegensatz zu den vertraglich festgeschriebenen expliziten Ansprüchen (z. B. Entlohnung) nicht nur im Fall einer Insolvenz bedroht sind. Entziehen die Eigentümer dem Unternehmen Kapital, so dass implizite Ansprüche verschiedener Stakeholder nicht mehr bedient werden können, verliert das Unternehmen die Kooperation der Stakeholder und langfristig an Wert. Folglich wird im Rahmen des Stakeholder-Value-Ansatzes die Wertmaximierung des Eigenkapitals unter Erhalt implizierter Werte empfohlen.[46]

Internationale Vergleiche im Bereich der Corporate Governance Mitte der neunziger Jahre ließen eine räumliche Trennung von Befürwortern beider Ansätze erkennen.[47] Während im angelsächsischen Raum überwiegend der SV Beachtung fand, standen in Deutschland und einigen weiteren europäischen Ländern verstärkt Stakeholderinteressen im Vordergrund. BREALEY u. a. führen als Beispiel die Arbeitnehmervertretung in Aufsichtsräten großer Unternehmen an. Durch das Recht der Mitarbeiter, einen Teil der Aufsichtsratssitze zu wählen, können sie indirekt sicherstellen, dass ihre Interessen in der Unternehmensführung Berücksichtigung finden.[48] Auch die gesetzliche Verankerung des Betriebsrates kann als weiteres Beispiel für die betriebliche Mitbestimmung von Stakeholdern aufgeführt werden.[49] Eine Berücksichtigung von Mitarbeiterinteressen sowie Interessen anderer Stakeholder hat für die Unternehmenspolitik eine langfristige Stabilität zur Folge.[50]

Die gleiche Beobachtung machte WYMEERSCH in seiner 1995 veröffentlichten Studie, in der er drei gesellschaftsrechtliche Grundmodelle entwickelte: *„das gesellschaftsorientierte Modell, das hauptsächlich in angelsächsischen Staaten vorkommt, das unternehmensorientierte Modell, dessen typisches Merkmal die Mitbestimmung ist und das am ausgeprägtesten in Deutschland und in den Niederlanden vorkommt, und schließlich die Zwischenlösung Frankreichs und Belgiens."*[51] Er identifizierte innerhalb dieser Modelle einen grundlegenden Unterschied in der gesellschaftlichen Kultur, der sich – gemäß dem SV- und dem Stakeholder-Value-Ansatz – in Deutschland durch die beschriebene langfristige Orientierung der Unternehmensinteressen bemerkbar macht.

Verantwortlich für den Kulturunterschied ist der Untersuchung zufolge das Finanzierungsverhalten der Unternehmen. Während beim gesellschaftsorientierten Modell die Zahl der börsennotierten Unternehmen sehr hoch ist und selbst

---

[46] Vgl. Speckbacher 1997, S. 634.
[47] S. Charkham 2001; Roe 1993.
[48] Vgl. Brealey u. a. 2006, S. 27.
[49] Das Gesetz betrifft Unternehmen mit fünf oder mehr Mitarbeitern.
[50] Vgl. Speckbacher 1997, S. 635.
[51] Wymeersch 1995, S. 315.

kleinere Unternehmen an die Börse streben, sind in Ländern mit unternehmensorientiertem Modell nur relativ wenige börsennotierte Unternehmen zu finden, dafür jedoch mit i. d. R. hoher Börsenkapitalisierung. Im Vergleich zu anderen Ländern spielen Wertpapiermärkte in Deutschland eine untergeordnete Rolle, wodurch der Kontrolleinfluss der Aktienmärkte gering ausfällt. Im gesellschaftsorientierten Modell hingegen findet eine umfassende Überwachung des Unternehmenserfolgs durch die Märkte, insbesondere institutionelle Anleger, statt. Die Unternehmensleitung wird nach Resultaten, also realisierten und nicht bevorstehenden Erfolgen, beurteilt, so dass das Managementverhalten oftmals einer kurz- und nicht langfristigen Orientierung folgt.[52]

Wie Abb. 2.1 zeigt, ist der Anteil der Kapitalgesellschaften unter den KMU mit 16,2 % verhältnismäßig gering.[53] Unternehmen mit einer Mitarbeiterzahl von 250 oder mehr besitzen hingegen zum größten Teil die Rechtsform einer Kapitalgesellschaft. Es überrascht daher nicht, dass mit Zunahme der Unternehmensgröße auch die Anzahl der Unternehmen mit Shareholder-Value-Ausrichtung zunimmt. Eine Untersuchung von SCHACHNER u. a. aus dem Jahr 2006 ergab, dass nur 18 % der Kleinunternehmen eine Mindestrendite fordern, die der „langfristigen Aktienrendite" entspricht. Erst mit zunehmender Größe stieg der Anteil auf 76 % für Unternehmen mit mehr als 500 Mitarbeitern.[54]

Wenn das Ziel einer hohen Eigenkapitalrendite mit sinkender Unternehmensgröße an Priorität verliert, muss ein anderes Ziel in den Vordergrund rücken. Eine Untersuchung des Beobachtungsnetzwerkes der europäischen KMU (ENSR) aus dem Jahre 2002 ermittelte, dass die Unternehmensausrichtung „Kampf um den Fortbestand" mit sinkender Unternehmensgröße ansteigt. Unternehmen, die weniger als 50 Mitarbeiter aufweisen, führten diesen Umstand doppelt so oft als größere Unternehmen auf.[55] Gestützt wird dieses Ergebnis durch die Studie von SCHACHNER u. a. (2006), in der rund 80 % der kleineren Unternehmen den Wettbewerb als sehr stark einstufen. Auch weitere Ergebnisse der Studie weisen darauf hin, dass sich kleine Unternehmen einem außerordentlichen Wettbewerbs- und Existenzdruck ausgesetzt sehen.[56] Ein Erklärungsansatz für den prinzipiellen

---

[52] Vgl. Speckbacher 1997, S. 635; Wymeersch 1995, S. 315 f. Zur Thematik Stakeholder Value und Shareholder Value in Familienunternehmen s. Donckels 2001.

[53] Vgl. GENESIS-Online (www.destatis.de); S. Oehler 2006, S. 20 f. Das IfM ermittelte in einer Online-Befragung (BDI-Mittelstandspanel) im Frühjahr 2007 einen Anteil von ca. 2 % für die Rechtsform der Aktiengesellschaft unter den befragten Unternehmen. Vgl. IFM Bonn 2007a, S. 87 f.

[54] 50–99 Mitarbeiter: 39 %; 100–249 Mitarbeiter: 49 %, 250–499 Mitarbeiter: 38 %; Vgl. Schachner u. a. 2006, S. 599.

[55] Vgl. ENSR 2002, S. 19 f. Die Größe des Unternehmens wird durch die Anzahl der Beschäftigten repräsentiert.

[56] Vgl. Schachner u. a. 2006, S. 600 f.

Verzicht einer gewissen Rentabilität kleiner und mittlerer Unternehmen liegt in der Vermeidung von Risiken, um das langfristige Überleben des Unternehmens zu sichern.

2.2.3. KMU im internationalen Umfeld

Kleine und mittlere Unternehmen stehen, ebenso wie große Unternehmen, im Spannungsfeld einer Umwelt, die stetig an Komplexität und Dynamik gewinnt. Die Gründe sind vielzählig: technischer Fortschritt, der die Kommunikation und den Transport über hohe Entfernungen kostengünstig macht, politische Faktoren, die den Abbau von Handelsschranken oder die Bildung von länderübergreifenden Handelszonen vorantreiben sowie ökonomische Entwicklungen, wie beispielsweise die weltweite Suche nach neuen Absatz- oder Beschaffungsmärkten. Diese Bewegungen lassen sich unter einem Schlagwort zusammenfassen, über das in den letzten Jahren medien- und fachübergreifend intensiv diskutiert wurde: *Globalisierung*. Unter einer Globalisierung von Märkten ist das weltweite Zusammenwachsen ehemals getrennter und unabhängiger (nationaler) Märkte zu einem gemeinsamen grenzüberschreitenden Markt zu verstehen. Die grenzüberschreitende Verflechtung bezieht sich nicht nur auf geografische, sondern auch auf wirtschaftliche Grenzen. Globale Märkte erstrecken sich über mehrere Währungsgebiete und setzen Fragen des Währungsmanagements dort ins Licht, wo sie ursprünglich keine Relevanz besaßen.[57]

Die in der Vergangenheit beobachteten Veränderungen, die in einen Zusammenhang mit dem Globalisierungsprozess gebracht werden, führen nicht nur bei großen Unternehmen zu einem ökonomischen Wandel. Auch bei KMU sind Anpassungen von Zielen, Werten und Strategien sowohl im strategischen als auch operativen Bereich zu beobachten.[58] DIECKMANN u. a. charakterisieren den Unternehmenswandel bei KMU durch verstärkte Auslandsaktivitäten und identifizieren als Ursache die höheren Ansprüche der Kunden sowie eine zunehmende Bedeutung des Auslandsgeschäfts für das Unternehmenswachstum und die -erhaltung.[59] Die gestiegenen Ansprüche von Kunden werden unter anderem durch die Erwartung einer engen geografischen Bindung sichtbar. Insbesondere Geschäftskunden erwarten zunehmend auch von kleinen und mittleren Zulieferern einen Ansprechpartner oder Kundendienst vor Ort. Möchten kleine und mittlere Unternehmen ihre Zuliefererbeziehung zu großen Unternehmen nicht an lokale Konkurrenten verlieren, sind sie gezwungen, Verlagerungen ins Ausland zu folgen.

---

[57] S. Knop 2009, S. 18 ff.; Richter 2006; Bamberger und Wrona 1997.
[58] Vgl. Bamberger und Wrona 1997, S. 716.
[59] Vgl. Dieckmann 2007, S. 30 ff.

Die Erschließung neuer Absatz- und Beschaffungsmärkte führt ebenfalls zu einer
verstärkten Internationalisierungsbewegung kleiner und mittlerer Unternehmen.
Auf der Beschaffungsseite lassen sich Kostenvorteile generieren und Rohstoffe
sichern. Die Suche nach neuen Absatzmärkten entlastet die Situation auf dem
heimischen Markt, die sich durch eine höhere Wettbewerberzahl in einigen Be-
reichen verschärft hat. Als weitere Ursachen führen auch DIECKMANN u. a. *„die
gestiegene Auslandserfahrung der Unternehmen, effizientere Informations- und
Transporttechnologien, aufstrebende weltweite Wachstumsregionen mit zunehmend anspruchsvollerem Güterbedarf sowie die veränderte geopolitische und
ökonomische Lage"* an. Sie weisen des Weiteren darauf hin, dass es sich um
umfangreiche und nachhaltige Veränderungen handelt.

Aus diesen Erkenntnissen heraus fanden in den letzten Jahren mehrere empirische Untersuchungen zum Thema Mittelstand bzw. KMU und Internationalisierung statt.[60] Die DZ BANK veröffentlichte beispielsweise 2006 in ihrer
Serie „Mittelstand im Mittelpunkt" eine Studie zum Thema „Herausforderungen
der Globalisierung".[61] Mithilfe einer Stichprobe von 1 500 mittelständischen
Unternehmen[62] belegt sie die Bedeutung der Globalisierung durch folgende
Zahlen:[63]

- 10 % der befragten Unternehmen geben den Stellenwert der Globalisierung
  für das Unternehmen als „sehr hoch" an, 27 % mit „hoch".

- 60 % der befragten Unternehmen sind im Ausland engagiert.

- Der Anteil der auslandsorientierten Unternehmen, die ihr Engagement als
  erheblich einschätzen, wuchs von 2000 bis 2006 von 45 % auf 59 % an.

Das Beobachtungsnetzwerk der europäischen KMU (ENSR) führte im Jahr 2003
Interviews mit 7 750 KMU durch. Die im darauffolgenden Jahr veröffentlichten
Ergebnisse kommen zu einem ähnlichen Bild:[64] Aufgeteilt in drei Größenkategorien sind 40 % der Unternehmen mit neun oder weniger Mitarbeitern international tätig. Rund 60 % der Unternehmen mit 10 – 49 Mitarbeitern und ca. 65 % der
Unternehmen mit 50 – 249 Mitarbeiter besitzen Handelsbeziehungen mit dem
Ausland. Diese Erhebung zeigt, dass die Verflechtung mit dem Ausland – ohne
genauere Betrachtung der Art, d. h. sowohl Import/Export als auch Direktinvestitionen – mit steigender Unternehmensgröße zunimmt. Eine Beschränkung auf

---

[60] S. Dieckmann 2007; DZ Bank 2006; ENSR 2003.
[61] S. DZ Bank 2006.
[62] 1 % der Unternehmen besaßen 250 oder mehr Mitarbeiter, 7 % einen jährlichen Umsatz von
     50 Mio. € und mehr.
[63] Vgl. DZ Bank 2006, S. 9 ff.
[64] Vgl. ENSR 2003, S. 29 ff.

Abbildung 2.2.: Anteile von Exportunternehmen in Abhängigkeit der Umsatzgröße

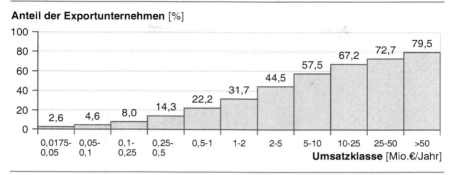

Quelle: Eigene Abb. nach Wallau 2006, S. 22

Exportunternehmen liefert ein deutlicheres Bild (Abb. 2.2). Die auf einer Sonderauswertung der Umsatzsteuerstatistik 2003 durch das IfM Bonn basierenden Daten zeigen durch die feine Abstufung der Größenklassen, stellvertretend durch den Jahresumsatz, einen mit der Unternehmensgröße stetig steigenden Anteil von Exportunternehmen.[65]

Insgesamt exportieren rund 11,4 % aller KMU. Sie machen mit 98 % einen hohen Anteil aller exportierenden Unternehmen, jedoch nur einen verhältnismäßig geringen Anteil (21,4 %) des Exportumsatzes aus. Im Durchschnitt entfällt bei KMU ein Umsatzanteil von rund 9,5 % auf Exportgeschäfte – Großunternehmen setzen durchschnittlich 23,1 % mit dem Export um.[66] Die Internationalisierungsform des *Exports* ist nicht die einzige Möglichkeit, die KMU nutzen. Die Studie des ENSR aus dem Jahr 2003 identifiziert sie sogar als nur rund halb so häufig (18 %) wie die Internationalisierungsform des *Imports* (30 %). *Direktinvestitionen* in Form einer Zweigniederlassung oder einer Tochtergesellschaft besaßen nur rund 3 % aller befragten KMU.[67] Diese Zahlen widersprechen den Ergebnissen der 2007 veröffentlichten Studie der DZ Bank (Abb. 2.3). Sie identifiziert den „Export" mit rund 86 % als häufigste Form der Internationalisierung und führt den „Import" mit ca. 67 % erst an zweiter Stelle auf. Es folgen die Formen „Kooperationen" (42 %), „Niederlassung/Tochtergesellschaft" (37 %), „Patent/Lizenz"(14 %) und „Joint Venture" (11 %). Die abweichenden Ergebnisse resultieren sowohl aus den unterschiedlichen Datenquellen als auch aus Differenzen in der KMU-

---

[65] Vgl. Wallau 2006, S. 22.

[66] Vgl. IFM Bonn 2007b, S. 51 und 207.

[67] Vgl. ENSR 2003, S. 29.

Abbildung 2.3.: Häufigkeiten von Internationalisierungsformen bei KMU

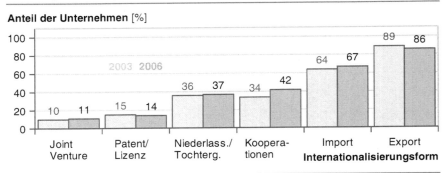

Quelle: Eigene Abb. nach DZ Bank 2006, S. 12

bzw. Mittelstands-Definition. Während sich die Studie des ENSR auf die KMU-Definition der EU stützt und Unternehmen aus dem gesamten europäischen Raum beinhaltet, beschränkt sich die Umfrage der DZ Bank auf deutsche Unternehmen, die im Durchschnitt eine verhältnismäßig hohe Exportquote aufweisen. Des Weiteren besitzt das DZ Bank-Sample verhältnismäßig viele mittlere Unternehmen und zu einem geringen Anteil auch Unternehmen mit mehr als 250 Mitarbeitern, wodurch die gehobene Bedeutung des Exports für KMU relativiert werden muss.

Zusammenfassend lässt sich jedoch festhalten, dass KMU aufgrund der Globalisierungsbewegung zukünftig mit steigendem Anteil internationalen Handel betreiben werden. Damit steigt auch die Anzahl von Unternehmen, die sich internationalen finanzwirtschaftlichen Gefahren ausgesetzt sehen. Aus dem Hang kleiner und mittlerer Unternehmen, Risiken besonders kritisch zu begegnen, ergibt sich für sie der Bedarf, das Management von Währungsrisiken zu verstärken.

2.3. KMU, Mittelstand und Familienunternehmen

Eine Gleichsetzung der Begriffe KMU und *Familienunternehmen* lässt sich unter Berücksichtigung der EU-Definition ablehnen.[68] Familienunternehmen können durch mehrere Merkmale identifiziert werden, die KMU nicht zwingend aufweisen müssen.[69] In erster Linie ist dies die enge Kopplung einer Familie an

---

[68] Dies geschieht wohlwissend der Tatsache, dass es zahlreiche und untereinander sehr unterschiedliche Definitionen des Begriffs „Familienunternehmen" gibt. Vgl. Sharma 2004, S. 3 ff.

[69] Vgl. Astrachan u. a. 2002, S. 45 f.; Klein 2004a, S. 3.

Tabelle 2.4.: Anteil von Familienunternehmen an deutschen Unternehmen

Beschäftigte	Unternehmen insgesamt	Familien- unternehmen	Anteil %	Schwankung* %
1 bis 19	82 579	73 924	89,52	± 1,32
10 bis 49	6 097	5 138	84,26	± 1,14
50 bis 99	7 585	5 873	77,43	± 1,58
100 bis 199	4 634	2 910	62,80	± 1,43
200 bis 499	4 146	1 947	46,97	± 1,88
500 bis 999	1 200	491	40,94	± 1,51
1000 und mehr	853	148	17,81	± 0,0**
Insgesamt	107 094	90 431	84,44	± 1,04

* 95 % Konfidenzintervall ** Vollerhebung in dieser Größenklasse

Quelle: IfM aus Kayser 2006, S. 37

ein Unternehmen durch Eigner- und / oder Führungsverantwortung. Während sich Familienunternehmen und ihre Unternehmenskultur dem prägenden Einfluss eines oder mehrerer Familienmitglieder ausgesetzt sehen, ist dies bei KMU möglich, aber nicht zwingend erforderlich.[70] Eine 2000 veröffentlichte Untersuchung von deutschen Unternehmen, die 1995 mindestens einem Umsatz von zwei Millionen DM aufwiesen, ergab einen Anteil an Familienunternehmen von rund 67 %.[71] Des Weiteren zeigte sich, dass der Anteil der Familienunternehmen mit steigender Unternehmensgröße sinkt. Zum gleichen Ergebnis führt eine empirische Untersuchung des IfM Bonn aus dem Jahre 2001, deren Resultate in Tabelle 2.4 dargestellt sind. Obwohl die Mehrzahl der Familienunternehmen KMU zuzuordnen ist, sind auch große multinationale Unternehmen mit starkem Familieneinfluss vorzufinden. Der Begriff Familienunternehmen beschreibt somit eine Eigenschaft von Unternehmen, die von der Größe des Unternehmens nicht zwingend abhängig ist.

Neuere Ansätze wie die *F-PEC Skala*[72] messen den Familieneinfluss auf Unternehmen und entfernen sich von einer strikten Einteilung in Familien- bzw. Nicht-Familienunternehmen. Somit ist es möglich, Unternehmen sowohl eine Größenkategorie als auch einen Grad des Familieneinflusses zuzuordnen. KLEIN untersucht in einer Studie aus dem Jahr 2004 mittels einer Stichprobe von

---

[70] Vgl. Klein 2004a, S. 3.
[71] Vgl. Klein 2000, S. 162.
[72] F-PEC steht für Familieneinfluss (**F**amily influence) durch Macht (**P**ower), Erfahrung (**E**xperience) und Kultur (**C**ulture). Vgl. Astrachan u. a. 2002, S. 47 ff.

1159 deutschen Unternehmen die Unternehmensgröße und den Familieneinfluss in Bezug auf Führungsstruktur, Rechtsform, Eigentumsorganisation und
Eigentumsstruktur sowie Corporate Governance Strukturen.[73] Hierzu wurden
die Unternehmen in drei Größenkategorien[74] und drei Einflusskategorien[75] unterteilt. KLEIN kommt darin zum Ergebnis, dass weder der Familieneinfluss noch
die Unternehmensgröße zu einer homogenen Gruppeneinteilung führt. Der
Studie lässt sich entnehmen, dass sich die Kriterien Unternehmensgröße und
Familieneinfluss je nach Untersuchungsgegenstand unterschiedlich gut eignen.

Im Gegensatz zum Begriff „Familienunternehmen" beinhaltet die Bezeichnung
mittelständisches Unternehmen eine Aussage über die Größe des Unternehmens.
Aus dem Wortteil „mittel" ist wie beim Begriff „kleine und mittlere Unternehmen"
ersichtlich, dass ein gewisses Größenkriterium nicht überschritten wird. Das
Institut für Mittelstandsforschung (IfM) in Bonn legt für die Größenklasse mittelständisches Unternehmen seit dem 01. 01. 2002 eine Begrenzung von maximal
499 Beschäftigten und einen maximalen jährlichen Umsatz von 50 Mio. € fest.[76]
Darüber hinaus enthält die Bezeichnung in vielen Fällen eine zusätzliche Bedeu-
tungsdimension, die sich von den überwiegend wirtschaftlichen Dimensionen
der KMU-Definition unterscheidet.[77] So weist BICKEL beispielsweise darauf hin,
dass vor allem die Struktur einer Unternehmung entscheidend für eine treffende
Bestimmung des Mittelstands ist. Wesentliche Merkmale sind demnach:[78]

- eine *inhaberorientierte Führungsstruktur*,

- die *Identität von Kapitaleigentum und Firmenleitung*,

- eine *Betriebsgemeinschaft*, deren Zusammengehörigkeitsgefühl sehr ausgeprägt und oft *familiären Charakter* hat,

- eine *hohe Identität zwischen Arbeitnehmer und der Arbeitsleistung*,

- eine Leistungserstellung im Handwerk, dem Handel, dem Dienstleistungs-
  bereich und dem verarbeitenden Gewerbe auf der Grundlage von Produk-
  tionsmethoden der *Einzel- und Kleinserienproduktion*, nur in Ausnahmen
  der Großserien- oder Massenproduktion.

---

[73] Vgl. Klein 2004b.
[74] Bis 500 Mitarbeiter = KMU; ab 1000 Mitarbeiter = Großunternehmen.
[75] F-PEC = 0 % = kein Einfluss; F-PEC > 66 % = hoher Familieneinfluss.
[76] Vgl. Günterberg und Wolter 2003, S. 21.
[77] Vgl. Rohlfing und Funck 2002, S. 4; Günterberg und Kayser 2004, S. 1.
[78] Vgl. Bickel 1981, S. 182.

KAYSER ergänzt, dass „*bei allen statistischen Definitions-, Strukturierungs- und Quantifizierungsversuchen der Mittelstand vor allem auch das Kennzeichen einer marktwirtschaftlichen Wirtschafts- und Gesellschaftsordnung ist.*"[79] Als Begründung wird vor allem die enge Verknüpfung von mittelständischen Unternehmen und Unternehmern aufgeführt. Die Konzentration auf dieses Merkmal erklärt die gelegentliche Gleichsetzung der Begriffe Familienunternehmen und Mittelstand. Während die quantitativen Kriterien denen der KMU-Definitionen gleichen, weisen die qualitativen Kriterien sowohl Gemeinsamkeiten mit Familienunternehmen als auch mit Merkmalen von KMU auf. Weil sich die folgenden Untersuchungen primär an solchen KMU-Merkmalen orientieren, lassen sich die Ergebnisse grundsätzlich auf den Mittelstand übertragen. Wesentliche Merkmale von Familienunternehmen spielen im folgenden Verlauf jedoch keine Rolle, so dass diese nicht explizit Gegenstand der vorliegenden Arbeit sind.

---

[79] Kayser 2006, S. 34.

3. Grundlagen des Internationalen Finanzmanagements

„*Das Internationale Finanzmanagement befasst sich mit der Beschaffung, Umschichtung und Verwendung von Finanzmitteln in fremder Währung.*"[1] In Anlehnung an diese Definition von JOKISCH und MAYER liegt das Augenmerk des Internationalen Finanzmanagements auf Unternehmen, die Leistungs- oder Finanzbeziehungen zwischen unterschiedlichen Währungsräumen aufweisen. Aber auch ausschließlich national agierende KMU stehen durch konkurrierende international tätige Unternehmen im Wirkungsbereich fremder Währungen. Um Geldströme in fremder Währung erfolgreich managen und währungsinduzierte Gefahren einschätzen zu können, benötigen Unternehmen Grundkenntnisse über Währungen, Währungshandel sowie Währungssysteme.

3.1. Devisen und Devisenkurse

Devisen (foreign exchange, FX) sind an ausländischen Plätzen zahlbares Buchgeld in fremder Währung. Hierzu gehören sowohl Forderungen auf ausländischen Konten als auch Schecks und Wechsel. Im Gegensatz zu Bargeld in fremder Währung (*Sorten*) handelt es sich bei Devisen um Giralgeld und Werturkunden. Forderungen in fremder Währung bei inländischen Banken gelten als *Fremdwährungsguthaben* und sind von Devisen abzugrenzen. Fremdwährungskonten inländischer Banken erfreuen sich unter KMU einer hohen Beliebtheit, da sie für Transaktionen mit Geschäftspartnern im Ausland bei der Hausbank unterhalten werden können und keinen Kontakt zu im Ausland ansässigen Geldinstituten erfordern. Sie stellen einen unkomplizierten Devisenzugang dar und werden im Folgenden im Rahmen einer erweiterten Devisendefinition mit berücksichtigt. Devisen definieren sich somit als in fremder Währung denominiertes Buchgeld, das durch den Namen der entsprechenden Währung gekennzeichnet ist.[2] Einige Devisen besitzen ein Währungssymbol oder -zeichen, durch das sich der Name der Währung ersetzen lässt. Alle existierenden Währungen besitzen außerdem einen aus drei Buchstaben zusammengesetzten, eindeutigen, die Währung repräsentierenden Code.[3]

Devisenkurse geben den relativen Preis zweier Währungen an und bilden sich – ein „free float"-Währungssystem vorausgesetzt – durch Angebot und Nachfrage im Devisenhandel.[4] Eine alternative Bezeichnung für Devisenkurs ist der Begriff

---

[1]   Jokisch und Mayer 2002, S. 156.
[2]   Vgl. Wißkirchen 1995, S. 9; Lipfert 1988, S. 17.
[3]   S. ISO 4217.
[4]   Vgl. Gärtner und Lutz 2004, S. 12.

Wechselkurs.[5] Der *nominale Wechselkurs* S beschreibt in der Mengennotierung das Austauschverhältnis der Devisen gegenüber einer Einheit Heimat- oder Basiswährung:

$$S = \frac{\text{Anzahl ausländischer Währungseinheiten}}{1 \text{ inländische Währungseinheit}} \qquad (3.1)$$

mit S = nominaler Wechselkurs (Mengennotierung)

Wird hingegen der Kehrwert, also der Preis einer Einheit Auslandswährung in Heimatwährung, angegeben, spricht man von einer Preisnotierung:[6]

$$\tilde{S} = \frac{\text{Anzahl inländischer Währungseinheiten}}{1 \text{ ausländische Währungseinheit}} \qquad (3.2)$$

mit $\tilde{S}$ = nominaler Wechselkurs (Preisnotierung)

Verliert die Heimatwährung im Vergleich zur Fremdwährung an Wert (Abwertung der Heimatwährung), verringert sich in der Mengennotierung der Kurs, während er in der Preisnotierung steigt. Eine Aufwertung der Heimatwährung entspricht einer Abwertung der Fremdwährung, was sich in der Mengennotierung in einem gestiegenen Kurs widerspiegelt.

Entsprechend (3.1) und (3.2) besteht ein Wechselkurs aus einer Zahl und einer die zwei Währungen beinhaltenden Notierung. Beide Währungen der Notierung werden einheitlich durch Währungssymbole oder ihren Code dargestellt und üblicherweise durch einen Schrägstrich voneinander getrennt. Vorsicht ist bei der Interpretation der Notierung geboten, da sie in Abhängigkeit der Informationsquelle variiert. In manchen wissenschaftlichen Abhandlungen ist der Schrägstrich in Anlehnung an (3.1) und (3.2) als Quotient aufzufassen. Die Devisenkursangabe „1,3532 USD/EUR" versteht sich demnach als 1,3532 US-$ für eine Basiseinheit Euro. Im Interbankenhandel, Handelszeitungen und praxisorientierter Literatur wird die Basiswährung hingegen als erstes – also vor dem Querstrich – angegeben, gefolgt von der variablen Währung. Die Angabe „USD/EUR 0,7390" ist als 0,7390 € für einen US-Dollar zu interpretieren. Gelegentlich wird der Querstrich, der die beiden Währungscodes voneinander trennt auch weggelassen. In diesem Fall repräsentieren die ersten drei Buchstaben die Basiswährung, während die letzten drei Buchstaben die variable Währung angeben. Der Kurswert wird mehrheitlich durch fünf Ziffern angegeben. Die meisten

---

[5]   Einige Autoren verstehen unter dem Devisenkurs die Preisnotierung, während der Wechselkurs die Mengennotierung darstellt. In der vorliegenden Arbeit werden beide Begriffe jedoch synonym verwendet. Vgl. Beike und Schlütz 1996, S. 256; Wendler 2000, S. 23.

[6]   Wenn nicht anders vermerkt, wird im Folgenden von Mengennotierungen ausgegangen.

Devisenkurse besitzen vier Nachkommastellen – Währungen, die sich durch einen Faktor größer zehn voneinander unterscheiden entsprechend weniger.[7] Die kleinste Bewegung, die eine Wechselkursquotierung vollziehen kann wird *Pip* genannt („percentage in point"). Sie ist abhängig von der Anzahl an Nachkommastellen und entspricht beim US-Dollar/Euro Wechselkurs einer Bewegung von 0,0001 Einheiten.[8]

Listet die Informationsquelle lediglich einen Kurs pro Währungspaar auf, handelt es sich um den Referenz- oder Mittelkurs. Für den Devisenhandel werden Wechselkurse hingegen in *Geld- und Briefkurs* quotiert. Banken kaufen die Devisen zum angegebenen Geldkurs S_B und verkaufen sie zum Briefkurs S_A. Der Geldkurs wird auch „bid rate" oder schlicht „bid" genannt. Die Bank „bietet" dem Markt den Kauf der Devise zu besagtem Preis an. Die Bezeichnungen „ask rate" oder „ask" kennzeichnen hingegen den Briefkurs. Die Bank „fragt" in diesem Fall den Markt, wer die Devise zu besagtem Preis kaufen möchte. Die Spanne zwischen diesen beiden Kursen, auch Spread genannt, ist abhängig von der Volatilität der Basiswährung, der Liquidität des Währungspaares und der Marge des Kreditinstituts.

Devisenkurse ändern sich fast sekündlich und können an manchen Tagen eine Volatilität von 2 % und mehr aufweisen.[9] Während eine hohe Volatilität einen höheren Spread mit sich bringt, führt eine hohe Liquidität des Währungspaares zu einem geringeren Spread. Von den fünf Ziffern der Quotierung variieren meist nur die letzten beiden durch den Spread. Eine Devisenkursangabe in der Form „1.2532/37 USD/EUR" berücksichtigt diese Gegebenheit und bedeutet einen Geldkurs von 1,2532 US-$/€ und einen Briefkurs von 1,2537 US-$/€.[10] Übliche Spreads wichtiger Währungspaare liegen bei 2 bis 5 Pips. In ruhigen Zeiten sind Spreads von einem Pip anzutreffen, in volatilen Zeiten kann der Spread die genannten fünf Pips übersteigen.[11]

Neben dem zuvor beschriebenen nominalen Wechselkurs existiert ein *realer Wechselkurs R*, der den relativen Preis in- und ausländischer Güter angibt.[12] Definiert ist der reale Wechselkurs R als Quotient aus dem Preis ausländischer Güter in Auslandswährung im Zähler und dem Preis inländischer Güter in Heimatwährung im Nenner. Um die Preise miteinander vergleichen zu können, muss der

---

[7] Der Wechselkurs des japanischen Yens und des Euros besitzt beispielsweise nur zwei Nachkommastellen: „148,87 EUR/JPY".

[8] Vgl. Priermeier und Stelzer 2001, S. 37 ff.; Metz 2006, S. 31 ff.

[9] Vgl. Wendler 2000, S. 9.

[10] Vgl. Metz 2006, S. 38 ff.

[11] Vgl. Metz 2006, S. 80.

[12] Vgl. Gärtner und Lutz 2004, S. 13.

Preis inländischer Güter mit dem nominalen Wechselkurs S (in Mengennotierung) multipliziert werden:

$$R = \check{S} \cdot \frac{P^*}{P} = \frac{P^*}{S \cdot P} \tag{3.3}$$

mit R = Realer Wechselkurs
S = Nominaler Wechselkurs (Mengennotierung)
$\check{S}$ = Nominaler Wechselkurs (Preisnotierung)
P = Preis inländischer Güter in Heimatwährung
P^* = Preis ausländischer Güter in Auslandswährung

Der reale Wechselkurs R weist keine Einheit auf und besitzt im Fall der absoluten Kaufkraftparität (KKP)[13] einen Gleichgewichtswert von eins.[14] Dieses, auch als „Law of one Price (LOOP)" bekannte Gesetz beruht auf Arbitrageprozessen, die bei einem Ungleichgewicht $R \neq 1$ für eine verstärkte Nachfrage der Waren im Land mit den relativ niedrigeren Preisen sorgt. Infolgedessen steigen die Preise dieser Waren, so dass sich die ursprüngliche Parität von eins wieder herstellt. Hierfür sorgt auf einem zweiten Weg auch die erhöhte Nachfrage nach Devisen des Landes, die sich in einer Befestigung der Auslandswährung und somit einem niedrigeren Wechselkurs (Mengennotierung) bemerkbar macht. Handelsbarrieren, Transportkosten und Handelskosten sind nur drei Gründe, die gegen die KKP sprechen und die dafür sorgen, dass der reale Wechselkurs ungleich eins ist.[15] Tendenziell ist zu beobachten, dass Preisniveaus armer Länder unter denen reicher Länder und folglich reale Wechselkurse armer Länder somit über eins liegen.[16]

Finanzquellen, die über aktuelle Devisenkurse (*Kassakurs* bzw. Spot Price) informieren, weisen oft auch Swapsätze aus. Diese dienen der Berechnung von Terminsätzen (forward price) und werden üblicherweise für 30, 60, 90, 180, 270 und 360 Tage angegeben. *Terminkurse* repräsentieren zukünftige Wechselkurse und ergeben sich aus Addition von Kassakurs und *Swapsatz*. Je nach Vorzeichen wirkt der Swapsatz als Auf- oder Abschlag. Der resultierende Terminkurs ist derjenige Wechselkurs, zu dem Marktakteure gegenwärtig am Fälligkeitstermin zu handeln bereit sind und nicht mit dem zukünftigen Kassakurs gleichzusetzen.

---

[13] Vgl. auch Kapitel 4.2.2.1 auf Seite 68.
[14] Vorausgesetzt wird ein freier und kostenloser Handel. Wird der reale Wechselkurs als Index angegeben, beträgt der Gleichgewichtswert 100.
[15] S. Froot und Rogoff 1995; Rogoff 1996.
[16] Vgl. Gärtner und Lutz 2004, S. 266 f. Zur Begründung s. die Balassa-Samuelson-Hypothese in Balassa 1964; Samuelson 1964.

Die Zinssätze beider Währungsgebiete sind neben dem Kassakurs die wesentlichen Determinanten des Terminkurses. Der zukünftige Kassakurs besitzt als Ausgangspunkt ebenfalls den Kassakurs und als beeinflussende Größe die Zinssatzentwicklung beider Währungen – darüber hinaus wirken sich jedoch auch Realgüter- und Finanzströme sowie Entwicklungserwartungen der Marktteilnehmer auf ihn aus.[17] Vergleicht man die Terminsätze von Wechselkursen später mit den zum entsprechenden Termin geltenden Kassakursen, lassen sich aus diesem Grund Differenzen feststellen.

Auch Terminkurse werden als Geld- und Briefkurs quotiert. Die Berechnung, die nach (3.4) und (3.5) erfolgt[18], ergibt einen Richtwert, der sich von den tatsächlichen Werten aufgrund von Markterwartungen unterscheiden kann. Der Spread von Terminsätzen liegt üblicherweise über dem des Kassakurses und vergrößert sich mit der Laufzeit.[19] Die Angabe der Terminsätze durch Kassakurs und Swapsatzpunkte, also in Form eines absoluten Auf- und Abschlags (forward premium), ist insbesondere in der finanzwirtschaftlichen Literatur anerkannt und üblich. Quotierungen im Devisenhandel nutzen hingegen relative Auf- und Abschläge in Form einer prozentualen jährlichen Veränderung (forward discount). Hierbei wird der Swapsatz ins Verhältnis zum Kassakurs gesetzt, durch die Laufzeit in Tagen geteilt und mit 360 multipliziert.[20]

$$\text{Swapsatz}_{\text{Geld}} = \frac{\check{S}_B \cdot (i_{HG} - i_{AB}) \cdot t}{36000 + i_{AB} \cdot t} \tag{3.4}$$

$$\text{Swapsatz}_{\text{Brief}} = \frac{\check{S}_G \cdot (i_{HB} - i_{AG}) \cdot t}{36000 + i_{AG} \cdot t} \tag{3.5}$$

mit $\check{S}_B$ = Kassakurs (Brief)
$\check{S}_G$ = Kassakurs (Geld)
i_{AB} = Geldmarkt-Zinssatz für die Auslandswährung (Brief)
i_{AG} = Geldmarkt-Zinssatz für die Auslandswährung (Geld)
i_{HB} = Geldmarkt-Zinssatz für die Heimatwährung (Brief)
i_{HG} = Geldmarkt-Zinssatz für die Heimatwährung (Geld)
t = Laufzeit in Tagen

---

[17] Vgl. Königsmarck 2000, S. 81 f.; Eiteman u. a. 2007, S. 141 ff.
[18] Vgl. Eilenberger 2004, S. 43.
[19] Shapiro und Sarin 2009, S. 176 f.
[20] Vgl. Fischer-Erlach 1995, S. 74; Wang 2005, S. 11 ff.; Eiteman u. a. 2007, S. 191 f.; Shapiro und Sarin 2009, S. 175 f.

3.2. Devisenhandel

Von *Devisenhandel* wird bei An- oder Verkauf von Devisen gegen inländisches Geld oder andere Devisen gesprochen. Er findet am Devisenmarkt, dem größten Finanzmarkt der Welt, statt und teilt sich in den Kassa- und den Terminmarkt auf. Am Kassamarkt können Devisengeschäfte mit sofortiger Fälligkeit (entspricht einer zweitägigen Valuta), am Terminmarkt zur späteren Fälligkeit abgeschlossen werden. Der Terminmarkt unterteilt sich weiter in den Swapmarkt (Währungstausch auf Zeit), einen Markt für Forward- oder Future-Geschäfte (symmetrische Termingeschäfte) und den Optionsmarkt (asymmetrische Termingeschäfte). Daneben besteht ein kleinerer Markt, der einen Handel von Forwards und Swaps mit nur eintägiger Valuta („over-night") erlaubt.[21]

In der „Zentralbankerhebung 2007" der Bank für internationalen Zahlungsausgleich (BIZ) lag der durchschnittliche Umsatz an traditionellen Devisenmärkten[22] im April 2007 bei rund 3,08 Billionen US-Dollar pro Tag.[23] Das größte Handelsvolumen weisen die Währungen US-Dollar (USD, US$), Euro (EUR, €), Japanischer Yen (JPY, ¥), Pfund Sterling (GBP, £) und Schweizer Franken (CHF, SFr) auf. Einen Überblick über die Entwicklung der Devisenumsätze von 1992 bis 2007 zeigt Abb. 3.1. Das Diagramm verdeutlicht die Dominanz des US-Dollars als Leit- und Vehikelwährung[24] sowie eine Steigerung der Devisenumsätze um rund 123 % in zwölf Jahren. Der Grund für den Umsatzrückgang des Euros gegenüber der Umsatzsumme ehemaliger nationaler Währungen in der Erhebung 2001 ist der Wegfall des Devisenhandels innerhalb des Euro-Raums. Dies ist, neben der Konsolidierung im Bankgewerbe und der wachsenden Bedeutung elektronischer Handelsplattformen, auch ein Grund für den Gesamtumsatz-Rückgang im Jahr 2001.[25] Die darauf folgende Erhebung der Jahre 2004 und 2007 zeigen einen erneuten Umsatzanstieg für alle Währungen.

Das umsatzstärkste Währungspaar ist mit 28 % USD/EUR, gefolgt von USD/JPY (17 %) und USD/GBP (14 %). Im Devisenhandel wird nur eine begrenzte Anzahl an Währungspaaren gehandelt. Wünscht ein Händler beispielsweise Schwedische Kronen (Skr) in Złoty (zł) zu tauschen, so geschieht dies nicht direkt, sondern über *Crossrates*, auch Kreuzparitäten oder Kreuzraten genannt. Die zugehörigen

---

[21] Vgl. Wißkirchen 1995, S. 9 ff.; Thießen 2001, S. 102 f.

[22] Hierzu gehören der Kassahandel, Terminhandel und Devisen-Swaps.

[23] Vgl. BIS 2007, S. 58.

[24] Vehikelwährungen werden jene Währungen genannt, die ein hohes Handelsvolumen aufweisen und deshalb beim Handel zweier Währungen zwischengeschaltet werden. S. Black 1989, S. 5 ff.; Goldberg und Tille 2005.

[25] Vgl. Galati 2001, S. 45 ff.

Abbildung 3.1.: Entwicklung der Nettodevisenumsätze nach Währungen

Durschn. Tagesumsatz im April [Mio. US-$]

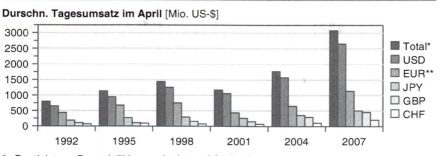

* Bereinigt um Doppelzählungen im In- und Ausland.
** Bis 1998 Summe der Einzelwährungen der Euro-Zone. Ab 2001 Euro.

Quelle: BIS 2007, S. 58; BIS 2005, S. 48; BIS 2002, S. 50; BIS 1999, S. 50; BIS 1996, S. 54

Crossrates ergeben sich aus dem Quotienten der Devisenkurse beider Währungen zu einer Vehikelwährung wie US-Dollar oder Euro. In diesem Fall ergibt sich der gewünschte Wechselkurs aus dem Quotienten des Skr/US-$ und des zł/US-$ Devisenkurses. Um sowohl den Geld- als auch den Briefkurs zu ermitteln, müssen die Devisenkurse über Kreuz dividiert werden,[26] was zur Bezeichnung „Kreuzrate" führt.

Ein Handel findet überwiegend außerbörslich im Freiverkehr statt.[27] International ist hierfür die Bezeichnung Over-the-counter- oder *OTC-Handel* üblich. Gehandelt wird sowohl zwischen Banken und Nicht-Banken als auch im Interbankenmarkt direkt unter Kreditinstituten, dort jedoch ausschließlich mit Giralgeld. Abb. 3.2 zeigt die Marktteilnehmer in einer schematischen Darstellung. Den inneren Ring bilden aktive Devisenhändler, bei denen es sich hauptsächlich um große international agierende Geschäfts- oder Investmentbanken und gelegentlich auch um Wertpapierhändler handelt. Sie stehen überwiegend auf der Anbieterseite, treten als Preisbilder – sogenannte „Market Maker" – auf und handeln im Interbankenmarkt untereinander über *Interdealer Voice Broker* oder EDV-gestützte Handelsplattformen, auch Dealingsysteme genannt. Nicht-Finanzunternehmen bleibt der direkte Zutritt zum Devisenmarkt hingegen verwehrt.

---

[26] Der Quotient aus Geldkurs Skr/US-$ zu Briefkurs zł/US$ ergibt den Geldkurs Skr/zł, der Quotient aus Briefkurs Skr/US-$ zu Geldkurs zł/US-$ den Briefkurs.

[27] Der Handel über automatische Handelssysteme kann – je nach Definition – auch als börslicher Handel aufgefasst werden. In diesem Fall findet der Großteil des Devisenhandels im börslichen Handel statt. Vgl. Thießen 2001, S. 102.

Abbildung 3.2.: Marktteilnehmer am Devisenmarkt

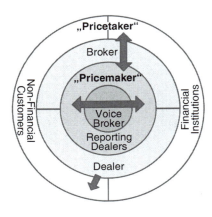

- Interdealer Voice Broker:
  Zwischen Devisenhandelsbanken vermittelnde Makler.

- Reporting Dealers (devisenhandelnde Finanzinst.):
  Überwiegend große Geschäfts- und Investmentbanken sowie Wertpapierhäuser

- Broker/Dealer:
  Handeln mit Nachfragern und führen Gegengeschäfte am Devisenmarkt durch (Broker) oder übernehmen Positionen in den eigenen Bestand (Dealer).

- Other Financial Institutions (weitere Finanzinst.):
  Kleinere Geschäfts-/Investmentbanken und Wertpapier-häuser, Investment-, Pensions-, Hedge-, Währungs- sowie Geldmarktfonds, Leasing- und Versicherungs-gesellschaften, Finanztochterunternehmen von Unternehmen und Zentralbanken.

- Non-Financial Customers (Nicht-Finanzinstitute):
  Überwiegend Treasurer aus Unternehmen und staatlichen Einrichtungen.

Quelle: Eigene Abb. nach Thießen 2001, S. 104 ff.

Wurden früher Devisengeschäfte üblicherweise telefonisch abgewickelt, konnten die elektronischen Broker von Reuters (Dealing 2001-2) und ICAP (EBS Spot) in den letzten Jahren aufgrund von Kostenvorteilen große Marktanteile hinzuge-winnen und sich zum Standard entwickeln.[28] Electronic Broking Services (EBS) konnte beispielsweise seit seiner Gründung durch dreizehn Großbanken im Jahr 1993 einen durchschnittlichen Tagesumsatz von 130 Milliarden US-Dollar im Jahr 2004 erreichen.[29] Den Anbietern stehen auf der Nachfragerseite sowohl Finanzinstitute, wie Geschäfts-, Investment- und Zentralbanken, Investment-, Pensions- und Hedgefonds, Versicherungs- und Leasinggesellschaften als auch Treasurer aus Nicht-Finanzunternehmen und staatlichen Einrichtungen gegen-über. Sie treten als Preisnehmer auf und sind bei ihren indirekten Geschäften am Devisenmarkt auf Vermittler – sogenannte Dealer und Broker – angewiesen. Diese handeln in eigenem Namen und stellen sich am Devisenmarkt über ein gegenläufiges Geschäft glatt (Broker) bzw. übernehmen die Positionen in das eigene Portfolio (Dealer).

KMU, die über Broker am Devisenmarkt teilnehmen möchten, haben die Wahl zwischen Direct Brokern, die als direkte Handelspartner der Unternehmen auf-

---

[28] Vgl. Thießen 2001, S. 102 und S. 108.
[29] Vgl. EBS 2004, S. 9.

treten, und Introducing Broker, die lediglich Angebote vermitteln. Letztere gehören zum Teil zu größeren Direct Brokern, die fast ausschließlich in den USA
oder Großbritannien ansässig sind, und über Introducing Broker landesspezifi-
schen Service anbieten. Bei KMU, die noch keine Erfahrung im Devisenhandel
vorzuweisen haben, kann ein fremdsprachiger Support zu Problemen führen.
Außerdem sind die Unternehmen so nicht an die in den USA oder Großbritanni-
en geltenden Geschäftszeiten der Kundenberatung gebunden. Der Handel findet
standardisiert in Lots (100 000 Geldeinheiten) und seit einigen Jahren auch in
Mini-Lots (10 000 Geldeinheiten) statt. Der Handel in Lots ist im Interbankenhandel üblich, für kleinere Unternehmen mit geringem Devisenbedarf jedoch selten
angemessen. Durch die Erweiterung auf Mini-Lots wurde der Interessentenkreis
am Devisenhandel über Broker um kleine Unternehmen und Privatpersonen erweitert. Dazu trägt auch die Option bei, als Basiswährung neben dem US-Dollar
andere bedeutende Währungen wie den Euro wählen zu können.[30]

Ein Devisenhandel mit Brokern erfordert die Hinterlegung einer Sicherheitsleistung. Die als Margin bekannte Summe richtet sich nach den Bestimmungen des
Brokers und beträgt im Mittel ein bis vier Prozent der Handelssumme. Sie muss
auf dem Einlagenkonto des Brokers vorliegen, auf dem sie üblicherweise unter
dem Marktzins vergütet wird. Damit verursacht sie, wie eine von manchen Brokern geforderte Mindesteinlageforderung, Opportunitätskosten. Im Gegensatz
zu den Sicherheitsleistungen im Börsenhandel mit standardisierten Derivaten
(z. B. Futures) fällt die Sicherheitsleistung relativ gering und einheitlich aus. Einen
höheren Betrag erfordern bei manchen Brokern lediglich Positionen, die über
das Wochenende bestehen bleiben oder exotische Cross-Rates betreffen. Ge-
bühren sind im Devisenhandel unüblich, da bereits der Spread dafür sorgt, dass
Broker am Umsatz verdienen. Dennoch können versteckte Kosten durch Über-
weisungsaufträge, Strafgebühren bei Nichteinhaltung eines Mindestumsatzes
oder im Handel mit Mini-Lots anfallen.[31]

Für die Handelsplattformen, die neben dem Telefonhandel die wichtigste Schnittstelle zwischen dem Broker und den Kunden darstellen, fallen keine Kosten an.
Sie werden kostenlos an den Kunden weitergereicht, bedürfen keiner besonderen
Hardwareanforderung, sind jedoch auf den Handel mit dem ausgewählten Broker
begrenzt. Lediglich Softwarepakete von Drittanbietern und Analyseanwendun-
gen verursachen monatliche Kosten, die sich je nach Professionalitätsgrad auf
bis zu tausend Euro im Monat belaufen.[32] Neben den reinen Brokern haben

---

[30] Vgl. Metz 2006, S. 75 ff.
[31] Vgl. Metz 2006, S. 78 ff.
[32] Vgl. Metz 2006, S. 83 ff. u. 117 ff.

sich seit 2006 auch Banken mit ihrer eigenen Handelsplattform für Privat- und Geschäftskunden am Devisenmarkt etabliert. Den Anfang machten die Deutsche Bank (dbFX) und ABN AMRO (ABN AMRO marketindex), später kamen weitere Banken, wie die Citigroup (CitiFX Pro) oder UBS hinzu.[33] Zusammen mit den reinen Devisenbrokern ist die Anzahl an verschiedenen internetbasierten Handelssystemen derart stark angewachsen, dass der Markt an Übersichtlichkeit verloren hat.[34]

In einigen Ländern sind Devisengeschäfte auch im institutionellen Rahmen über Devisenbörsen möglich. Nach den Devisenhandelsbeschränkungen im Sommer 1931 eröffnete der Devisenhandel in Deutschland am 4. Mai 1953 erneut. Gehandelt wurden ausschließlich Kassageschäfte und lediglich an den Börsen Frankfurt, Berlin, Düsseldorf, Hamburg und München.[35] Die Frankfurter Börse besaß eine besondere Bedeutung: an ihr notierten die amtlichen Devisenkurse von 17 Währungspaaren. Hierzu zählten amtliche Geld- und Briefkurse für Bankkundengeschäfte sowie ein amtlicher Mittelkurs, zu denen Händler Geschäfte an den Devisenbörsen abwickelten. Außerdem wählte die Deutsche Bundesbank die Frankfurter Börse als Plattform für ihre Devisenmarktinterventionen, was die hervorgehobene Stellung des Standorts Frankfurts zusätzlich unterstrich.[36]

Mit der Euro-Einführung am 1. Januar 1999 stellte Frankfurt das amtliche Fixing und jeder andere deutsche Standort seinen Handel ein. Stattdessen veröffentlicht die Europäische Zentralbank arbeitstäglich um 14:15 Uhr Referenz-Mittelkurse für 35 Währungen. Darunter befinden sich die wichtigsten Devisen, sowie Währungen der Länder, die unter Beitrittsverhandlungen zur Europäischen Union stehen.[37] Im Vergleich zum außerbörslichen Handel wurden an Devisenbörsen seit dem Aufkommen des telefonischen Handels aufgrund höherer Kosten nur geringe Umsätze erreicht, weshalb es international nur noch wenige Börsen gibt, an denen Devisen-Kassageschäfte getätigt werden können.[38] Die Zahl der Terminbörsen mit Devisenprodukten ist höher – die NASDAQ OMX Philadelphia Stock Exchange (NASDAQ OMX PHLX), die CME Group[39], die Intercontinental-

---

[33] Vgl. Oliver und Hayward 2007; S. www.dbfx.com, www.abnamromarketindex.com, www.citifxpro. com und www.ibb.ubs.com/fx_client_portal_welcome.

[34] Vgl. Oliver 2006, S. 40.

[35] S. Pohl 1992a, S. 269; Holtfrerich 1999, S. 198 u. S. 277.

[36] Vgl. Grote 2003, S. 210.

[37] Vgl. Thießen und Wendler 1998, S. 1075; Deutsche Bundesbank 2006a, S. 65.

[38] Vgl. Thießen 1995b, S. 16 f.; Wendler 2000, S. 178.

[39] 2007 aus einer Fusion der Futures- und Optionsbörsen Chicago Mercantile Exchange (CME) und Chicago Board of Trade (CBOT) entstanden

Tabelle 3.1.: Devisenumsatz nach Kontrahenten

	1995	1998	2001	2004	2007
	%	%	%	%	%
With reporting dealers	64	64	59	53	43
With other financial intitutions	20	20	28	33	40
With non-financial customers	16	17	13	14	17
Local	46	46	43	39	38
Cross-border	54	54	57	61	62

Quelle: BIS 2007, S. 6

Exchange[40] (ICE), die NYSE Euronext[41] sowie die Börse Stuttgart sind nur einige Beispiele, an denen Devisen-Terminprodukte gehandelt werden können.[42]

Tabelle 3.1 zeigt, dass der überwiegende Anteil (43 % in 2007) des Devisenhandels im Interbankenmarkt stattfindet, wenn auch mit sinkender Tendenz. Der Handel mit Unternehmen außerhalb des finanzwirtschaftlichen Sektors macht mit 14 % im Jahr 2007 den geringsten Anteil am Devisenumsatz aus.[43] Sie macht außerdem deutlich, dass im Zuge der Globalisierung der Anteil grenzübergreifender Devisengeschäfte gestiegen ist. International gelten London, New York, Tokio, Singapur, Frankfurt und Hongkong als wichtige Zentren des Interbankenhandels. Durch weltweite Handelszentren findet ein Devisenhandel an Arbeitstagen nahezu rund um die Uhr statt (Abb. 3.3).

Die Aufschlüsselung des Devisenhandels nach Ländern[44] (Abb. 3.4) veranschaulicht die Bedeutung obiger Finanzzentren: Großbritannien und die USA machen zusammen rund die Hälfte des gesamten Devisenhandels aus. Zusammen mit Japan, Singapur, Hongkong und Deutschland sind es rund 70 %. Dieser Anteil am Gesamtumsatz ist seit Jahren ähnlich hoch. Die Anzahl der Banken, die für den Großteil des Devisenumsatzes verantwortlich sind, ist hingegen in den Jahren 1995 bis 2007 gesunken.[45] So war die Deutsche Bank im Mai 2005 alleine für rund

---

[40] Seit der Übernahme des New York Board of Trade (NYBOT).

[41] An der London International Financial Futures and Options Exchange (LIFFE).

[42] Vgl. Wißkirchen 1995, S. 19 ff.; www.nasdaqtrader.com; www.cmegroup.com; www.theice.com; www.euronext.com; www.boerse-stuttgart.de.

[43] Vgl. Galati und Melvin 2004, S. 75 ff.

[44] Die Sonderverwaltungszone Hongkong wird in diesem Zusammenhang als Land betrachtet.

[45] Vgl. Tabelle B.4 in BIS 2007, S. 9.

Abbildung 3.3.: Weltweite Devisen-Handelsplätze und -zeiten

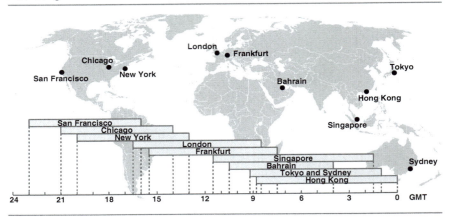

Quelle: Eigene Abb. nach EITEMAN 2007

Abbildung 3.4.: Entwicklung der Devisenumsätze nach Ländern

Umsatzanteil am durchschnittlichen Tagesumsatz im April [%]

Bereinigt um inländische Doppelzählungen.

Quelle: BIS 1996, S. 14; BIS 2007, S. 5 f.

17 % des weltweiten Devisenumsatzes der Banken verantwortlich.[46] Es folgten UBS mit 12,5 % und Citigroup mit 7,5 %. Der Erhebung zufolge machten die zehn umsatzstärksten Banken annähernd dreiviertel des Gesamtumsatzes aus.

KMU, die am Devisenmarkt teilnehmen wollen, können dies zwar nicht direkt, aber sowohl über ihre Kreditinstitute, als auch mithilfe kostenloser Software über

---

[46]   Vgl. Martin 2006, S. 20.

Devisen-Broker und -Dealer tun. Neben dem zu zahlenden Spread, fallen ihnen dabei vergleichsweise niedrige Kosten an. Mit der Einführung der Mini-Lots lassen sich außerdem Volumina handeln, die den Anforderungen von KMU besser entsprechen. Die Untersuchung des Devisenhandels hat außerdem gezeigt, dass KMU an Terminbörsen die für die Absicherung von Währungsrisiken wichtigen Termingeschäfte tätigen können. Damit stehen ihnen – über die Angebote ihrer Banken hinaus – Wege zur Verfügung, ein eigenständiges Währungsrisikomanagement zu betreiben.

3.3. Währungssysteme

Die Ausführungen über den Devisenhandel haben gezeigt, aus welchen Komponenten sich die verschiedenen Preise zusammensetzen. Das zugrunde liegende Währungssystem, das auch als Wechselkurssystem bezeichnet wird und aus internationalen Vereinbarungen oder einseitigen Beschlüssen besteht, gestaltet die Wechselkursbildung der beteiligten Währungen.[47] Aus diesem Grund sind Währungssysteme für die Preise an den Devisenmärkten und damit für die über Währungsgrenzen hinaus Handel betreibenden Unternehmen von großer Bedeutung.

3.3.1. Klassifizierung von Währungssystemen

Bei Währungssystemen kann zwischen zwei extremen Ausprägungen unterschieden werden:

- In einem System *flexibler Währungskurse (unabhängiges Floating)* bilden sich Wechselkurse im Devisenhandel durch Devisenangebot und -nachfrage. Eingriffe der zugehörigen Währungsbehörden dienen dem Dämpfen auftretender Wechselkursänderungen und nicht der Herstellung gezielter Paritätswerte.[48] Es lassen sich dennoch geldpolitische Rahmenbedingungen, wie ein Geldmengen- oder Inflationsziel, ausmachen und zuordnen.[49] Die wichtigsten Währungen, US-Dollar, Euro, Japanische Yen, Britisches Pfund Sterling und Schweizer Franken sind Währungen frei floatender Währungssysteme.

- Ein System *fixer Wechselkurse* besteht aus einer festen Relation zwischen einer Anker- und der Heimatwährung. Die Währungsbehörden eines Landes erklären sich bereit, die Devisen zu diesem fixierten Kurs unbegrenzt zu kaufen und zu verkaufen. Als Ankerwährung dient in der Regel eine

---

[47] Vgl. www.bundesbank.de.
[48] Aufgrund der Eingriffe wird dieses System auch als „dirty floating" bezeichnet.
[49] Vgl. Spaltenbezeichnungen in Deutsche Bundesbank 2009, S. 51.

bedeutende Währung wie der US-Dollar, ein Währungsverbund oder ein Währungskorb. Eine weitere Möglichkeit ist die Aufgabe der eigenen Währung als gesetzliches Zahlungsmittel. Stattdessen wird eine Fremdwährung oder das Zahlungsmittel einer Währungsunion verwendet. Deutschland sowie elf weitere europäische Länder trafen diese Wahl, als sie am 1. Januar 2002 ihre Währungen durch den Euro ablösen ließen.

Zwischen frei floatenden und absolut fixen Währungssystemen liegen weitere Möglichkeiten, die Eigenschaften beider Systeme in unterschiedlichen Ausprägungen vereinen. Beispiele hierfür sind Regelungen fester Wechselkurse mit Bandbreite, stufenweiser Anpassung und in Form eines Currency Boards sowie Systeme kontrollierten Floatings.[50]

- In *Währungssystemen mit stufenweiser Anpassung* („crawling pegs") existiert ein fixer Wechselkurs, teilweise mit Bandbreite, zu einer Ankerwährung, einem Währungskorb oder einem Gut. Dieser Wechselkurs wird in regelmäßigen Abständen überprüft und gegebenenfalls in begrenzter Höhe angepasst. Als Beispiel führte Polen 1991 nach Bindung an den US-Dollar ein Währungssystem fester Wechselkurse mit stufenweiser Anpassung ein. Der Złoty war an einem Warenkorb aus fünf Währungen[51] gebunden und wurde monatlich gegenüber diesem abgewertet.[52] Am 12. April 2000 ging Polen in ein freies Floating mit Inflationsziel über.

- Auch beim *Currency Board System* (CBS) handelt es sich um ein Währungssystem mit fester Parität zu einer Ankerwährung. Die Konvertibilität der Heimatwährung zur Ankerwährung wird vom CBS garantiert und ist gesetzliche Grundlage. Die zugehörige Währungsbehörde ist dazu aufgefordert, in unbegrenztem Umfang die Ankerwährung gegen die Heimatwährung zu wechseln. Die Geldbasis des Landes muss durch Reserven der Ankerwährung gedeckt sein – eine Geldmengenveränderung findet somit nur durch ein Ungleichgewicht in der Zahlungsbilanz statt. Das Beispiel Bulgarien besitzt seit August 1997 ein CBS mit Bindung zur DM bzw. seit Januar 1999 zum Euro.[53]

- *Währungssysteme mit Bandbreite* lassen das freie Floaten innerhalb einer zuvor festgelegten Ober- und Untergrenze zu. In der Regel bestimmen sich diese aus einer angestrebten Parität zu einer Ankerwährung und einer

---

[50] Vgl. Vollmer 2005, S. 179.
[51] US-Dollar, Deutsche Mark, Englische Pfund Sterling, Französischer Franc und Schweizer Franken.
[52] Vgl. Brüggemann u. a. 2000, S. 134.
[53] Vgl. Bender 2004, S. 56 f.

zulässigen prozentualen Schwankungsspanne. Läuft der Wechselkurs Gefahr, die obere oder untere Grenze zu durchqueren, ist die Notenbank des Landes zu Interventionen durch Devisen-Stützungskäufe und -verkäufe gezwungen. Während große Bandbreiten zu Unsicherheiten bei Außenhandelsbeziehungen führen, können geringe Bandbreiten bei unterschiedlicher wirtschaftlicher Entwicklung beider Länder zu häufigen Paritätsänderungen und einseitigen Währungsspekulationen führen.[54] Das Beispiel Dänemark ist seit dem 1. Januar 1999 Mitglied des Wechselkurs-Abkommens Wechselkursmechanismus II (WKM II). Dieses sieht für Dänemark vor, dass der Wechselkurs der Dänischen Krone zum Euro nur um ±2,25 % vom Paritätskurs 7,46038 Skr/€ abweichen darf.[55]

- Beim *kontrollierten Floating* ohne vorgegebenen Wechselkurspfad interveniert die zugehörige Währungsbehörde am Devisenmarkt, um starke Wechselkursschwankungen zu dämpfen und währungspolitische Ziele zu erreichen. Die Eingriffe sind unangekündigt und erfolgen in unregelmäßigen Abständen. Die Währungsbehörde verpflichtet sich nicht, den Wechselkurs in Verhältnis zu einem gesetzten Paritätskurs oder -bereich stabil zu halten.[56]

Eine Übersicht bezüglich der Wechselkursregelungen, des geldpolitischen Rahmens und der zugehörigen Länder (Stand 2008) liefert der Exkurs A.1 auf Seite 227.

3.3.2. Währungssysteme im historischen Verlauf

Nachdem am 15. August 1971 US-Präsident Nixon die Konvertibilität des Dollar in Gold vorübergehend aussetze[57], lösten sich weitere westeuropäische Staaten sowie Japan vom 1944 beschlossenen Bretton-Woods-System (BWS) fester Wechselkurse.[58] Das offizielle Ende des BWS in Form eines IWF-Beschlusses erfolgte am 8. Januar 1976 und bedeutete ein Floaten der Wechselkurse sowie die Freigabe des offiziellen Goldpreises.[59]

---

[54] Vgl. Rübel 2002, S. 134 ff.

[55] Vgl. Danmarks Nationalbank 2003, S. 23.

[56] Vgl. Deutsche Bundesbank 2009, S. 51.

[57] Den verausgehenden Verlauf schildert Anhang A.2 auf Seite 230.

[58] Bis 1969 bestand für die Zentralbanken der Mitgliedsländer die Möglichkeit, ihre US-Dollar-Reserven gegen Gold zu tauschen. Da sich die Goldreserven in Höhe von ca. 10 Mrd. US-$ Devisenreserven anderer Zentralbanken von zusammengerechnet rund 50 Mrd. US-$ gegenüber gestellt sahen, wurde die Goldbindung des US-Dollars aufgehoben. Vgl. auch Buckley 2004, S. 22 f.; Meyer und Stadtmüller 1972, S. 32.

[59] Vgl. Rudolph 1992, S. 321.

Abbildung 3.5.: Entwicklung ausgewählter Devisen zur Deutschen Mark

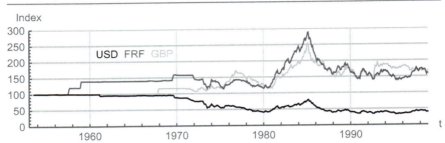

Monatliche Durchschnittswerte der täglichen amtlichen Notierungen an der Frankfurter Börse im Zeitraum 08/1953–12/1998. Index 100 = Devisenkurs vom August 1953.

Quelle: Deutsche Bundesbank 2006b

Seit dem Ausscheiden der Deutschen Mark aus dem BWS nahe einem Wechselkurs von 4 DM/US-$ erfuhr sie in einer annähernd zehnjährigen Periode eine Befestigung gegenüber dem US-Dollar um mehr als 100 %. Im Anschluss büßte die Deutsche Mark innerhalb von fünf Jahren die Hälfte ihres Wertgewinns wieder ein, um keine drei Jahre später erneut bei einem Wechselkurs von unter 2 DM/US-$ zu stehen. Abb. 3.5 verdeutlicht die starken Kursschwankungen, denen sich die DM nach Lösung vom US-Dollar ausgesetzt sah.

In Europa setzten sich nach dem Scheitern des BWS Überlegungen einer innereuropäischen Wechselkurslösung fort. Bereits während des BWS wurden durch das *Europäische Währungsabkommen (EWA)* Absprachen zwischen einigen europäischen Staaten getroffen.[60] Hierzu gehörte die freiwillige Begrenzung der Wechselkursschwankungen einiger EWG-Mitgliedsstaaten zum US-Dollar auf ±0,75 % anstatt ±1 %. 1970 wurde der „Werner-Bericht" veröffentlicht, in dem erstmals konkrete Schritte zur Verwirklichung einer Europäischen Wirschafts- und Währungsunion (EWWU) festgehalten wurden. 1972 einigten sich sechs europäische Staaten im *Europäischen Wechselkursverbund* auf eine Begrenzung der Wechselkursschwankungen in Höhe von ±2,25 %. Eine Wirtschaftskrise Mitte der siebziger Jahre stoppte den Integrationsprozess. Erst mit dem *Wechselkursmechanismus I (WKM I)*, auch Europäisches Währungssystem I (EWS I) genannt, konnten wesentliche Schritte des Werner-Berichts umgesetzt werden.[61]

---

[60] Vgl. Vollmer 2005, S. 239.
[61] Vgl. Scheller 2004, S. 15 ff.

Am 13. März 1979 fand erstmals eine einheitliche Währungseinheit namens European Currency Unit (ECU) Einzug in ein innereuropäisches Währungssystem. Basierend auf einem Währungskorb der neun Mitgliedswährungen befand sich der ECU im freien Floating zu außereuropäischen Währungen wie dem US-Dollar oder dem Japanischen Yen. Jede Mitgliedswährung besaß außerdem eine feste Parität zum ECU, die lediglich eine Abweichung innerhalb einer Bandbreite von ±2,25 % zuließ.[62] Es bestand die Möglichkeit, mithilfe eines förmlichen Verfahrens die Parität zu ändern, um einseitigen Devisenspekulationen vorzubeugen.

Wie die Wechselkursentwicklung zwischen der Deutschen Mark und dem Französischen Franc in Abb. 3.5 zeigt, durchlief das EWS I während seines Bestehens zahlreiche Krisen, die mittel- bis langfristig zu starken Wechselkursveränderungen führten. Aufgrund anhaltender Unterschiede in der inflationären, konjunkturellen und zinspolitischen Entwicklung der Mitgliedsländer wurde am 2. August 1993 die zulässige Bandbreite auf ±15 % erhöht.[63] Zwischenzeitlich beschlossen 1988 zwölf europäische Länder das Voranschreiten in der Verwirklichung einer EWWU. Im „Delors-Bericht" wurde hierfür ein Drei-Stufen-Plan ausgearbeitet, dessen Umsetzung am 1. Juli 1990 begann. Die Umsetzung der dritten Stufe am 1. Januar 1999 beendete den WKM I und führte den Euro als amtliches Zahlungsmittel in zwölf europäischen Ländern[64] ein. Gleichzeitig traten zwei weitere europäische Länder[65] dem Wechselkursmechanismus II, auch Europäisches Währungssystem II (EWS II) genannt, bei.

In der momentanen Lage müssen KMU beim Handel mit Ländern der europäische Währungsunion keine Wechselkursschwankungen berücksichtigen. Dies führt zu einer Intensivierung des Handels innerhalb des Währungsraums durch niedrige Transaktionskosten, wie Absicherungs-, Umtausch- oder währungsübergreifende Überweisungskosten, einer höheren langfristigen Investitionssicherheit und einer größeren Preistransparenz.[66] Der Handel mit Fremdwährungsländern untersteht aufgrund des unabhängigen Floatings jedoch weiterhin dem Währungsrisiko, was insbesondere von ex- und importierenden KMU sowie bei vorhandenen Tochterunternehmen im Ausland zu berücksichtigen ist.

---

[62] Spanien und Großbritannien besaßen eine zulässige Bandbreite von ±6 %.

[63] Vgl. Scheller 2004, S. 15 ff.; Vollmer 2005, S. 239 ff.; Rübel 2002, S. 189 ff.

[64] Belgien, Deutschland, Finnland, Frankreich, Griechenland, Republik Irland, Italien, Luxemburg, Niederlande, Österreich, Portugal und Spanien; durch Währungsabkommen (mit Teilnehmerländern) auch Andorra (E, F), Monaco (F), San Marino (I) und Vatikanstadt (I).

[65] Dänemark und Griechenland; später folgen Estland, Lettland, Litauen, Malta, die Slowakei und Slowenien.

[66] Vgl. Sachverständigenrat 2005, S. 425.

Abb. 3.5 verdeutlicht die Höhe der Schwankungen, die KMU auch kurzfristig treffen können. Sie zeigen außerdem, dass bestehende Währungssysteme – wie fixe Wechselkurse – keine absolute Sicherheit bieten. Durch das Auseinanderdriften wirtschaftlicher Entwicklungen oder dem Eintreten gravierender Ereignisse, wie Kriege, besteht die Möglichkeit, dass diese kippen und durch andere Systeme ersetzt werden.

4. Internationales Risikomanagement

In frühen Epochen war der Risikobegriff, ebenso wie Wahrscheinlichkeitsaussagen über zukünftige Ereignisse, unbekannt. Bis zur Renaissance wurde die Zukunft als von Gott bestimmt oder reine Glückssache angesehen. Entscheidungen beruhten nicht auf mathematischen Überlegungen, sondern wurden „aus dem Bauch heraus" getroffen. Erst mit dem hindu-arabischen Zahlensystem, das im 8. Jahrhundert entstanden und im 10. Jahrhundert in Europa eingeführt wurde, begann sich das Bewusstsein für eine Risikosteuerung zu entwickeln. Es dauerte weitere Jahrhunderte, bis sich das Risikomanagement der Neuzeit entwickeln konnte und die Wahrscheinlichkeitsrechnung Einzug in betriebswirtschaftliche Entscheidungen fand. BERNSTEIN identifiziert „die Vorstellung der Risikosteuerung" als wesentlichen Unterschied zwischen den Jahrtausenden vergangener Geschichte und der Neuzeit.[1] Die Bedeutung, die Risiken und der Umgang mit Ihnen für die Betriebswirtschaft und den Bereich der internationalen Finanzierung erlangt hat, erfordern eine tiefgehende Auseinandersetzung mit dem Begriff, seiner Bedeutung und der Darstellung in Form von Maßzahlen.

4.1. Risikodefinition und -abgrenzung

Das Wort *Risiko* hat seine Wurzel im griechischen Wort „rhiza", was mit „Klippe" oder sinngemäß mit „Gefahr" übersetzt werden kann. Hieraus entsprang sowohl das italienische Wort „risico, risco" als auch das französische „risque", das spanische „riesgo" und das deutsche „Risiko". Alle diese Wörter können umgangssprachlich mit den Begriffen „Gefahr" und „Wagnis" gleichgesetzt werden.[2] Sie sind negativ geprägt und bilden das Antonym zu den positiven Begriffen „Chance" und „Sicherheit". Die negativ besetzte Herkunft des Wortes „Risiko" hat sich im allgemeinsprachlichen Bereich bis heute gehalten. In der finanzwirtschaftlichen Literatur sind hingegen auch neutrale Definitionen des Risikobegriffs anzutreffen. Unabhängig vom Definitionsansatz ist es nicht möglich, die zahlreichen Elemente des Risikobegriffs in nur einem Satz zu erfassen. Während das folgende Kapitel sich mit der Beschreibung der beiden unterschiedlichen Risikoauffassungen befasst, widmet sich das anschließende Kapitel der Abgrenzung des Risikos vom verwandten Begriff der Ungewissheit.[3]

---

[1] Vgl. Bernstein 2004, S. 9 ff. und S. 30 ff.
[2] Vgl. Hermann 1983, S. 421; Drosdowski 1989, S. 595.
[3] Vgl. McNeil u. a. 2005, S. 1.

4.1.1. Gefahr oder Streuung?

Wissenschaftliche Abhandlungen und Lehrbücher aus dem Bereich der Bankbetriebslehre beinhalten oft eine zur Gemeinsprache analoge Risikodefinition. Sie beschreibt Risiko als Gefahr, dass zu einem zukünftigen Zeitpunkt etwas unerwartetes, negatives eintritt.[4] Diese Art von Definitionen beschränkt sich bewusst auf negative Ereignisse, wie die eines unerwarteten zukünftigen Verlustes und wird deshalb auch als *Downside-Risk* bezeichnet.[5] Mögliche positive Abweichungen werden in diesem Fall als *Chance* bezeichnet, so dass sich Risiko und Chance gegenüber stehen. Das Gabler Bank-Lexikon definiert den Begriff „bankbetriebliche Risiken" in diesem Sinne als „*... Gefahr der negativen Abweichung eines zukünftigen realisierten ökonomischen Wertes vom erwarteten Wert.*"[6] Das Risiko eines Kreditausfalls, dem keine Abweichung in entgegengesetzter Richtung gegenüber steht,[7] verdeutlicht die einseitige und unsymmetrische Verteilung des Downside-Risks.[8] Das vorwiegend in Finanzunternehmen eingesetzte Risikomaß *Value at Risk* (VaR) ist ein verbreitetes Beispiel für eine Beschränkung auf negative Abweichungen vom Erwartungswert.[9] Eine weitere Risikogröße, der *Cashflow at Risk* (CFaR) überträgt das VaR-Konzept von der Wertebene in die Zahlungsstromebene, um es auf die Eigenschaften von Unternehmen außerhalb des Finanzsektors anzupassen.[10] Es macht deutlich, dass sich die Risikodefinition im Sinne des Downside-Risks nicht auf den Bereich der Bankbetriebslehre beschränkt, sondern auch im allgemeinen Risikomanagement Anwendung findet. ROMEIKE definiert in einem Nachschlagewerk zum Risikomanagement den Risikobegriff als „*die Möglichkeit eines Schadens oder Verlustes als Konsequenz eines bestimmten Verhaltens oder Geschehens; dies bezieht sich auf Gefahrensituationen, in denen nachteilige Folgen eintreten können, aber nicht müssen.*"[11] Gleichzeitig weist ROMEIKE aber bereits darauf hin, dass die negative Besetzung nicht selbstverständlich ist.

---

[4]   Vgl. Hartmann-Wendels u. a. 2007, S. 329; Rejda 2005, S. 3; Hager 2004, S. 9; Koch und MacDonald 2003, S. 118; Obst und Hintner 2000, S. 719; Büschgen 1999, S. 865 ff.; Schierenbeck und Hölscher 1998, S. 330 f.; Betge 1996, S. 273.

[5]   Vgl. Volkart 2008, S. 209; Hartmann-Wendels u. a. 2007, S. 328 ff.; Obst und Hintner 2000, S. 719.

[6]   Krumnow u. a. 2002, S. 123.

[7]   Wird die durchschnittliche Ausfallquote vergangener Jahre als Erwartungswert herangezogen, sind positive Abweichung in Form einer geringeren durchschnittlichen Ausfallrate möglich. Auf diese Weise kann ein einseitiges Risiko in ein zweiseitiges Risiko überführt werden. S. Rockafellar u. a. 2002.

[8]   Vgl. Bröder 2006, S. 14 f.

[9]   S. Kapitel 4.3.3.

[10]   Vgl. Hager 2004, S. 4 f.

[11]   Romeike 2004, S. 102.

Entgegen dem gemeinsprachlichen Gebrauch folgt ein Teil der finanzwirtschaftlichen Literatur einer Interpretation, die Risiko als Streuungsmaß auffasst.[12] Sie entstammt der mathematischen Wahrscheinlichkeitstheorie und berücksichtigt Werte, die sowohl negativ als auch positiv vom erwarteten Wert abweichen. Risiko wird demnach als mögliche Abweichung des potentiellen Ergebnisses vom ex ante mit der größten Wahrscheinlichkeit angenommenen Ergebnis verstanden. Dem Risiko steht dieser Definition nach der Begriff „Sicherheit" und nicht „Chance" gegenüber. Die Bezeichnung „Chance" ist Teil des Risikos und beschreibt positive Abweichungen vom erwarteten Wert. Ebenso Teil des Risikos ist der Begriff „Gefahr", der negative Abweichungen vom erwarteten Wert beschreibt und das Antonym zur Chance darstellt. Auch innerhalb dieser (zweiseitigen) Definition, kann Risiko unter Berücksichtigung der „Prospect Theory"[13] oder der Erwartungsnutzentheorie[14] als negativ angesehen werden, obwohl ein positives Ergebnis in Form eines höheren Erwartungswertes möglich ist. Dies resultiert aus der Beobachtung, dass die Mehrheit der Menschen – zumindest im Gewinnbereich – risikoavers denken und handeln.

Die Risikofeindlichkeit, die gleichzeitig eine Nähe zur Sicherheit bedeutet, wird durch folgendes Beispiel verdeutlicht: Vor die Wahl gestellt, sichere 100 € zu gewinnen oder an einem Spiel teilzunehmen, in dem mit einer Wahrscheinlichkeit von je 0,5 nichts oder 200 € gewonnen wird, entscheidet sich die Mehrheit trotz gleicher Erwartungswerte für die sichere Alternative. Der „durchschnittliche Mensch" möchte für die Übernahme eines Risikos entlohnt werden – in welcher Höhe entscheidet der Grad der Risikoaversion. Obwohl Risiko sowohl im Sinne der Verlustgefahr als auch im Sinne einer Abweichung vom zukünftigen Erwartungswert negativ geprägt ist, muss zwischen beiden Ansichten unterschieden werden. Abb. 4.1 stellt sie schematisch gegenüber.

Risikodefinitionen, die sich auf eine der beiden Ausführungen stützen, haben neben der negativen Prägung eine weitere Gemeinsamkeit: den zukünftigen Zeitbezug. Obwohl einige Risikodefinitionen keinen zeitlichen Bezug aufweisen oder lediglich von Veränderungen zwischen zwei Zeitpunkten sprechen, ist es sinnvoll, sich zur Bestimmung eines Risikos auf die Berücksichtigung zukünftiger Ereignisse zu beschränken.[15] Anderenfalls ist Risiko – zumindest theoretisch –

---

[12] Vgl. Jorion 2007, S. 75; Drukarczyk 2003, S. 47; Albrecht 2003, S. 8; Jokisch und Mayer 2002, S. 130 ff.

[13] S. Kahneman und Tversky 1984.

[14] Die Grundlage der Erwartungsnutzentheorie legte Daniel Bernoulli 1738 in seinem Aufsatz „Specimen Theoriae Novae de Mensura Sortis", vgl. Speise 1982. Entscheidend weiterentwickelt wurde die Theorie u. a. von Jevons und Sharpe, vgl. Bernstein 2004, S. 331 f.; S. Jevons 1995; Sharpe 1990.

[15] Vgl. Artzner u. a. 1999, S. 205.

Abbildung 4.1.: Symmetrisches und asymmetrisches Risikoverständnis

Symmetrisches Risikoverständnis   Asymmetrisches Risikoverständnis

| **Risiko** Abweichung möglich Gefahr \| Chance | ⟺ | **Sicherheit** keine Abweichung | | **Risiko** mögliche negative Abweichung | ⟺ | **Chance** mögliche positive Abweichung |

Erwartungswert   Erwartungswert

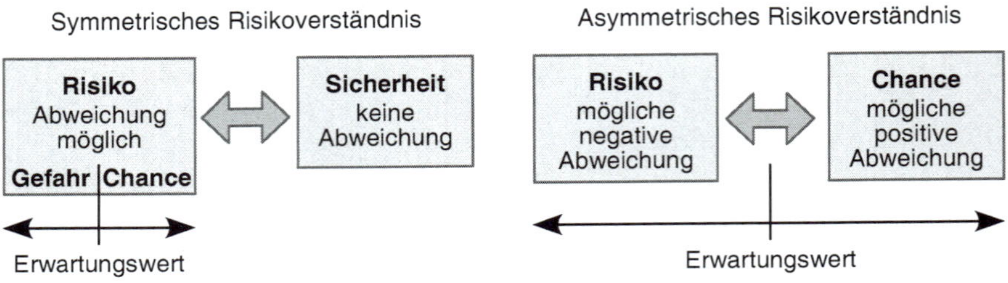

Quelle: eigene Abb.

durch das Sammeln oder Erwerben zusätzlicher Informationen über bereits erfolgte und damit sichere Ereignisse zu vermeiden.

4.1.2. Risiko versus Ungewissheit

Abseits der Diskussion über die negative Prägung, bestehen in der Literatur unterschiedliche Auffassungen über den Umfang des Risikobegriffs und seiner Abgrenzung zu ähnlichen Begriffen.[16] Im Zentrum steht die Frage, ob der Risikobegriff alle Situationen mit unsicherem Ausgang beinhaltet oder zwischen mehreren Informationszuständen unterschieden werden muss. In der Entscheidungstheorie, einem Zweig der angewandten Wahrscheinlichkeitstheorie, unterteilen BAMBERG und COENENBERG die Summe aller denkbaren Entscheidungssituationen in drei Zustände: die „Entscheidung unter Sicherheit", die „Entscheidung unter Ungewissheit" und die „Entscheidung unter Risiko".[17] Neben diesen drei eindeutigen Kategorien sind auch Mischformen denkbar. Eine Entscheidung unter Sicherheit steht den anderen beiden Formen gegenüber, weshalb Entscheidungen unter Risiko und Ungewissheit gelegentlich zu „Entscheidungen bei Unsicherheit" zusammengefasst werden.[18]

Die betriebswirtschaftliche Entscheidungstheorie greift zur Differenzierung der drei Kategorien auf ein Entscheidungsmodell zurück. Das Entscheidungsfeld des Modells besitzt vereinfacht betrachtet einen Aktionsraum A, in dem sich die Entscheidungsalternativen befinden, einen Zustandsraum Z, der die verschiedenen Umweltzustände repräsentiert und eine Ergebnisfunktion $g(a_i, z_j)$,

---

[16] Zu den unterschiedlichen Positionen s. Schneider 1992; Bamberg und Coenenberg 2006.
[17] Vgl. Bamberg und Coenenberg 2006, S. 40. Die Unterscheidung zwischen Risiko und Ungewissheit beruht auf einem 1921 erschienenem Werk von Frank H. KNIGHT, s. Knight 1921.
[18] Vgl. Schmidt und Terberger 2003, S. 276; Schäfer 2005, S. 223.

die aus einer Aktion $a_i \in A$ und einem Umweltzustand $z_j \in Z$ ein Ergebnis x_{ij} generiert. Die Ergebnisfunktion kann eine oder mehrere der bereits genannten drei Informationszustände aufweisen.

Sicherheit besteht, wenn sich mithilfe der Ergebnisfunktion $g(a_i, z_j)$ jeder Umweltzustand-Aktion-Kombination $a_i z_j$ ein bekanntes Ergebnis x_{ij} zuweisen lässt. Der Fall vollkommener Informationen, der für eine Entscheidungssituation unter Sicherheit nötig ist, tritt in betriebswirtschaftlichen Entscheidungssituationen selten auf.[19] Unvorhersehbare Ereignisse, wie beispielsweise Naturkatastrophen oder Terroranschläge, wirken sich direkt oder indirekt auf relevante Marktfaktoren aus und führen kurzfristig zu Veränderungen des Ergebnisses. Neben diesen unvorhersehbaren Einflüssen bestehen aufgrund der hohen Komplexität betriebswirtschaftlicher Entscheidungsprozesse auch unbekannte und somit unberücksichtigte Faktoren. Die Ermittlung bekannter Marktfaktoren unterliegt zeitlichen und finanziellen Restriktionen. Sie verhindern in den meisten Fällen, dass eine Situation vollkommener Information erreicht werden kann. Obwohl Entscheidungsprozesse unter Sicherheit aufgrund ihrer Realitätsferne nur schlechte Handlungsempfehlungen für die Wirklichkeit sein können, besitzen zahlreiche Modelle bewusst diese Voraussetzung.[20] Mit ihnen lassen sich Ergebnisse verschiedener Szenarien mit relativ geringem Aufwand berechnen und Entwicklungsverläufe abbilden. Das Resultat darf nicht als Prognose missverstanden werden, sondern dient dem Verantwortlichen als Entscheidungshilfe.

Der Informationszustand einer *Risiko*-Situation ist dadurch gekennzeichnet, dass die feste Zuordnung eines Ergebnisses x_{ij} durch die Ergebnisfunktion $g(a_i, z_j)$ fehlt. Stattdessen liegen dem Entscheidungsträger objektive oder subjektive Wahrscheinlichkeiten vor. Objektive Wahrscheinlichkeiten beruhen auf mathematischen oder statistischen Berechnungen und sind frei von personengebundenen Einflüssen. Ein Beispiel für objektive Wahrscheinlichkeiten sind Lotteriespiele oder ein (perfektes) Roulette-Spiel, da sich die Wahrscheinlichkeit eines Gewinns mittels mathematischer Gleichungen eindeutig ermitteln lässt. Objektive Wahrscheinlichkeiten können nicht für jede Situation berechnet werden, in manchen Fällen muss auf subjektive Wahrscheinlichkeitsverteilungen zurückgegriffen werden. Subjektive Wahrscheinlichkeiten entstehen durch Einschätzungen einer oder mehrerer Personen. Ihnen liegen bestenfalls Überlegungen und Erfahrung, manchmal aber nur Glaube oder Neigung zugrunde. Entscheidungen, die auf rein subjektiven Wahrscheinlichkeiten basieren, können i. d. R. nur schwierig begründet werden. In betriebswirtschaftlichen Entscheidungssituationen sind deshalb oft Mischformen zu beobachten, die beispiels-

---

[19] Vgl. Bamberg und Coenenberg 2006, S. 43.
[20] Vgl. Schneider 1992, S. 36.

weise objektive Wahrscheinlichkeiten einer vergleichbaren Situation – angepasst durch subjektive Einschätzungen der Entscheidungsträger – beinhalten.

Unabhängig davon, ob Wahrscheinlichkeiten objektiver, subjektiver oder beider Art sind, lassen sich mit ihnen Entscheidungsalgorithmen verwenden, die zu einem begründeten Ergebnis führen. Da objektive Wahrscheinlichkeiten die Entscheidung im gleichen Maße beeinflussen wie subjektive Wahrscheinlichkeiten kann im Folgenden auf ihre Unterscheidung verzichtet werden. Einer Aufteilung in Risikosituationen bei Existenz rein objektiver Wahrscheinlichkeiten und Ungewissheitssituationen bei Vorhandensein subjektiver Einflüsse nach KNIGHT wird – wie in neueren Beiträgen der Entscheidungstheorie üblich – nicht gefolgt.[21]

Die Situation der *Ungewissheit* ist durch unbekannte oder unkalkulierbare Eintrittswahrscheinlichkeiten charakterisiert und weist wie Situationen unter Sicherheit eine geringe praktische Bedeutung auf.[22] Tritt eine Situation ein, die mit keiner zuvor vergleichbar ist und in der Wahrscheinlichkeiten nicht geschätzt werden können, ist eine rationale Entscheidung nicht möglich. In Bezug auf das Entscheidungsmodell bedeutet dies, dass die Umweltzustände z_j und Aktionen a_i bekannt sind, eine Ergebnisfunktion $g(a_i, z_j)$ jedoch fehlt. In der Literatur herrschen unterschiedliche Meinungen zum Fall unter Ungewissheit. Einerseits wird die Auffassung vertreten, dass Ungewissheitssituationen ein fiktives Konstrukt sind und sich in aller Regel (subjektive) Wahrscheinlichkeiten erstellen lassen, andererseits betonen unter anderem BAMBERG und COENENBERG ihre Daseinsberechtigung abseits der Risikosituation.[23] Täglich treffen Entscheidungsträger auf Situationen in denen die Auswirkung einer Aktion nicht prognostiziert werden kann. Teils ist es möglich seinen Informationszustand zu verbessern und die Situation in eine Entscheidung unter Risiko zu überführen. Manchmal fehlt jedoch die Möglichkeit, so dass die Theorie diesen Fall nicht ausklammern darf.[24]

Mit der Entscheidungssituation der Ungewissheit eng verknüpft ist der Begriff der *Spekulation*. Allgemein definiert als *„auf bloßen Annahmen, Mutmaßungen beruhende Erwartung, Behauptung, dass etwas eintrifft"*[25], beschreibt Spekulation im entscheidungstheoretischen Zusammenhang Entscheidungen unter

---

[21] Vgl. Bamberg und Coenenberg 2006, S. 79.

[22] Vgl. Bamberg und Coenenberg 2006, S. 127; Laux 2005, S. 117 f.

[23] Laux 2005, S. 117; Bamberg und Coenenberg 2006, S. 127 f.

[24] BAMBERG und COENENBERG sowie LAUX bieten für Entscheidungssituation bei Ungewissheit verschiedene Entscheidungsregeln an. S. Bamberg und Coenenberg 2006, S. 128 ff.; Laux 2005, S. 106 ff.

[25] Duden 2007, S. 979.

Abbildung 4.2.: Risiko in der Entscheidungstheorie

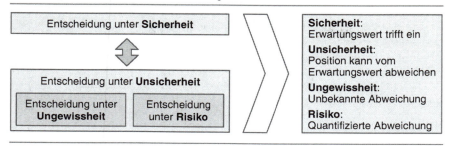

Quelle: eigene Abb.

Ungewissheit. Darüber hinaus beinhaltet eine spekulative Handlung auch diejenigen Entscheidungen unter Risiko, die entgegen den aus den vorliegenden
Wahrscheinlichkeiten resultierenden Erwartungen getroffen werden. Die Teilnahme an einer kostenpflichtigen Lotterie, deren Gewinnwahrscheinlichkeit
nicht einzuschätzen ist, ist demnach ebenso als Spekulation anzusehen wie
die Teilnahme an einer Lotterie mit zwar bekannten, aber unwahrscheinlichen
Gewinnmöglichkeiten. Die Handlung entgegen einer sicheren Erwartung fällt
hingegen nicht unter den Begriff Spekulation. Trifft ein Unternehmen eine derartige Entscheidung, handelt es nicht spekulativ, sondern vorsätzlich entgegen aller
Wahrscheinlichkeit. Eine spekulative Handlung ist nicht erst beim Ausbleiben
der Erwartung, sondern ex ante als solche zu bezeichnen. Auch spekulative Entscheidungen, die sich ex post durch das Eintreten der Erwartung als vorteilhaft
erweisen, bleiben Spekulation.

Der Zusammenhang zwischen Risiko, Ungewissheit, Sicherheit und Unsicherheit ist in der linken Hälfte von Abb. 4.2 dargestellt. Die rechte Seite zeigt daran
angelehnte Kurzdefinitionen, die sich anhand eines Beispiels folgendermaßen
darstellen lassen: Ausgehend von einem Geschäft, bei dem ein kleines oder mittleres Unternehmens einen zukünftigen Zahlungseingang in fremder Währung
erwartet, darf der zu verbuchende Betrag in Heimatwährung ohne Einleitung
von Sicherungsmaßnahmen als *unsicher* gelten. Die Höhe der Einnahme wäre
nur dann *sicher*, wenn die Wahrscheinlichkeit, dass der Betrag am vereinbarten Stichtag eingeht und der Wechselkurs sich nicht verändert, eins beträgt
und damit garantiert ist. Es kann jedoch zu unvorhergesehenen Zahlungsausfäl-
len, Zahlungsverzögerungen oder Wechselkursveränderungen kommen, so dass
es sich bei der Position in Heimatwährung um eine Zufallsgröße X handelt.[26]

---

[26] Die Zufallsgröße besteht in einem Wahrscheinlichkeitsraum Ω, A, P mit der Ergebnismenge Ω,

Solange das Unternehmen keine Informationen über die Wahrscheinlichkeitsverteilung $P(x)$ besitzt, befindet sich es sich in einer Situation der *Ungewissheit*. Erst die Erkenntnis über $P(x)$, also die Quantifizierung der Unsicherheit, wandelt den Zustand in ein Geschäft unter Risiko. Lässt das Unternehmen die Position bewusst unter der durch $P(x)$ unbegründeten Erwartung offen und hofft, dass es von einem sich zum eigenen Vorteil entwickelnden Devisenkurs profitiert, handelt es – ebenso, wie wenn es diese Position erst auf Basis unbegründeter Erwartungen erschafft – spekulativ.[27]

PFLUG und RÖMISCH beschreiben den Prozess der Entscheidungsfindung unter Unsicherheit durch „die drei Ms": Modellierung, Messung und Management.[28] Eine Modellierung beinhaltet die Untersuchung der relevanten Unsicherheiten und die Bestimmung der zugrunde liegenden Wahrscheinlichkeitsverteilung $P(x)$, um in eine Risikosituation zu gelangen. Dies kann auf Basis historischer Daten, theoretischer Überlegungen, aber auch Expertenmeinungen geschehen. Ist die Wahrscheinlichkeitsverteilung gefunden, erfolgt die Messung des Risikos anhand eines Risikomaßes ρ und im dritten Schritt das Management der Risiken.

4.2. Risikomodellierung

Die Risikomodellierung stellt den Übergang einer ungewissen in eine prognostizierte Zukunft dar. Sie führt über keinen festgeschriebenen Weg, sondern ist Gegenstand einer ganzen Reihe verschiedener Ansätze. Die resultierenden Modelle können einerseits dazu genutzt werden, in der Vergangenheit aufgetretene Risikosituationen zu erklären, andererseits versprechen sich Unternehmen durch sie einen Erkenntnisgewinn für die Bewältigung zukünftiger Entscheidungen. Im obigen Beispiel eines kleinen oder mittleren Unternehmens mit zukünftigem Zahlungseingang in fremder Währung hilft das alleinige Wissen über potentielle Wechselkursveränderungen nicht, sich für oder wider eine Devisenkurssicherung zu entscheiden. Ist die Gefahr eines Währungsverlustes hoch, bietet sich eine Absicherung an. Ist die Wahrscheinlichkeit einer Wechselkursveränderung gering oder eine positive Entwicklung wahrscheinlich, wirken sich die Kosten der Absicherung bzw. der Verzicht auf potentielle Währungsgewinne nachteilig aus. Ein Modell, dass die Schwankungen des Wechselkurses zu beschreiben oder gar zu prognostizieren vermag, ermöglicht es dem Unternehmen nicht nur eine Entscheidung pro oder contra, sondern auch über eine geeignete Höhe zu treffen.

---

der Ereignisalgebra A und dem Wahrscheinlichkeitsmaß P. Vgl. Pflug und Römisch 2007, S. 4.

[27] Vgl. Einzig 1975, S. 95.

[28] Vgl. Pflug und Römisch 2007, S. 1 ff.

Abbildung 4.3.: Kategorisierung von Wechselkurs-Prognoseverfahren

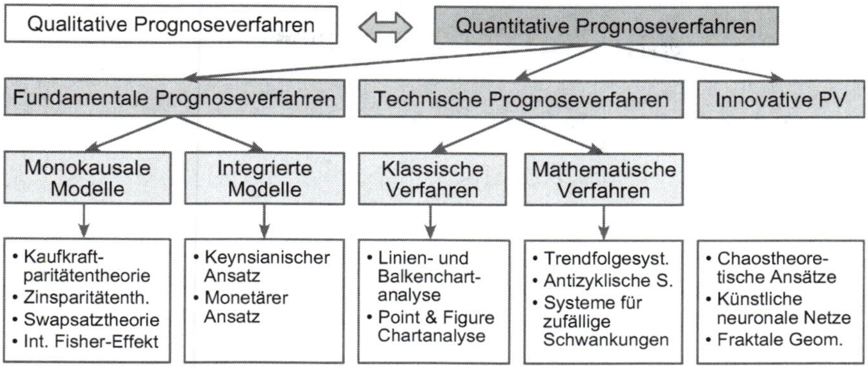

Qualitative Prognoseverfahren	⟺	Quantitative Prognoseverfahren

Fundamentale Prognoseverfahren	Technische Prognoseverfahren	Innovative PV

Monokausale Modelle	Integrierte Modelle	Klassische Verfahren	Mathematische Verfahren
• Kaufkraft-paritätentheorie • Zinsparitätenth. • Swapsatztheorie • Int. Fisher-Effekt	• Keynsianischer Ansatz • Monetärer Ansatz	• Linien- und Balkenchart-analyse • Point & Figure Chartanalyse	• Trendfolgesyst. • Antizyklische S. • Systeme für zufällige Schwankungen	• Chaostheore-tische Ansätze • Künstliche neuronale Netze • Fraktale Geom.

Quelle: eigene Abb. nach Beike 1995, S. 96

BERNSTEIN verweist in seinem Werk über die Geschichte der modernen Risikoge-sellschaft auf zwei Lager, die sich bei der Prognose unsicherer Ereignisse von je-her gegenüberstehen: Die eine Seite gründet ihre Entscheidungen auf historische Zahlen, aus denen sich mithilfe mathematischer oder geometrischer Verfahren Muster gewinnen lassen. Die andere Seite setzt auf subjektive Einschätzungen einer ungewissen Zukunft.[29] Diese Unterteilung findet sich in groben Zügen auch in einer Klassifizierung von BEIKE aus dem Jahre 1999 wieder. Dort wird in Modelle mit subjektiven/qualitativen und Modelle mit objektiven/quantitativen Verfahren unterschieden. Der Bereich der subjektiven Schätzverfahren umfasst intuitive Verfahren sowie Expertenbefragungen und ist vor allem durch eine undurchsichtige und für Außenstehende nicht nachvollziehbare Entscheidungs-findung geprägt. Durch die fehlende Nachprüfbarkeit entziehen sich diese Ver-fahren im Allgemeinen einem wissenschaftlichen Zugang, wodurch vor allem quantitative Verfahren im Fokus wissenschaftlicher Arbeiten stehen. Dennoch weisen sie durch die Berücksichtigung nur schwer quantifizierbarer Faktoren auch Vorteile auf.[30] Die weitaus größere Anzahl von Modellen, Ansätzen und Verfahren befinden sich im Zweig der quantitativen Verfahren. BEIKE gliedert diese zunächst in fundamentale, technische und innovative Verfahren, bevor er in weiteren Ebenen auf spezifische Charakteristika eingeht (Abb. 4.3).[31]

---

[29] Vgl. Bernstein 2004, S. 15.
[30] Vgl. Beike 1999, S. 70 ff.
[31] Vgl. Beike 1995, S. 96.

Die folgenden Kapitel stellen ausgewählte Risiko- und Prognosemodelle vor. Als Zufallsgröße X dient das aus dem Beispiel bekannte Devisenkursrisiko eines KMU, das durch den erwarteten Zahlungseingang eines Kunden in fremder Währung und einer potentiellen Devisenkursänderung entsteht. Zuvor widmet sich das folgende Kapitel jedoch der Random-Walk-Theorie sowie dem Grad der Informationsverarbeitung auf Devisenmärkten.

4.2.1. Die Random-Walk-Theorie

4.2.1.1. Entstehung und Inhalt der Random-Walk-Theorie

1900 beendete der französische Student Louis BACHELIER sein Studium mit einer Dissertation über das Thema „Die Theorie der Spekulation" und legte damit den Grundstein für die Random-Walk-Theorie.[32] Auf den Devisenmarkt übertragen besagt diese Theorie, dass ein Devisenkurs zum Zeitpunkt t keine Rückschlüsse auf die Kurshöhe zum Zeitpunkt $t + 1$ zulässt.[33] Jede kursbeeinflussende Information ist im gegenwärtigen Kurswert berücksichtigt.[34] Die Auswirkungen „neuer Informationen" auf den Kurs sind unbekannt. Wären sie bekannt, weil beispielsweise ein wiederkehrendes Muster zu beobachten ist, würde es sich per Definition nicht um „neue", sondern um bereits bekannte und somit im Kurs eingepreiste Informationen handeln. 1965 wurde vom späteren Wirtschaftsnobelpreisträger Paul A. SAMUELSON bewiesen, dass sich Aktienkurse unter der genannten Voraussetzung auf einem Zufallspfad (Random-Walk) befinden.[35] 1970 greift Eugene F. FAMA die Random-Walk-Theorie auf und unterscheidet bezüglich der Informationseffizienz zwischen drei Fällen.[36] Die einzelnen Formen der als *Effizienzmarkthypothese* bekannten Theorie lassen sich auf den Devisenmarkt übertragen und wie in der folgenden Auflistung beschreiben. Die Informationseffizienz eines Marktes bedingt die Legitimation verschiedener Prognoseverfahren.[37]

- *Schwache Form der Informationseffizienz*: Der Devisenkurs beinhaltet zu jeder Zeit Informationen über die historischen Kurse der Devise. Öffentliche und Insider-Informationen ermöglichen die Prognose zukünftiger Devisenkursentwicklungen und somit eine Überrendite. Während sich die

---

[32] Vgl. Bernstein 2004, S. 250.
[33] S. Bachelier u. a. 2006.
[34] Die zeitnahe Einpreisung aller relevanten Informationen setzt eine ausreichend große Anzahl von qualifizierten, rational handelnden und mit ausreichend finanziellen Mitteln ausgestatteten Marktteilnehmern voraus. Vgl. Beike 1995, S. 89.
[35] S. Samuelson 1965.
[36] S. Fama 1970.
[37] Vgl. Dorfleitner und Klein 2002, S. 499.

reine Technische Analyse auf Basis historischer Daten nicht rechtfertigen lässt, ist die Fundamentalanalyse sinnvoll.

- *Halbstrenge Form der Informationseffizienz*: Der Devisenkurs beinhaltet neben allen Informationen über die historischen Kurse auch alle öffentlich verfügbaren, relevanten Informationen. Dies sind in erster Linie wirtschaftliche und politische Daten der relevanten Währungsgebiete, die über alle Arten von Medien verbreitet werden. Nur nicht-öffentliche Informationen, die einem kleinen Personenkreis zur Verfügung stehen (Insider-Informationen), ermöglichen zusätzliche Erkenntnisse über zukünftige Entwicklungen. Sowohl die Technische als auch die Fundamentalanalyse besitzen keine Bedeutung.

- *Strenge Form der Informationseffizienz*: Die Hypothese der strengen Form der Informationseffizienz besagt, dass die Devisenkurse neben den historischen Kursen und allen relevanten öffentlichen Informationen auch alle nicht öffentlich relevanten Informationen (Insiderinformationen) beinhalten. Aufgrund der Tatsache, dass es keine Informationen gibt, die nicht im Devisenkurs enthalten sind, ist eine Überrendite mithilfe von Devisenkursprognosen nicht möglich. Der Wechselkurs befindet sich zukünftig auf einem Zufallspfad (at random walk).

Devisenkursbewegungen von einem Handelstag zum anderen können unter Annahme der schwachen Form der Informationseffizienz als diskreter stochastischer Prozess ohne Gedächtnis aufgefasst werden.[38] Diese Art von Zufallsprozessen, in der das Folgeglied S_t nur vom vorangehenden Glied S_{t-1} abhängt, gehören zu den Markov-Ketten erster Ordnung. Der zukünftige Devisenkurs ergibt sich also lediglich aus dem gegenwärtigen Kassakurs und einer zufälligen Abweichung ϵ_t. Historische Kassakurse besitzen keinen Einfluss. Ohne zusätzliches Wissen kann sich der morgige Devisen-Schlusskurs ausgehend vom heutigen Stand mit gleicher Wahrscheinlichkeit festigen ($\epsilon > 0$) wie abschwächen ($\epsilon < 0$).[39] Unter der Annahme, dass zukünftige Entwicklungen durch mehrere statistisch unabhängige und identisch verteilte Zufallsvariablen bedingt sind, ergibt sich durch den zentralen Grenzwertsatz eine normalverteilte Wahrscheinlichkeitsdichte von ϵ mit einer Streuung größer null und einem Erwartungswert gleich null.[40] Die linke Seite von Abb. 4.4 zeigt eine Folge von 25 Zufallszahlen mit den beschriebenen Eigenschaften und der Bezeichnung *Gaußscher White-Noise-*

---

[38] Vgl. Hull 2006, S. 326.
[39] Ein gleichbleibender Kurs kann als positive/negative Abweichung von null interpretiert werden.
[40] Vgl. Kerling 1998, S. 15.

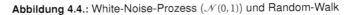

Abbildung 4.4.: White-Noise-Prozess ($\mathcal{N}(0,1)$) und Random-Walk

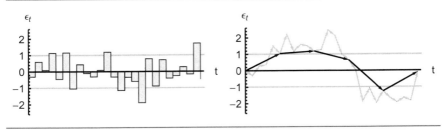

Quelle: Eigene Abb.

Prozess oder *Gaußsches Weißes Rauschen.*[41] Die resultierende Bewegung aus diesem Prozess entspricht einem Zufallspfad – dem *Random-Walk.* Die folgenden Gleichungen zeigen die Definition der Abweichungen, sowie die Berechnung der Glieder in Bezug zum Anfangsglied S_0 (4.2) und zum jeweils vorangehenden Glied S_{t-1} (4.3):

$$\epsilon_t = S_t - S_{t-1} \tag{4.1}$$

$$S_n = S_0 + \sum_{t=1}^{n} \epsilon_t \tag{4.2}$$

$$S_t = S_{t-1} + \epsilon_t \tag{4.3}$$

mit $\mathbf{E}(\epsilon_t) \quad = 0$
$\quad\quad\mathrm{Cov}(\epsilon_t, \epsilon_{t-s}) = 0$ bzw. ϵ_t, ϵ_{t-s} unabhängig $\forall\ s > 0$

Auf der rechten Seite von Abb. 4.4 zeigt sich der Zufallspfad, der sich aus einem Startwert t_0 von 0 und dem auf der linken Seite abgebildeten White-Noise-Prozess ergibt. Neben den Kursbewegungen eines jeden „Handelstages" (rote Pfeile) ist auch die „wöchentliche Kursbewegung" eingetragen (schwarze Pfeile). Sie resultiert aus der Summe der letzten fünf Handelstage und kann als übergeordneter Random-Walk aufgefasst werden. Der umgekehrte Weg – die Verkürzung der Zeitabstände – überführt den Prozess in eine *Brownsche Bewegung.*

---

[41] Beim White-Noise-Prozess oder dem weißen Rauschen handelt es sich um eine Folge von Zufallszahlen mit einem Erwartungswert von null, einer Streuung größer null und unkorrelierten Gliedern (schwache Form oder White-Noise I). Die strenge Form eines White-Noise-Prozesses (White-Noise II) unterscheidet sich von der schwachen Form durch die wesentlich strengere Bedingung der Unabhängigkeit aller Glieder. Neben der linearen Korrelationsbeziehung beinhaltet eine Unabhängigkeit auch nicht-lineare Beziehungen jeglicher Art. S. Granger und Morgenstern 1974; Vgl. Kerling 1998, S. 13 f.; Schmid und Trede 2006, S. 121 ff.

Mathematisch abgebildet durch einen *Wiener-Prozess*[42], handelt es sich bei immer kürzeren Zeitabschnitten ($\Delta t \to 0$) um einen stetigen Prozess, der einem Devisenhandel rund um die Uhr entspricht und zu folgenden Erkenntnissen über die Lage- und Streugröße[43] zukünftiger Kursänderungen führt:[44]

$$\text{Erwartungswert von } \Delta S = 0 \qquad\qquad (4.4)$$

$$\text{Streuung von } \Delta S = \sqrt{\Delta t} \qquad\qquad (4.5)$$

Aus (4.4) folgt, dass der aktuelle Kurs dem erwarteten Kurs zukünftiger Zeitpunkte entspricht. (4.5) zeigt, dass die Streuung des Erwartungswertes mit der Quadratwurzel des Zeitabstandes steigt. Wenn der Erwartungswert eines beliebigen Devisenkurses für den nächsten Handelstag 130 GE/€ und die Streuung 1 GE/€ beträgt, bleibt dem Random-Walk-Modell zufolge der Erwartungswert für den übernächsten Handelstag gleich, die Streuung erhöht sich jedoch auf $\sqrt{2}$ GE/€ = 1,4142 GE/€. Abb. 4.5 zeigt die Entwicklung hundert fiktiver Kurse über einen Zeitraum von 200 Zeiteinheiten. Sie wurden mithilfe eines Zufallszahlen-Generators mit standardnormalverteilter Verteilungsfunktion erstellt und teilen sich die ersten 50 Schritte einen gemeinsamen Pfad – die restlichen 150 Schritte sind voneinander unabhängig. Die eingezeichneten Hilfslinien markieren den Verlauf des Erwartungswertes sowie den von drei Streugrößen[45] zum Zeitpunkt 50. Die Form der Verteilungsfunktion bleibt bei einer Veränderung der Zeitspanne aufgrund des zentralen Grenzwertsatzes gleich. Die Fortführung der wöchentlichen Kursbewegung in Abb. 4.4 führt also zu einem ähnlichen Verlauf wie die der täglichen Kursbewegung. Würde die Beschreibung der Zeitachse fehlen, wäre eine zeitliche Einordnung schwierig. Es könnte sich sowohl um einen Kursverlauf täglicher Veränderungen als auch um einen Verlauf wöchentlicher Veränderungen handeln.[46]

Eine Erweiterung des vorgestellten Random-Walk-Modells stellt der Random-Walk mit Drift dar. Als Drift wird die mittlere Änderung eines stochastischen Prozesses pro Zeiteinheit genannt.[47] Entspricht der Erwartungswert nicht null, sondern einem vom momentanen Kurs abweichenden positiven oder negativen

---

[42] Der nach dem Mathematiker Norbert WIENER benannte stochastische Prozess ist ein stetiger Markov-Prozess, bei dem gilt: $\Delta S = \epsilon \sqrt{\Delta t}$ mit $E(\epsilon_t) = 0$ und unabhängigen, stetigen sowie normalverteilten Zuwächsen. Vgl. Hull 2006, S. 328.

[43] Das Maß für die Streuung entspricht hierbei der Standardabweichung. Die Varianz der Kursveränderung entspricht Δt. S. Abschnitt 4.3.1, S. 89.

[44] Vgl. Hull 2006, S. 328 ff.

[45] Es handelt sich um die einfache, zweifache und dreifache Standardabweichung.

[46] S. hierzu auch „Selbstähnlichkeit" in Hager 2004, S. 41 f.

[47] Vgl. Hull 2006, S. 330.

Abbildung 4.5.: Random-Walk mit $\epsilon \sim \mathcal{N}(0,1)$, $t = 200$, $n = 100$ und $t_0 = 10$

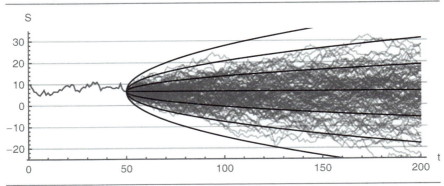

Wert, entsteht aus (4.3) und der Driftkomponente a (4.6). Der Wechselkurs befindet sich nicht auf einem Zufallspfad um den aktuellen Devisenkurs, sondern auf einem Zufallspfad um einen Gleichgewichtskurs mit der Steigung a.

$$S_t = S_{t-1} + a \cdot t + \epsilon_t \tag{4.6}$$

$$\text{mit } \begin{array}{ll} \mathbf{E}(\epsilon_t) & = 0 \\ \text{Cov}(\epsilon_t, \epsilon_{t-s}) & = 0 \ \forall \ s > 0 \end{array}$$

4.2.1.2. Simulation von Wechselkursen mittels Random-Walk

Abb. 4.6 zeigt eine Simulation des US-Dollar/Euro-Wechselkurses durch mehrere Random-Walk-Simulationen. Ausgangslage ist der im oberen linken Diagramm abgebildete und aus 2816 Daten bestehende tatsächliche Verlauf der durchschnittlichen täglichen Kurse im Zeitraum 1999 bis 2009. Seine Volatilität bildet die Grundlage für die Verteilungsfunktion von ϵ, mit deren Hilfe unter Verwendung von (4.2) die Verläufe im oberen rechten Diagramm entstanden. Obwohl sich die Zufallspfade und der reale Wechselkursverlauf ähneln, gibt es zwischen ihnen Unterschiede, die an einem Random-Walk-Verhalten von Devisenkursen zweifeln lassen oder zumindest eine Modellkorrektur erfordern. Einer der simulierten Kursverläufe nimmt negative Werte an – ein Zustand, der laut Definition des Wechselkurses als Verhältnis zweier Währungen unzulässig ist. Grund für das Auftreten negativer Devisenkurse ist die Nutzung absoluter Kursveränderungen. Eine Abweichung um 0,1 GE besitzt, unabhängig davon, ob der Kurs bei 2 GE/€ oder bei 0,5 GE/€ liegt und die Abweichung damit 5 % bzw. 20 % beträgt, die gleiche Wahrscheinlichkeit. Ökonomisch sinnvoller ist die Gleichsetzung relativer

Abbildung 4.6.: Random-Walk mit absoluten, relativen und log. Differenzen

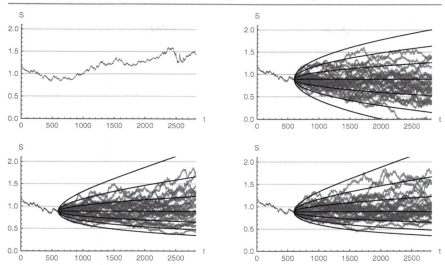

Oben links: Durchschnittliche USD/EUR-Tageskurse (04.01.99 – 31.12.09, 2816 Werte)
Oben rechts: Random-Walk mit $\epsilon \sim \mathcal{N}(\mu = 0,\ \sigma = 0,007875)$ absoluten Differenzen
Unten links: Random-Walk mit $\epsilon \sim \mathcal{N}(\mu = 0,\ \sigma = 0,006663)$ relativen Differenzen
Unten rechts: Random-Walk mit $\epsilon \sim \mathcal{N}(\mu = 0,\ \sigma = 0,006659)$ Diff. logarithmierter Kurse

25 Pfade zu je 2816 Schritte. Die ersten 600 Schritte entsprechen dem beobachteten Verlauf

Quelle: Eigene Abb., Eurostat Datenbank

Veränderungen, so dass ein prozentualer Verlust immer die gleiche Wahrscheinlichkeit besitzt.[48] Mit dieser Voraussetzung wandeln sich (4.1)–(4.3) zu (4.7)–(4.9).

$$\epsilon_{t,rel} = \frac{S_t - S_{t-1}}{S_{t-1}} \tag{4.7}$$

$$S_n = S_0 \cdot \prod_{t=1}^{n}(1 + \epsilon_{t,rel}) \tag{4.8}$$

$$S_t = S_{t-1} \cdot (1 + \epsilon_{t,rel}) \tag{4.9}$$

mit $\mathbf{E}(\epsilon_t) = 0$ und $\mathrm{Cov}(\epsilon_t, \epsilon_{t-s}) = 0 \ \forall\, s > 0$

Eine Simulation von Zufallspfaden auf Basis der veränderten Gleichungen zeigt Abb. 4.6 im unteren linken Diagramm. Die Nutzung relativer Abweichungen

---

[48] Vgl. Hager 2004, S. 44.

führt bei einer stetigen Abschwächung des Wechselkurses zu der gewünschten asymptotischen Annäherung an 0, während eine gleichbleibende Befestigung weiterhin einen unbegrenzten Anstieg ermöglicht.[49] Negativ ist hingegen, dass betragsmäßig gleich hohe negative und positive Kursbewegungen unterschiedlich bewertet werden. Während eine Bewegung von 2 GE/€ auf 1 GE/€ einer Abschwächung um 50 % entspricht, bedeutet die umgekehrte Entwicklung eine Befestigung um 100 %.

Differenzen logarithmierter Werte vereinen Vorteile beider Alternativen. Entgegen dem Verhalten relativer Abweichungen unterscheiden sich gleich hohe, aber entgegengesetzte Bewegungen nur durch das Vorzeichen.[50] Betragsmäßig sind sie gleich, so dass sich Veränderungen über mehrere Perioden hinweg als Summe der einzelnen Veränderungen darstellen lassen.[51] Zusätzlich werden gleiche Differenzen durch das Auftreten als Exponent lageabhängig, wodurch negative Wechselkurse ausgeschlossen sind. Eine Simulation mit normalverteilten Differenzen logarithmierter Kurse führt zu Verläufen, wie sie Abb. 4.6 im unteren rechten Diagramm darstellt. Beschrieben werden die Abweichungen und die Zufallspfade durch die folgenden drei Gleichungen:

$$\epsilon_{t,log} = \ln(S_t) - \ln(S_{t-1}) = \ln\left(\frac{S_t}{S_{t-1}}\right) \tag{4.10}$$

$$S_n = S_0 \cdot \prod_{t=1}^{n} e^{\epsilon_{t,log}} \tag{4.11}$$

$$S_t = S_{t-1} \cdot e^{\epsilon_{t,log}} \tag{4.12}$$

mit $\ \mathrm{E}(\epsilon_t) \quad = 0$
$\quad\ \mathrm{Cov}(\epsilon_t, \epsilon_{t-s}) = 0 \ \forall \ s > 0$

Abb. 4.7 stellt die logarithmierten Abweichungen $\epsilon_{t,log}$ des beobachteten USD/EUR-Wechselkurses denen eines nach (4.11) simulierten normalverteilten Verlaufs gegenüber. Die Ausprägung der extremen Devisenkursänderungen, dargestellt durch die hellgrauen Linien, ist im oberen, beobachteten Verlauf größer als im unteren, simulierten Zufallspfad. Auf dem Devisenmarkt auftretende Extremereignisse, wie beispielsweise die Intervention der europäischen Zentralbank

---

[49]   Ein negativer Wechselkurs ist bei Nutzung normalverteilter prozentualer Abweichungen weiterhin möglich, wenn eine negative Abweichung größer 100 % auftritt. Angesichts der bei einer Simulation von Wechselkursen üblichen Lage- und Streugrößen ist eine solche Abweichung jedoch unwahrscheinlich.

[50]   Eine Abschwächung von 2 GE/€ auf 1 GE/€ entspricht beispielsweise einer Differenz von ln(2)−ln(1) = 0,693. Eine Befestigung von 1 GE/€ auf 2 GE/€ ergibt ln(1)−ln(2) = −0,693.

[51]   Diese Eigenschaft wird Zeit-Additivität genannt; vgl. Brooks 2008, S. 8; Hager 2004, S. 46.

Abbildung 4.7.: Abweichungen eines beobachteten und simulierten Wechselkurses.

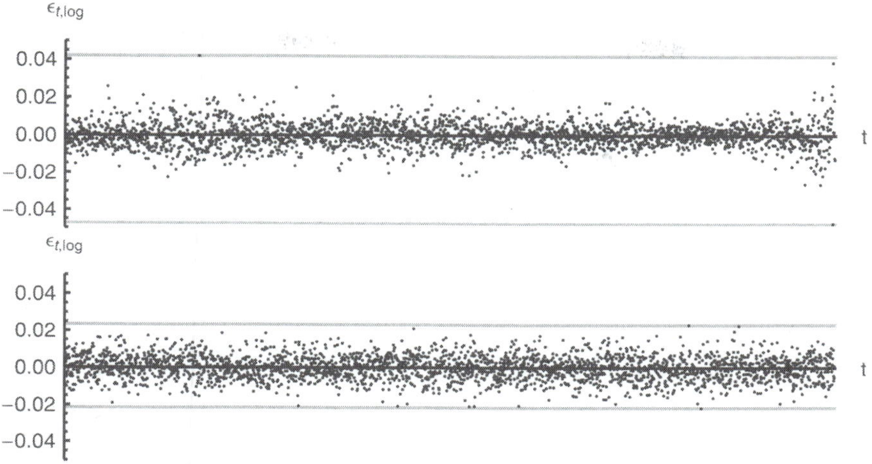

$\epsilon_{t,log}$

0.04
0.02
0.00
-0.02
-0.04

$\epsilon_{t,log}$

0.04
0.02
0.00
-0.02
-0.04

Oben: Abweichungen der beobachteten logarithmierten, durchschnittlichen Tageskurse USD/EUR im Zeitraum: 04.01.1999 bis 31.12.2008 (2559 Werte).

Unten: Abweichungen eines simulierten logarithmierten normalverteilten ($\mu = 0$, $\sigma = 0,006499$) Random-Walks mit 2560 Schritten.

Quelle: Eigene Abb., Eurostat Datenbank

am 11. September 2001[52], der Auslöser der stärksten Devisenkursänderung im Beobachtungszeitraum, werden durch das Random-Walk-Modell unterschätzt. Die Wahrscheinlichkeitsmasse, die sich für diese Extremausschläge verantwortlich zeigt, befindet sich in einem Wahrscheinlichkeitsdichtediagramm (Abb. 4.8) in den Randbereichen. Wie das Histogramm und das zugehörige Q-Q-Diagramm zeigen, besitzen die Ausläufer auf dem beobachteten Devisenmärkten mehr Masse, als es die Normalverteilung vorgibt. Auch der Bereich in der Nähe des Erwartungswertes zeigt eine im Verhältnis höhere Wahrscheinlichkeitsmasse. Der Devisenmarkt weist gegenüber einer Normalverteilung demnach nicht nur mehr Extremereignisse, sondern auch mehr Veränderungen nahe dem Erwartungswert auf.Abweichungen, die um die Standardabweichung und somit zwischen diesen beiden Extrempositionen liegen, werden durch die Normalverteilung mit zu viel Masse bedacht. MANDELBROT und HUDSON, die bereits 1963 darauf aufmerksam wurden, nennen das Auftreten von Extremwerten, die abrupten Wechsel und

---

[52] Vgl. BIS 2001, S. 89.

Abbildung 4.8.: Histogram und Q-Q-Diagramm eines Wechselkursverlaufs.

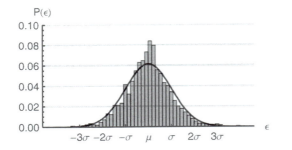
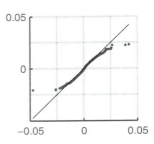

Links: Histogramm aller Abweichungen der beobachteten logarithmierten, durchschnittlichen Tageskurse USD/EUR im Zeitraum: 04.01.1999 bis 31.12.2008 (2559 Werte). Klassenwahl nach Freedman und Diaconis 1981.

Rechts: Q-Q-Diagramm der Abweichungen zur Normalverteilung ($\mu = 0$, $\sigma = 0,006499$).

Quelle: Eigene Abb., Eurostat Datenbank

die Diskontinuität in Anlehnung an die überfallartige Sintflut aus dem alten Testament den „Noah-Effekt".[53]

Die Überprüfung der Wechselkursverteilung anhand von Histogrammen ist abhängig von Parametern wie Balken- und Klassenbreite und quantifiziert die Abweichung von der Normalverteilung nicht. Sie können nur erste Hinweise auf eine von der Glockenkurve abweichende Verteilung geben. Erst die Ermittlung von Kennzahlen und die Durchführung statistischer Tests bewerten die Abweichungen bzw. zeigen, ob die Normalverteilungsannahme mit einer vorgegebenen Wahrscheinlichkeit abgelehnt werden kann. Gängige Kennzahlen sind Schiefe $\gamma(X)$ (4.13) und Wölbung (Kurtosis) $\kappa(X)$ (4.15) einer Verteilung.[54]

$$\gamma(X) = \frac{\mathbf{E}\big(X - \mathbf{E}(X)\big)^3}{\sigma(X)^3} \tag{4.13}$$

$$\hat{\gamma}(X) = \frac{1}{T} \frac{\sum_{t=1}^{T}(x_t - \bar{x})^3}{\hat{\sigma}^3} \tag{4.14}$$

---

[53] Vgl. Mandelbrot und Hudson 2005, S. 277 ff.
[54] Vgl. Albrecht und Maurer 2008, S. 106 f.

$$\kappa(X) = \frac{\mathbb{E}(X - \mathbb{E}(X))^4}{\sigma(X)^4} \tag{4.15}$$

$$\hat{\kappa}(X) = \frac{1}{T} \frac{\sum_{t=1}^{T} (x_t - \bar{x})^4}{\hat{\sigma}^4} \tag{4.16}$$

mit T = Stichprobenumfang
σ = Standardabweichung

Die Schiefe quantifiziert den Grad und die Ausrichtung der Asymmetrie einer Zufallsgröße. Negative Werte zeichnen linksschiefe/rechtssteile Verteilungen und positive Werte rechtsschiefe/linkssteile aus. Ein Wert von 0 kennzeichnet symmetrische Verteilungen. Die Kurtosis, die dem vierten zentrierten Moment entspricht, gibt Auskunft über die Ausprägung der „fat tails". Während ein Wert von 3 der Normalverteilung entspricht, wächst die Wahrscheinlichkeitsmasse in den Randgebieten mit der Kurtosis an. Ein Hypothesentest auf Normalverteilung („Goodness-of-fit-Test"), der sich der Kurtosis und der Schiefe bedient, ist der Jarque-Bera-Test.[55] Weitere Verfahren mit hoher Teststärke sind der Anderson-Darling- und der Cramér-von Mises-Test, die Abweichungen anhand der Verteilungsfunktionen ermitteln und stärker auf Differenzen in den Randverteilungen reagieren.[56]

Tab. 4.1 zeigt die Überprüfung der Währungen US-Dollar, Britisches Pfund, Japanischer Yen und Schweizer Franken auf Normalverteilung mittels der genannten Tests sowie der Lilliefors- und der Watson-Statistik.[57] Überprüft wurden neben den täglichen logarithmierten Renditen auch wöchentliche, monatliche sowie vierteljährliche logarithmierte Renditen.[58] Die Übersicht zeigt, dass die Nullhypothese (Normalverteilung) mit allen Verfahren über die tägliche Frist mit einem Signifikanzwert < 0,1 % abgelehnt wird. Ähnlich eindeutig ist das Ergebnis bei wöchentlichen und monatlichen Renditen – mit Ausnahme des US-Dollars, dessen Verteilung der wöchentlichen Renditen und Renditen höherer Zeitspannen mehrheitlich mit einer Signifikanz von ≤ 5 % nicht abzulehnen sind. Eine Ablehnung der vierteljährlichen Renditen ist mit dem Großteil der Tests bei allen vier untersuchten Währungen und mit einer Signifikanz von ≤ 5 % nicht mehr möglich. Mit steigender Zeitspanne nimmt der Charakterzug einer leptokurtischen Verteilung mit hoher Wahrscheinlichkeit in den Rändern ab, so dass die Ablehnung der Normalverteilung immer schwerer wird.

---

[55] Vgl. McNeil u. a. 2005, S. 69. S. Jarque und Bera 1980, 1987.
[56] S. Anderson und Darling 1952; Anderson 1962.
[57] S. Lilliefors 1967; Watson 1961, 1962.
[58] Zur Daten-/Frequenzkonvertierung wurden die Anfangswerte der Perioden herangezogen.

Tabelle 4.1.: Test logarithmierter Währungsrenditen auf Normalverteilung

Log Ret.	Obs.	Jarque-B. V	Lilliefors D	Cra.-v.M. W2	Watson U2	And.-Dar. A2
			US Dollar			
Daily	2819	1032,8***	0,0394***	1,5613***	1,5548***	8,9487***
Weekly	574	33,0***	0,2090	0,0257	0,0257	0,3006
Monthly	132	0,3	0,0646	0,0589	0,0587	0,3961
Quarterly	44	0,5	0,0794	0,0386	0,0365	0,2361
			Pound Sterling			
Daily	2819	2062,3***	0,0570***	3,1736***	3,1056***	18,8906***
Weekly	574	577,0***	0,0645***	0,6818***	0,6514***	4,6040***
Monthly	132	280,7***	0,0886*	0,1851*	0,1510*	1,1902**
Quarterly	44	55,5***	0,1093	0,0976	0,0811	0,7436
			Japanese Yen			
Daily	2819	2171,5***	0,0552***	3,8135***	3,7505***	22,6410***
Weekly	574	1907,9***	0,0781***	1,2322***	1,1347***	6,9178***
Monthly	132	119,2***	0,0945	0,2766***	0,2588***	1,7723***
Quarterly	44	4,3	0,1381	0,1359*	0,1234*	0,7446
			Swiss Franc			
Daily	2819	14672,5***	0,0760***	7,5889***	7,5639***	44,9866***
Weekly	574	3808,6***	0,0819***	1,6306***	1,6081***	10,4689***
Monthly	132	228,5***	0,0807*	0,1977**	0,1859**	1,2380**
Quarterly	44	14,2***	0,1162	0,1208	0,1141	0,8962*

Quelle: Eurostat-Datenbank, eigene Berechnung

Einen zweiten „Charakterzug des Marktes" nennen MANDELBROT und HUDSON – ebenfalls in Anlehnung an das alte Testament – den „Joseph-Effekt". Während der simulierte Verlauf in Abb. 4.7 zu jedem Zeitpunkt t eine gleichmäßige Volatilität aufweist, wechseln sich beim beobachteten Verlauf Phasen starker und schwacher Abweichungen (Volatilitätscluster) ab – ähnlich wie in den Prophezeiungen Josephs die fetten und die Hungerjahre. Die Wahrscheinlichkeit, dass in einer turbulenten Phase weitere starke Veränderungen auftreten, ist demnach höher als die für einen ruhigen Handelstag. Das Ende einer Phase ist ebenso wenig vorauszusagen wie der Verlauf innerhalb einer Phase. Der Joseph-Effekt spricht für ein Gedächtnis des Marktes, gegen die Unabhängigkeit zukünftiger Devisenkursänderungen von vorangehenden und somit zusammen mit dem Noah-Effekt gegen einen reinen Random-Walk von Wechselkursen.[59]

---

[59] Vgl. Kerling 1998, S. 53–57; Mandelbrot und Hudson 2005, S. 277 ff.; Sanddorf-Köhle 1996, S. 182.

Im Laufe der Zeit wurden zahlreiche empirische Untersuchungen über die Effizienzmarkthypothese auf unterschiedlichsten Märkten durchgeführt. Dabei wurde in der Regel die Hypothese der schwachen oder der halbstrengen Informationseffizient getestet – selten die der strengen. Bis Ende der siebziger Jahre galt die EMH als solide Theorie, die durch zahlreiche empirische Untersuchungen gestützt wurde.[60] JENSEN fasste ihre Bedeutung wie folgt zusammen: *"I believe there is no other proposition in economics which has more solid empirical evidence supporting it than the Efficient Market Hypothesis."*[61] Ein Beispiel ist die Untersuchung von vier Währungen in den Zeiträumen 1919 bis 1926 sowie 1971 bis 1974 durch GIDDY und DUFEY (1975). Sie fanden keine Ineffizienzen und kamen zum Ergebnis, dass die Wechselkurse sich, abgesehen von wenigen Ausnahmen, auf einem Zufallspfad befinden. Auch CORNELL und DIETRICH stützten 1978 die Markteffizienz (schwache Form) für mehrere Währungen, ebenso wie CAVES und FEIGE (1980) die halbstarke Form für den Wechselkurs CAN/USD.[62]

In den achtziger Jahren folgten empirische Untersuchungen, deren Ergebnisse diesen Erkenntnissen kritisch gegenüber stehen. So äußerte BILSON bereits 1981 Zweifel an der Random-Walk-Hypothese, bevor 1983 BAILLIE, LIPPENS und MC-MAHON die EMH für sechs Währungsverläufe der New Yorker Devisenbörse im Zeitraum 1973 bis 1980 verwarfen. Nur ein Jahr später kam HSIEH für acht Währungen des Zeitraums 1978–1981 zu dem gleichen Ergebnis.[63] Auch aktuellere Studien können trotz neuer Modelle kein eindeutiges Bild liefern. ALEXAZIS und APERGIS untersuchen in einer Ausarbeitung aus dem Jahre 1996 drei Wechselkurse und fanden Anzeichen für die Stützung der EMH. KOLLIAS und METAXAS (2001) untersuchten Dreiecksarbitragemöglichkeiten und fanden signifikante Abweichungen von der EMH, ohne sie klar ablehnen zu können. 2005 untersuchten AL-ZOUBI und DAAL fünf Währungspaare und verwarfen die EMH in drei Fällen.[64]

Wenn die halbstrenge oder gar schwache Form der EMH für den Devisenmarkt keine Gültigkeit besitzt, können mittels öffentlicher Informationen bzw. Kenntnis über den historischen Verlauf eines Devisenkurses Prognosen erstellt werden, die eine höhere Güte als die Vorhersage mittels Random-Walk besitzen. Je nach Prognosequalität und Art der Prognose könnte ein Unternehmen Währungsrisiken ohne die Inanspruchnahme der üblichen Absicherungskosten[65] reduzieren oder

---

[60] Vgl. Shleifer 2003, S. 6.
[61] Jensen 1978, S. 95.
[62] S. Giddy und Dufey 1975; Cornell und Dietrich 1978; Caves und Feige 1980.
[63] S. Bilson 1981; Baillie u. a. 1983; Hsieh 1984.
[64] S. Alexakis und Apergis 1996; Kollias und Metaxas 2001; Al-Zoubi und Daal 2005.
[65] Es fallen jedoch Informations- und Prognosekosten an.

zumindest bemessen. Bei Verwendung von Punktprognosen könnte es darüber hinaus den Informationsvorsprung nutzen, Gewinne zu erwirtschaften. Dies macht deutlich, welcher hohe Anreiz in der Risikomodellierung liegt, was sich auch in der Fülle unterschiedlicher Ansätze und Prognosemodelle widerspiegelt.

4.2.2. Fundamentalanalyse

Die Fundamentalanalyse von Wechselkursen stützt sich auf volkswirtschaftliche Erkenntnisse und Modelle, um aus dem kausalen Zusammenhang von fundamentalen ökonomischen Daten und Devisenkursen auf zukünftige Wechselkursveränderungen zu schließen. Für Devisenkursprognosen gängige Prädiktoren sind unter anderem Preis- und Zinsniveaus, Terminkurse oder Inflationsraten.[66] Die Prognose der Wechselkurse ist nur indirekt über aktuelle oder prognostizierte und als relevant erachteten ökonomische Größen möglich. Hierdurch ergibt sich eine zusätzliche Fehlerquelle durch fehlerhaft aufgenommene bzw. prognostizierte Prädiktoren. Sinnvoll sind fundamentale Wechselkursprognosen damit nur, wenn sich die zugrunde liegenden ökonomischen Daten gut ermitteln bzw. vorhersagen lassen.[67]

Es muss sowohl die halbstrenge als auch die strenge Form der Informationseffizienzhypothese abgelehnt werden, da die fundamentalen Daten, auf die sich die Prognosen im Allgemeinen stützen, einer breiten Öffentlichkeit zur Verfügung stehen. Nur in seltenen Fällen handelt es sich um Daten, die nicht von den Zentralbanken oder statistischen Ämtern offen gelegt werden und somit nicht über Internetportale, Printmedien oder das Fernsehen Verbreitung finden. Es gilt die schwache Form der Informationseffizienzhypothese: Wechselkurse beinhalten zu jedem Zeitpunkt alle historischen Informationen. Eine zusätzliche Auswahl geeigneter öffentlicher Informationen schafft bis zu ihrer Einpreisung einen Informationsvorsprung. Sind auch öffentlich zugängliche Informationen ohne Zeitverlust eingepreist, fehlt die theoretische Grundlage zum Einsatz von fundamentalen Wechselkursprognosen.[68]

Um Erkenntnisse der theoretischen Forschung für Wechselkursprognosen zu nutzen, empfiehlt sich die Anwendung ökonometrischer Verfahren. Der wissenschaftliche Bereich der *Ökonometrie* beschäftigt sich unter Zuhilfenahme statistischer und mathematischer Methoden mit der Verknüpfung theoretischer Modellen und Daten in Form eines Querschnitts, einer Zeitreihe oder einer

---

[66] S. Schmidt 2006, S. 19 ff.; Gärtner und Lutz 2004; Wang 2005.
[67] Vgl. Brooks 2008, S. 2 ff.; von Auer 2007, S. 11.
[68] Vgl. Beike 1995, S. 97.

Kombination von beidem (Panel). Voraussetzung neuer Wechselkursprognose-
modelle ist ein theoretisches, ökonomisches Modell, das den Wirkungszusam-
menhang zwischen einer oder mehrerer exogenen Variablen und der Zielgröße
Wechselkurs beschreibt. Durch eine funktionale Spezifikation, d. h. eine Überführung in eine algebraische Gleichung, sowie die Spezifikation der Variablen
und Störgrößen wird anschließend die Vorstufe eines ökonometrischen Modells geschaffen. Dieses Modell ist unvollständig, weil es mehrere unbekannte
Koeffizienten enthält. Erst durch eine Punkt- oder Intervallschätzungen der Glei-
chungsbestandteile mittels historischer Daten wird das Modell zur Grundlage
von Wechselkursprognosen. Neben der Prognoseerstellung kann es außerdem
zur Durchführung von Hypothesentests verwendet werden. Diese können das
ökonometrische Modell auf den Wahrheitsgehalt seiner Annahmen hin überprüfen und gegebenenfalls Modifikationsbedarf aufdecken.[69]

Die numerische Schätzung des Modells ist ein kritischer Teil des ökonometri-
schen Verfahrens. Anders als in technischen Wissenschaftsgebieten, in denen
Modelle innerhalb eines Labors unter kontrollierten Umwelteinflüssen überprüft
werden können, ist die Wirtschaftswissenschaft auf eine unkontrollierte Datenba-
sis mit einer unbekannten Anzahl an Störeinflüssen angewiesen. Die Qualität des
Prognosemodells und damit auch der Prognose selbst ist direkt mit der Güte der
Datenbasis verbunden. Insbesondere muss die Konstanz der angenommenen
Bedingungen gewahrt sein, um Störgrößen und Messfehler größtenteils auszu-
schließen. Mit der Länge einer Datenerhebung wird die Wahrscheinlichkeit von
Strukturbrüchen größer. Befindet sich im Zeitraum, der für die Schätzung der
Koeffizienten herangezogen wird (Stützzeitraum), ein Ereignis wie die Interven-
tion einer Notenbank, ist die Eignung dieser Datenbasis fragwürdig.[70] Wie gut
ein Modell ist, lässt sich durch die Anwendung auf historische Daten und die
Berechnung der Abweichung zwischen den historischen und den Modelldaten
ermitteln.[71]

Abb. 4.3, S. 53, zeigt eine Einteilung der fundamentalen Prognoseverfahren in
monokausale und integrierte Modelle. Während monokausale Modelle sich auf
einen Prädiktor beschränken, greifen integrierte Modelle auf einen Pool von
ökonomischen exogenen Größen zurück. Monokausale Modelle beschränken

---

[69] Für einen tieferen Einblick in die Prozese der Ökonometrie s. Brooks 2008, von Auer 2007 und
       Assenmacher 2002.
[70] Vgl. Assenmacher 2002, S. 53.
[71] Üblich ist die Nutzung des mittleren Prognosefehlers (Mean Error, ME), des mittleren quadrati-
       schen Prognosefehlers (Mean Squared Error, MSE) und des mittleren absoluten Prognosefehlers
       (Mean Absolute Error, MAE) als nicht normierte Maße sowie des Theil'schen Ungleichheitskoeffi-
       zienten U als normiertes Maß. Vgl. Schröder 2002a, S. 448 f.

sich bewusst auf eine ökonomische Größe, um die Komplexität des Modells und die Kosten der Informationsbeschaffung möglichst gering zu halten. Die Berücksichtigung weiterer exogener Parameter in integrierten Modellen erhöht hingegen den Erklärungswert. Voraussetzung ist, dass die zusätzlichen Größen die Wechselkurse signifikant beeinflussen und sie im ökonomischen Modell korrekt integriert wurden. Abb. 4.9 zeigt vier monokausale Ansätze und ihre Beziehung zueinander.

4.2.2.1. Monokausale Modelle

Die *Kaufkraftparitätentheorie* (purchasing power parity) stellt einen Zusammenhang zwischen den Inflationsraten zweier Währungsgebiete und dem Wechselkurs der zugehörigen Währungen her. Obwohl sie bereits zuvor innerhalb der Geldtheorie Bestand hatte, verdankt sie dem Ökonomen GUSTAV CASSEL ihre heutige Bedeutung.[72] Das zugrunde liegende Modell basiert auf dem „Gesetz der Unterschiedslosigkeit der Preise" (law of one price) des englischen Ökonomen JEVONS.[73] Dieses Gesetz besagt, dass unter der Voraussetzung eines vollkommenen Marktes für ein Gut nur ein einheitlicher Preis bestehen kann. Anderenfalls würde man für den niedrigeren Preis das Gut kaufen, es zum höheren Preis wieder verkaufen und Arbitragegewinne erzielen.

Da dieser Umstand auch für ein Gut in verschiedenen Ländern gilt, muss vereinfacht betrachtet das Preisniveau im Inland dem Preisniveau im Ausland unter Berücksichtigung des Wechselkurses entsprechen. Besteht diese Parität nicht, sind auch im internationalen Handel Arbitragegeschäfte möglich, indem das Gut in einem Währungsgebiet preiswert gekauft, in einem anderen teuer verkauft und der Erlös in die Heimatwährung getauscht wird. Sind die Preise eines Währungsgebiets grundsätzlich niedrig, wird die entsprechende Währung durch Arbitragegeschäfte verstärkt nachgefragt. Dies führt zu einer Veränderung des Wechselkurses, bis sich das Preisniveau beider Gebiete angeglichen hat. Die Inflationsrate eines Landes hat einen entscheidenden Einfluss auf die Preisentwicklung und damit auch auf den Devisenkurs der Inlandswährung. Eine gegenüber dem US-Dollar-Gebiet dauerhaft niedrige Inflationsrate im Euro-Währungsgebiet führt der KKP zufolge zu einer hohen Auslandsnachfrage von Gütern im Euro-Währungsraum. Diese zieht eine erhöhte Nachfrage der Euro-Währung nach sich, wodurch der Wert des US-Dollars in Euro sinkt.[74]

Aus der Kaufkraftparitätentheorie lässt sich die folgende allgemeine Aussage ableiten: Die Währung inflationsstarker Länder ist tendenziell abwertungs- und

---

[72] Vgl. Predöhl 1972, S. 11 f. Für die Originalausführung s. Cassel 1921, S. 455 ff. (§ 60).
[73] Vgl. Sosvilla-Rivero und Moreno García 2006, S. 4; Gärtner und Lutz 2004, S. 258.
[74] Vgl. Berlemann 2005, S. 231 f.; Gärtner und Lutz 2004, S. 259 f.

Abbildung 4.9.: Monokausale Modelle zur Devisenkursprognose

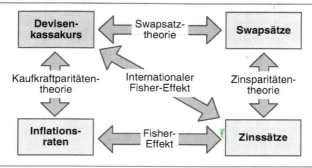

Quelle: eigene Abb. nach Eiteman u. a. 2007, S. 122.

die inflationsschwacher Länder tendenziell aufwertungsbedroht. Diese Aussage gilt nur langfristig und besitzt kurz- oder mittelfristig keinen prognostischen Wert.[75] Die Parität kann vielmehr als ein langfristiger Idealwert angesehen werden, um den mittel- und kurzfristig der wahre Wechselkurs schwankt. Zu dieser Erkenntnis gelangen auch empirische Untersuchungen.[76] Der Grund liegt in der idealtypischen Voraussetzung des Gesetzes von JEVONS, in dem weder die Immobilität von Gütern, Transaktions- und Transportkosten, Präferenzinhomogenität von Marktteilnehmern noch das Stützen einer Währung durch die Notenbank berücksichtigt werden.[77]

Im Gegensatz zur Kaufkraftparitätentheorie basieren die weiteren Ansätze aus Abb. 4.9 nicht auf Gütergeschäften, sondern Transaktionen des Devisen- und Kapitalmarktes. Damit berücksichtigen sie den wertmäßig größeren Teil grenzüberschreitender Transaktionen und umgehen Probleme, die durch den Vergleich von Warenkörben – beispielsweise durch immobile und gebietsspezifische Güter – auftreten.

Die (gedeckte) Zinsparitätentheorie beschreibt den Zusammenhang zwischen der Zinsdifferenz und den Swapsätzen zweier Währungen. Der Swapsatz definiert sich als Differenz des Terminkurses vom Kassakurs und kann sich je

---

[75] Vgl. Jokisch und Mayer 2002, S. 159 f.; Berlemann 2005, S. 232

[76] Beispiele finden sich in De Grauwe und Grimaldi 2005, S. 550. S. auch SOSVILLA-RIVERO und GARCÍA (2006), die durch die Untersuchung von 34 empirischen Studien zwischen 1978 und 2003 die eingeschränkte Prognosequalität der Kaufkraftparitätentheorie bestätigten.

[77] Eine frühe, detaillierte Kritik findet sich in Froot und Rogoff 1995 und Rogoff 1996. Die Resultate werden auch nach 20 Jahren als robust erachtet. S. Abhyankar u. a. 2005; Sarno und Valente 2005; Guo und Savickas 2008.

nach Vorzeichen der Differenz als Aufschlag (report) oder Abschlag (deport) bemerkbar machen. Grundlage der Zinsparitätentheorie sind Arbitrageprozesse, die bei unterschiedlichen Zinsniveaus zweier Währungsgebiete zum Tragen kommen. Liegt beispielsweise der Zinssatz im US-Dollar-Währungsgebiet über dem im Euro-Währungsgebiet, ist auf den ersten Blick eine Finanzanlage im US-Dollar-Raum attraktiv. Einen festen Wechselkurs vorausgesetzt, erwirtschaften Investoren aus dem Euro-Raum durch den Tausch der Heimatwährung in US-Dollar, der US-Dollar-Anlage und einem anschließenden Rücktausch zum gleichen Wechselkurs eine höhere Rendite als bei einer Euro-Anlage. Bei flexiblen Wechselkursen ist eine höhere Rendite nur risikolos möglich, wenn zum Zeitpunkt des ersten Devisentauschs der Kurs des Rücktauschs (Terminkurs) durch ein Sicherungsgeschäft fixiert wird. Ohne Sicherung ist die zusätzliche Rendite durch potentielle Währungsverluste beim Rücktausch in die Heimatwährung gefährdet. Diese risikolose Gewinnmöglichkeit sorgt nun dafür, dass die erhöhte Euro-Nachfrage auf Termin für eine Verschlechterung des Terminkurses sorgt, bis dieser eine Arbitrage nicht mehr zulässt. Das Gleichgewicht ist laut Zinsparitätentheorie erreicht, sobald die Zinsdifferenz eines Anlagehorizontes dem Swapsatz des gleichen Zeithorizontes entspricht. Dieses Gleichgewicht von Zinsdifferenz auf dem Geldmarkt und Swapsatz auf dem Devisenmarkt stellt sich innerhalb kürzester Zeit ein.[78]

Die Zinsparitätentheorie setzt voraus, dass keine Transaktionskosten oder Transferbeschränkungen herrschen. Des Weiteren berücksichtigt die Theorie neben der Zinssatzdifferenz keine weiteren Einflüsse auf den Swapsatz. Die Differenz ist jedoch nur als Näherung des Swapsatzes aufzufassen, da sich die Terminsätze durch Angebot- und Nachfrage bilden und Erwartungen Einfluss auf die Berechnung nehmen. Empirische Untersuchungen stützen die gedeckte Zinsparität, wie sie im vorangegangenen Absatz beschrieben wurde.[79]

Die ungedeckte Zinsparität hingegen wird in Frage gestellt. Sie beschreibt das Gleichgewicht, dass entsteht, wenn Investoren auf die Währungssicherung verzichten und dennoch versuchen von Zinsunterschieden zu profitieren. Schichtet eine hohe Anzahl von Investoren ihre Investitionen zugunsten der höheren Zinserträge in US-Dollar um, führt die hohe Devisennachfrage zu einer Zinssenkung und einer Aufwertungserwartung des US-Dollar. Durch beide Reaktionen werden Investitionen in das US-Dollar-Währungsgebiet unattraktiv, in den Euro-Raum hingegen attraktiv, so dass mittelfristig mit einem Gleichgewicht zu rechnen ist.

---

[78] Vgl. Wang 2005, S. 51 f.; Jokisch und Mayer 2002, S. 160 f.
[79] Vgl. Deutsche Bundesbank 2005, S. 30 ff.

Untersuchungen der ungedeckten Zinsparität ergaben starke Abweichungen, so dass sie nicht als Prognosemodell herangezogen werden kann.[80]

Wie eingangs erwähnt, stellt die Zinsparitätentheorie nicht den gewünschten Zusammenhang zwischen den Zinssätzen und der Wechselkursentwicklung dar. Dieser kann erst unter Hinzunahme der *Swapsatztheorie*, die den Swapsatz und die Wechselkurse verbindet und auch unter der Bezeichnung *Terminkurstheorie* bekannt ist, hergestellt werden. Die Swapsatztheorie besagt, dass der Terminkurs der beste Schätzer für den zukünftigen Kassakurs ist. Wäre dies nicht der Fall, könnten folgende Arbitragegeschäfte betrieben werden: Bei einem Erwartungswert des zukünftigen Kassakurses unterhalb des Terminkurses (Mengennotierung) würden US-Dollar auf Termin gekauft und bei einem Erwartungswert oberhalb des Terminkurses US-Dollar auf Termin verkauft werden.

Eine Identifizierung des Terminkurses als besten Schätzer steht im Widerspruch zu empirischen Untersuchungen seit den frühen achtziger Jahren[81] und zum Random-Walk, in dem der Kassakurs der beste Schätzer zukünftiger Wechselkurse ist. Damit der Terminkurs einen besseren Schätzer darstellt, muss der Swapsatz, also die Differenz beider Größen, einen Prognosewert beinhalten. Da der Swapsatz sich primär aus der Zinsdifferenz der beiden Währungen ergibt und die Prognosegüte der Zinssatzdifferenz über einen kurzfristigen Zeithorizont bereits mit der Kaufkraftparitätentheorie verworfen wurde, besitzt auch die Zinsparität im Zusammenhang mit der Swapsatztheorie keine zusätzliche Aussagekraft.[82]

Der nach dem US-amerikanischen Ökonomen Irving FISHER benannte *Internationale Fisher-Effekt* stellt einen direkten Zusammenhang zwischen der Zinssatzdifferenz zweier Währungsgebiete und den entsprechenden Devisenkursen her. Ähnlich der Zinsparitätentheorie findet die Argumentation über die Arbitragefreiheit vollkommener Finanzmärkte statt – anders als bei der Zinsparität jedoch nicht über den Terminkurs, sondern den erwarteten Kassakurs als zukünftigen besten Schätzwert. Eine ungesicherte Investition in eine Fremdwährung ist nur dann sinnvoll und arbitragefrei, wenn die Zinsdifferenz der Veränderung des Kassakurses entspricht. D. h., dass sich Investitionen in Währungsgebiete mit einer höheren Zinsrate nicht lohnen, weil die zugehörigen Währungen um

---

80 Vgl. Deutsche Bundesbank 2005, S. 36 ff.
81 S. Hansen und Hodrick 1980; Frankel 1980; Baillie u. a. 1983; MacDonald und Torrance 1988; Cavaglia u. a. 1994; Huisman u. a. 1998; Wang 2005.
82 Vgl. Jokisch und Mayer 2002, S. 161 f.

den entsprechenden Betrag abwertungsgefährdet sind. Wie auch die vorherigen Theorien basiert der Internationale Fisher-Effekt auf einem vollkommenen Kapitalmarkt. Transaktionskosten, Transferbeschränkungen und weitere Marktunvollkommenheiten werden nicht berücksichtigt.

Die Bedeutung monokausaler Modelle für die Prognose von Wechselkursen wird heutzutage unterschiedlich bewertet. Einerseits kommentiert FILC bereits 1988 die Verdrängung monokausaler Ansätze durch partialanalytische Erklärungsansätze wie folgt: *„Dieser Wechsel ist darauf zurück zu führen, daß die traditionellen monokausalen Ansätze ... kaum noch einen verwertbaren Beitrag leisten, um vollzogene Kursentwicklungen an den Devisenmärkten befriedigend zu interpretieren, geschweige denn, daß sich darauf eine auch nur annähernd verläßliche Prognose stützen ließe."*[83] HENK hingegen attestiert der fundamentalanalytischen Wechselkursprognose eine anhaltende hohe Bedeutung in der unternehmerischen Praxis.[84] Die Bedeutung beschränkt sich jedoch auf Trendprognosen langfristiger Gleichgewichtspfade und nicht auf kurz- bis mittelfristige Punktprognosen, wie sie für das Währungsmanagement eines Unternehmens wünschenswert sind.

4.2.2.2. Integrierte Modelle

Neben monokausalen Modellen haben sich im Laufe der Zeit integrierte Wechselkursmodelle etabliert. Diese können grob in Modelle mit keynesianischem und mit monetärem Ansatz aufgeteilt werden. Zu den Modellen mit keynesianischem Ansatz zählt das *Mundell-Fleming-Modell*, das seinen Namen zwei unabhängigen Beiträgen von Marcus FLEMING (1962) und dem Nobelpreisträger Robert MUNDELL (1963) verdankt.[85] Es gilt als eines der ersten makroökonomischen Modelle offener Volkswirtschaften bei flexiblen und festen Wechselkursen und baut auf dem traditionellen *IS-LM-Modell* auf. Während sich das IS-LM-Modell auf den realen Sektor (IS-Kurve, Gütermarkt) und dem monetären Sektor (LM-Kurve, Geldmarkt) einer geschlossenen Volkswirtschaft beschränkt, berücksichtigt das Mundell-Fleming-Modell auch Zahlungsbilanzen (ZZ- oder FE-Kurve, Devisenmarkt), so dass es die Wirkung von Fiskal- und Geldpolitik auf die Konjunktur offener Volkswirtschaften erlaubt. Die Gleichung der FE-Kurve beinhaltet die Zinssatzdifferenz zweier Volkswirtschaften, die erwartete Abwertungsrate, eine Kapitalmobilitätskennzahl, Im- und Exporte sowie den realen Wechselkurs. Sie kennzeichnet alle Zustände, in denen sich der Devisenmarkt im Gleichgewicht

---

[83] Filc 1998, S. 82.
[84] Vgl. Henk 2003, S. 21.
[85] Vgl. Gärtner und Lutz 2004, S. 27; Für die Originalbeiträge s. Fleming 1962; Mundell 1963.

befindet. Weicht der Zustand von dieser Linie ab, findet eine Ab- bzw. Aufwertung der inländischen Währung statt, bis sich der Gleichgewichtszustand erneut eingestellt hat. Entwicklungen, die auf eine Abweichung vom Gleichgewicht hindeuten, lassen eine Prognose der Wechselkursentwicklung zu. Der grundsätzliche Zusammenhang stellt sich vereinfacht folgendermaßen dar: Staaten mit Leistungsbilanzüberschuss, denen keine Nettokapitalexporte in entsprechender Höhe gegenüberstehen, sehen sich einer erhöhten Nachfrage an inländischer Währung und damit einer Aufwertung ausgesetzt. Das Modell bezieht sich auf kleine Volkswirtschaften und unterstellt konstante Preise und Löhne, Unterbeschäftigung sowie stationäre Wechselkurserwartungen. Es eignet sich daher allenfalls für kurze oder mittlere Fristen.[86]

Die starken Einschränkungen des Mundel-Fleming-Modells und die ausschließliche Erfassung des Kapitals als Stromgröße führten zu einem Gegenkonzept, das Kapitalbewegungen als Anpassung des Kapitalstocks interpretiert. Aus diesen Überlegungen heraus entwickelte sich der monetäre Ansatz der Zahlungsbilanz, zu dem das 1976 veröffentlichte Modell von Rüdiger DORNBUSCH gehört.[87] Es beschreibt ein System flexibler Wechselkurse unter vollkommener Kapitalmobilität, trägen Güterpreisen, flexiblen Zinssätzen und stetigen Erwartungen. Den trägen Güterpreisen verdankt es auch seine Bezeichnung als „sticky-price monetary model" (SPMM). Langfristig gilt in diesem Modell die Kaufkraftparitätentheorie, die den Pfad des langfristigen Wechselkursgleichgewichts vorgibt. Eine Anpassungsgeschwindigkeit des Realmarktes, die im Vergleich zur Anpassungsgeschwindigkeit von Wechselkursen und Kapitalmärkten träge verläuft, verursacht jedoch ein kurzfristiges Überschießen des Wechselkurses und somit ein Verlassen des langfristigen Pfades.

Der Anpassungsprozess einer Geldmengenerhöhung kann in drei Schritten wiedergegeben werden: Kurzfristig ist über eine Zinssenkung und erhöhte Kapitalexporte eine Abwertung der inländischen Währung zu erwarten. Im zweiten Schritt folgt langfristig auf die Geldmengenerhöhung (Angebotsüberschuss auf dem Geldmarkt) eine Zinssenkung, die in Verbindung mit dem veränderten Wechselkurs für einen Anstieg der Güternachfrage und der Güterpreise sorgt. Im dritten Schritt ist durch den Preisanstieg mit einem Sinken der realen Geldmenge, einem Anstieg des Zinsniveaus auf ursprüngliche Werte und folglich mit Kapitalimporten zu rechnen. Diese erzeugen eine erhöhte Nachfrage der Inlandswährung und eine Rückkehr des Wechselkurses auf den langfristigen Gleichgewichtspfad. Das Dornbusch-Modell erklärt kurzfristige Abweichungen

---

[86] Vgl. Gärtner und Lutz 2004, S. 55; Rosenberg 2003, S. 159; Königsmarck 2000, S. 66.
[87] S. Dornbusch 1976; zur Entstehung der monetären Ansätze vgl. Königsmarck 2000, S. 74 ff.

von der Kaufkraftparitätentheorie. Aufgrund einer mäßigen Stützung durch empirische Untersuchungen wird es jedoch in erster Linie nur für didaktische und konzeptionelle Zwecke genutzt.[88]

Einer der wesentlichen Kritikpunkte des Dornbusch-Modells stellt die Voraussetzung vollkommener Kapitalmobilität dar. Der *Portfolioansatz*, auch als „portfolio balance model" (PBM) bekannt, ist ebenfalls dem monetären Ansatz zuzuordnen, berücksichtigt jedoch Risikovariablen und unterstellt folglich keinen perfekten Austausch in- und ausländischer Wertpapiere. Dennoch sind die Wertpapierangebote beider Volkswirtschaften für den entsprechenden Wechselkurs relevant, so dass sie in den Modellen berücksichtigt werden müssen. Eines der ersten PBM, das William H. BRANSON 1977 veröffentlichte, weist z. B. neben exogenen Größen des Güter- und Geldmarktes auch die des ausländischen Finanz- und inländischen Bondmarktes auf.[89] Wie auch beim SPMM wird angenommen, dass sich der Wechselkurs langfristig einem Gleichgewichtskurs annähert. Die Marktteilnehmer in beiden Volkswirtschaften diversifizieren ihr Portfolio aufgrund der erwarteten Erträge. Eine Störung des Gleichgewichts hat damit direkte kurzfristige Auswirkung auf die Wertpapiermärkte, während die Gütermärkte nur einen langfristigen Korrekturprozess durchlaufen.[90]

4.2.3. Technische Analyse

Die *Technische Analyse* hat in der *Dow Theorie* – benannt nach dem Journalisten und Gründer des Wall Street Journals Charles H. DOW – ihren Ursprung.[91] Seine Aufzeichnungen waren Grundlage für William P. HAMILTONs Veröffentlichung „Stock Market Barometer" (1922) sowie für Robert RHEAs Buch mit dem Namen „The Dow Theory" (1932).[92] Sie griffen die zuvor von DOW in mehreren Artikeln des Wall Street Journals veröffentlichten Aussagen über den Aktienmarkt auf und schufen daraus Grundsätze.[93] Ziel dieser Grundsätze war nicht nur eine Einschätzung des gegenwärtigen Marktes, sondern auch die Interpretation zukünftiger Konditionen. Durch weitere Chart-Analysten angereichert und überarbeitet fand die Dow Theorie – in der Zwischenzeit auch als technische, markttechnische oder Chart-Analyse bekannt – in den siebziger Jahren Anwendung auf den Devisenmarkt.[94]

---

[88] Vgl. Rosenberg 2003, S. 171; Königsmarck 2000, S. 83; Breuer 2000, S. 87.

[89] S. Branson 1977.

[90] Vgl. Rosenberg 2003, S. 181.

[91] Vgl. Poddig 1996, S. 51.

[92] S. Hamilton 1989; Rhea 1991.

[93] S. Greiner und Whitcomb 1969; Murphy 1999, S. 23 ff.

[94] Vgl. Stocker 2001, S. 93.

Verfahren der Technische Wechselkursprognose stützen sich ausschließlich auf die Beobachtung historischer Devisenkurse und nutzen die Wiederholung von Mustern in der Kursaufzeichnung, um daraus Schlüsse auf den zukünftigen Verlauf zu ziehen. Von besonderer Bedeutung sind Tangenten, Widerstandslinien, Formationen oder gleitende Durchschnitte, mit deren Hilfe sich Trends oder Umkehrpunkte identifizieren lassen. Genauere Prognosen, sogenannte Punktprognosen, lassen sich mit der technischen Analyse nur schlecht bewerkstelligen – im Vordergrund stehen Trendprognosen, die Auf-, Ab- und Seitwärtsbewegung von Devisenkursen, teils in Verbindung mit einer Bandbreitengabe, prognostizieren.

Anders als bei der Fundamentalanalyse versuchen die Verfahren der technischen Wechselkursprognosen nicht, den Devisenkurs zu erklären. Der Hintergrund eines Verlaufs hat für die Prognose keine Bedeutung – es ist unerheblich, ob der Kursanstieg beispielsweise durch Zinsveränderungen, spekulative Transaktionen oder ein politisches Ereignis ausgelöst wurde. Sowohl das gesamtwirtschaftliche Umfeld, als auch voraussehbare Entwicklungen werden außer Acht gelassen. Andererseits finden sich alle Faktoren, die einen Einfluss auf einen Devisenkurs ausüben, mit der entsprechenden Gewichtung in den historischen Daten wieder. Im Gegensatz zur Fundamentalanalyse, in der mit einer geringen Anzahl von Prädiktoren ein hoher Erklärungsanteil zu erreichen versucht wird, berücksichtigen technische Modelle indirekt jede Art kursbeeinflussender Faktoren. Hierbei sind insbesondere behavioristische Komponenten, wie Ängste und weitere Stimmungen, hervorzuheben, da diese in fundamentalen Modellen in der Regel keine Berücksichtigung finden, ihnen in der Literatur jedoch ein Einfluss bescheinigt wird.[95]

Die Aussage „*market action discounts everything*"[96], die eine Vereinigung aller beeinflussenden Faktoren in der Kursbewegung unterstellt, ist laut Murphy eine von drei Voraussetzungen und ein Grundpfeiler der technischen Analyse. Hieraus zieht er den Schluss, dass der Kursverlauf das einzig zu untersuchende Objekt ist. Die beiden weiteren Voraussetzungen lauten: „*Prices move in trends*" und „*History repeats itself*". Während sich die erste Voraussetzung mit der Random-Walk-Hypothese in Einklang bringen lässt[97], deutet die (vorhersagbare) Wiederholung vergangener Wechselkursentwicklungen auf einen Bruch mit der Random-Walk-Theorie hin. Obwohl technische Analysten und Bachelier mit der Einpreisung

---

[95] S. De Grauwe und Rovira Kaltwasser 2006; Witte 1988, S. 103.

[96] Murphy 1999, S. 2.

[97] Der Trend entspricht in diesem Fall dem langfristigen Gleichgewichtskurs, um den der Zufallspfad sich bewegt, also z. B. dem Driftanteil eines Wiener-Prozesses.

aller entscheidenden Informationen im Marktkurs einer Meinung sind, unterscheidet sich ihre Ansicht über die Bedeutung für den zukünftigen Kursverlauf. Die Random-Walk-Hypothese argumentiert, dass sich der Marktkurs jederzeit im Gleichgewicht befindet und lediglich neue Informationen einen Anlass zu Kursanpassungen geben. Diese neuen Informationen sind jedoch per Definition niemandem bekannt, weshalb die Richtung und Größe des zukünftigen Verlaufs unbekannt ist. Der Kurs folgt einem Zufallspfad – die Entwicklung von morgen ist unabhängig von der heutigen.

Technische Analysten folgen einem anderen Verständnis, in dem Marktunvollkommenheiten oder irrationales Verhalten die Unabhängigkeit der Kurse von der vorherigen Entwicklung in Frage stellen.[98] Eine abweichende Argumentation für die Vorteilhaftigkeit technischer Analyseverfahren sind Verzögerungen bei der Einpreisung von Informationen. Relevante Informationen bzw. Aktionen von Marktteilnehmern mit Informationsvorsprung wirken sich zunächst nur in geringem Umfang auf den Kurs aus – die volle Auswirkung folgt mit Zeitverzug. Technischen Analysten ermöglicht dieser Umstand einen Informationsvorsprung gegenüber der großen Masse an Marktteilnehmern. Voraussetzung hierfür sind eine begrenzte Marktmacht der Teilnehmer mit Informationsvorsprung, da ihr Handeln ansonsten zu einer Preisanpassung führen würde sowie zu Verzögerungen bei der Verbreitung von Informationen.[99]

STOCKER vergleicht die Methodik der technischen Analyse mit den aus den Sozialwissenschaften bekannten „Black Box"-Theorien, die auch aus der Verhaltensbiologie und weiteren wissenschaftlichen Feldern bekannt sind. Diese befassen sich mit „Wenn-Dann"-Beziehungen, um komplexe und vielfältige „Ursache-Wirkung"-Beziehungen zu umgehen.[100] Die Loslösung von der kausalen Ebene ist gleichzeitig dafür verantwortlich, dass trotz Berücksichtigung aller beeinflussenden Faktoren weder die Identifizierung einzelner Größen noch die Quantifizierung des Einflusses auf den Wechselkurs möglich ist. Die klassische technische Analyse unterstellt durch Ausblenden fundamentaler Ereignisse, dass die Verhältnisse, in denen die Faktoren den historischen Kurs beeinflusst haben, auch in der Zukunft gelten. Es ist davon auszugehen, dass diese Annahme, die Zeitstabilitätshypothese genannt wird, nicht zutrifft und sich der Einfluss der einzelnen Faktoren untereinander mit fortschreitender Zeit ändert.[101] Da die Wahrscheinlichkeit einer Veränderung mit dem Zeithorizont zunimmt, steigt

---

[98] Ursache irrationalen Verhaltens sind auch unterschiedliche Interpretationen historischer Kursverläufe durch die Marktteilnehmer.
[99] Vgl. Thießen 1995a, S. 267 f.
[100] Vgl. Stocker 2001, S. 92.
[101] Vgl. Hansmann 1983, S. 11 f.; Filc 1998, S. 83 f.

auch die Wahrscheinlichkeit, bei langfristigen Prognosen Fehleinschätzungen zu begehen. In der Regel wird die technische Analyse deshalb vor allem im kurzfristigen Bereich genutzt.[102]

4.2.3.1. Klassische technische Analyseverfahren

Zur *klassischen technischen Prognose* gehören Analyseverfahren auf Basis von Linien-, Candlestick-, O/H/L/C-[103] und Point & Figure-Charts.[104] Bei den ersten drei Verfahren handelt es sich um verschiedene Arten von Kurs-Zeit-Diagrammen, die den Kurs – zu Handelsschluss oder als Tagesdurchschnitt, mit oder ohne Angabe von höchster und niedrigster Handelstag-Dotierung – in Abhängigkeit der Zeit abbilden. In der Regel handelt es sich um Tageskurse, denkbar sind aber sowohl längere als auch kürzere Zeitspannen. Point & Figure-Charts nehmen eine Sonderrolle ein, da die Abszisse zeitunabhängig ist. Das Diagramm setzt sich hier in Abhängigkeit von Trendwechsel seitlich fort.

Die Nutzung von Unterstützungs-, Widerstands- sowie Trendlinien kann sowohl mit einem Linien- als auch mit einem O/H/L/C-Chart kombiniert werden. Hierbei werden mehrere auf einer Linie liegende Höchst- bzw Tiefstwerte miteinander verbunden und in den zukünftigen Chartbereich hin verlängert. Da der beobachtete Kurs die ermittelte Grenzlinie in der Vergangenheit mehrmals berührt, jedoch nicht durchbrochen hat, nehmen technische Analysten dieses Verhalten auch für die Zukunft an – zumindest bis andere Hinweise eine Trendwende ankündigen. Ein Grund sind Kursmarken, die Marktteilnehmer zur Begrenzung potentieller Verluste, aber auch zur Sicherung potentieller Gewinne setzen und die mit automatischen Handlungsanweisungen verknüpft sind. Erreicht der Kurs diese teils willkürlich gewählten Marken und überschneiden sie sich mit Marken weiterer Marktteilnehmer, führen die damit verbundenen Kauf- bzw. Verkaufstransaktionen Trendwenden ein. Eine weitere Begründung sind psychologisch bedeutsame Grenzen, wie historische Tiefst- und Höchstwerte. Unter der Voraussetzung einer weiten Verbreitung klassischer technischer Analyseverfahren erhöht die Nutzung von Chartanalysen zur Ableitung von Grenzmarken die Wahrscheinlichkeit, dass die ermittelten Grenzen sich mit denen anderer Marktteilnehmer decken und zeitgleiche Kauf- und Verkaufssignale die ermittelten Barrieren unterstützen. Dieses Phänomen ist auch unter der Bezeichnung „selbsterfüllende Prophezeiung" bekannt.[105]

---

[102] Vgl. Stocker 2001, S. 107; Rosenberg 2003, S. 4.

[103] O/H/L/C-Diagramme beinhalten folgende Kursinformationen: Kurs zu Handelsbeginn (Open), höchster (High) und niedrigster (Low) Kurs sowie den Kurs zu Handelsschluss (Close)

[104] Für ausführliche Beschreibungen s. Murphy 1999; Goldberg 1990.

[105] Vgl. Murphy 1999, S. 65 ff.; Königsmarck 2000, S. 134 f.

Neben den vorgestellten Linien-Indikatoren umfasst die klassische technische Analyse mehrere Formationen, die auf eine Trendumkehr oder eine Trendbestätigung hinweisen. Trendwende-Formationen sind beispielsweise Schulter-Kopf-Muster, Zweifach-/Dreifachhochs und Untertassen – Trendbestätigungs-Formationen sind Dreiecksmuster und Flaggen/Wimpel. Weitere vielbeachtete Indikatoren sind das Handelsvolumen sowie die als „open interest" bekannten offenen Kontrakte nach Handelsschluss.[106]

WITTE setzt sich mit der technischen Analyse in der Praxis des Devisenhandels auseinander und bescheinigt ihr trotz der bekannten Einschränkungen und Skepsis bereits 1988 einen Durchbruch bei Devisenhändlern.[107] Diese Aussage gilt jedoch nicht für alle Arten der technischen Analyse: Nur diejenigen Verfahren, die bestimmte Voraussetzungen erfüllen, werden von den Marktteilnehmern auch akzeptiert. Hierzu zählen in erster Linie Charts, die sich schnell und einfach erstellen und auch interpretieren lassen. Durch das Angebot zahlreicher kostenloser Internetportale ist die Generierung eines Linien-, Candlestick- oder O/H/L/C-Charts heutzutage mit geringem Aufwand möglich. Zur Interpretation bedarf es jedoch der Kenntnis eines Charttechnikers und selbst dann ist eine „korrekte" Interpretation des Charts nicht gewährleistet. Auch John J. MURPHY räumt als technischer Analyst mit drei Dekaden Erfahrung und als ein Verfechter der klassischen technischen Analyse ein, dass es sich bei der Chartanalyse um ein subjektives Verfahren handelt. Er bemerkt deshalb: *„Chart patterns are seldom so clear that even experienced chartists always agree on their interpretation."*[108]

4.2.3.2. Mathematische technische Analyseverfahren

Neben den klassischen Verfahren der technischen Wechselkursprognose haben sich mit dem Fortschritt elektronischer Datenverarbeitungssysteme *mathematisch technische Prognoseverfahren* entwickelt. Die theoretische Grundlage stellt die *Zeitreihenanalyse*, ein Teilgebiet der Ökonometrie, dar. Sie ermöglicht die Beschreibung und Modellierung zeitlich geordneter Folgen von Beobachtungen, um daraus Schlüsse für die zukünftige Entwicklung (Prognose) zu ziehen oder die optimale Steuerung stochastischer Prozesse (Kontrolle) zu ermöglichen.[109] Die zu untersuchenden Zeitreihen bilden im Fall der Währungskursprognose in regelmäßigem Abstand aufgezeichnete logarithmierte Devisenkursveränderungen.

---

[106] Zur näheren Erläuterung der einzelnen Indikatoren s. Murphy 1999. Zur Bedeutung der Analyse von Handelsvolumina bei Wechselkursen s. Gehrig und Menkhoff 2004.

[107] Vgl. Witte 1988, S. 106.

[108] Murphy 1999, S. 17.

[109] Vgl. Schlittgen und Streitberg 2001, S. X f. Für weiterführende Literatur zur Zeitreihenprognose s. Box u. a. 2008; Mertens und Rässler 2005; Hamilton 1994.

Wie die klassische technische Prognose berücksichtigen also auch mathematisch technische Verfahren historische Kursdaten, unterscheiden sich jedoch sowohl im Erscheinungsbild als auch in der Durchführung grundlegend voneinander. Während klassische Verfahren Kursdaten indirekt über eine graphische Darstellung analysieren, findet die Verarbeitung der Daten bei mathematischen Modellen in direkter Weise statt.

Mathematisch technische Ansätze machen die klassischen praktischen Verfahren zum Gegenstand wissenschaftlicher Untersuchungen und haben den Wegfall oder zumindest eine Unterstützung des Interpretationsspielraums zum Ziel.[110] Ob ein Trend anhält oder eine Trendwende ansteht, entscheidet das Modell mittels vorgegebener Algorithmen. Dabei ist es unerheblich, ob sich der Trend auf die Kursbewegung oder Eigenschaften der Zeitreihe bezieht. Damit werden Prognosemodelle ermöglicht, die meist auf Basis der Volatilitätsentwicklungen Kennzahlen generieren, die letztendlich für Handlungsempfehlungen genutzt werden können. Die Darstellung als simple Kauf- oder Verkaufsempfehlung stellt eine Extremposition hinsichtlich der Automatisierung dar. Sie lässt sich umsetzen, indem Erfahrungswerte in Form von Grenzwerten für die einzelnen Kennzahlen definiert und mit der Auswertung der Zeitreihe verglichen werden. Mathematische Prognosemodelle, wie beispielsweise Bandbreiten-Zeitreihenmodelle, weisen in der Regel neben dem Basistrend und einer Volatilitätszone weitere Parameter zur Risikoeinschätzung auf. Die Ausgabe eines Trendwenden-Indikators (Momentum) zeigt die Trendwendedynamik, d. h. einen Hinweis auf die Verstärkung oder Abschwächung eines Trends. Ein Trendbeständigkeits-Indikator zeigt die Häufigkeit richtungsgleicher Veränderungen.[111] In diesem Fall stehen dem Analysten keine simple Empfehlung, sondern eine Reihe von Daten zur Verfügung, mit deren Hilfe die Prognose einer Trendfolge bzw. einer Trendumkehr begründet werden kann. Dies ist ein Fortschritt im Vergleich zu Formationsinterpretationen klassischer Verfahren, aber kein Garant für sichere Vorhersagen.

Der erste Schritt im Prozess einer Zeitreihenanalyse stellt die Modellierung der Risikogröße dar. Im Fall der Wechselkurssicherung, also der Modellierung eines Devisenkurses, berücksichtigt die Verwendung des Random-Walk-Modells einige an Finanzmärkten beobachtete Effekte nicht.[112] Dies hat zur Entwicklung linearer stochastischer Prozesse mit Moving-Average- (MA) und Autoregressions-Eigenschaften (AR) geführt. MA(q)-Modelle berücksichtigen nicht nur den aktuellen, sondern auch zurückliegende Werte des zugrunde liegenden (stochas-

---

[110] Vgl. Beike 1995, S. 115.

[111] Ein Modell, das diese und weitere Größen beinhaltet, ist z. B. das von STÖTTNER entwickelte markttechnische Analysemodell (MAM); s. Stöttner 1989.

[112] S. Kapitel 4.2.1.2, S. 58.

tischen) Prozesses, wodurch sie die Modellierung gleitender Durchschnitte ermöglichen. Anders als der Name vermuten lässt, müssen die Parameter jedoch
nicht gleichgewichtet ausfallen. AR(p)-Modelle beziehen bei der Berechnung der
aktuellen Entwicklung neben dem stochastischen Anteil (ϵ_t) auch vergangene
Werte der Zeitreihe ein. Die folgende Gleichung zeigt die Kombination beider Modelle in einem Autoregressiven-Moving-Average-Prozess, abgekürzt ARMA(p,q)
genannt:[113]

$$X_t = \phi_1 X_{t-1} + ... + \phi_p X_{t-p} + \epsilon_t - \theta_1 \epsilon_{t-1} - ... - \theta_q \epsilon_{t-q} \qquad (4.17)$$

mit ϵ_t = White-Noise-Prozess
   p = AR-Ordnung
   q = MA-Ordnung
   ϕ, θ = Parameter

Die Modellspezifikation, also die Wahl einer geeigneten Ordnung des MA- und
des AR-Anteils, benötigt Erfahrung, kann aber auch durch ein iteratives und
vergleichendes Vorgehen der Schritte Modellwahl, Parametrisierung und Mo-
dellkontrolle ersetzt werden.[114] Üblicherweise beschränken sich in der Praxis
die verwendeten Modelle auf die zweite Ordnung, oft sogar auf niedrigere Ordnungen, so dass die Anzahl der p-q-Kombinationen überschaubar bleibt.[115] Die
anschließende Modellschätzung der unbekannten Parameter σ_ϵ^2 sowie ϕ und θ
erfolgt über die historischen Werte mithilfe eines einfachen Regressionsansat-
zes[116] oder Maximum-Likelihood-Methoden.[117]

Dem Effekt der Volatilitätscluster begegnet die Zeitreihenanalyse mit Modellen
autoregressiv bedingter Heteroskedastizität. Das 1982 von ENGLE entwickelten
ARCH-Modell, das 1986 von BOLLERSLEV unter dem Namen GARCH verallge-
meinert wurde, stellt die Grundlage dieses Ansatzes dar.[118] Wie die folgenden
Gleichungen eines GARCH(s,r)-Modells zeigen, ist die Varianz der Zeitreihe nicht

---

[113] Vgl. Box u. a. 2008, S. 11; Schlittgen und Streitberg 2001, S. 132. Dieser Prozess eignet sich für stationäre Zeitreihen. Für Zeitreihen mit Trend wurde das Integrierte-Autoregressive-Moving-Average-
Modell (ARIMA) entwickelt; s. Box u. a. 2008, S. 93 ff.; Schlittgen und Streitberg 2001, S. 137. Ausgegangen wird von einer mittelwertbereinigten Zeitreihe; für den unbekannten Parameter μ ist der
Mittelwert $\bar{X}$ ein geeigneter Schätzer.
[114] Vgl. Box u. a. 2008, S. 193; Schlittgen und Streitberg 2001, S. 288.
[115] Vgl. Box u. a. 2008, S. 11.
[116] S. Durbin 1960. Für verbesserte, robuste Verfahren s. Schlittgen und Streitberg 2001, S. 268.
[117] Vgl. Schlittgen und Streitberg 2001, S. 269; Hamilton 1994, S. 132.
[118] Vgl. Engle 1982; Bollerslev 1986. ARCH steht für „autoregressive conditional heteroscedasticity",
während GARCH „generalized ARCH" bedeutet.

konstant, sondern hängt von ihrer Historie (ARCH) bzw. zusätzlich von den Varianzen vergangener Perioden ab (GARCH).[119]

$$\epsilon_t = \sigma_t \cdot e_t \tag{4.18}$$

$$\sigma_t^2 = \omega_0 + \sum_{i=1}^{s} \omega_i \epsilon_{t-i}^2 \quad \text{(ARCH)} \tag{4.19}$$

$$\sigma_t^2 = \omega_0 + \sum_{i=1}^{s} \omega_i \epsilon_{t-i}^2 + \sum_{j=1}^{r} \beta_j \sigma_{t-j}^2 \quad \text{(GARCH)} \tag{4.20}$$

mit ϵ_t = White-Noise-Prozess
$\omega_0 > 0$
$\omega_i \geq 0$ für $i = 1, \dots, s$
$\beta_j \geq 0$ für $j = 1, \dots, r$

4.2.4. Innovative Analyseverfahren

Zu den innovativen Wechselkursprognosen gehören Methoden, deren Neuartigkeit darin besteht, sich durch wesentliche Eigenschaften von den Verfahren der Fundamental- und der technischen Analyse zu unterscheiden.[120] Die Eigenschaften einer Innovation können zeitbezogen, aber auch markt- oder merkmalsbezogen sein. Es handelt sich bei Innovationen nicht nur um neu entwickelte Methoden, sondern auch um auf den Finanzsektor übertragene Verfahren anderer Wissenschaftsbereiche.[121] Herkömmliche Ansätze, bei denen eine technische Verbesserung zu entscheidenden Fortschritten geführt hat, lassen sich ebenfalls den innovativen Methoden zuordnen. Die bekanntesten innovativen Prognoseverfahren basieren auf nichtlinearen dynamischen Prozessen und stammen aus dem Gebiet der künstlichen neuronalen Netze und der fraktalen Geometrie, einem Bereich der Chaostheorie.[122]

Die *Chaostheorie*, auch bekannt als Theorie komplexer Systeme, ist eine Disziplin der Mathematik, die sich mit nichtlinearen und meist durch Rückkopplung gekennzeichneten Funktionen beschäftigt.[123] Diese chaotischen Systeme können durch einfache deterministische Regeln hervorgerufen sein – die Ermittlung dieser Regeln ist ein Ziel der Chaostheorie. Chaotische Systeme zeichnen sich dadurch aus, dass kleine Variationen der Eingangsgrößen sich exponentiell

---

[119] Vgl. Box u. a. 2008, S. 413 ff.
[120] Vgl. den Begriff der Finanzinnovation in Jokisch und Mayer 2002, S. 63 ff.
[121] Vgl. Mayer 2003, S. 25 ff.
[122] Vgl. Beike 1995, S. 161.
[123] Vgl. Auckenthaler und Mettler 1994, S. 2.

verstärken und zu großen Veränderungen der Ausgangsgröße führen.[124] Die Ausführung eines einfachen chaotischen Systems ist beispielsweise der aus der folgenden Gleichung entstehende nichtlineare, iterative Prozess:[125]

$$S_t = b \cdot S_{t-1} - b \cdot S_{t-1}^2 \qquad \forall \ t \in \mathbb{N}, \ x > 0 \tag{4.21}$$

mit b = Konstante

Die Wahl von $S_0 = 0{,}3$ und $0 < b < 3$ ergibt ein stabiles System. Die Werte schwanken zunächst und nähern sich nach einigen Schritten einem stationären Zustand an. Liegt die Konstante b zwischen 3 und 3,5699456, wird kein stationärer Zustand mehr erreicht. Stattdessen befindet sich das System im Übergangsstadium zu einem chaotischen System, in dem die resultierenden Werte eine regelmäßige Schwingung ausführen. Eine weitere Erhöhung von b führt zu einem chaotischen Zustand, in dem die Werte keine Schwingung mehr beschreiben, sondern zufallsgeneriert erscheinen.[126] Da sie sich jedoch anhand der Gleichung (4.21) ermitteln lassen, handelt es sich um ein *deterministisches Chaos*.

Die Abweichungen vom ursprünglichen Wert steigen exponentiell mit der Anzahl der Schritte an. Ein Maß für die Art der Gleichung und die Geschwindigkeit, mit der das System einen chaotischen bzw. stationären Zustand erreicht, ist der größte *Lyapunov-Exponent* λ. Ist er negativ, agiert das System stationär oder periodisch stabil, bei 0 handelt es sich um ein oszillierendes System. Positive Werte zeichnen ein chaotisches System aus.[127] Ein hohes positives λ hat unmittelbare Auswirkungen auf die Prognostizierbarkeit des Systems. Da bereits geringe Abweichungen der Eingangsgröße zu starken Veränderungen der Ausgangsgröße führen und ökonomische Eingangsgrößen immer auch eine Fehlerkomponente beinhalten, sind langfristige Prognosen solcher Systeme unmöglich.[128] Die sprunghaften Veränderungen von Wechselkursen erscheinen zufällig, können jedoch auch Resultat eines chaotischen Verhaltens sein.

BROOKS analysierte die tägliche Entwicklung von zehn verschiedenen Devisen in Relation zum Britischen Pfund, fand jedoch – im Gleichklang mit vorherigen Untersuchungen – ausschließlich negative Lyapunov-Exponenten.[129] Auch FE-

---

[124] Eine weitere Eigenschaften ist die Nichtlinearität und das Vorhandensein eines seltsamen Attraktors. Vgl. Vandrovych 2006, S. 4.

[125] Es handelt sich um die logistische Gleichung von VERHULST. Vgl. Auckenthaler und Mettler 1994, S. 3 ff.

[126] Vgl. Auckenthaler und Mettler 1994, S. 4.

[127] Zur Berechnung und Interpretation des Lyapunov-Exponenten vgl. Brooks 1998, S. 269 ff.

[128] Vgl. Brooks 1998, S. 266.

[129] S. Brooks 1998. Zu weiteren, sowohl unterstützenden als auch gegenläufigen Studien s. Vandrovych 2006, S. 11 ff.

DERICI und GANDOLFO (2002), die ein Chaos-basiertes Modell an die italienische Volkswirtschaft anpassten und den Lira/US-$ Wechselkurs betrachteten, fanden keinen Hinweis auf chaotische Strukturen.[130] Neuere Untersuchungen weisen darauf hin, dass ein negativer Lyapunov-Exponent unter Umständen auch auf ein Rauschen der Eingangsgröße zurückzuführen ist, so dass chaotische Strukturen nicht ausgeschlossen werden können.[131] Nicht zuletzt, weil die Frage nach einer chaotischen Struktur von Wechselkursen damit noch nicht abschließend beantwortet werden konnte, spielen chaotische Modelle für die Prognose von Wechselkursen eine untergeordnete Rolle.

Prognoseverfahren, die auf *künstlichen neuronalen Netzen* (KNN) basieren, versuchen, die komplexen Wechselwirkungen, die mehrere potentielle Einflussgrößen auf Wechselkurse besitzen, zu simulieren.[132] Anders als bei fundamentalanalytischen, ökonometrischen Modellen handelt es sich nicht zwingend um parametrische Modelle, bei denen zunächst die Beziehungen zwischen den endogenen und exogenen Variablen modelliert und anschließend die Parameter ermittelt werden müssen. Der Vorteil künstlicher neuronaler Netze liegt in dem Verzicht spezieller funktionaler Beziehungen und damit einhergehend dem Verzicht einer zeitintensiven Beschreibung und Analyse hoch komplexer ökonomischer Wechselwirkungen. Das Verfahren kann daher mit einer „Black Box" verglichen werden, in der lediglich die Eingabe- und Ausgabeparameter, nicht jedoch die innerhalb des Systems vorliegenden Werte, von Interesse sind.[133] Wie nichtlineare Regressionsmodelle ermöglichen KNN zusätzlich die Berücksichtigung von nichtlinearen Zusammenhängen. Da ein ausschließlich linearer Zusammenhang in finanzwirtschaftlichen Wechselbeziehungen unwahrscheinlich ist, versprechen KNN zusätzlich bessere Prognosen als alternative lineare Verfahren.[134]

Der Aufbau klassischer KNN lehnt sich an den Bestandteilen ihrer biologischen Gegenstücke an. Diese bestehen aus zahlreichen miteinander verbundenen Neuronen, die durch erregende oder hemmende Eingangssignale bei Überschreitung eines Schwellenwertes aktiviert werden und ein Ausgangssignal an nachfolgende Neuronen weiterleiten. Wird der Schwellenwert nicht überschritten, bleibt das Neuron still. Die Verbindungen sind stets gerichtet, unterschiedlich stark und wie die Schwellenwerte der Neuronen dynamisch. So wie sich Einflüsse verschiedener Faktoren auf Wechselkurse im Laufe der Zeit verändern, sind auch neuronale Netzwerke imstande, ihre Wirkungszusammenhänge anzupassen, also zu „ler-

---

[130] Vgl. Federici und Gandolfo 2002.
[131] Vgl. Hommes und Manzan 2006, S. 173 f.; Vandrovych 2006, S. 25 f.
[132] Vgl. Schwenker u. a. 1996, S. 41.
[133] Vgl. Peat 2008, S. 152.
[134] Vgl. Kerling 1998, S. 281.

nen". Neben der Gestaltung des Netzwerks und der Wahl des Anfangszustands sind hierbei die Lernregeln entscheidend.[135]

Neuronen künstlicher neuronaler Netze sind entweder in mehreren Schichten oder in Klumpen angeordnet und gehören überwiegend einem von drei Einheiten an.[136] *Input-Units* bilden die Eingangsschnittstelle, an denen fundamentale oder technische Zeitreihen angelegt werden können. Sie verarbeiten die Informationen nicht, sondern leiten sie anhand einer Funktion an die *Hidden-Units* – Einheiten ohne Schnittstelle zur Außenwelt – weiter. Ihre Anzahl steht in Relation zur Komplexität des zu simulierenden Systems, da sie durch Gewichtung ihrer Verbindungen und Anpassung der Schwellenwerte die eigentliche Informationsverarbeitung übernehmen. Am „Ende" des Netzes steht eine der zu simulierenden Größen entsprechende Anzahl von *Output-Units*, an denen die zu prognostizierenden Wechselkurse entnommen werden können. Zuvor gehen der Prognose mehrere Lernphasen voran. Jede Lernphase passt die Gewichtungen der Netzwerkverbindungen sowie die Schwellenwerte der Neuronen durch Vergleich von Zielwert und Output, also Minimierung einer Fehlerfunktion, über sogenannte *Bias-Units* an.[137] Als Eingabeparameter und Zielvorgabe werden historische Daten des zu prognostizierenden Wechselkurses sowie der Eingangsgrößen verwendet.[138]

Der Leistungsfähigkeit, komplexe Systeme flexibel zu simulieren, stehen auch Nachteile gegenüber. So sind KNN gegenüber einfachen Regressionsverfahren verhältnismäßig schwierig zu handhaben. Es muss eine angemessene Anzahl von Trainingsphasen und Hidden-Units gefunden werden, da andererseits verrauschte Eingangsdaten einen *Overfitting-Effekt* verursachen. Strukturen, die auf Störgrößen zurückzuführen sind, können nicht als solche identifiziert werden, so dass sie Bestandteil des Netzwerkes und damit des Prognosemodells werden.[139] Verantwortlich ist die ansonsten vorteilhafte Eigenschaft einer hohen Flexibilität und der Fähigkeit, eine hohe Anzahl funktionaler Beziehungen zu berücksichtigen.

Die Frage nach der Eignung von Modellen auf Basis künstlicher neuronaler Netze oder chaostheoretischer Modelle für die Prognose von Wechselkursen konnte

---

[135] Für eine detailliertere Ausführung der Zusammenhänge künstlicher neuronaler Netze s. Schwenker 1996.

[136] In Schichtenmodellen werden Signale lediglich an die nachliegenden Schichten weitergegeben, während in Klumpenmodellen auch vorgelagerte Neuronen Empfänger sein können, also Rückkopplungen entstehen. Vgl. Beike 1995, S. 165.

[137] Vgl. Kerling 1998, S. 293 ff.

[138] Vgl. Beike 1995, S. 165.

[139] Für eine detailliertere kritische Betrachtung künstlicher neuronaler Netze s. Kerling 1998.

in der wissenschaftlichen Literatur bislang nicht eindeutig beantwortet werden. Eine Untersuchung von vier europäischen Wechselkursen[140] zum US-Dollar im Zeitraum 1973 bis 1995 ergab beispielsweise, dass die Prognosegüte eines Chaos-basierten Modells und eines KNN die eines Random-Walks übertrifft, wobei die Prognose mittels KNN gegenüber dem chaotischem Modell leichte Vorteile aufweist.[141] Auch weitere Autoren erzielten – insbesondere mit KNN – bessere Ergebnisse als mit linearen Verfahren oder dem Random-Walk[142], insgesamt konnten sie die ursprünglich hohen Erwartungen jedoch nicht erfüllen.[143] So konnte ein Vorteil gegenüber klassischen statistischen Verfahren nicht immer festgestellt werden.[144] GRAF u. a. sieht Finanzmarktprognosen mittels KNN deshalb auch nicht als Alternative, sondern als Ergänzung zu herkömmlichen Verfahren der Fundamental- und technischen Analyse.[145]

4.3. Risikomessung

Risikomaße dienen der Quantifizierung von unsicheren Positionen und stellen die Grundlage für einen Vergleich oder die Aggregation mehrerer Risikopositionen dar. Mit Hilfe von Risikomaßen können KMU Geschäfte bewerten, Zielvorgaben formulieren und das Erreichen dieser Zielvorgaben kontrollieren.[146] Für Unternehmen mit geringen Kapazitäten eignet sich ein mit geringem Aufwand zu berechnendes Risikomaß, das sich auf eine möglichst geringe Anzahl von Kennzahlen beschränkt und damit leicht verständlich ist. Eine weitere wünschenswerte Eigenschaft ist die Trennung von Erfolgs- und Risikogröße. Damit ist eine selektive Entscheidungsfindung gewährleistet, mit der das Unternehmen dem Risiko die von der Unternehmensphilosophie oder -lage vorgegebene Bedeutung zuordnen kann.[147]

Unterschieden wird zwischen absoluten Risikomaßen, die das Risiko einer Zufallsgröße X beschreiben, und relativen Risikomaßen, die das Risiko zweier Zufallsgrößen in Beziehung zueinander setzten.[148] Der Aussagegehalt und die

---

[140] Deutsche Mark, Französischer Franc, Italienische Lire und Britisches Pfund.

[141] Vgl. Lisi und Schiavo 1999, S. 100.

[142] S. Panda 2007; Nag und Mitra 2002; Leung u. a. 2000.

[143] Vgl. Lütkepohl und Tschernig 1996, S. 155. Einen Überblick über das Abschneiden von KNN-Modellen in den neunziger Jahren liefert Zhang u. a. 1998, S. 53 f. S. außerdem Poddig 1996, S. 156 ff.

[144] Vgl. Kiani und Kastens 2008 und die dort aufgeführte Literatur; Hann 2000, S. 14; Yao und Tan 2000, S. 96; Lütkepohl und Tschernig 1996, S. 155.

[145] S. Graf u. a. 1996, S. 141.

[146] Vgl. Gleißner und Romeike 2005, S. 252.

[147] Für weitere Begründungen s. auch Brachinger und Weber 1997, S. 235 f. und Albrecht 2003, S. 7 f.

[148] Vgl. Gleißner 2006, S. 18.

Abbildung 4.10.: Systematisierung von Risikomaßen

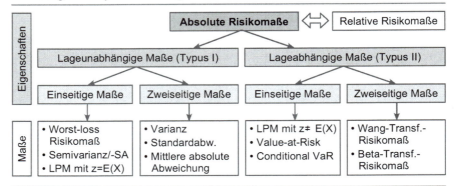

Quelle: Eigene Abb. nach Albrecht 2003

Komplexität der zum Risikomaß gehörenden Kennzahlen bestimmt die Qualität des Ergebnisses, gleichzeitig aber auch den Kosten- und Zeitaufwand für benötigte Risikoberechnungen. Übersteigen die erforderlichen Ressourcen die Kapazitäten kleiner Unternehmen, indem die Risikoberechnung beispielsweise auf umfangreiche Simulationen oder höher qualifiziertes Personal angewiesen ist, sind sie zur Beschaffung neuer Rechenkapazitäten oder einer Inanspruchnahme eines Dienstleisters gezwungen. Dies droht vor allem dann, wenn die Berechnung eine hohe Anzahl von (Markt-)Faktoren beinhaltet. Die Gefahr einer Begrenzung auf wenige relevante Faktoren kann hingegen zu eine Unter- oder Überschätzung der tatsächlichen Risikosituation führen, so dass bereits die Wahl eines Risikomaßes der Abwägung von Aufwand und Ertrag bedarf. Abb. 4.10 zeigt eine Übersicht der Kategorisierung und eine Auswahl zugehöriger gängiger Risikomaße.

Auch komplexe Risikomaße können aufgrund ihrer Eigenschaften respektive das Fehlen bestimmter Eigenschaften eine Fehlerquelle darstellen. Fehlt einem Risikomaß beispielsweise die Eigenschaft der Subadditivität, kann es das aus mehreren Einzelrisiken zusammengesetzte Gesamtrisiko überschätzen und zu höheren Sicherungskosten führen. Um die Eigenschaften von Risikomaßen beurteilen zu können, stellten ARTZNER u. a. 1999 vier Axiome vor, die ein sinnvolles Risikomaß ρ erfüllen muss:[149]

- *Translationsinvarianz* (translation invariance): Das Risikomaß ρ einer Zufallsvariablen X und eines risikolosen Anteils c entspricht dem Risikomaß

---

[149] Vgl. Artzner u. a. 1999, S. 209 f. Es wird Risikoaversion und Einperiodizität vorausgesetzt.

der Zufallsvariablen X abzüglich des risikolosen Anteils. Eine zusätzliche risikolose Investition mindert folglich das Gesamtrisiko.

$$\rho(X + c) = \rho(X) - c \qquad \forall \ c \in \mathbb{R} \tag{4.22}$$

- *Subadditivität* (subadditivity): Das Risikomaß ρ der Summe zweier Zufallsvariablen X und Y muss geringer oder gleich der Summe der einzelnen Risikomaße sein. Dieses Axiom gewährleistet, dass Diversifikation zu einem geringeren und nicht zu einem höheren Risikomaß führt.

$$\rho(X + Y) \leq \rho(X) + \rho(Y) \tag{4.23}$$

- *Positive Homogenität* (positive homogeneity): Wird die Zufallsvariable X um einen Faktor λ erhöht oder gesenkt, so steigt bzw. sinkt auch das resultierende Risikomaß ρ um den Faktor λ. Die Verdopplung einer Investition muss auch zur Verdoppelung des Risikomaßes führen.

$$\rho(c \cdot X) = c \cdot \rho(X) \qquad \forall \ c \geq 0 \tag{4.24}$$

- *Monotonie* (monotonicity): Eine Zufallsvariable X, die in allen Umweltzuständen größer ist als eine Zufallsvariable Y, besitzt ein niedrigeres Risikomaß ρ.

$$\rho(X) \leq \rho(Y) \qquad \forall \ X \geq Y \tag{4.25}$$

Risikomaße, die alle vier Forderungen erfüllen, erhalten die Bezeichnung „kohärent".[150] Mit dem vierten Axiom, der Monotonie, lehnen die Autoren lageunabhängige Risikomaße wie die Varianz oder Standardabweichung ab.[151] Es wäre jedoch angesichts ihrer hohen Bekanntheit und Bewährtheit vermessen, sie als unbrauchbar abzulehnen. Die Eigenschaft der Monotonie ist vielmehr eine sinnvolle Eigenschaft für einen Typus Risikomaß, dem ein anderes Risikoverständnis als einem Streuungsmaß zugrunde liegt.[152] Das Axiom der Translationsinvarianz zeigt, dass ein kohärentes Risikomaß als notwendiges zusätzliches Kapital aufzufassen ist, mit dessen Hilfe sich der erwartete Verlust einer Risikoposition,

---

[150] Obwohl es sich um „vernünftige" Anforderungen an das Risikomaß handelt, betont ALBRECHT, dass nicht jedes kohärente Risikomaß ein vernünftiges Risikomaß darstellt. Vgl. Albrecht 2003, S. 14.

[151] Vgl. Rockafellar u. a. 2002, S. 2.

[152] Vgl. Albrecht 2003, S. 8.

bestehend aus Risikogröße und einem zusätzlichen sicheren Betrag, auf 0 reduzieren lässt.[153] Ist $\rho(X)$ negativ, kann risikolos die entsprechende Summe entnommen werden. Diese Art von Risikomaßen („Risiko als notwendiges Kapital bzw. notwendige Prämie") nennt ALBRECHT Risikomaße vom Typus II. Ihnen stehen Risikomaße vom Typus I – „Risiko als Ausmaß der Abweichung von einer Zielgröße" – gegenüber.[154]

Für Typus I-Risikomaße stellten PEDERSEN und SATCHELL bereits 1998 ein Axiomsystem vor.[155] Es besitzt gegenüber dem Axiomensystem von ARTZNER u. a. anstelle der Translationsinvarianz und der Monotoniebedingung die folgenden beiden Axiome:

- *Nicht-Negativität* (nonnegativity): Das Risikomaß ρ darf nur den Wert null oder positive Werte annehmen

$$\rho(X) \geq 0 \qquad\qquad\qquad (4.26)$$

- *Shift-Invarianz* (shift-invariance[156]): Das Risikomaß ρ der Summe einer Zufallsvariablen X und eines risikolosen Anteils c entspricht dem Risikomaß der Zufallsvariablen X. Eine zusätzliche risikolose Investition verändert zwar die Lage, nicht jedoch das Gesamtrisiko.

$$\rho(X + c) = \rho(X) \qquad \forall \ c \in \mathbb{R} \qquad\qquad (4.27)$$

Übereinstimmend sind die beiden Axiome Homogenität und Subadditivität. Wie das Axiom der Shift-Invarianz zeigt, handelt es sich bei Typus I-Maßen um lageunabhängige Maße. Typus II-Maße werden hingegen vom Erwartungswert beeinflusst und sind deswegen stets lageabhängig. Lageabhängige Maße erfüllen die Eigenschaft der Trennung von Erfolgs- und Risikogröße nicht. ROCKAFELLAR u. a. weisen jedoch einen Weg auf, wie sich lageunabhängige und -abhängige Maße in die jeweilige andere Form umwandeln lassen.[157]

---

[153] Aus dem Axiom der Translationsinvarianz (Gleichung 4.22) folgt: $\rho(X + \rho(X)) = \rho(X) - \rho(X) = 0$
[154] Albrecht 2003, S. 8.
[155] Vgl. Pedersen und Satchell 1998, S. 107. Die Grundlage war ein System von KIJIMA und OHNISHI aus dem Jahr 1993, s. Kijima und Ohnishi 1993, S. 147. ROCKAFELLAR, URYASEV und ZABARANKIN verschärften 2002 dieses System noch. S. Rockafellar u. a. 2002, S. 3.
[156] Die Bezeichnung ist nicht einheitlich. PFLUG und RÖMISCH nennen diese Eigenschaft „translation-invariance" und die Translationsinvarianz „translation-equivariance". Vgl. Pflug und Römisch 2007, S. 29.
[157] Vgl. Rockafellar u. a. 2002, S. 5 ff.

Die in den Axiomensystemen geforderten Eigenschaften stellen eine durch weitere wünschenswerte Charakteristika zu ergänzende Grundlage dar.[158] Ein für das Insolvenzrisiko bedeutsames Merkmal ist die Berücksichtigung von extremen Ereignissen. Risikomaße, die einen Teil der Risikoverteilung ausblenden, berücksichtigen relevante Informationen des ausgeblendeten Verteilungsbereichs nicht. Betrifft dies die Seite der extremen Verluste (Tail Losses), wie es beim noch vorzustellenden Risikomaß des „Value at Risk" der Fall ist[159], kann auf existenzbedrohende Verluste nicht reagiert werden. Ein weiteres wünschenswertes Merkmal ist ein stetiges Verhalten des Risikomaßes gegenüber den zugrunde liegenden Portfolios sowie gegebenenfalls gegenüber vorhandenen Parametern. Dies ist der Fall, wenn geringe Änderungen der Parameter oder der Portfoliozusammenstellung, die nur eine entsprechend geringe Auswirkung auf die Risikosituation besitzen können, sich auch nur durch geringe Veränderungen des Risikomaßes äußern. Insbesondere bei der Nutzung diskreter Verteilungen ist es möglich, dass Risikomaße sensitiv auf minimale Veränderungen reagieren.[160]

DANÍELSSON listet einige empirische Eigenschaften von Risikomaßen auf, die Probleme bereiten können und daher Einfluss auf die Bewertung des Risikomaßes besitzen.[161] Die zuvor beschriebene Eigenschaft, ein qualitatives Ergebnis unabhängig von der Variation eines Parameters zu liefern, trägt die Bezeichnung *Robustheit*. Die *Risikovolatilität* beschreibt, wie stark ein Risikomaß von einer Periode zur nächsten schwankt. Je geringer die Fluktuation ausgeprägt ist, desto geringer fallen Anpassungskosten sowie Managementaufwand aus. Das *Zeitfenster*, das die zur Berechnung benötigten historischen Daten beinhaltet, beeinflusst den zu betreibenden Aufwand und legt die Stärke des Vergangenheitsbezuges fest. Die Berücksichtigung *nichtlinearer Abhängigkeiten* entscheidet über die Eignung des Risikomaßes in Krisenzeiten, in denen die Korrelation zwischen verschiedenen Risikogrößen zunimmt.

4.3.1. Varianz und Standardabweichung

Die *Varianz* **Var** und *Standardabweichung* **Std** oder σ sind lageunabhängige Streuungsmaße und damit Risikomaße des Typus I. Sie haben den Erwartungswert $E(X) = \mu$ als Ankerpunkt und berücksichtigen Abweichungen x in beide Richtungen. Je weiter sich die Werte von μ entfernen, desto größer fällt die Maßzahl aus. Sichere Werte weisen eine Varianz bzw. eine Standardabweichung

[158] Die folgenden Merkmale sind den Vorschlägen und Ausführungen von HANISCH entnommen. Vgl. Hanisch 2006, S. 88 ff.
[159] S. Yamai und Yoshiba 2002.
[160] Vgl. Acerbi und Tasche 2002, S. 1491 f.
[161] S. Daníelsson 2004, S. 18 ff.

von null auf. Beide Maße benötigen Kenntnis über die gesamte Dichteverteilung $P(X)$, da sie jede Ausprägung des Streubereichs berücksichtigen. Damit unterscheiden sie sich von Streumaßen, wie der Spannweite oder dem Worst-loss Risikomaß, die nur einen Teil der Wahrscheinlichkeitsmasse berücksichtigen und deshalb empfindlicher auf Ausreißer reagieren.[162] Die Varianz einer Verteilung **Var**(X) ist der Erwartungswert der quadrierten Abweichungen aller Ausprägungen vom Erwartungswert der Zufallsgröße (4.28). Die Standardabweichung **Std** steht in direkter Beziehung zur Varianz: Wie (4.31) zeigt, ergibt sie sich aus der positiven Quadratwurzel von **Var**(X).[163]

$$\mathbf{Var}(X) = \mathbf{E}\big(X - \mathbf{E}(X)\big)^2 = \mathbf{E}(X - \mu)^2 \tag{4.28}$$

$$= \sum_{i=1}^{n} (x_i - \mu)^2 \cdot p_i \quad \text{mit} \quad \sum_{i=1}^{n} p_i = 1 \tag{4.29}$$

$$= \int (x - \mu)^2 \cdot P(x)\, \mathrm{d}x \tag{4.30}$$

$$\mathbf{Std} = \left| \sqrt{\mathbf{Var}(X)} \right| \tag{4.31}$$

Gleichung (4.29) und (4.30) zeigen die Varianzberechnung für diskrete bzw. stetige Zufallsgrößen. Die Quadrierung sorgt dafür, dass sich positive und negative Abweichungen nicht gegenseitig aufheben. Sie führt jedoch auch zu einer stärkeren Berücksichtigung hoher Abweichungen vom Erwartungswert.[164] Die Varianz einer Verteilung besitzt aufgrund der Quadrierung zudem eine vom Lagemaß unterschiedliche Einheit, die eine Interpretation der Maßzahl erschwert. Diesen Nachteil beseitigt die Standardabweichung durch Radizieren.

Standardabweichung und Varianz verdanken einen Teil ihrer Bedeutung der Verbindung zur *Normalverteilung*[165] und dem *Zentralen Grenzwertsatz*.[166] Mit der Aussage *„Die Normalverteilung ist das Kernstück der meisten Methoden von Risikomanagement.“*[167] unterstreicht BERNSTEIN die anhaltende Relevanz der

---

[162] Die Spannweite ist definiert als die Länge vom potentiell niedrigsten bis zum potentiell höchsten Wert. Das Worst-loss Maß beschreibt den kleinsten Wert der Spannweite. Vgl. Toutenburg 2004, S. 67; Rockafellar u. a. 2002, S. 6.

[163] Vgl. Pflug und Römisch 2007, S. 22 f.; Schmidt und Terberger 2003, S. 284.

[164] Vorausgesetzt, die Abweichungen sind größer eins. Anders verhält sich die „mittlere absolute Abweichung" (mean absolute deviation, MAD), bei der jeder Wert nur mit seiner absoluten Abweichung vom Erwartungswert in die Kennzahl eingeht. Vgl. Toutenburg 2004, S. 66 ff.

[165] In Anlehnung an ihren Erfinder und ihre Form wird die symmetrische Verteilung auch Gauß-Verteilung bzw. Glockenkurve genannt.

[166] Die standardisierte Summe von n unabhängigen identisch verteilten Zufallsvariablen ist für $n \to \infty$ annähernd normalverteilt. Vgl. Jorion 2007, S. 84.

[167] Bernstein 2004, S. 183.

Abbildung 4.11.: Standardabweichung einer Standardnormalverteilung

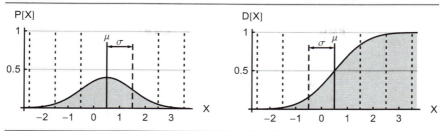

Quelle: Eigene Abb.

Normalverteilung im Risikomanagement und der Finanzwirtschaft, so dass auch Varianz und Standardabweichung bis jetzt ihre hohe Bedeutung behalten haben.[168] Die Standardabweichung besitzt in Verbindung mit der Normalverteilung den Vorteil, dass sich ihr ein konstantes Quantil zuordnen lässt (Abb. 4.11). So befindet sich im Bereich von $\mu \pm \sigma$ rund 68,26 %, im Bereich $\mu \pm 2\sigma$ rund 95,45 % und im Bereich $\mu \pm 3\sigma$ rund 99,73 % der Wahrscheinlichkeitsmasse.[169]

Zur Berechnung einer Portfoliovarianz bedarf es der Einzelvarianzen sowie der paarweisen Kovarianzen oder Korrelationskoeffizienten aller Zufallsgrößen untereinander.[170] Besteht das Portfolio beispielsweise aus zwei Risikogrößen, ermittelt sich die Portfoliovarianz aus Gleichung 4.32, bei n Risikogrößen aus Gleichung 4.33:[171]

$$\mathbf{Var}_{P,2}(X) = w_1^2\, \mathbf{Var}_1 + w_2^2\, \mathbf{Var}_2 + 2\, w_1\, w_2\, \mathrm{Cov}_{12} \tag{4.32}$$

$$\mathbf{Var}_{P,n}(X) = \sum_{i=1}^{n} \sum_{j=1}^{n} w_i\, w_j\, \mathrm{Cov}_{ij} \tag{4.33}$$

mit w_i = Anteil der jeweiligen Risikogröße am Portfolio
Cov_{ij} = Kovarianz zwischen Risikogröße i und Risikogröße j

Die Berücksichtigung der Kovarianz oder Korrelation entspricht dem Diversifikationsgedanken und erfüllt das Axiom der Subadditivität. Die Standardabweichung zweier Zufallsvariablen kann demnach nicht größer sein als die Summe

---

[168] Vgl. Pflug und Römisch 2007, S. 21.

[169] Vgl. Wehrspohn 2001, S. 582; Zöfel 2003, S. 105; Priermeier 2005, S. 45.

[170] Kovarianzen und Korrelationskoeffizient sind Maße für die Stärke der linearen Korrelation zweier Variablen und gehen auf einen Aufsatz des Nobelpreisträgers MARKOWITZ aus dem Jahre 1952 zurück; s. Markowitz 1952.

[171] Vgl. Poddig u. a. 2009, S. 51; Volkart 2008, S. 227; Schäfer 2005, S. 283; Hager 2004, S. 138.

der einzelnen Standardabweichungen. Auch die anderen Axiome nach PEDERSEN und SATCHELL werden von beiden Maßen erfüllt.

Die Schätzung der Varianz, der Standardabweichung und die der Kovarianzen lässt sich anhand statistischer Instrumente und historischer Daten verhältnismäßig leicht bewerkstelligen. Ebenso lassen sie sich im Rahmen von Optimierungsproblemen technisch gut als Zielfunktion nutzen.[172] Die Voraussetzung ist eine normalverteilte Wahrscheinlichkeitsmasse, die empirischen Befunden zufolge jedoch nur annähernd zutrifft und deshalb auch zumeist Teil der Kritik am Einsatz von Varianz oder Standardabweichung ist.[173] Für unsymmetrische Verteilungen ist die Standardabweichung alleine ungeeignet. Nur im Zusammenhang mit Zentralmomenten höherer Ordnung, insbesondere Schiefe und Kurtosis, behält sie ihre Aussagekraft, wodurch jedoch die Anzahl der Kenngrößen ansteigt und die Handhabung im Allgemeinen sowie die Berechnung eines Portfolio-Risikos im Speziellen erschwert wird.[174]

Die *Volatilität* ist ein Streuungsmaß, das in Zeitreihen Verwendung findet. Im Zusammenhang mit Wechselkursen misst es die Stärke der Wechselkursveränderungen innerhalb eines festen Zeitraums. Obwohl dies auf viele Arten geschehen kann, steht die Volatilität üblicherweise in Zusammenhang mit der Standardabweichung und wird in Teilen der Literatur mit ihr gleichgesetzt.[175] Der in regelmäßigen Abständen erfasste Wechselkurs zweier Währungen stellt in diesem Fall eine Wahrscheinlichkeitsverteilung X dar – seine zugehörige Standardabweichung σ die Volatilität des Wechselkurses. Diese Interpretation besitzt jedoch die folgenden zwei Nachteile:[176]

- Es handelt sich um die Standardabweichung absoluter Veränderungen, durch die eine Abhängigkeit von der Größenordnung des Wechselkurses entsteht. Diese Abhängigkeit macht das Maß ungeeignet für den Vergleich mit Standardabweichungen anderer Wechselkurse. Eine Schwankung gleicher Größenordnung würde für die Wechselkurse US-\$/€ und ¥/€ unterschiedliche Werte ergeben.

- Die Grundlage der Berechnung sind Abweichungen vom Mittelwert des Zeitraums, so dass Trends unberücksichtigt bleiben und sowohl systematische als auch unsystematische Abweichungen in das Maß eingehen.

---

[172] Vgl. Albrecht 2003, S. 19.
[173] Vgl. Gleißner 2006, S. 17 sowie Kapitel 4.2.1.
[174] Vgl. Albrecht 2003, S. 20 f.
[175] Vgl. Wolke 2007, S. 18; Jorion 2007, S. 76; Königsmarck 2000, S. 40.
[176] Vgl. Frenkel 1994, S. 15 f.

Sinnvoll wäre FRENKEL zufolge eine ausschließliche Berücksichtigung der unsystematischen Schwankungen.

Aus diesem Grund wird im Zusammenhang mit Wechselkursen oft nicht die absolute Differenz der Zufallsgröße, sondern die relative oder logarithmische Veränderungsrate zur Berechnung der Volatilität herangezogen:[177]

$$\Delta X_a = X_t - X_{t-1} \tag{4.34}$$

$$\Delta X_r = \frac{X_t - X_{t-1}}{X_{t-1}} \tag{4.35}$$

$$\Delta X_{ln} = \ln(X_t) - \ln(X_{t-1}) = \ln\left(\frac{X_t}{X_{t-1}}\right) \quad \text{mit } X_t, X_{t-1} > 0 \tag{4.36}$$

4.3.2. Lower Partial Moments

Die als *Lower Partial Moments* (LPM) bekannten Risikomaße gehören dem Typus II an und berücksichtigen nur negativ gerichtete Abweichungen von einem erforderlichen Zielwert z.[178] Eine Besonderheit bildet die Wahl des Erwartungswertes als Zielgröße z, durch die sich die LPMs in ein lageunabhängiges Risikomaß wandeln. Grundsätzlich gibt es keine Einschränkung bei der Wahl von z, so dass eine Verlustschwelle, eine Mindestrendite, ein Benchmark oder jede andere beliebige Lagegröße als Zielwert dienen kann.[179] Das LPM-Maß der k-ten Ordnung errechnet sich als Erwartungswert aller vom Zielwert z nach oben begrenzten Abweichungen zur k-ten Potenz:[180]

$$\text{LPM}_k(z; X) = \mathbf{E}\left(\max(z - X, 0)^k\right) \tag{4.37}$$

$$= \sum_{x_i < z} (z - x_i)^k \cdot p_i \quad \text{mit } \sum p_i = 1 \tag{4.38}$$

$$= \int_{-\infty}^{z} (z - x)^k \cdot P(x) \, dx \tag{4.39}$$

Gleichung (4.38) zeigt die Berechnung für diskrete Zufallsgrößen. Die Summe berücksichtigt nur potentielle Ausprägungen der Zufallsgröße X, die kleiner als die Zielgröße z ausfallen. Werte, die größer als z ausfallen, finden keine Berücksichtigung. Gleichung (4.39) bezieht sich auf den Fall stetiger Zufallsgrößen.

---

[177] Vgl. Schröder 2002b, S. 3 und S. 20. S. auch Abschnitt 4.2.1.2.

[178] Bereits 1975 nutzte BAWA in einer Ausarbeitung zur Statistischen Dominanz erster, zweiter und dritter Ordnung dieses Risikomaß; s. Bawa 1975.

[179] Vgl. Gleißner 2006, S. 19; Albrecht 2003, S. 22.

[180] Vgl. Hartmann-Wendels u. a. 2007, S. 332; Gleißner 2006, S. 20.

Abbildung 4.12.: LPM einer Normalverteilung mit $\mu = 0,5$, $\sigma = 1$ und $z = -0,1$

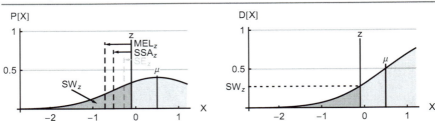

Quelle: Eigene Abb.

Bei der Ordnungszahl k kann es sich um die Null oder eine positive rationale Zahl handeln. Dabei entspricht eine große Zahl einer hohen Risikoaversion. Für die Ordnungen 0, 1 und 2 ergeben sich Maße, die eine besondere Rolle spielen. Die 0-te Ordnung beschreibt die Shortfallwahrscheinlichkeit SW_z, die 1-te Ordnung den Shortfallerwartungswert SE_z und die 2-te Ordnung die Shortfallvarianz SV_z und die Shortfallstandardabweichung SSA_z: [181]

$$SW_z(X) = LPM_0(z; X) = P(X < z) = D(z) \tag{4.40}$$

$$SE_z(X) = LPM_1(z; X) = \mathbf{E}\big(\max(z - X, 0)\big) \tag{4.41}$$

$$SV_z(X) = LPM_2(z; X) = \mathbf{E}\big(\max(z - X, 0)^2\big) \tag{4.42}$$

$$SSA_z(X) = \left| \sqrt{LPM_2(z; X)} \right| = \left| \sqrt{\mathbf{E}\big(\max(z - X, 0)^2\big)} \right| \tag{4.43}$$

Das Risikoverständnis der drei Ausprägungen[182] ist unterschiedlich und wie folgt zu verstehen:

- Die *Shortfallwahrscheinlichkeit* SW_z zeigt an, mit welcher Wahrscheinlichkeit die Zufallsgröße X die Zielgröße z unterschreiten wird. Es handelt sich bildlich um denjenigen Flächeninhalt der Dichteverteilung $P(X)$, der sich links von z befindet (vgl. Abb. 4.12). Liegt z unter dem Streubereich der Zufallsgröße, nimmt das Maß den Wert 0 an – im umgekehrten Fall den Wert 1.

- Der *Shortfallerwartungswert* SE_z misst die durchschnittliche Unterschreitungsdistanz vom Zielwert. Obwohl Werte, die den Zielwert z übersteigen,

---

[181] Vgl. Pflug und Römisch 2007, S. 24; Gleißner 2006, S. 19.

[182] Shortfallvarianz und -standardabweichung unterscheiden sich nur durch die Quadrierung und werden deshalb als eine Ausprägung betrachtet.

nicht berücksichtigt werden[183], verfügt SE_z über eine Berechnungsbasis von 1, also der Gesamtwahrscheinlichkeit. Dieser Wert ist nicht mit dem *Mean Excess Loss* (MEL_z) zu verwechseln, das zwar ebenfalls die mittlere Unterschreitungshöhe angibt, jedoch unter der Voraussetzung einer Unterschreitung von z. Aufgrund dessen handelt es sich um eine bedingte Wahrscheinlichkeit mit der Berechnungsbasis SW_z, so dass die Multiplikation von MEL_z und der Shortfallwahrscheinlichkeit ebenfalls zum Shortfallerwartungswert führt. Da SW_z höchstens einen Wert von 1 annimmt, ist der Shortfallerwartungswert stets kleiner oder gleich der bedingten mittleren Unterschreitungshöhe (Vgl. Abb. 4.12). Er besitzt die Dimension des Lagemaßes und orientiert sich am Zielwert z.

- Die *Shortfallvarianz* SV_z berücksichtigt die Unterschreitung der Zufallsgröße X gegenüber dem Zielwert z im Quadrat und damit stärker als der Shortfallerwartungswert.[184] Üblicherweise ergibt sich damit ein höherer Wert als SE_z (S. Abb. 4.12), der aufgrund seiner Einheit jedoch nur schwer zu deuten ist. Die Wurzel von SV_z ergibt die *Shortfallstandardabweichung* SSA_z, die erneut die Dimension des Lagemaßes aufweist.

Die Lower Partial Moments erfüllen in ihrer allgemeinen Art ($z \neq \mu$) nicht die Eigenschaft der Translationsinvarianz. FISCHER zeigt jedoch, dass ein Risikomaß der Form

$$\rho(X) = -\mu + a \cdot LPM_k(\mu; X)^{1/k} \tag{4.44}$$

mit $\ 0 \leq a \leq 1, k \geq 1$

den Kohärenzansprüchen genügt.[185] Dieses entspricht dem Lower Partial Moment der 1. oder höherer Ordnungen mit dem Erwartungswert als Zielwert ($z = \mu$) und nach einer Transformation in ein Risikomaß des Typus I nach ROCKAFELLAR u. a.[186] Mit der Wahl des Erwartungswerts als Zielgröße ergeben sich die Risikomaße „mittlere Unterschreitung des Mittelwertes", „Semivarianz" und „Semistandardabweichung", die wie die sonstigen LPM einem einseitigen Risikoverständnis folgen und deshalb ebenso größere technische Probleme bei der Portfoliobildung, der Optimierung und der statistischen Identifikation mit sich bringen.[187]

---

[183] Vgl. Gleichung (4.41)
[184] Vorausgesetzt die Differenz ist größer 1.
[185] Vgl. Fischer 2001, S. 6; Albrecht 2003, S. 34 f.
[186] Vgl. Rockafellar u. a. 2002, S. 5 ff.
[187] Vgl. Albrecht 2003, S. 25.

Abbildung 4.13.: VaR$_{10\%}$ einer Normalverteilung mit $\mu = 0,5$ und $\sigma = 1$

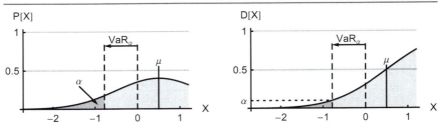

Quelle: Eigene Abb.

4.3.3. Value at Risk

Der *Value at Risk* (VaR) ist ein Typus II Risikomaß, das zusätzlich zu einer Verteilungsfunktion $D(X)$ oder Dichtefunktion $P(X)$ die Angabe eines *Signifikanzniveaus* α benötigt. Dieses Niveau orientiert sich an der Risikoneigung des Unternehmens und nimmt in der Regel Werte zwischen 0,01 % und 5 % an. Da es sich beim VaR um ein einseitiges Risikomaß vom Typus II handelt, beschränkt sich die Betrachtung auf negative Abweichungen vom Erwartungswert.[188] Das Signifikanzniveau beschreibt den Flächeninhalt der Dichtefunktion $P(X)$, in dem sich die $\alpha \cdot 100$ % höchsten negativen Abweichungen befinden. Das α-Quantil $q_\alpha(X)$ trennt diese Fläche von der restlichen Wahrscheinlichkeitsmasse – dem Konfidenzintervall $c = 1 - \alpha$ (Abb. 4.13).[189] Der VaR$_\alpha$ von X entspricht dem negativen α-Quantil der Verteilung:[190]

$$\text{VaR}_\alpha(X) = -q_\alpha(X) \tag{4.45}$$

$$= -D^{-1}(\alpha) \tag{4.46}$$

Gleichung (4.46) verdeutlicht das auf Quantilen der Wahrscheinlichkeitsverteilung basierende Konzept des VaR durch Nutzung der Quantilsfunktion $D^{-1}(X)$. Dieses Konzept steht im direkten Zusammenhang mit dem LPM der nullten Ordnung: Während beim LPM$_0$ ein Quantil vorgegeben wird und die zugehö-

---

[188] Daher gilt: $\alpha < 0,5$.

[189] Voraussetzung ist eine stetige, streng monotone und invertierbare Verteilungsfunktion $D(X)$.

[190] Die Definition des VaR ist in der Literatur uneinheitlich. Während hier die negative Quantilsabweichung vom Nullpunkt genutzt wird, definieren andere Autoren den VaR als den Betrag der Quantilsabweichung vom Nullpunkt oder als Quantilsabweichung vom Erwartungswert. Vgl. Pflug und Römisch 2007, S. 57; Jorion 2007, S. 108.

rige Wahrscheinlichkeitsmasse das Risikomaß darstellt, ergibt beim VaR eine vorgegebene Wahrscheinlichkeit das Risikomaß in Form eines Quantils.[191]

Neben dem Signifikanzniveaus α oder dem Konfidenzintervall c erfordert der VaR$_\alpha$ die Angabe einer Zeitspanne H.[192] Sie trägt den Namen *Haltedauer* und ermöglicht die Interpretation des VaR-Betrags als diejenige Verlusthöhe V, die innerhalb der Haltedauer mit einer Wahrscheinlichkeit von c nicht überschritten wird (4.47).[193] Anders ausgedrückt, würde die Beimischung eines risikolosen Betrags in Höhe des VaR zur risikobehafteten Zufallsgröße X, in nur $\alpha \cdot 100\,\%$ der Fälle innerhalb der Haltedauer zu einem negativen Ergebnis führen (4.48). Daher wird der VaR auch Quantilkapital oder Quantilreserve genannt.[194]

$$P(V_H \geq \text{VaR}_\alpha) = \alpha \qquad (4.47)$$

$$P(\text{VaR}_\alpha + X_{t+H} \leq 0) = \alpha \qquad (4.48)$$

$$\text{mit} \quad V_H = X_t - X_{t+H}$$

Je geringer das Signifikanzniveau und je größer das Konfidenzintervall ausfällt, desto größer ist auch der VaR. Ergibt sich hingegen ein negativer VaR-Betrag, liegt in nur $\alpha \cdot 100\,\%$ der Fälle die gemeinsame Position nach Ablauf von H unter diesem Betrag.

Die Verteilungsfunktion ist an die Haltedauer H gekoppelt, da mit steigender Haltedauer Streuung und gelegentlich auch Schiefe zunehmen und sich aus der veränderten Form auch ein veränderter VaR ergibt. Die Verteilungsfunktion für die Haltedauer von einem Tag lässt sich beispielsweise nur unter Inkaufnahme einer Verzerrung für die Berechnung des VaR mit $H{=}250$ verwenden. Möchte das Unternehmen den VaR über eine längere oder kürzere Haltedauer berechnen, wird eine neue Verteilungsfunktion benötigt. Zur Ermittlung des VaR stehen verschiedene Verfahren zur Verfügung. Drei der gängigsten Alternativen sind die Sammlung und Auswertung historischer Daten (Historische Simulation), die Annahme einer Normalverteilung und Ermittlung der entsprechenden Parameter (Varianz-Kovarianz-Ansatz) oder die Vorgabe und Kombination angenommener Verteilungen im Rahmen einer Monte-Carlo-Simulation.[195]

---

[191] Vgl. Albrecht und Maurer 2008, S. 128.

[192] Diese wird üblicherweise in Tagen angegeben. Vgl. Hull 2006, S. 526.

[193] Vgl. Manganelli und Engle 2004, S. 123.

[194] Albrecht und Maurer 2008, S. 133.

[195] Diese häufig verwendete Aufteilung möglicher Verfahren (s. Jorion 2007; Hull 2006; McNeil u. a. 2005; Hager 2004) lässt sich zur besseren Einordnung neuerer Verfahren auch durch die Systematisierung in parametrische, nicht-parametrische und semiparametrische Verfahren ersetzen (s. Manganelli und Engle 2004).

4.3.3.1. Varianz-Kovarianz-Ansatz

Der *Varianz-Kovarianz-Ansatz*, auch Varianz-Kovarianz-Modell (VKM) genannt, ist ein parametrischer Ansatz. Er lässt sich in mehrere Modelle untergliedern[196] und besitzt im Gegensatz zu den Simulationsverfahren eine theoretische Basis.[197] Die Grundlage bildet eine Normalverteilungsannahme aller Risikofaktoren, so dass zu ihrer vollständigen Beschreibung lediglich Erwartungswerte, Varianzen und Kovarianzen nötig sind.[198] Die Parametrisierung geschieht üblicherweise mithilfe historischer Aufzeichnungen. Es ist jedoch auch möglich, Volatilitäten aus Markt-bepreisten derivativen Instrumenten zu errechnen und damit die Erwartung der Marktteilnehmer in das Risikomaß einzubeziehen.[199] Das Ergebnis der Parametrisierung bildet eine Kovarianzmatrix, in der die Varianzen und die paarweise ermittelten Kovarianzen aufgeführt sind. Aus dieser Matrix lässt sich aufgrund des Zentralen Grenzwertsatzes[200] auf die Parameter der resultierenden Normalverteilung der Gesamtposition schließen. Gleichung (4.45) ergibt anschließend den gesuchten VaR$_\alpha$.

Unternehmen, die den Aufwand der Datenerhebung scheuen, können auf Daten kommerzieller Anbieter zurückgreifen, die auch zahlreiche Volatilitäten und Kovarianzen aus dem Währungsbereich anbieten.[201] Anstatt Daten für eine Vielzahl verschiedener Haltedauern anzubieten, beziehen sie sich üblicherweise auf eine tägliche oder jährliche Haltedauer. Um diese Parameter für eine abweichende Haltedauer benutzen zu können, müssen sie mithilfe des Wurzelgesetzes (square root of time adjustment) zunächst angepasst werden. Diese Anpassung ist nur bei einem zugrunde liegenden Random-Walk, also bei unabhängigen und identisch normalverteilten Veränderungen zulässig.[202] Obwohl diese Voraussetzung durch Beobachtungen des Devisenmarktes widerlegt sind, hält der Varianz-Kovarianz-Ansatz zur Wahrung einer einfachen Handhabung daran fest, so dass sich das Wurzelgesetz auf Kosten eines verzerrten Ergebnisses nutzen lässt. Die unkritische Verwendung dieser Vereinfachung ist weit verbreitet und wird auch bei Regulierungsvorschriften, wie beispielsweise den Eigenkapitalvorschriften des

---

[196] Hierzu gehören das Delta-Normal-Modell sowie das Delta-Gamma-Modell; vgl. Hager 2004, S. 103 ff.

[197] Vgl. Hartmann-Wendels u. a. 2007, S. 334.

[198] Vgl. Kapitel 4.3.1, S. 90.

[199] Zu den Vor- und Nachteilen dieser Möglichkeit s. Hager 2004, S. 78 ff.

[200] S. Abschnitt 4.3.1, S. 90.

[201] Beispielsweise bietet die aus dem Finanzunternehmen J. P. Morgan entstandene RiskMetrics Group™ kostenlose Kovarianzmatrizes an. Vgl. Jorion 2001, S. 44.

[202] S. Abschnitt 4.2.1.

Baseler Ausschusses für Bankenaufsicht, unterstützt.[203] Das Wurzelgesetz besagt, dass sich die Volatilität[204] proportional zur Quadratwurzel der Zeit verhält. Der VaR für eine zehntägige Haltedauer berechnet sich demzufolge aus dem Produkt des VaR mit $H=1$ und der Quadratwurzel von 10.[205] Dieses Vorgehen verringert die Anzahl der zu ermittelnden Verteilungen, kann jedoch – da es sich lediglich um eine Näherung handelt – zur Über- oder Unterschätzung des Risikos führen.[206] Wie stark diese ausfällt, richtet sich nach der Differenz von ermittelter und zu berechnender Haltedauer, dem verwendeten Konfidenzniveau und dem Ausmaß der Autokorrelation sowie Heteroskedastizität ab.[207]

Ein alternatives Verfahren der Parametrisierung, das auf die Voraussetzung unabhängiger und identisch verteilter Wechselkursbewegungen verzichtet, ist die Nutzung historischer Daten. Allerdings sieht sich auch dieses Verfahren einigen Problemen gegenübergestellt. Da die zu beobachtende Veränderung der Volatilität im Zeitverlauf[208] (Heteroskedastizität) eine einzige Volatilitätsberechnung auf Basis aller vorliegenden historischen Daten nicht zulässt, gilt es, regelmäßige Anpassungen der Parameter mithilfe eines „geeigneten" wandernden Zeitfensters zu finden. Die Eignung hängt von der Größe des Fensters und der Gewichtung der darin enthaltenen Werte ab. Während die Vergrößerung eines Fensters den Schätzfehler verringern, führt es gleichzeitig zu einer trägeren Anpassung der Parameter.[209] Wie weit zurück die Berücksichtigung der Vergangenheit erfolgen muss, lässt sich pauschal nicht beantworten.

Für die Gewichtung der einzelnen Werte innerhalb des Zeitfensters wurden verschiedene Verfahren entwickelt. Die einfachste Realisation der Parametrisierung stellt ein gleitender Durchschnitt dar. Dabei errechnet sich die Varianz aus den jeweils n gleichgewichteten logarithmierten täglichen Abweichungen der beispielsweise letzten 250 beobachteten Ausprägungen (4.50).[210] Da jedoch nicht davon auszugehen ist, dass weit zurückliegende und erst kürzlich erfolgte Kursbewegungen eine gleich starke Auswirkung auf aktuelle Kursbewegungen besitzen, bietet sich eine ungleiche Gewichtung an. Das Exponentially-Weighted-

[203] Vgl. Diebold u. a. 1998, S. 104.

[204] Vertreten durch die Standardabweichung einer Verteilung; s. Abschnitt 4.3.1.

[205] S. Jorion 2007, S. 98; Hager 2004, S. 40 ff.; Geyer 1998.

[206] Vgl. Diebold u. a. 1998, S. 105.

[207] Vgl. Geyer 1998, S. 1. S. auch Saadi und Rahman 2008; Daníelsson und Zigrand 2006.

[208] Vgl. den „Joseph-Effekt" in Abschnitt 4.2.1.2, S. 64.

[209] Vgl. Hager 2004, S. 84 f.

[210] Vgl. Culp u. a. 2005, S. 249. Bei kurzen Zeiträumen wird der Erwartungswert üblicherweise gleich null gesetzt. In diesem Beispiel ergeben sich aus den 250 Beobachtungen $n = 249$ Renditen.

Moving-Average-Verfahren (EWMA) (4.51), das auch im RISKMETRICS-Ansatz Anwendung findet, stellt eine solche Gewichtung dar:[211]

$$\sigma^2(L) = \sum_{L=1}^{n} \omega_L \cdot u_L \qquad (4.49)$$

$$\omega^{MA} = \frac{1}{n} \qquad (4.50)$$

$$\omega_L^{EWMA} = \frac{1-\lambda}{1-\lambda^n} \cdot \lambda^{t-1} \qquad (4.51)$$

mit L = Lag-Parameter (Zeitverzug) $\rightarrow x_L = x_{t_{0-L}}$
     u_L = $\ln(x_L) - \ln(x_{(L+1)})$ = tägliche log-Rendite zum Zeitpunkt t
     ω_L = Gewichtungsfaktor zum Zeitpunkt t_{0-L}
     n = Anzahl der beobachteten Renditen
     λ = Gewichtungsparameter

Diese Methode verleiht Werten aus der jungen Vergangenheit eine größere Bedeutung, indem die Gewichtungsfaktoren ω mit steigendem Abstand zur Gegenwart, also mit steigendem Zeitverzug (Lag L), exponentiell abfallen (Abb. 4.14). Wie stark dies geschieht, regelt ein Gewichtungsparameter λ.[212]

Alternativ finden auch komplexere Modelle mit autoregressiv bedingter Heteroskedastizität[213] oder darauf aufbauende Verfahren Anwendung.[214] Da es sich beim EWMA-Verfahren um einen speziellen Fall des integrierten GARCH (IG-ARCH) Modells handelt, erreicht es mit einfachen Mitteln einen ähnlich guten Effekt.[215]

Ohne Beachtung blieb bislang die Frage nach der Verwendung sich überlappender oder überlappungsfreier Wechselkursveränderungen (temporal aggregation vs. selective sampling).[216] GEYER untersuchte 1998 die Auswirkung beider Verfahren und zusätzlich die Nutzung des Wurzelgesetzes auf statistische Maßzahlen, wie den Mittelwert, die Volatilität und Quantile.[217] Einen Vorteil, den überlappende Veränderungen gegenüber überlappungsfreien aufweisen, ist die teils deutlich

---

[211] Vgl. Jorion 2007, S. 230; Manganelli und Engle 2004, S. 125; J. P. Morgan 1996, S. 77 ff. Bei Gleichung (4.51) handelt es sich um eine modifizierte Variante, in der die Gewichtungsfaktoren in Summe 1 ergeben. Vgl. Boudoukh 1998, S. 65.

[212] Vgl. McNeil u. a. 2005, S. 160; Hager 2004, S. 88 f.

[213] Vgl. Kapitel 4.2.3.2, Seite 4.2.3.2.

[214] Vgl. McNeil u. a. 2005, S. 57; Culp u. a. 2005, S. 248 ff.; Hager 2004, S. 88 ff.

[215] Vgl. Jorion 2007, S. 231.

[216] Bei überlappungsfreien Veränderungen können zudem Durchschnittspreise, Preise zu Beginn oder Preise am Ende einer Periode gewählt werden.

[217] Vgl. Geyer 1998.

Abbildung 4.14.: Vergleich von MA- und EWMA-Verfahren.

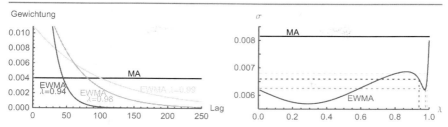

Links: Gewichtung der Beobachtungen in Abhängigkeit ihres Zeitabstands (Lag) und λ.
Rechts: Ermittelte Volatilität in Abhängigkeit von λ. Als Beispiel dient der USD/EUR Wechselkurs, t_0 = 22.12.09, 250 tägliche logarithmierte Renditen.

Quelle: Eigene Abb.

höhere Anzahl zur Verfügung stehender Beobachtungen. Zur Berechnung des VaR mit einer Haltedauer von 10 Tagen sind es beispielsweise bei $n = 250$ historischen Werten lediglich $n/H - 1 = 24$ überlappungsfreie Beobachtungen. Im Vergleich dazu ergeben sich $n - H = 240$ 10-tägige überlappende Renditen sowie $n - 1 = 249$ Beobachtungen bei Anwendung des Wurzelgesetzes. Dieser Vorteil überlappender Renditen wird durch eine hohe Autokorrelation erster Ordnung erkauft.

Die Untersuchung beinhaltet den Einsatz aller drei Verfahren bei verschiedenen simulierten stochastischen Prozessen: einem White-Noise-Prozess (WN), einem autoregressiven Prozess (AR) einem Normalverteilten Prozess mit Heteroskedastizität (GARCH) sowie einer Kombination der letzten beiden Prozesse (AR-GARCH). Bei einem reinen WN-Prozess liefert die Nutzung des Wurzelgesetzes mit dem geringsten Aufwand die besten Ergebnisse. Die untersuchten alternativen Verfahren liefern ebenfalls zufriedenstellende Ergebnisse, weisen gegenüber dem Wurzelgesetz jedoch einen höheren Aufwand auf. Bei AR-Prozessen führt die Nutzung sich überlappender Renditen zu den besten Ergebnissen. Unter Heteroskedastizität liefern ebenfalls überlappende Renditen das beste Ergebnis, wobei die Abweichungen bei allen Verfahren ansteigen und das Risiko signifikant überschätzt wird.

Die analytische Messung mittels des gängigen *Delta-Normal-Ansatzes* führt des Weiteren zu Fehleinschätzungen, wenn der Wert des betrachteten Portfolios nicht linear auf die Risikofaktoren reagiert. Dies ist beispielsweise der Fall, wenn das Portfolio Optionen beinhaltet. Durch die Nutzung des *Delta-Gamma-Ansatzes* wird der Fehler gemindert, jedoch nicht beseitigt.[218] Hier bietet sich die Anwendung der Historischen oder der Monte-Carlo-Simulation an.

4.3.3.2. Historische Simulation

Die *Historische Simulation* ist ein heuristisches Verfahren, das von der Wiederholung vergangener Wertentwicklungen ausgeht und darauf aufbauend Vollbewertungen der aktuellen Risikogröße vornimmt. Diese Bewertungen werden als Grundlage für eine Verteilung genutzt, die mögliche zukünftige Ausprägungen der aktuellen Risikogröße beinhaltet und aus der sich der VaR direkt ableiten lässt. Der Vergangenheitsbezug des Verfahrens erfordert, ähnlich der Parametrisierung durch historische Daten im Varianz-Kovarianz-Ansatz, die Wahl eines geeigneten Zeitfensters. Auch hier führt ein zu großes Zeitfenster zur Berücksichtigung weit vergangener und inzwischen irrelevanter, weil dem momentanen Volatilitätscluster nicht entsprechenden, Trends. Ein zu kurzes Zeitfenster birgt hingegen die Gefahr ungenauer Verteilungen und hoher Schätzfehler.[219] Abhängig ist die Wahl des Zeitfensters zusätzlich von der zur Verfügung stehenden Historie. Zu Beginn einer Aufzeichnung lässt sich dieses Verfahren daher auch nicht verwenden. Stehen ausreichend Daten zur Verfügung, gehört die Ermittlung des VaR mittels Historischer Simulation zu den einfachsten Alternativen des Varianz-Kovarianz-Verfahrens.[220]

Bei einer risikobehafteten Position, deren Wert lediglich von der Entwicklung eines Wechselkurses abhängt, ist die Sammlung der benötigten Daten kostenlos über das statistische Amt der Europäischen Gemeinschaften (Eurostat) bis ins Jahr 1974 zurück möglich.[221] Der VaR kann daher mittels eines 250 Tage umfassenden Zeitfensters auf Basis einer beispielsweise zehntägigen Haltedauer ermittelt werden. Die risikobehaftete Position wird hierzu fiktiv der Entwicklung der letzten zehn Tage ausgesetzt und der resultierende Wert in eine Liste mit 250 Plätzen aufgenommen. Anschließend wird die Liste durch das Ergebnis der Neubewertung mittels der um einen Tag in die Vergangenheit verschobenen Zeitspanne erweitert und dieses Vorgehen wiederholt, bis die Liste mit 250 Werten gefüllt ist. Aufgrund der aufsteigenden Sortierung entspricht der VaR_α dem Wert

---

[218] Vgl. Hager 2004, S. 121.
[219] Vgl. Manganelli und Engle 2004, S. 126.
[220] Vgl. Culp u. a. 2005, S. 250.
[221] Obwohl das Risikomaß VaR primär zum Management von Kreditportfolios genutzt wird (vgl. Wahl und Broll 2005, S. 159 und Wehrspohn 2001, S. 582), lässt es sich auch bei Währungsrisiken verwenden; vgl. Schiller u. a. 2004, S. 437.

an Stelle $\alpha\cdot250$.[222] Am darauffolgenden Tag wird der älteste berechnete Wert aus der Liste gestrichen und durch die Neuberechnung anhand der jüngsten 10 Tage ersetzt.

Die Historische Simulation stellt aufgrund seiner einfachen Anwendung eines der am häufigsten verwendeten Verfahren zur Berechnung des VaR dar.[223] Die Ermittlung der Kovarianzen entfällt, da die benötigten Informationen über lineare und nicht-lineare Zusammenhänge zwischen den verschiedenen Risikofaktoren bereits in den historischen Daten enthalten sind. Anders als im Varianz-Kovarianz-Verfahren muss auch keine Annahme über die Form der zugrunde liegenden Verteilungsfunktion getroffen werden. Die Ergebnisse der Berechnungen ergeben eine Verteilung, deren Dichtefunktion sowohl unsymmetrisch als auch „fat tails"-behaftet ausfallen kann. Nachteilig wirkt sich die aufwendige Datenpflege bei zahlreichen verschiedenen Risikogrößen, der fehlende theoretische Hintergrund sowie die Gleichgewichtung aller im Zeitfenster ermittelten Daten aus. Letzteres verursacht beispielsweise Verzerrungen beim Wechsel in ein neues Volatilitätscluster.[224] Hinzu kommt, dass bei Verwendung eines üblichen Zeitfensters von beispielsweise 250 Beobachtungen, niedrige Quantile wie der $VaR_{0,1\%}$, $VaR_{1\%}$ oder $VaR_{5\%}$ auf einer geringen Anzahl von Beobachtungen beruhen (1, 3 und 5 Beobachtungen).

MANGANELLI und ENGLE (2004) ergänzen kritisch, dass die Historische Simulation logisch nicht konsistent ist. Obwohl keine explizite Annahme über die Verteilung erfolgt, wird implizit angenommen, dass sie sich innerhalb des verwendeten Fensters nicht verändert. Wenn jedoch alle Veränderungen innerhalb des Fensters die gleiche Verteilung besitzen, bedeutet dies auch, dass die gesamte Zeitreihe die gleiche Verteilung aufweisen muss. Weitere Probleme bereitet die Wahl eines geeigneten Zeitfensters sowie die Vorhersagbarkeit von VaR-Sprüngen, nachdem seltene extreme Bewegungen das Zeitfenster verlassen.[225] Eine Verbesserung verspricht ein Verfahren, dass die Historische Simulation mit der aus dem VKM bekannten Gewichtung von Veränderungen kombiniert, so dass jüngere Entwicklungen an Relevanz gewinnen.[226]

---

[222] Da es sich um eine diskrete Verteilung handelt, ist abhängig vom α und dem Zeitfenster gegebenenfalls eine Interpolation notwendig. Mit 250 Werten handelt es sich beim $VaR_{0,05}$ beispielsweise um eine Interpolation der Werte an 12. und 13. Stelle.

[223] Vgl. Manganelli und Engle 2004, S. 126.

[224] Vgl. Jorion 2007, S. 265.

[225] Vgl. Manganelli und Engle 2004, S. 126 f.

[226] S. Boudoukh 1998.

4.3.3.3. Monte-Carlo-Simulation

Auch das dritte gängige Verfahren, die *Monte-Carlo-Simulation*, führt eine Vollbewertung der Wahrscheinlichkeitsverteilung durch. Anders als die Historische Simulation beruht diese jedoch nicht direkt auf historischen Kursbewegungen, sondern auf Zufallszahlen. Vor Generierung dieser Zahlen wird jedem Risikofaktor eine eigene Verteilung beliebiger Art zugewiesen. Neben der Normalverteilung ist jede weitere Verteilung zulässig. Die Parametrisierung der Verteilung findet – in Analogie zum Varianz-Kovarianz-Verfahren – mittels historischer Daten oder über die Preise derivativer Instrumente statt. Sind alle Verteilungen bestimmt, generieren sie in Verbindung mit einem Zufallszahlengenerator einen Satz möglicher Ausprägungen aller relevanten Risikofaktoren, aus dem sich wiederum eine fiktive Wertentwicklung der Risikoposition ergibt. Der fiktive Wert wird in eine aufsteigend sortierte Liste eingetragen und das Verfahren mit neuen Zufallszahlen wiederholt.

Je höher die Anzahl der Durchläufe ist, desto unverzerrter wird die resultierende Verteilung, aus der sich mittels α-Wert im Anschluss direkt der VaR entnehmen lässt. Andererseits benötigt jeder zusätzliche Durchlauf Zeit, so dass Simulationen mit einer hohen Anzahl von Faktoren und Durchläufen zeitliche Restriktionen verletzen können. Die Genauigkeit der Berechnung ist proportional zum Faktor $\sqrt{1/n}$, wobei n die Anzahl der Durchläufe repräsentiert. Dies bedeutet, dass zur Verringerung des Schätzfehlers um ein Zehntel, was einer zusätzlichen korrekten Dezimalstelle entspricht, die Anzahl der Durchläufe verhundertfacht werden muss.[227] Durch die stetige Verbesserung von Rechnersystemen und die Entwicklung neuer numerischer Verfahren hat sich das Bild eines teuren und zeitaufwendigen Verfahrens, das Monte-Carlo-Simulationen immer noch anhaftet[228], im Laufe der Zeit stark relativiert.[229]

Der vorangehende Absatz stellt lediglich ein vereinfachtes Monte-Carlo-Verfahren dar, da es Zusammenhänge zwischen den Risikofaktoren nicht berücksichtigt. Um dem Diversifikationsgedanken Rechnung zu tragen, müssen die Zufallszahlen im Anschluss an ihre Erzeugung modifiziert werden. Hierbei wurde eine Auswahl verschiedener Methoden entwickelt, auf deren ausführliche Behandlung an dieser Stelle verzichtet wird.[230] Sie führen jedoch zusammen mit der

---

[227] Vgl. Hager 2004, S. 159.

[228] Vgl. Jorion 2007, S. 267; Hager 2004, S. 159.

[229] Vgl. Hager 2004, S. 159; Jäckel 2003, S. 1.

[230] Für eine detaillierte Behandlung und Beispiele s. Jorion 2007, S. 321 ff., Hager 2004, S. 148 ff., sowie Kapitel 5 und 6 in Jäckel 2003.

hohen Flexibilität gegenüber den Alternativverfahren zu der Auffassung, dass es sich bei der Monte-Carlo-Simulation um das mächtigste Verfahren handelt.[231]

4.3.3.4. Zur Bewertung des Risikomaßes VaR

Der VaR trifft keine Aussage über die zu erwartende Unterschreitungshöhe, sondern lediglich über die Unterschreitungswahrscheinlichkeit. Damit dient er als Maßzahl für ein Szenario und nicht als Prognose zu erwartender Abweichungen. In einem von hundert Fällen tritt beim Konfidenzintervall von 99 % ein Verlust ein, der die VaR-Kennzahl überschreitet – um wie viel, lässt sich aus einer einzelnen VaR-Kennzahl nicht ablesen. Theoretisch ist es möglich, dass eine Risikoposition X_1 ein kleineres VaR-Maß als eine alternative Position X_2 aufweist, obwohl die durchschnittlichen Verluste von X_1 jenseits des VaR höher als bei X_2 ausfallen.[232] Zur besseren Charakterisierung der Risiken empfehlen ROOTZÉN und KLÜPPELBERG deshalb die Berechnung mehrerer Szenarien mit unterschiedlichen Niveaus und Zeithorizonten.[233] Die Verwendung verschiedener Konfidenzniveaus kann je nach Verteilung jedoch zu sich widersprechenden Ergebnissen führen.[234]

Da die Simulationsverfahren eine Vollbewertung vornehmen, wodurch die Dichtefunktion der Risikogröße zur Verfügung steht, ist die Berechnung mehrerer VaR-Kennzahlen dort hinfällig. JORION führt jedoch auf, dass insbesondere die Monte-Carlo-Simulation bei der Berechnung eines Portfolios mit zahlreichen Risikofaktoren mit hohem Aufwand verbunden ist.[235] Es handelt sich aber nicht nur um die zeitlich aufwendigste Variante, sondern auch um das Verfahren mit den höchsten Ansprüchen im Bereich EDV-Infrastruktur und des Personals (Knowhow). Während der technische Fortschritt kleinere Monte-Carlo-Simulationen bereits auf gängigen Personalcomputern zulässt, bleiben umfangreiche Simulationen umfangreicher Portfolios für kleine Unternehmen verschlossen oder müssen eingekauft werden.

Des Weiteren ist der VaR nicht sensitiv gegenüber allen Veränderungen der Wahrscheinlichkeitsverteilung[236] sowie kein kohärentes Risikomaß. Die fehlende Subadditivität für nicht elliptische Wahrscheinlichkeitsverteilungen ist dafür verantwortlich, dass sich der VaR für Portfolioberechnungen nur eingeschränkt

---

[231] Vgl. Jorion 2007, S. 266; Hager 2004, S. 157.

[232] Vgl. Kürsten und Brandtner 2009, S. 61.

[233] S. Rootzén und Klüppelberg 1999.

[234] Vgl. Szegö 2002, S. 1261.

[235] Vgl. Jorion 2007, S. 267.

[236] Vgl. Hartmann-Wendels u. a. 2007, S. 331.

nutzen lässt.[237] Unter bestimmten Voraussetzungen gibt der VaR für ein Portfolio aus zwei Zufallsvariablen einen höheren Wert als die Summe der einzelnen VaR-Größen aus, was dem Diversifikationsgedanken widerspricht. Dies kann außerdem dazu führen, dass verschiedene Geschäftsbereiche innerhalb eines Unternehmens ihre Risikolimits einhalten, das Gesamtunternehmen seine Risikobeschränkungen jedoch weit verfehlt.[238] Der VaR ist weder stetig gegenüber dem Signifikanzniveau α noch gegenüber Veränderungen in der Portfoliozusammenstellung. Eine geringe Veränderung des Signifikanzniveaus kann demnach zu starken Erhöhungen des Risikomaßes führen.[239] Das gleiche Verhalten zeigt der VaR bei einigen geringfügigen Veränderungen der Portfolioanteile.[240]

Diese Erkenntnisse decken sich mit der Untersuchung von DANÍELSSON, bei der die Robustheit des VaR unter Variation des Underlyings des berücksichtigten Zeitfensters (Historie) und des Signifikanzniveaus unerwartet schwache Ergebnisse liefert.[241] Das Varianz-Kovarianz-Modell unterschätzt das GBP/USD-Wechselkursrisiko in Abhängigkeit des Zeitfensters unterschiedlich stark, während die Historische Simulation es prinzipiell überschätzt. Verbessert ein großes Zeitfenster beim Varianz-Kovarianz-Modell die Qualität der Prognose, sorgte bei der Historischen Simulation eine Verringerung des Zeitfensters für eine geringere Risikoüberschätzung. Das Ergebnis, das anhand des $VaR_{1\%}$ ermittelt wurde, enttäuschte jedoch insgesamt aufgrund der hohen Abweichungen.

Die Untersuchungen des $VaR_{5\%}$ und des $VaR_{0.1\%}$ ergaben unterschiedliche Reihenfolgen in der Prognosequalität der Verfahren, ohne dass sich das Qualitätsniveau gegenüber dem $VaR_{1\%}$ entscheidend verbesserte. Ähnlich verhält es sich mit der Untersuchung der Risikovolatilität, die insbesondere für die Kapitalunterlegung von Finanzinstituten bedeutsam ist. Ist sie bei der Historischen Simulation noch relativ gering, weisen Varianz-Kovarianz-Modelle eine deutlich höhere Standardabweichung auf. So konnte in der Studie beobachtet werden, wie sich der VaR von einem Tag zum nächsten verdoppelte und am darauffolgenden Tag halbierte. Der Kritik zum Trotz erfreut er sich aufgrund des einfachen Konzepts hoher Beliebtheit[242] und liefert bei der Bildung einer Risikoreihenfolge

---

[237] Vgl. Szegö 2002, S. 1261; Embrechts u. a. 2002, S. 213. Für die Normalverteilung ist der VaR hingegen subadditiv und damit auch kohärent; vgl. Albrecht und Maurer 2008, S. 891; Jorion 2007, S. 114.

[238] Vgl. Hanisch 2006, S. 26.

[239] Vgl. Hanisch 2006, S. 88 ff.; Acerbi und Tasche 2002, S. 1491 f.

[240] Für eine detaillierte Untersuchung und Beispiele s. Hanisch 2006, S. 89 ff.

[241] Vgl. Daníelsson 2004, S. 18 f.

[242] Vgl. Burgert 2005, S. 2; Manganelli und Engle 2004, S. 123; Szegö 2002, S. 1261.

unterschiedlicher Positionen gleichwertige Ergebnisse wie alternative Downside-Risikomaße.[243]

4.3.4. Conditional Value at Risk

Trotz des beachtlichen Erfolgs, der dem Risikomaß VaR in den letzten Jahren zuteil wurde, stellten ACERBI u. a. 2001 die kritische Frage „Why VaR?".[244] Damit fordern sie ihre Leser auf, das Risikomaß VaR und seine Bedeutung kritisch zu hinterfragen. Sie geben zu bedenken, dass der Umkehrschluss aus der Definition des VaR als derjenige Verlust, der mit einer Wahrscheinlichkeit von $1 - \alpha$ höchstens eintritt, gleichzeitig auch der geringste Verlust ist, der in den schlimmsten $\alpha \cdot 100\,\%$ der Fälle eintreten kann. Aus dieser Erkenntnis heraus, stellen sich ACERBI u. a. wiederum die Frage, weshalb einen Risikomanager nach Ermittlung der $\alpha \cdot 100\,\%$ schlimmsten Fälle ausgerechnet der niedrigste dieser Verluste – also das „best of worst cases"-Szenario – interessieren sollte. Kritik wie diese, mittels VaR keine Aussage über die zu erwartende Verlusthöhe treffen zu können, und auch Nachteile, wie auf elliptische Verteilungsfunktionen angewiesen zu sein sowie auf keinen simplen linearen Programmieralgorithmus zurückgreifen zu können, förderten die Entwicklung des Risikomaßes Conditional Value at Risk[245] (CVaR).[246]

Beim CVaR handelt es sich um ein Risikomaß, das den herkömmlichen VaR erweitert. Es werden nur jene Situationen berücksichtigt, in denen der Verlust den VaR_α unterschreitet, was den $\alpha \cdot 100\,\%$ höchsten negativen Abweichungen entspricht.[247] In Analogie zum VaR lässt sich der CVaR dieser Bedingung zufolge als bedingte erwartete Verlusthöhe V (4.52) oder alternativ als bedingter negativer Erwartungswert der Risikogröße X (4.53) definieren.[248] Die Berechnung des CVaR ist sowohl über die Integration der Dichtefunktion $P(X)$ (4.54) als auch über die Integration der Quantilsfunktion $D^{-1}(X)$ (4.55) möglich.[249]

---

[243] Vgl. Danielsson u. a. 2006.

[244] Acerbi u. a. 2001, S. 4.

[245] Der CVaR wird in der Literatur gelegentlich auch als Expected Shortfall (ES), Expected Tail Loss (ETL), Tail Value at Risk (TVaR), Mean Excess Loss (MEL) oder Average Value at Risk (AVaR) bezeichnet; vgl. Pflug und Römisch 2007, S. 48; Hanisch 2006, S. 29; McNeil u. a. 2005, S. 47; Acerbi und Tasche 2002, S. 1488. Mansche Autoren verwenden diese Bezeichnungen jedoch auch für Risikomaße, die sich vom CVaR unterscheiden; vgl. Szegö 2002, S. 1263 ff.

[246] Vgl. Rockafellar und Uryasev 2002. Bereits zuvor wurden alternative Downside-Risikomaße wie der LPM erster Ordnung als Ersatz des VaR propagiert. S. Guthoff u. a. 1998.

[247] Vgl. Kürsten und Brandtner 2009, S. 360.

[248] Vgl. Albrecht und Maurer 2008, S. 133; Pflug und Römisch 2007, S. 48.

[249] Vgl. Pflug und Römisch 2007, S. 48. Zur Herleitung s. auch Hanisch 2006, S. 33 ff.

Abbildung 4.15.: CVaR$_{10\%}$ einer Normalverteilung mit $\mu = 0,5$ und $\sigma = 1$

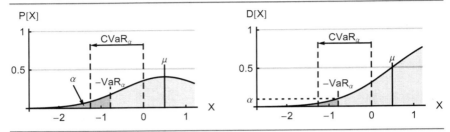

Von besonderer Bedeutung ist bei letzterer Gleichung, dass eine vorausgehende Berechnung des VaR nicht nötig ist, sondern lediglich das Signifikanzniveau α und die Quantilsfunktion bekannt sein müssen.

$$\text{CVaR}_\alpha(X) = \mathbf{E}\big(V_H \mid V_H > \text{VaR}_\alpha\big) \tag{4.52}$$

$$= -\mathbf{E}\big(X \mid X < -\text{VaR}_\alpha\big) \tag{4.53}$$

$$= -\frac{1}{\alpha} \int_{-\infty}^{-\text{VaR}} x \cdot P(x)\,\mathrm{d}x \tag{4.54}$$

$$= -\frac{1}{\alpha} \int_0^\alpha D^{-1}(x)\,\mathrm{d}x \tag{4.55}$$

$$= -\frac{1}{\alpha} \sum_{x_i < \text{VaR}_\alpha} x_i \cdot p_i \qquad \text{mit } \sum p_i = 1 \tag{4.56}$$

mit $V_H = X_t - X_{t+H}$

Abb. 4.15 zeigt den CVaR einer Normalverteilung. Gleichung (4.52) verdeutlicht, dass der CVaR$_\alpha$ stets größer oder gleich dem VaR$_\alpha$ ist. Der CVaR beinhaltet damit nicht nur die Quantilreserve, sondern zusätzlich auch das Excess- oder Stresskapital. Dieses deckt – unter der Annahme, dass es zusätzlich zur Quantilsreserve der Risikoposition risikolos hinzugefügt wird – den mittleren Verlust auch in den α % Fällen ab, in denen der VaR überschritten wird.[250]

Eine Gemeinsamkeit des CVaR und des VaR ist die Nähe zu den in Abschnitt 4.3.2 vorgestellten Risikomaßen der LPMs. Die größte Ähnlichkeit mit dem CVaR besitzt der LPM$_1$, der im Wesentlichen drei Unterschiede aufweist. Während die LPMs unbedingte Risikomaße sind, handelt es sich beim CVaR um ein bedingtes Risikomaß. Eine Division des LPM$_1$ mit der Unterschreitungswahrscheinlichkeit,

---

[250] Vgl. Albrecht und Maurer 2008, S. 133.

die bekanntlich der LPM_0 wiedergibt, beseitigt den ersten Unterschied. Die zweite Abweichung betrifft den Bezugspunkt beider Risikomaße: Während der CVaR das Risiko absolut misst (Bezugspunkt = 0), geben die LPMs erster und höherer Ordnungen gewichtete Unterschreitungshöhen an (Bezugspunkt = z). Erst die Subtraktion des Zielwerts z vom LPM erster Ordnung reduziert die Unterschiede beider Maße auf einen letzten, den Zielwert selbst. Dieser kann bei den LPMs frei gewählt werden, während der CVaR den negativen VaR als Zielwert verwendet. Die Wahl von $z = -$VaR gleicht auch diesen Unterschied aus und überführt das LPM_1 in den CVaR. Aus den drei Transformationen folgen(4.57) und (4.58):

$$\text{CVaR}_\alpha(X) = \frac{\text{LPM}_1(-\text{VaR}_\alpha; X)}{\text{LPM}_o(-\text{VaR}_\alpha; X)} + \text{VaR}_\alpha(X) \tag{4.57}$$

$$= \frac{1}{\alpha}\text{LPM}_1(-\text{VaR}_\alpha; X) + \text{VaR}_\alpha(X) \tag{4.58}$$

mit $\text{LPM}_1(-\text{VaR}_\alpha, X) = \mathbf{E}(-\text{VaR}_\alpha - X)^+$

Ein Vorteil des CVaR gegenüber dem VaR ist die Berücksichtigung des Randgebiets der Verlustseite, da dieser für Unternehmen kritische Fälle beinhalten kann.[251] Die Verteilungsfunktion jenseits des VaR wird nicht ignoriert und die resultierende Maßzahl ist ähnlich plausibel, indem alle Informationen über den Verlauf des kritischen Randgebiets auf eine Kennzahl verdichtet werden. Der CVaR stellt dadurch eine Alternative zur Berechnung mehrerer VaR-Werte mit verschieden hohen Signifikanzniveaus dar.[252] Im Umkehrschluss bedeutet dies für die Ermittlung des CVaR, dass die drei gängigen und hier vorgestellten VaR-Verfahren auch für die Ermittlung des CVaR herangezogen werden können und kein zusätzlicher Aufwand bei der Datensammlung betrieben werden muss. Darüber hinaus gibt es weitere Möglichkeiten der Berechnung, wie die von ROCKAFELLAR und URYASEV entwickelte Darstellung als Lösung einer stochastischen linearen Optimierungsaufgabe.[253] Gleichung (4.59) zeigt eine an die verwendete Notation angepassten Form.

$$\text{CVaR}_\alpha(X) = \min_{z\in\mathbb{R}}\left\{\frac{1}{\alpha}\mathbf{E}(z-X)^+ - z\right\} \tag{4.59}$$

Die Stetigkeitsvoraussetzung, die zur Ermittlung des VaR und des CVaR meist vorausgesetzt wird, führt bei der Risikoberechnung eines Portfolios mit nichtstetigen Finanzinstrumenten oder bei diskreten Verteilungen zu mehrdeutigen

---

[251] Vgl. Kapitel 4.3.3, Seite 105.

[252] Vgl. Hanisch 2006, S. 103.

[253] S. Rockafellar und Uryasev 2000; Rockafellar und Uryasev 2002.

oder verzerrten Werten. HANISCH zeigt, dass bereits der Einsatz einer Binären Option[254] im Portfolio zu Fehleinschätzungen oder einer Wahlmöglichkeit der Risikogröße führt.[255] Die im Anschluss durchgeführten Untersuchungen zur Berechnung des CVaR bei nicht-stetigen Verteilungen zeigt, dass der CVaR in diesen Fällen sinnvolle Ergebnisse liefert. Die Berücksichtigung der gesamten Wahrscheinlichkeitsdichte jenseits des VaR besitzt jedoch nicht nur Vorteile, sondern wirkt sich unter bestimmten Umständen auch nachteilig aus: Nicht realisierbare Verluste, wie beispielsweise Verluste jenseits einer Insolvenz, verzerren die Berechnung des Erwartungswertes soweit sie nicht in der Wahrscheinlichkeitsverteilung berücksichtigt wurden. In diesen Fällen weist der CVaR ein höheres Risiko als der zu erwartende Verlust der $\alpha \cdot 100\,\%$ höchsten negativen Abweichungen auf.

Der CVaR erfüllt alle Kohärenzkriterien.[256] Da er gegenüber dem VaR auch das Axiom der Subadditivität erfüllt, verhält sich der CVaR auch bei nicht-elliptischen Verteilungen jederzeit im Sinne des Diversifikationsgedankens.[257] Ein weiterer Vorteil ist seine Stetigkeit hinsichtlich des Parameters α oder Portfolioveränderungen, so dass bei Verwendung des CVaR nicht mit stark schwankenden Maßzahlen zu rechnen ist.[258] Diese könnten anderenfalls zu erhöhten Kosten durch den Zwang einer stetigen Anpassung der risikobegrenzenden Maßnahmen führen. Auch seine Modellsensitivität liegt unter der des VaR.[259] LEIPOLD und VANINI zeigen in einem Vergleich des Expected Shortfall und des VaR-Maßes, dass der Sicherheitsfaktor zur Korrektur der Schätzfehler beim VaR doppelt so hoch liegt.[260]

4.4. Risikomanagement

In Anlehnung am von PFLUG und RÖMISCH beschriebenen Ablauf einer Entscheidungsfindung unter Unsicherheit folgt den ersten beiden Schritten Modellierung und Messung ein dritter, letzter Schritt – das Management. Während die Modellierung im Ungewissen geschieht, wandelt der Messprozess die unsichere Situation in eine Risikosituation um. Das Management beschäftigt sich anschließend mit

---

[254] Hierbei handelt es sich um eine Option mit folgender Funktion: Überschreitet das Underlying am Ausübungstag einen zuvor festgelegten Wert, erhält der Käufer der Option einen festen Betrag vom Verkäufer.

[255] Vgl. Hanisch 2006, S. 39 ff.

[256] Vgl. Kürsten und Brandtner 2009, S. 371; Hanisch 2006, S. 83 ff.

[257] S. Rau-Bredow 2004.

[258] Vgl. Acerbi und Tasche 2002, S. 1492.

[259] Vgl. Hanisch 2006, S. 109.

[260] Vgl. Leippold und Vanini 2002, S. 106.

Abbildung 4.16.: Regelkreis zur Risikobehandlung

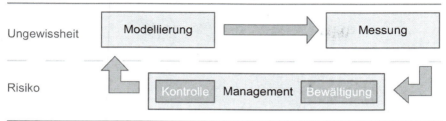

Quelle: in Anlehnung an Priermeier 2005, S. 16; Pflug und Römisch 2007, S. 1

der Bewältigung der identifizierten und quantifizierten Risiken, um die gegenwärtige Risikosituation des Unternehmens in den geplanten Soll-Risikozustand zu überführen. Im Idealfall bleibt es nicht bei dieser „Risikosteuerung", da sowohl bei der Risikomodellierung als auch bei der -messung Fehler auftreten, die zu einer Fehlsteuerung führen. Diese zu erkennen und geeignete Korrekturmaßnahmen zu ergreifen ist Aufgabe der Risiko-Kontrolle. Sie erzeugt aus der dreistufigen Steuerung einen kontinuierlichen Regelkreis, wie ihn Abb. 4.16 darstellt. Bevor die Risikobewältigung und -kontrolle erläutert wird, erfolgt eine Beschränkung auf Währungsrisiken sowie die Untersuchung ihrer Auswirkungen auf das Unternehmen.

4.4.1. Währungsrisiken

Unternehmen, die internationalen Handel betreiben und Devisen erhalten, liefern oder tauschen, sehen sich währungsinduzierten Risiken ausgesetzt. Diese unter dem Sammelbegriff *Währungsrisiko* zusammengefassten Einzelrisiken sind sowohl in ihren Ursachen als auch in ihren Auswirkungen vielfältig. Während für Risiken, die sich aus Wechselkursschwankungen ergeben, wirtschaftliche Ursachen die tragende Rolle spielen, können Devisenhandelsbeschränkungen auch Folge politischer Entscheidungen sein. Zahlungsausfälle in fremder Währung sind wiederum anteilig Schuldner-bedingt. Die einzelnen Währungsrisiken besitzen nicht nur verschiedene Ursachen, sondern auch von den Risikopositionen der Unternehmen abhängende Auswirkungen. Bevor diese Exposures näher betrachtet werden können, müssen die Einzelrisiken jedoch zunächst identifiziert und anhand der bereits vorgestellten Möglichkeiten quantifiziert werden.

In der finanzwirtschaftlichen Literatur findet sich kein einheitlicher Vorschlag zur Kategorisierung von Währungsrisiken.[261] Die folgende Systematisierung beruht

---

[261] Vgl. Bernstorff 2008, S. 32 ff.; Eilenberger 2004, S. 16 ff.; Henk 2003, S. 15 ff.

Abbildung 4.17.: Systematisierung von Währungsrisiken

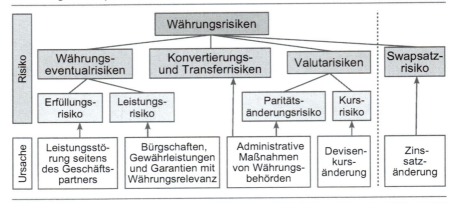

Quelle: eigene Abb. nach Eilenberger 2004, S. 17 und Bernstorf 2008, S. 264 f.

auf einer Darstellung von EILENBERGER aus dem Jahre 2004, in der die Risiko-
ursachen die Grundlage der Kategorisierung bilden.[262] Die Abb. unterscheidet
zwischen vier Ursachen, aus denen sich unmittelbar vier Einzelrisiken ergeben,
die in einem zweiten Schritt zu wiederum vier übergeordneten Risiken zusammengefasst werden: den Währungseventualrisiken, den Konvertierungs- und
Transferrisiken sowie den Valutarisiken. Aufgrund der Gleichartigkeit werden
im weiteren Verlauf die Konvertierungs- und Transferrisiken als gemeinsame
Risikokategorie zusammengefasst und durch eine weitere Risikokategorie erweitert: das Swapsatzrisiko. Abb. 4.17 stellt die sich ergebende Systematisierung
der Währungsrisiken grafisch dar. Alle Risikokategorien gehören den finanzwirtschaftlichen Risiken an. Obwohl ihr Ursprung zum Teil im Realgüter-Handel liegt,
beeinflussen sie in erster Linie das finanzwirtschaftliche Ergebnis des Unternehmens. Operative Geschäfte, die ex ante positive Deckungsbeiträge erwirtschaften,
können sich durch die Realisation der Währungsrisiken ex post in Verlustgeschäf-
te wandeln.

4.4.1.1. Valutarisiken

Valutarisiken beinhalten sowohl das Kursrisiko als auch das *Paritätsänderungs-
risiko* . Besteht zwischen zwei Währungen eine Parität, kann die Anpassung
des festen Austauschverhältnisses durch die Währungsbehörden in unregelmäßigen Abständen zu unerwarteten Devisenkursen führen. In Systemen mit
eingeschränkt flexiblen Wechselkursen können Paritätsänderungen stattfinden,

---

[262] Vgl. Abb. 1 in Eilenberger 2004, S. 17.

sobald der Wechselkurs die festgelegte Toleranz (z. B. eine Bandbreite) zu verlassen droht und die zuständige Währungsbehörde die Stützung der Währung nicht mehr aufrecht erhalten kann oder will. Obwohl sich eine Paritätsänderung auf den Finanzmärkten i. d. R. andeutet, ist der genaue Zeitpunkt und die Höhe der Änderung nicht vorherzusagen. Zum einen setzen Währungsbehörden zur Vermeidung von Devisenspekulationen auf einen Überraschungseffekt, zum anderen sind die zur Prognose benötigten Informationen aufgrund zeitlicher Verzögerung oder unterentwickelter amtlicher Statistik nicht oder nur mit mangelhafter Qualität verfügbar.[263]

In Währungssystemen mit flexiblen Wechselkursen ist eine Paritätsänderung hingegen nicht möglich – dort besteht das *Kursrisiko*[264], das bereits in Systemen mit eingeschränkt flexiblen Wechselkursen innerhalb der vorgegebenen Grenzen auftritt. Es beschreibt die Unsicherheit über zukünftige Devisenkursverläufe, aus denen sich eine Veränderung des erwarteten Zahlungseingangs (in Heimatwährung) ergeben kann. Es stellt ein wesentliches Risikoelement des internationalen Finanzmanagements und die zentrale Rolle im Währungsmanagement von Unternehmen dar.[265] Das Kursrisiko betrifft sowohl exportierende als auch importierende KMU, deren Forderungen oder Verbindlichkeiten in fremder Währung lauten. Ebenso betrifft es KMU, deren Tochterunternehmen in Fremdwährungsländern ihren Sitz haben. Neben den regelmäßigen Finanzflüssen zwischen dem Mutter- und dem Tochterunternehmen unterliegen auch Teile der Bestandsgrößen, die in ausländischer Währung ermittelt und im Zuge der jährlichen Konsolidierung umgerechnet werden müssen, dem Kursrisiko. Auch national agierende KMU stehen, wenn auch nur indirekt, unter dem Einfluss von Devisenkursveränderungen: Unternehmen aus fremden Währungsgebieten, die ihre Waren und Dienstleistungen auf dem hiesigen Markt anbieten, stehen im direkten Konkurrenzkampf zu lokalen KMU. Ihre Position kann sich durch eine günstige Wechselkursentwicklung verbessern und bei national agierenden KMU zu finanziellen Nachteilen führen. Eine Beschränkung des Handels auf den Euro-Raum bietet infolgedessen zwar einen „Schutz" vor Währungseventualrisiken sowie Konvertierungs- und Transferrisiken, jedoch nicht vor Valutarisiken.

4.4.1.2. Swapsatzrisiken

Die Besonderheit des *Swapsatzrisikos*, die eine Abgrenzung von den bereits vorgestellten Risikokategorien in Abb. 4.17 rechtfertigt, liegt in seiner Entste-

---

[263] Vgl. Eilenberger 2004, S. 95 f.

[264] Das Kursrisiko wird auch *Wechselkursrisiko* oder *Devisenkursrisiko* genannt; s. Henk 2003; Beike 1999.

[265] Vgl. Eilenberger 2004, S. 16.

hung: Während internationale Handelsgeschäfte kleiner und mittlerer Unternehmen Valuta-, Transfer-/Konvertierungs- und Erfüllungsrisiken verursachen, gelangen sie nur durch das Abschließen von laufzeitinkongruenten Devisentermingeschäften ins Swapsatzrisiko. Ohne Nutzung dieser finanzwirtschaftlichen Absicherungs- und Spekulationsinstrumente entstehen keine Terminpositionen, so dass Swapsatzveränderungen für Unternehmen keine Relevanz besitzen.[266]

Ein exportierendes Unternehmen, das den Zahlungseingang für eine Lieferung erst in drei Monaten erwartet, befindet sich im Valutarisiko, wenn die Rechnung in einer zur Heimatwährung frei floatenden Währung ausgestellt ist. Ändert sich in der Zeit zwischen der Rechnungsstellung und der Bezahlung der Devisenkurs zuungunsten des Unternehmens, erzielt es beim Transfer in die Heimatwährung einen von der ursprünglichen Kalkulation abweichenden Wert. Um dieses Valutarisiko auszuschalten, kann sich das Unternehmen für die in Rechnung gestellte Summe einen zum Erfüllungszeitpunkt geltenden Wechselkurs (Terminkurs) sichern. Vereinbart das Unternehmen hierzu ein Termingeschäft, unterscheidet sich der zum Erfüllungszeitpunkt geltende Terminkurs aufgrund der gedeckten Zinsparität[267] vom zur Rechnungsstellung geltenden Kassakurs durch den Swapsatz. Je nach Zinsunterschied beider Währungen und Erwartungshaltungen der Marktteilnehmer kann sich der Swapsatz, der als Differenz zwischen Kassa- und Terminkurs definiert ist, als Aufschlag (Report) oder Abschlag (Deport) bemerkbar machen. Des Weiteren passt er sich im Laufe der Zeit sowohl den Zinsänderungen beider Währungen als auch Änderungserwartungen der Marktteilnehmer an. Verschiebt sich die Begleichung der Rechnung in die Zukunft oder in Richtung Gegenwart, ist zur Anpassung der Sicherung ein weiteres Termingeschäft nötig, das jedoch zum dann geltenden Terminkurs eingegangen werden muss. Das Risiko, dass sich die Konditionen durch eine Veränderung des Swapsatzes in der Zwischenzeit verschlechtert oder verbessert haben, wird Swapsatzrisiko genannt.[268]

Ein Swapsatzrisiko kann nicht nur durch die Verschiebung einer Zahlung, sondern auch bewusst durch ein Termingeschäft eingegangen werden, dessen Erfüllungszeitpunkt nicht mit dem des abzusichernden Geschäfts übereinstimmt und daher prolongiert werden muss. Ein Grund dafür sind z. B. standardisierte Finanzinstrumente, die zur Erhöhung der Marktliquidität nur an bestimmten Stichtagen enden und nicht an die individuellen Gegebenheiten angepasst werden können. Der Wechsel in das Swapsatzrisiko ist für das Unternehmen auch

---

[266] Vgl. Bernstorff 2008, S. 264; Hagen 1992, S. 64.

[267] S. Abschnitt 3.1, S. 30.

[268] Vgl. Bernstorff 2008, S. 264; Döhring 1996; Für eine Beispielrechnung s. Jokisch und Mayer 2002, S. 195 ff.

nicht immer ersichtlich. Beauftragt ein KMU seine Bank mit einem Sicherungsgeschäft, orientiert es sich am Warengeschäft und nicht an den Laufzeiten der
Sicherungsinstrumente. Da die Laufzeiten der originären Geschäfte jedoch nur
selten mit den Fälligkeitsdaten der am Markt gehandelten Sicherungsinstrumente übereinstimmen, nutzen Banken im Interbankenhandel Swapgeschäfte, deren
Risiken sie auf den Kunden in Form einer Marge abwälzen. Obwohl das Unternehmen in diesem Fall kein eigenes Swapgeschäft getätigt hat, ist es dennoch
Träger des Swapsatzrisikos.[269]

4.4.1.3. Währungseventualrisiken

Währungseventualrisiken setzen sich aus dem Erfüllungs- und dem Leistungsrisiko zusammen. Das *Erfüllungsrisiko* umfasst die Gefahr, eine Transaktions-
zahlung vorzunehmen, die Gegenzahlung zum vereinbarten Zeitpunkt jedoch
nicht zu erhalten.[270] Das Risiko besteht für diejenige Partei, die eine unwider-
rufliche Devisentransaktion als erste tätigt. Ohne spezielles Zahlungssystem
sind zeitversetzte Transaktionen aufgrund unterschiedlicher Zeitzonen weit
entfernter Regionen jedoch nicht selten, so dass im Fall einer gleichzeitigen
Transaktion über die Dauer des Überweisungsprozesses beide Parteien ein Erfüllungsrisiko tragen. Bei ausgebliebenem Zahlungseingang sind zwei Folgen
denkbar: das verspätete Eintreffen oder das endgültige Ausbleiben der Zahlung.
Die Verzögerung auf einen späteren Termin wird durch das *Liquiditätsrisiko*
erfasst. Ursachen können neben einer temporären Zahlungsunfähigkeit oder
einem absichtlichen Zahlungsverzug (lagging) auch menschliche und technische
Fehler in der Zahlungsabwicklung sein. Als Folge drohen Kosten durch Kompen-
sationstransaktionen fehlender Devisen. Das endgültige Ausbleiben der Zahlung
wird mit dem *Kreditrisiko* erfasst. Eine zwischenzeitliche Insolvenz, aber auch
unwillige Geschäftspartner machen den zukünftigen Zahlungseingang unwahrscheinlich. Zusätzliche Devisen müssen nicht nur temporär, sondern auf Dauer
beschafft werden, was die finanzielle Lage der Unternehmen, insbesondere die
eigenkapitalschwacher KMU, empfindlich treffen kann.[271]

Am 26. Juni 1974 führte die auf Veranlassung des Bundesaufsichtsamtes durchgeführte Schließung des Bankhauses Herstatt zu den ersten aufsehenerregenden
Ausfällen durch nicht vollständig abgewickelte Devisentransaktionen. Unwi-
derruflich getätigte DM-Transaktionen an Herstatt konnten vom geschlossenen
Bankhaus nicht durch entsprechende US-Dollar-Zahlungen beantwortet werden,

---

[269] Vgl. Bernstorff 2008, S. 264.
[270] Vgl. EZB 2003, S. 59 ff.
[271] Vgl. Euler Hermes 2006, S. 3.

so dass in New York zahlreiche offene Positionen entstanden. Mit diesem Vorfall hat sich der Begriff „Herstatt-Risiko" zum Synonym für das Erfüllungsrisiko entwickelt.[272] Das Erfüllungsrisiko besteht jedoch nicht nur bei Devisentransaktionen, sondern auch bei Auslandsforderungen mit Zahlungsziel. Die Marktlage, Handelsusancen, eine schlechte Verhandlungsposition oder ein gutes Vertrauensverhältnis können zu einem Zahlungsziel von mehreren Wochen führen. Der hierbei gewährte Lieferantenkredit beinhaltet ein Kreditrisiko, da sich die Zahlung über den gewährten Termin hinaus verzögern oder ausbleiben kann.

Gegen das Erfüllungsrisiko im Devisenhandel gründete sich 1997 auf Initiative mehrerer Großbanken das zweckgebundene Finanzinstitut CLS Bank International. Seit September 2002 können Devisentransaktionen zur Vermeidung des Erfüllungsrisikos über dessen Clearing-System *Continuous Linked Settlement* (CLS) durchgeführt werden.[273] Durch die Zug-um-Zug-Abwicklung der Transaktionen ist das Erfüllungsrisiko weitestgehend ausgeschaltet.[274] Mögliche Transaktionen beschränken sich jedoch auf fünfzehn Währungen[275] und Mitglieder des CLS-Systems. Dritte können die Dienstleistung eines Mitgliedes in Anspruch nehmen und sich auf diesem Weg vor Erfüllungsrisiken schützen.[276]

Das *Leistungsrisiko* berücksichtigt die Gefahr, für eingegangene Bürgschaften und Garantien in einem Fremdwährungsland unvorhergesehen oder in einem höheren Maße als angenommen in Anspruch genommen zu werden. Das betrifft auch Zahlungen, die aufgrund einer Gewährleistungsverpflichtung unerwartet fällig werden. Wie beim Erfüllungsrisiko entsteht auch bei der Verwirklichung des Leistungsrisikos ein Devisenbedarf, der unter Inanspruchnahme von Mehrkosten gedeckt werden muss. EILENBERGER weist dieser Kategorie zusätzlich jene Risiken zu, die durch Vertragsverhandlungen oder die Abgabe von Angeboten vor dem Abschluss des eigentlichen Geschäftsvorfalls entstehen.[277]

4.4.1.4. Konvertierungs- und Transferrisiken

Konvertierungs- und Transferrisiken können sowohl die Liquidität des Unternehmens negativ beeinflussen als auch in Verbindung mit Devisenkursverände-

---

[272] Vgl. Galati 2002, S. 63 ff.

[273] Vgl. Eilenberger 2004, S. 25.

[274] Vgl. Homaifar 2004, S. 51; S. EZB 2003.

[275] Australischer Dollar, Dänische Krone, Euro, Hongkong-Dollar, Japanischer Yen, Kanadischer Dollar, Koreanischer Won, Neuseeländischer Dollar, Norwegische Krone, Pfund Sterling, Schwedische Krone, Schweizer Franken, Singapur-Dollar, Südafrikanischer Rand, US-Dollar.

[276] Vgl. Galati 2002, S. 70. Laut eigenen Aussagen, nutzen im Okt. 2009 neben den 59 Mitgliedsbanken 6043 weitere Fonds, Banken und Unternehmen das Clearing-System. S. www.cls-group.com.

[277] Vgl. Eilenberger 2004, S. 24 ff.

rungen zu Währungsverlusten führen. Konkret beinhaltet das _Konvertierungs-risiko_ die Gefahr, einen Umtausch von Devisen in eine andere Währung, wie z. B. die Heimatwährung, nicht oder nur in begrenzter Höhe (Teilkonvertierbarkeit) durchführen zu können. Forderungszahlungen, deren Umwandlung in die Heimatwährung sich aufgrund unerwarteter Konvertierungsbeschränkungen verzögern, führen zu einem Liquiditätsverlust. Als Art der Einschränkung kommen sowohl Volumenbegrenzungen als auch zeitliche Beschränkungen in Frage. Zusätzlich kann sich die Restriktion auf gewisse Personenkreise oder Warengeschäfte beschränken. Gebietsansässigen Personen und Unternehmen kann der Tausch der lokalen Währung in Devisen untersagt sein, während Gebietsfremde jegliche Devisentransaktion frei steht (Ausländerkonvertibilität). In seltenen Fällen besteht der umgekehrte Sachverhalt (Inländerkonvertibilität). In manchen Entwicklungsländern mit Zahlungsbilanzproblemen bestehen auch für verschiedene Transaktionsarten unterschiedliche Devisenkurse. Obwohl es sich bei dieser Maßnahme (gespaltener Wechselkurs) um keine direkte Einschränkung der Währungskonvertibilität handelt, können dem Unternehmen daraus unvorhergesehene Kosten entstehen.[278]

Das Transferrisiko beinhaltet die Gefahr, dass trotz bestehender Konvertibilität ein den internationalen Zahlungsverkehr beschränkender staatlicher Eingriff erfolgt. Erlässt ein Staat ein Gebot, das Unternehmen Devisentransfers über Konten der Währungsbehörde vorschreibt, muss dieser Umstand nicht zwingend zusätzliche Kosten verursachen. Es besteht jedoch die Gefahr, dass in diesem Zusammenhang Opportunitätskosten entstehen oder der Zahlungsvorgang verzögert wird.[279] Wie Konvertierungsbeschränkungen treten auch Transferbeschränkungen in verschiedenen Ausprägungen auf: Eine Verzögerung von wenigen Tagen ist ebenso möglich wie das Einfrieren von Transaktionen über mehrere Jahre. Verändern sich während der Transferverzögerung die Konditionen auf dem Devisenmarkt zu ungunsten des Unternehmens, entstehen neben Liquiditätsengpässen auch Währungsverluste. Die behördlichen Eingriffe können sich auf eine Transferrichtung begrenzen. Ist der Kauf einer Devise frei, der Verkauf jedoch eingeschränkt, kann bei Export und Import betreibenden KMU das Gleichgewicht zwischen den Forderungs- und Verbindlichkeitspositionen gefährdet sein. Das Unternehmen kann die Exporterlöse in fremder Währung zwar weiterhin für die Begleichung von Verbindlichkeiten in gleicher Währung nutzen, nicht jedoch für Verbindlichkeiten in einer Dritt- oder der Heimatwährung. Die entsprechenden Währungen sind am Devisenmarkt unter den gegebenen Konditionen, also unter Umständen mit einem Währungsverlust, zu beschaffen.

---

[278] Vgl. Stocker 2006, S. 148; Eilenberger 2004, S. 21 f.
[279] Vgl. Henk 2003, S. 16.

Zuständig für Begrenzungen sind die nationalen Währungsbehörden eines Landes. Hintergründe können Devisenknappheit, eine drohende Kapitalflucht ins Ausland und politische Gründe sein.[280]

4.4.2. Währungsrisikopositionen und Exposures

Die in Abschnitt 4.4.1 vorgestellte Systematik der Währungsrisiken[281] versetzt kleine und mittlere Unternehmen in die Lage, potentielle Einzelrisiken zu identifizieren, die Ursachen zu beobachten und ein Bewusstsein für drohende Gefahren zu entwickeln. So wird der Leitung eines Unternehmens bewusst, dass sie sich durch die Ausstellung einer Rechnung in fremder Währung und der Einräumung eines Zahlungsziels sowie dem gleichzeitigen Verzicht auf Absicherungsmaßnahmen einem Wechselkursrisiko aussetzt. Denn ist der Erlös in Heimatwährung auf Basis des aktuellen Kassakurses kalkuliert und verändert sich der Wechselkurs bis zur Begleichung des Betrags, droht beim Tausch der Devisen in die Heimatwährung ein von der ursprünglichen Kalkulation abweichender Wert – ein Währungsverlust. Der Identifikation dieses Risikos folgt zunächst die Quantifizierung des Valutarisikos mittels der in Abschnitt 4.3 vorgestellten Instrumente. So lässt sich im vorgestellten Fall ein Wechselkurs prognostizieren, der mit einer vorgegebenen Wahrscheinlichkeit im eingeräumten Zeitraum nicht unterschritten wird.

Zur Berechnung des drohenden Währungsverlustes fehlt jedoch noch die vom Risiko betroffene Währungsrisikoposition, die in diesem Fall dem Rechnungsbetrag entspricht. In anderen Fällen ist die Währungsrisikoposition weniger offensichtlich. So kann es sich auch um einen bilanziellen Vermögensgegenstand, unsichere zukünftige Cashflows oder den Unternehmenswert handeln.[282] Zwar sind Risikoidentifikation und -bewertung unentbehrliche Voraussetzungen im Währungsrisiko-Managementprozess, ohne Risikoposition ist dieses Risiko jedoch weniger bedeutsam, da es das Unternehmen nicht direkt beeinflusst. Die Evaluation der vom Risiko betroffenen Währungsrisikopositionen ermöglicht erst die Berechnung der Verlusthöhe in Abhängigkeit des betrachteten Zeitraums.

4.4.2.1. Exposuredefinition

„Every short statement about foreign exchange exposure is misleading (with the possible exception of my present one)."[283] Dieser Kommentar des britischen Öko-

---

[280] Vgl. Bernstorff 2008, S. 265 und S. 35 ff.; Eilenberger 2004, S. 22.

[281] Vgl. Abb. 4.17 Seite 112.

[282] Vgl. Henk 2003, S. 71.

[283] Alfred Marshall zitiert nach Levi und Zechner 1989, S. 411.

nomen MARSHALL spielt auf die Komplexität an, die jede Auseinandersetzung mit der Währungsrisikothematik mit sich bringt. Kurze oder pauschale Aussagen können nicht nur Missverständnisse, sondern durch das Ergreifen unpassender Maßnahmen auch unnötige Kosten und Währungsverluste verursachen. Um dies zu vermeiden, gilt es zunächst eine präzise und eindeutige Exposuredefinition zu finden, auf der die verschiedenen Exposurekategorien aufbauen können. Die begriffliche Nähe einiger Bezeichnungen wirkt sich hierbei erschwerend aus, wie die gelegentlich synonyme Verwendung der Begriffe Währungsrisikoposition und Währungsrisiko zeigt.[284] Während das Risiko im Sinne dieser Untersuchung die mögliche Abweichung des potentiellen Ergebnisses vom ex ante wahrscheinlichsten Ergebnis darstellt, beschreibt die Risikoposition den Gegenstand, der diesem Risiko ausgesetzt ist. Eine Gleichsetzung der beiden Begriffe ist vor diesem Hintergrund abzulehnen.[285]

Auch die Gleichsetzung der Begriffe Währungsrisikoposition und Exposure muss kritisch hinterfragt werden. GAMPER verwendet beide Bezeichnungen synonym als eine von zwei Komponenten, die gemeinsam das Ausmaß des Währungsrisikos bestimmen. Die *Preiskomponente* beinhaltet die Fälligkeit der Zahlungsströme sowie die Trendentwicklung und Volatilität der Transaktionswährung.[286] Die *Mengenkomponente* entspricht dem Exposure und beschreibt das Volumen der Zahlungsströme. Das Währungsrisiko ergibt sich aus der Multiplikation beider Komponenten.[287]

Die vorliegende Arbeit unterscheidet ebenfalls zwischen vergleichbaren Komponenten: Das Einzelrisiko entspricht der Preiskomponente und die Währungsrisikoposition der Mengenkomponente. Die Währungsrisikoposition wird jedoch nicht mit dem Exposure gleichgesetzt, sondern der Definition von SCHÄFER folgend eine inhaltliche Abgrenzung vorgenommen. Während Währungsrisikopositionen alle von den unterschiedlichen Formen des Währungsrisikos beeinflussten Positionen vor der Beeinflussung durch die Risiken beschreibt, stellt erst das Währungsrisikoexposure eine quantitative Bewertung der Währungsrisikoposition in Verbindung mit den Währungsrisiken dar.[288] Damit steht die verwendete Definition der in der deutschsprachigen Literatur üblich und auch von GAMPER genutzten Form entgegen. Abb. 4.18 zeigt eine schematische Darstellung zur Einordnung von Währungsexposures, -risiken und -risikopositionen.

---

[284] S. Klingenbeck 1996.

[285] Vgl. Adler und Dumas 1984, S. 42; Levi und Zechner 1989, S. 411.

[286] GAMPER beschränkt sich bei dieser Betrachtung auf das Wechselkursrisiko.

[287] Vgl. Gamper 1995, S. 19 ff.

[288] Vgl. Schäfer 1995, S. 97 f.

Abbildung 4.18.: Währungsrisiken, Währungsrisikopositionen und Exposures

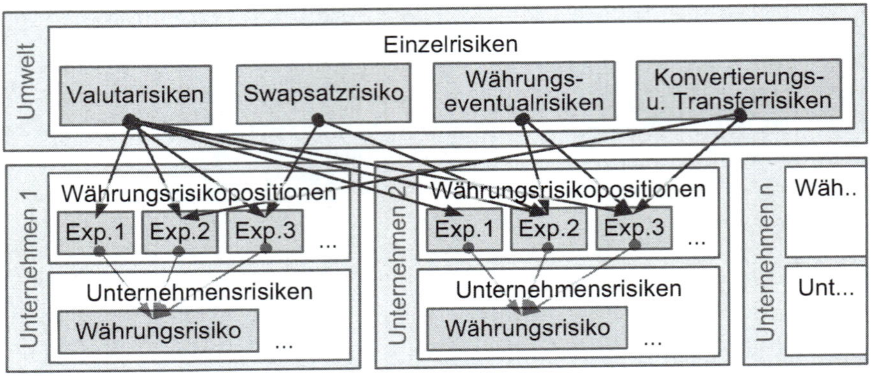

Die folgenden Beispiele verdeutlichen den Definitionsansatz von SCHÄFER anhand zweier Situationen: Ein Importeur mit Sitz im Ausland bezieht Waren verschiedener deutscher Exporteure. Es besteht das Risiko, dass der ausländische Importeur zahlungsunfähig wird und die Forderungen seiner Zulieferer nicht begleichen kann. Die Wahrscheinlichkeit, dass dieser Zustand eintritt, lässt sich mittels einer Bonitätsprüfung bestimmen und stellt das Erfüllungsrisiko dar. Für alle deutschen Geschäftspartner ist dieses Risiko gleich hoch. Weil die Exporteure jedoch unterschiedlich hohe Währungsrisikopositionen besitzen und manche das Ausfallrisiko abgesichert haben, fallen durch die unterschiedlich hohen Währungsrisikopositionen die Währungsrisiken der einzelnen Unternehmen unterschiedlich stark aus. Unternehmen mit vergleichsweise hohem Forderungsvolumen oder mit wenigen weiteren Kunden, trifft die Insolvenz mit hoher Auswirkung. Auch die Wahrscheinlichkeit einer bestimmten Wechselkursveränderung ist aus Sicht jedes Unternehmens ein gleich hohes Wechselkursrisiko. Je nachdem wie hoch die betroffenen Positionen eines Unternehmens sind und wie lange sie Bestand haben, resultieren unterschiedliche Exposures. Eine Veränderung des Devisenkurses erzeugt also auch hier unterschiedliche Währungsrisiken und damit unterschiedliche Ergebnisse.

Diesem Verständnis zufolge lautet eine geeignete Definition: „*Währungsexposures sind diejenigen Währungsrisikopositionen, die durch eine Währungsrisikokategorie betroffen sind und infolgedessen potentielle zukünftige Währungsgewinne oder -verluste generieren.*" Da es sich um eine vergleichsweise kurze Definition handelt, vermag sie weder zwischen unterschiedlichen Exposurearten zu unterscheiden noch auf die Art der Exposuredarstellung einzugehen. Grundsätzlich lassen sich Exposures auf zwei Arten darstellen: Als absolutes Exposuremaß oder als Exposure in Relation zum entsprechenden Währungsrisiko. Im weiteren Verlauf wird das absolute Exposure verwendet, da es die Berechnung des zu erwartenden Verlustes vereinfacht. Es ist außerdem üblich, das Währungsrisiko in beiden Fällen auf die bedeutendste Risikokategorie, das Wechselkursrisiko, zu beschränken.[289]

ADLER und DUMAS stellten 1984 drei Kriterien auf, die ein geeignetes Exposuremaß erfüllen sollte:[290]

1. Das Exposuremaß besitzt als Einheit eine Währung – einen Devisenbetrag für ausländische Währungsrisikopositionen und ein Betrag in Heimatwährung für inländische Währungsrisikopositionen.

2. Als Exposure kommt ein Aktiv- oder Passivposten in Frage – finanzieller oder physischer Art, im Besitz befindlich oder zu erwerben und aus Sicht eines Investors definiert.

3. Das Exposuremaß lässt sich mit gängigen Verfahren ermitteln, das resultierende Exposure mit bekannten Methoden absichern.

Das erste Kriterium legt die Einheit fest. Das zweite Kriterium verdeutlicht die Positionen, die durch das Währungsrisiko betroffen sind und berücksichtigt werden müssen. Dies ist wichtig, weil Veränderungen bestimmter Positionen nicht zwingend eine Liquiditätsveränderung verursachen, während andere sich umgehend liquiditätswirksam äußern. Das letzte Kriterium gewährleistet die Handhabbarkeit des Exposuremaßes, da nur solche Maße die Ergreifung von Gegenmaßnahmen ermöglicht. Dieser Punkt schließt ein praktikables Verfahren zur Exposureermittlung ein. Da dieses Anliegen insbesondere ressourcenschwache KMU betrifft, findet im späteren Verlauf eine nähere Untersuchung von Verfahren zur Ermittlung der Exposures statt.

Bei Verwendung eines absoluten Maßes benötigt das Exposure neben dem geforderten Währungsbetrag auch eine Zeitangabe, die das voraussichtliche Auslaufen der Position kennzeichnet.[291] Im obigen Beispiel einer Auslandsforderung fällt dieser Zeitpunkt mit dem gewährten Zahlungsziel zusammen. Tatsächlich besteht das Exposure in diesem Fall vom Vertragsabschluss bis zum Tag des Zahlungseingangs – dem Zeitpunkt, ab dem der Devisenbetrag durch den Tausch

---

[289] S. Levi und Zechner 1989, S. 412; Gamper 1995, S. 21; Nikolov 2005, S. 67.

[290] Vgl. Adler und Dumas 1984, S. 42.

[291] Vgl. Levi und Zechner 1989, S. 412. Diese Zeitangabe ist bereits aus der Risikobemessung mittels VaR oder CVaR bekannt und muss sich mit dieser decken. Vgl. Abschnitt 4.3.3 und 4.3.4.

in die Heimatwährung unabhängig von weiteren Währungsrisiken wird. Das Exposure ist sowohl durch die Höhe des Rechnungsbetrags als auch durch das Datum der Fälligkeit charakterisiert. Die Exposurehöhe ist in diesem Fall durch den festen Rechnungsbetrag ex ante bekannt und über die gesamte Laufzeit konstant. Anders als in diesem Beispiel kann sie im Laufe der Zeit aber auch variieren, d. h. von einem oder mehreren verschiedenen Parametern abhängen. Handelt es sich beispielsweise um eine Devisenzahlung, die eine Abhängigkeit zu Verkaufserlösen aufweist, erfährt das Unternehmen erst zum Stichtag, wie hoch der tatsächliche Erlös im Ausland und damit die Zahlung in fremder Währung ausfällt.

4.4.2.2. Exposurekategorien

Grundsätzlich kann jedes Exposuremerkmal für die Kategorisierung unterschiedlicher Exposurearten herangezogen werden – so auch die aus der Definition bekannten Größen Volumen und Dauer bis zum voraussichtlichen Auslaufen des Exposures. SRINIVASULU veröffentliche 1983 eine Auswahl, in der er neben dem Zeit-Kriterium auch steuerliche (Exposures mit/ohne steuerliche Berücksichtigung), geographische (landesabhängige bzw. währungsabhängige Exposures), organisationsstrukturelle (Exposures der Tochterunternehmen/der Muttergesellschaft) sowie buchhalterische Aspekte (bilanzwirksam/ohne Auswirkung auf die Bilanz) nennt.[292] Die Korrelation verschiedener Devisenkurse lässt sogar eine Kategorisierung nach dem Grad der Diversifizierbarkeit zu. Angeführt wird seine Liste jedoch durch ein Kriterium, das SRINIVASULU „nature" nennt und das sich mittlerweile als Grundlage für eine Standardklassifizierung durchsetzen konnte.[293]

Die aus dem nature-Kriterium resultierenden Kategorien definieren sich nicht durch ein einzelnes Merkmal, sondern durch eine Ansammlung von Eigenschaften. Im Gegensatz zum Volumen- oder Zeitkriterium, bei denen für die Einsortierung der Vergleich einer einzigen Größe mit einer Kategorienliste ausreicht, bedarf es für die Kategorisierung nach der Exposureart einer ausführlichen Kategorienbeschreibung. Des Weiteren herrscht zwar Einigkeit über die hervorgehobene Bedeutung dieses Kriteriums, nicht jedoch über die Ausgestaltung der einzelnen Kategorien. Sowohl deren Anzahl als auch deren Bezeichnung und Merkmale variieren in Abhängigkeit von der Quelle. Tabelle 4.2 zeigt eine Auswahl an Autoren und deren Kategoriebezeichnungen. Deutlich wird eine Präferenz für die Unterscheidung in die drei Kategorien „*Transaction Exposure*",

---

[292] Vgl. Srinivasulu 1983, S. 43.
[293] S. Eiteman u. a. 2007; Leutwiler 2006; Stulz und Williamson 2005; Henk 2003; Jokisch und Mayer 2002.

„Translation Exposure" und *„Economic Exposure"*. Obwohl die Kategorien der Standardklassifikation bereits mehrere Eigenschaften beinhalten, lassen sie sich mit weiteren Kriterien der Auflistung kombinieren. Denkbar ist eine erste Unterscheidung nach Währung und anschließend nach der Exposureart.

Die Exposuresystematik der vorliegenden Arbeit orientiert sich am Schema von STULZ und WILLIAMSON.[294] Es entspricht der Standardklassifikation mit den genannten drei Exposurearten, erweitert um eine vierte Klasse mit der Bezeichnung *„Contractual Exposure"*. Das Exposureprofil eines Unternehmens definiert sich durch die Anteile der jeweiligen Exposures am Gesamtexposure. Es hängt vom Zeithorizont ab, über dem das Unternehmen seine Währungsrisikopositionen beobachtet und misst. Obwohl die gewählte Kategorisierung kein Zeitkriterium beinhaltet, wodurch jedes Einzelexposure sowohl im kurzfristigen als auch im mittel- und langfristigen Bereich auftreten kann, besitzt jede Kategorie einen typischen Laufzeitcharakter. Abb. 4.19 schematisiert die Bereiche, in denen sich die einzelnen Exposurekategorien üblicherweise bewegen. Hieraus lässt sich der Rückschluss bilden, dass langfristige Währungsrisiken überwiegend aus dem Economic Exposure bestehen und kurzfristige Währungsrisiken von Transaction Exposure geprägt sind. Das Merkmal „Wirkungsweise" unterteilt alle Kategorien in direkte und indirekte Exposures. Erstere wirken sich unmittelbar auf die Liquidität, die Bilanz oder beides aus. Betroffen sind jedoch nur KMU, die internationale Handelsbeziehungen aufweisen, also beispielsweise Waren importieren, exportieren oder ein Tochterunternehmen im Ausland besitzen. Hingegen beeinflussen indirekte Exposures das Unternehmen durch eine Veränderung der Konkurrenzsituation. Durch sie sind auch jene KMU betroffen, die selbst keine internationale Verflechtung aufweisen, sich auf ihrem Inlandsmarkt aber gegen ausländische Konkurrenten durchsetzen müssen.

Das *Translation Exposure*[295] umfasst auf fremde Währungen lautende Vermögenspositionen, die durch Devisenkursbewegungen zu rein bilanziellen Wertveränderungen führen. Dies geschieht im Rahmen des Jahresabschlusses oder der Konsolidierung (Konzernabschluss), wenn sich die verwendeten Umrechnungskurse an zwei aufeinander folgenden Stichtagen bzw. seit dem Erwerb der Position und dem nachfolgenden Stichtag verändert haben und die Umrechnung nicht zum historischen Wechselkursen erfolgt. Es herrscht eine statisch-vergangenheitsorientierte Sichtweise vor.[296] Ob zum historischen, durchschnittlichen oder zum Stichtagskurs umgerechnet wird, regeln die geltenden Rechnungs-

---

[294] S. Stulz und Williamson 2005, S. 169 ff.

[295] Auch „Accounting Exposure" genannt. Vgl. Shapiro und Sarin 2009, S. 231; Brunner 2003, S. 21.

[296] Vgl. Nikolov 2005, S. 69.

Tabelle 4.2.: Auswahl von Exposurekonzepten in der finanzwirtschaftlichen Literatur

Pos.	Autoren	Jahr	Exposure-Bezeichnungen			
01.	Eiteman u. a.	1979	Translation	Transaction	Operating	
02.	Wentz	1979	Translation	Transaction	Economic	
	Ebenso: Borchert 2006; Nikolov 2005; Rehkugler und Schindel 2004; Breuer 2000; Linares 1999; Gamper 1995; Beike 1995; Schäfer 1995; Pausenberger 1985; Srinivasulu 1983.					
03.	Sercu/Uppal	1995	Accounting ⌐Contractual/Transaction ⌐Operating		Economic	
	Ebenso: Brunner 2003.					
04.	Fiedler	1995	Tactical	Strategic		
05.	Rudolph	1996	Transl./Accounting	Transaction	Economic ⌐Contingent ⌐Competitive	
06.	Pfennig	1998	Translation	Economic ⌐Transaction ⌐Contingent ⌐Operating		
	Ebenso: Henk 2003.					
07.	Schlottmann	1999	Translation	Transaction	Economic	Contingent
08.	Bartram	2000	Accounting	Transaction	Economic	
09.	Stulz/Williamson	2000	Translation	Transaction	Contractual	Econ./Competitive
	Ebenso: Muller und Verschoor 2006a.					
10.	Jokisch/Mayer	2002	Book ⌐Translation	Book/Economic ⌐Transaction	Economic ⌐Ohne Bezeichnung	
11.	Wiedemann/Hager	2004	Value	Cashflow		
12.	Leutwiler	2006	Translation	Economic	Competitive	

Quelle: Eiteman u. a. 2007; Borchert 2006; Leutwiler 2006; Stulz und Williamson 2005; Wiedemann und Hager 2004; Brunner 2003; Henk 2003; Jokisch und Mayer 2002; Bartram 2000a; Rudolph 1996; Schlottmann 1999; Pfennig 1998; Sercu und Uppal 1995; Smithson u. a. 1995

Abbildung 4.19.: Laufzeitcharakter von Währungsexposures

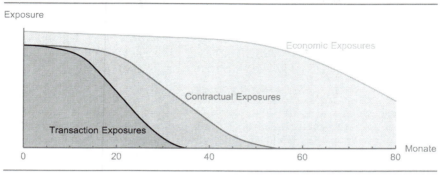

Quelle: Eigene Abb. nach Stulz und Williamson 2005

legungs- bzw. Steuervorschriften.[297] Die Bilanz des Unternehmens macht es verhältnismäßig leicht, alle vom Translation Exposure betroffenen Positionen zu identifizieren. Aufgrund unternehmensexogener Faktoren, wie der Nachfrageentwicklung, ist die Höhe mancher Positionen zum Bilanzstichtag hingegen unbestimmbar, was eine Absicherung gegen Translation Exposures erschwert.[298] Da sich bilanzielle Wertänderungen jedoch nicht unmittelbar auf die Finanzströme des Unternehmens auswirken, nehmen sie ohnehin nur eine untergeordnete Position im Währungsmanagement ein, weshalb sie auch das Merkmal eines *latenten* Exposures erhalten.[299]

Die Kategorie *„Transaction Exposure"* beinhaltet alle offenen Währungsrisikopositionen, die in der Vergangenheit begründet und deren Volumen und zukünftiger Fälligkeitszeitpunkt gegenwärtig fixiert sind. Überwiegend handelt es sich dabei um Fremdwährungsverbindlichkeiten und Fremdwährungsforderungen. Diese Positionen resultieren aus dem Abschluss eines Handelsvertrages, aus dem sowohl das Volumen als auch der Fälligkeitszeitpunkt hervorgehen. Die Fixierung beider Merkmale macht den Zahlungsstrom in entsprechender Höhe und am entsprechenden Tag wahrscheinlich, aber nicht sicher. Die tatsächliche Zahlung kann geringer ausfallen, sich verzögern oder ganz ausbleiben. Darüber hinaus steht diese unter dem Einfluss des Wechselkursrisikos, da sich nicht nur der Devisen-Cashflow, sondern auch der zugehörige Devisenkurs unerwartet

---

[297] Vgl. Abschnitt 5.3.1, S. 179.

[298] Vgl. Jokisch und Mayer 2002, S. 188.

[299] Vgl. Stulz und Williamson 2005, S. 175; Jokisch und Mayer 2002, S. 177. Fälle in denen sie eine hohe Relevanz für KMU entwickeln werden in Abschnitt 5.3.1, S. 179 behandelt.

verändern kann. Entwickelt sich der Wechselkurs nachteilig, obwohl das Unternehmen den geforderten Erlös in Fremdwährung fristgerecht erhält, erfährt das Unternehmen ohne Sicherungsmaßnahmen beim anschließenden Umtausch in die Heimatwährung einen Währungsverlust. Erst wenn die Position geschlossen ist, also ex post, herrscht Gewissheit über den Zahlungsstrom in Fremdwährung und schließlich auch über den Gegenwert in Heimatwährung.

Die Sichtweise ist statisch-gegenwartsorientiert.[300] Das Währungsrisiko wirkt sich beim Transaction Exposure sowohl liquiditäts- als auch erfolgswirksam auf das Unternehmen aus: Weicht der Zahlungsstrom vom erwarteten Wert ab, ändert sich auch die finanzielle Situation des Unternehmens. Die Abweichung überträgt sich gleichzeitig auf die Vermögenspositionen, so dass auch die Bilanz des Unternehmens betroffen ist. Aufgrund seiner hohen Bedeutung für das Währungsmanagement eines Unternehmens weisen JOKISCH und MAYER dem Transaction Exposure das Merkmal eines *manifesten* Exposures zu.[301]

Währungsrisikopositionen, die nicht in gebuchten Transaktionen begründet liegen und deren Volumen oder Fälligkeit damit nicht fixiert sind, gehören dem *Contractual Exposure* an. Zu dieser Exposureklasse zählen implizite und explizite vertragliche Vereinbarungen, wie beispielsweise ein verbindliches Angebot im Rahmen einer internationalen Ausschreibung. Solange das eigene Angebot nicht angenommen wurde, bleibt nicht nur die Zusage, sondern auch ihre Höhe ungewiss. Die Verbindlichkeit des eigenen Angebots zwingt das Unternehmen, sich auch bei einer verschlechterten währungspolitischen Situation daran halten zu müssen und resultierende Währungsverluste in Kauf zu nehmen. Ein weiteres Beispiel sind zeitlich befristete Preiszusagen in fremder Währung. Da der Absatz innerhalb dieser Zeitspanne nur prognostiziert werden kann, ist die Höhe der Währungsrisikoposition ungewiss. Im Gegensatz zum Gegenwarts- oder Vergangenheitsbezug, den Transaction bzw. Translation Exposures aufweisen, unterliegen Contractual Exposures einem dynamischen Zukunftsbezug. Allerdings sind vertragliche Bindungen dieser Art kurz- bis mittelfristiger Natur, so dass der Anteil des Contractual Exposures am Gesamtexposure nach drei Jahren nur noch gering ausfällt.[302]

Die Ermittlung direkter Währungsexposures stellt sich für KMU als verhältnismäßig unproblematisch dar. Währungsrisikopositionen des Translation Exposures lassen sich über die Bilanz ermitteln, die der Transaction Exposures über

---

[300] Vgl. Nikolov 2005, S. 68.
[301] Vgl. Jokisch und Mayer 2002, S. 177.
[302] Vgl. Stulz und Williamson 2005, S. 172.

das Buchhaltungssystem. Das wesentliche Problem bereitet die Ermittlung von Contractual Exposures, da ihre Kenngrößen aufgrund des Zukunftsbezugs ungewiss/dynamisch sind und eine Analyse sowie Prognose erfordern.

Aus der Kritik an den zuvor vorgestellten Exposureklassen entwickelte sich ein Konzept *indirekter Währungsexposures* mit der Bezeichnung *Economic Exposure*.[303] Es behandelt die Wechselkursbeeinflussung von Unternehmen ohne direkten Handelsbeziehungen zu anderen Währungsgebieten. Diese ausschließlich lokal tätigen Unternehmen werden durch eine Veränderung der Wettbewerbssituation mit „ausländischen Unternehmen"[304] beeinflusst. Aus diesem Grund wird für das Economic Exposure auch die Bezeichnungen „Competitive Exposures" oder „Operating Exposures" verwendet.[305] Als Beispiel dient ein in Euro fakturiertes EU-Exportgeschäft eines inländischen Unternehmens, das den vorausgehenden Definitionen nach kein direktes Exposure darstellt. Sobald ausländische Unternehmen – z.B. aus dem US-Dollar-Raum – in Konkurrenz zum eigenen Unternehmen treten, handelt es sich jedoch um ein Economic Exposure. Entwickelt sich der US-$/€-Wechselkurs für das ausländische Unternehmen vorteilhaft, so dass es das Produkt bzw. die Leistung nach Umrechnung in Euro günstiger als das inländische Unternehmen anbieten kann, muss das inländische Unternehmen seine Preise korrigieren oder Umsatzeinbußen hinnehmen. Beide Alternativen beeinflussen zukünftige Cashflows des inländischen Unternehmens, obwohl es selbst nicht mit Fremdwährungen in Kontakt kommt.[306]

Das Economic Exposure berücksichtigt alle zukünftigen, von Währungskursveränderungen beeinflussten Cashflows des Unternehmens und damit auch deren Barwerte, weshalb der Unternehmenswert als geeignete Bezugsgröße herangezogen wird.[307] Die Wettbewerbsveränderungen wirken langfristig, so dass der Anteil der Economic Exposures am Gesamtexposure mit der Laufzeit zunimmt (Abb. 4.19). Die Sichtweise ist eine allumfassende, dynamisch-zukunftsorientierte, bei der die Identifizierung und Quantifizierung des Economic Exposures dadurch erschwert wird, dass auch ungewisse Cashflows von Relevanz sind. Zu berücksichtigen sind zudem nicht nur nominelle, sondern auch wettbewerbsbeeinflussende reale Wechselkursveränderungen.[308]

---

[303] Für eine frühe Kritik s. Dufey 1972; Shapiro 1975.

[304] Gemeint sind hier und im folgenden Verlauf Unternehmen aus dem Währungsausland.

[305] Vgl. Stulz und Williamson 2005, S. 172; Nikolov 2005, S. 69.

[306] Vgl. das Beispiel in Bloss u. a. 2009, S. 56.

[307] Hierbei wird eine Unternehmensbewertung im Sinne des DCF-Ansatzes unterstellt; s. Volkart 2008, S. 315 ff.

[308] Vgl. Nikolov 2005, S. 70.

Tabelle 4.3.: Charakterisierung der Exposure-Arten

Kategorie	Direkte Exposures			Indir. Exp.
	Translation	Transaction	Contractual	Economic
Bezugs-größe	Bilanzielles Auslandsverm.	Fremdwähr.-verträge	Fremdwähr.-verträge	Unternehmenswert
Bezugs-Zeitraum	Bilanzstichtag	Kontrahierung bis Konvert.	Zukunft	Zukunft
Erfassung	Jahres-abschluss	Buchführungs-system	Verträge und Finanzrechn.	Finanz-rechnung
Wirkung	Buchhalterisch, mittelbar liquiditätswirks.	Erfolgs- und liquiditäts-wirksam	Erfolgs- und liquiditäts-wirksam	Erfolgs- und liquiditäts-wirksam

Quelle: in Anl. an Pausenberger 1985, S. 543; Stulz und Williamson 2005, S. 169 ff.

Die Ausführungen des Kapitels zeigen, dass verschiedene Arten von Exposures existieren und diese sich auch unterschiedlich auf die einzelnen Unternehmen auswirken. Auf diese Erkenntnis muss das Währungsrisikomanagement mit angepassten Bewältigungsmaßnahmen reagieren können. Tab. 4.3 vergleicht sowohl die direkten als auch die indirekten Exposurearten hinsichtlich der Kriterien Bezugsgröße, Bezugszeitraum, Erfassungsinstrumente und Wirkung miteinander.

4.4.3. Währungsrisikobewältigung

Der Vorgang der Risikobewältigung ist die Kernaufgabe des Risikomanagements eines Unternehmens. Obwohl die vorangehenden Schritte der Modellierung und Messung nicht minder wichtig und ebenso notwendig sind, findet erst mit der Risikobewältigung der Wandel von einer potentiellen Unternehmensgefährdung hin zu einer gewünschten Risikosituation statt. Diese Veränderung stellt sich bildlich in einer Modifikation der Dichtefunktion dar (Abb. 4.20). Dabei ist es unerheblich, ob die Verteilung des Risikos oder die Risikoposition verändert wird, da beide Maßnahmen zusammen zur Modifizierung der Exposures beitragen. Im folgenden Verlauf wird aus Vereinfachungsgründen von Risikoveränderung gesprochen. Oftmals ist es jedoch einfacher, die Veränderung der Risikoposition umzusetzen als die meist exogenen Risiken zu beeinflussen. Diese lassen sich in Fällen wie den Devisenkursen nicht beeinflussen, so dass die Reduzierung der Risikoposition die einzige Möglichkeit bleibt, Exposures zu reduzieren.

Abbildung 4.20.: Maßnahmen der Risikobewältigung

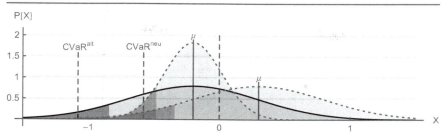

Quelle: Eigene Abb. nach Rosenkranz und Mißler-Behr 2005, S. 278.

4.4.3.1. Hintergrund und Nebenbedingungen einer Bewältigung

Statistisch lässt sich bei Verwendung eines Risikomaßes vom Typus II eine Veränderung durch zwei Maßnahmen oder die Kombination beider Maßnahmen erreichen:[309]

1. *Änderung des Erwartungswertes.* Um das Risiko der Verkaufserlöse in Fremdwährung zu verringern, beschließt ein Unternehmen die Preise zu erhöhen, und diesen erhöhten Anteil auch gegen Wechselkursschwankungen abzusichern. Den gleichen Absatz vorausgesetzt, erhöht diese Maßnahme den Erwartungswert, was sich unter Beibehaltung der Form in einer Verschiebung der Dichtefunktion äußert (Abb. 4.20, rechte, gepunktete Verteilung).

2. *Änderung der Varianz.* Abermals zur Reduzierung der Verkaufserlöse in fremder Währung, beschließt das Unternehmen, den durch Verträge feststehenden Mindesterlös gegen Wechselkursschwankungen abzusichern. Der erwartete Erlös bleibt aufgrund der unveränderten Preise der gleiche, allerdings verringert sich durch die partielle Sicherung die Varianz der in die Heimatwährung getauschten Cashflows (Abb. 4.20: linke gepunktete Verteilung).

3. *Änderung von Erwartungswert und Varianz.* Im Beispiel der Preiserhöhung wird sich aller Voraussicht nach der Erlös pro Produkt zwar erhöhen, die Anzahl der gekauften Einheiten jedoch reduzieren. Es kommt daher i. d. R. nicht nur zu einer Verschiebung, sondern gleichzeitig auch zu einer Veränderung in der Streuung.

---

[309] Vgl. Rosenkranz und Mißler-Behr 2005, S. 277 f.; Stulz 2005, S. 97.

Die beschriebenen allgemeinen Veränderungen haben zum Ziel, das Risiko gemäß der Unternehmensvorgaben zu reduzieren. Wie das Beispiel aus Abb. 4.20 schematisch zeigt, verringern beide Maßnahmen sowohl den durch die rechte Begrenzung der schattierten Fläche gekennzeichneten VaR als auch den CVaR. Die Veränderungen lassen sich durch verschiedene Möglichkeiten erreichen, was stets unter der Beachtung der Unternehmensvorgaben erfolgen muss. Fehlen derartige Regeln, sind allgemein gültige Richtlinien zu beachten, wie sie beispielsweise MEHR und HEDGES bereits vor mehreren Jahrzehnten formulierten:[310]

- *„Don't risk more than you can afford to lose"*
  Das Risikomanagement orientiert sich an einem vorgegebenen maximalen Verlustpotential. Trifft die Unternehmensleitung keine Entscheidung über den maximalen potentiellen Verlust, sind zumindest die Risiken zu vermeiden, die den Fortbestand des Unternehmens gefährden. Diese Richtlinie setzt ein Risikomaß wie den CVaR voraus, mit dem das gesamte Verlustpotential der Dichteverteilung berücksichtigt wird.

- *„Don't risk a lot for a little"*
  Diese Richtlinie fordert zur Berücksichtigung der Kosten einer Risikoreduzierung auf. Diese müssen in einem ausgewogenem Verhältnis zur Wirkung der Maßnahme stehen. Die ausnahmslose Vermeidung jeglichen Risikos führt auch bei risikoaversen Individuen nicht zwangsweise zum optimalen Ergebnis.

- *„Consider the odds"*
  In Ergänzung zur ersten Richtlinie ist neben der potentiellen Verlusthöhe auch die Wahrscheinlichkeit des Verlustes zu berücksichtigen. Wie die zweite Richtlinie sorgt dies dafür, dass nicht gegen jedes Risiko Maßnahmen ergriffen werden.

Diese Grundsätze zeigen, dass Risikomanagement sowohl aus der Absicherung als auch aus der Akzeptanz von Exposureanteilen besteht. Risikomanagement beinhaltet jedoch keine Spekulationsmaßnahmen, weshalb zwischen dem Absicherungsverzicht aufgrund einer nicht ausreichend begründeten Erwartung (Spekulation) und dem Verzicht aus wirtschaftlichen Gründen (Akzeptanz) unterschieden werden muss. Eine Absicherung wird auch als „schließen" der Position oder „Hedging[311]" bezeichnet, während ein Verzicht die Position „offen" lässt.

---

[310] Vgl. Mehr und Hedges 1963, S. 16. Zur Bewertung und Interpretation der drei Richtlinien s. Gahin 1971.

[311] Im Unterschied zu Jokisch und Mayer 2002, S. 190 f. wird hier nicht die auf Einzig 1975 zurückgehende Aufteilung von *Hedging* und *Covering* in Abhängigkeit der Exposureart vorgenommen, zumal es sich um die Nutzung der gleichen finanzwirtschaftlichen Instrumente handelt.

Abbildung 4.21.: Klassifizierung der Maßnahmen zur Risikoreduzierung

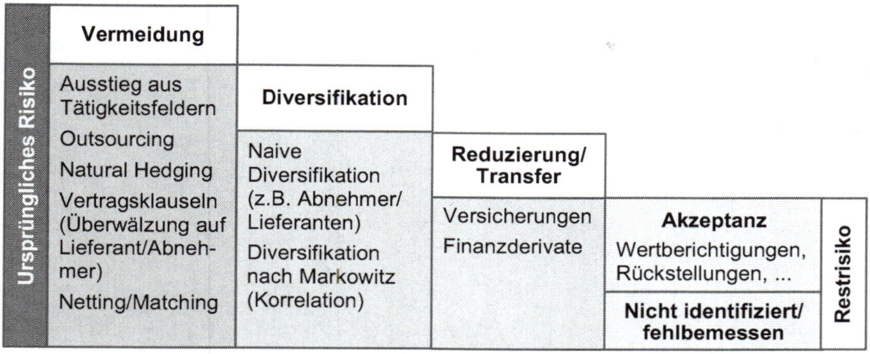

Vermeidung				
Ursprüngliches Risiko Ausstieg aus Tätigkeitsfeldern	**Diversifikation**			
Outsourcing Natural Hedging Vertragsklauseln (Überwälzung auf Lieferant/Abnehmer) Netting/Matching	Naive Diversifikation (z.B. Abnehmer/ Lieferanten) Diversifikation nach Markowitz (Korrelation)	**Reduzierung/ Transfer** Versicherungen Finanzderivate	**Akzeptanz** Wertberichtigungen, Rückstellungen, ... **Nicht identifiziert/ fehlbemessen**	**Restrisiko**

Quelle: Eigene Abb. nach Gleißner 2008, S. 159; Müller u. a. 2006, S. 15.

4.4.3.2. Maßnahmen der Währungsrisiko-Bewältigung

Risikoreduzierende Maßnahmen lassen sich wie in Abb. 4.21 dargestellt klassifizieren. In der finanzwirtschaftlichen Literatur werden die zugehörigen Instrumente ausführlich behandelt, so dass die folgenden Absätze lediglich einen Überblick über die verschiedenen Arten der Risikoreduzierung darstellen.[312] Üblicherweise greifen Unternehmen bei der Bewältigung ihrer Risiken zu einem Bündel von Maßnahmen aus verschiedenen Klassen. Die einzelnen Klassen und ihre Instrumente lassen sich keinen bestimmten Risiken zuordnen. Dennoch kann eine grobe Zuordnung in Abhängigkeit der Situation, bestehend aus Eintrittswahrscheinlichkeit bzw. Häufigkeit und der Schadenshöhe, erfolgen (Tab. 4.4).[313]

Die erste Kategorie risikomindernder Maßnahmen ist die *Risikovermeidung*. Ziel dieser Maßnahmen ist es, die Höhe der Währungsrisikopositionen zu reduzieren sowie auf das Unternehmen einwirkende Risiken zu vermeiden. Ist das Gesamtrisiko eines Geschäfts- oder eines Tätigkeitsfeldes zu groß für das Unternehmen und ist das Ergreifen anderer Maßnahmen nicht möglich oder lohnenswert, kann das Unternehmen das Geschäft ablehnen bzw. sich aus dem Tätigkeitsfeld zurückziehen. Weniger drastische Mittel der Risikovermeidung sind *Outsourcing*

---

[312] Ausführliche Beschreibungen einzelner Absicherungsinstrumente und -maßnahmen finden sich in: Bloss u. a. 2009; Albrecht und Maurer 2008; Bernstorff 2008; Altmann 2007; Eiteman u. a. 2007; Rudolf und Schäfer 2005; Eilenberger 2004; Jokisch und Mayer 2002; Flavell 2002; Büschgen 1997.

[313] Vgl. Rosenkranz und Mißler-Behr 2005, S. 279.

Tabelle 4.4.: Risikobewältigung in Abhängigkeit von Schadenshäufigkeit und -höhe

	Schadenshäufigkeit	
	Groß	*Gering*
Hoher Schaden	Vermeidung Reduzierung	Transfer
Niedriger Schaden	Reduzierung Akzeptanz	Akzeptanz

Quelle: In Anlehnung an Rosenkranz und Mißler-Behr 2005, S. 279

und Maßnahmen des *Natural Hedgings*, wobei letztere insbesondere im Bereich der Wechselkursrisiken genutzt werden. Um Valutarisiken zu umgehen und das Unternehmen unabhängig von Wechselkursschwankungen zu machen, werden beim Natural Hedge Produktionsstätten und Zulieferer in das Währungsgebiet des Vertriebsstandortes verlagert. Nachteile des Natural Hedging sind die hohen Kosten sowie die Voraussetzung der inländischen Gewinnverwendung. Werden diese ins Ausland – z.B. zum Mutterunternehmen – transferiert, stehen sie erneut im Währungsrisiko.[314] Eine weitere Möglichkeit, die jedoch eine starke Verhandlungsposition voraussetzt, sind Währungsklauseln, in denen das Währungsrisiko auf die Vertragspartner (Lieferanten/Abnehmer) abgewälzt wird.[315]

Netting und *Matching* sind keine risikomindernden Maßnahmen im engeren Sinne, sondern Hilfsmittel zur Ermittlung der Gesamtrisikoposition. Unterhält ein Unternehmen Export- und Importbeziehungen in ein währungsfremdes Gebiet und entstehen dabei sowohl Forderungen als auch Verbindlichkeiten in der gleichen Fremdwährung, stellt lediglich die verrechnete Differenz der Risikopositionen auch tatsächlich ein Exposure dar. Das Verrechnen solcher Positionen (Matching) in Form eines Cash-Management-Systems vermindert keine Exposures, sondern Währungsrisikosicherungskosten, indem die Absicherung gegenläufiger Exposures vermieden wird. Das gleiche Prinzip der Verrechnung kann bei Unternehmen mit Tochterunternehmen im Ausland konzernintern genutzt werden (Netting).[316]

Währungsrisiken lassen sich ohne die Modifikation von Risikopositionen durch Effekte der *Diversifikation* verringern. Sowohl die naive Diversifikation im Sinne einer Vermeidung von Risikokonzentrationen als auch die Diversifikation

---

[314] Vgl. Wolke 2007, S. 81 und 132.

[315] Vgl. Bernstorff 2008, S. 108 f.; Eilenberger 2004, S. 143 ff.

[316] Vgl. Eilenberger 2004, S. 152 ff. S. zum Netting auch Mayer-Fiedrich 2007, S. 338 f.

im Sinne von MARKOWITZ tragen zu dieser Reduzierung bei.[317] Ein Beispiel für ersteres stellt die Diversifikation von Lieferanten und Abnehmern dar. Bezieht ein Unternehmen seine Rohstoffe aus nur einem Land oder befindet sich der überwiegende Anteil seiner Abnehmer dort, ist die Gefahr, aufgrund politischer Interventionen oder Naturkatastrophen finanziell beeinflusst zu werden, höher als bei einer geografischen bzw. politischen Streuung. Eine Diversifikation nach Maßgabe der Korrelation mehrerer Risikogrößen zueinander (Markowitz) kann über die Auswahl entsprechender Wechselkurse geschehen. Durch lineare Zusammenhänge fällt das aggregierte Gesamtrisiko geringer als die Summe der Einzelrisiken aus, so dass Unternehmen davon in begrenztem Maße profitieren können.[318]

Die Kategorie der *Risikoreduzierung* und des *Risikotransfers* umfasst den Abschluss von Versicherungen sowie die Nutzung derivativer Finanzinstrumente[319] der Devisen- und Finanzmärkte. Diese Maßnahmen bewirken, dass die bereits bestehenden Risikopositionen um neue Risikopositionen mit entgegengesetztem Risikoprofil ergänzt werden. Die Manifestation des Risikos ergibt anschließend einen Verlust in einer der beiden Positionen sowie einen Gewinn aus der anderen Position. In Summe kompensieren sich beide Positionen, was dem Ergebnis eines Geschäfts mit geringerem Risiko gleicht. Da die hinzugefügte Risikoposition eine entgegengesetzte Position beim Handelspartner des derivativen Instruments bzw. dem Versicherer bewirkt, wird auch von einem Risikotransfer gesprochen. Unternehmen, Finanzinstitute und Versicherer übernehmen Risiken, die sie aufgrund ihrer Kernkompetenzen effizienter managen können. Während Industrie- und Handelsunternehmen typischerweise Risiken aus dem operativen Bereich tragen, übertragen sie finanzwirtschaftliche Risiken mittels derivativer Instrumente auf Finanzdienstleistungsunternehmen.[320]

Aufgrund der vielfältigen Risikostrukturen zur Verfügung stehender Derivate sind neben der vollständigen und anteiligen Reduzierung des Exposures auch weitere Modifikationen der Verteilung möglich. Diese Modifikationen können auch asymmetrisch ausfallen und die Form der Exposureverteilung grundlegend verändern.[321] Während Transfer-, Konvertierungs- und Währungseventualrisiken i. d. R. mittels Kreditversicherungen, Bürgschaften, Garantien, Klauseln,

---

[317] Vgl. Albrecht und Maurer 2008, S. 258 f.

[318] Vgl. Gleißner 2008, S. 160; Wolke 2007, S. 79 ff.

[319] „Derivate bzw. derivative Instrumente sind «abgeleitete» Finanzinstrumente, die sich auf einen Basiswert beziehen." Volkart 2008, S. 201. Es handelt sich um rechtlich eigenständige Geschäfte, mittels derer Risiken gehandelt werden können, ohne das Underlying selbst zu handeln.

[320] Vgl. Bartram 2000b, S. 1270; Bartram 2000a, S. 113.

[321] Für einige Beispiele s. Bloss u. a. 2009.

Verbundgeschäfte und internen Regelungen begegnet wird, nutzen Unternehmen für Valutarisiken vorwiegend Finanzinstrumente des Devisenmarktes und der Terminbörsen (Devisenforwards, -futures, -optionen, Währungsswaps) oder des Finanzmarktes (Factoring, Forfaitierung, Finanzierungsswaps, Währungskredite).[322]

Überschreitet das Risikoniveau die Vorgaben nicht oder wurde dieses mittels der vorgestellten Maßnahmen ausreichend weit gesenkt, wird es vom Unternehmen akzeptiert und getragen. Die *Risikoakzeptanz* beruht auf der zweiten und dritten Richtlinie des vorangehenden Kapitels, die eine absolute Risikovermeidung ohne Berücksichtigung der Kosten als Ziel des Unternehmens ausschließen. Stattdessen bietet es sich ab einem gewissen Maß an, auf eine weitere Reduzierung aus Kostengründen zu verzichten.[323] Die Risikoakzeptanz darf – der ersten Richtlinie zufolge – die Risikotragfähigkeit nicht gefährden. Wichtige Größen der Tragfähigkeit sind das Eigenkapital inklusive Rücklagen, die als Puffer anzusehenden Rückstellungen sowie die Liquidität eines Unternehmens.[324] Maßnahmen zur Verbesserung der Risikotragfähigkeit sind eine Eigenkapitalerhöhung, Einstellung von Gewinnen in Rücklagen und die Bildung stiller Reserven. WOLKE schlägt vor, bei Nutzung eines Risikomaßes des Typus II, wie es der VaR oder auch der CVaR darstellt, eine Bewertung der Situation mittels des Verhältnisses von Risikomaß zu Risikotragfähigkeit (Eigenkapital) durchzuführen. So könnte ein VaR von bis zu 5 % des Eigenkapitals als unwichtig, ein VaR von 5 % bis 20 % als wichtig und ein höherer VaR als kritisch charakterisiert werden. Eine derartige Einschätzung kann als ein erster Hinweis zur Notwendigkeit risikoreduzierender Maßnahmen dienen.

4.4.4. Währungsrisikokontrolle

Die *Währungsrisikokontrolle*[325] schließt den Regelkreis aus Währungsrisikomodellierung, -messung und -management (Abb. 4.16). Ihre Aufgabe besteht in der Überwachung auftretender Währungsrisiken, um eine interne und externe Risikoberichterstattung zu ermöglichen. Die Risikokontrolle ist vor allem für die Unternehmensführung von Bedeutung, da auf ihren Erkenntnissen die Konkretisierung und Steuerung der Unternehmensziele und -vorgaben aufbauen. Eine

---

[322] Vgl. Bloss u. a. 2009, S. 61 ff.; Eilenberger 2004, S. 137 ff.

[323] Vgl. Filipiuk 2008, S. 54.

[324] Zum Gegenstand der Risikotragfähigkeitsberechnung s. Gleißner 2008, S. 142; Wolke 2007, S. 76; Priermeier 2005, S. 76 ff.

[325] Üblich ist die Bezeichnung Risikocontrolling, die jedoch mit Bestandteilen der Planung, Kontrolle, Kommunikation, Information, Verwaltung und Koordinierung über die hier beschriebenen Funktionen hinaus geht; s. Filipiuk 2008, S. 42 f. und 55; Gleißner 2008, S. 205; Wolke 2007, S. 235; Rosenkranz und Mißler-Behr 2005, S. 346 ff.

Planung ohne Kontrolle führt hingegen zu Fehlentwicklungen. Obwohl sich der Regelkreis als Abfolge verschiedener Phasen darstellt, ist die Währungsrisikokontrolle als stetiger Prozess anzusehen.[326] Die externe Risikoberichterstattung dient der Transparenzerhöhung für potentielle Investoren. Aufgrund der gestiegenen Risikoorientierung bei der Kreditvergabe von Banken durch Inkrafttreten der Neuregelung der Eigenkapitalvereinbarungen auf Basis der Vereinbarungen des Baseler Ausschusses für Bankenaufsicht (Basel II) und MaRisk[327] kann die Vernachlässigung zu Problemen bei der Kreditverfügbarkeit und den Finanzierungskosten führen.[328] Auf der anderen Seite stellt die Risikokontrolle auch eine Möglichkeit dar, die entscheidenden Größen des Ratings gezielt zu verbessern und einen positiven Einfluss auf die Kreditzinsen auszuüben.

Neben der Risikoberichterstattung stehen die verwendeten Risikomodelle sowie die -messung im Fokus der Risikokontrolle. Letzteres betrifft nicht die kritische Überprüfung des Risikomaßes, sondern der für die Errechnung des Maßes benötigten Daten hinsichtlich ihrer Relevanz. Diese ist erfüllt, wenn die ermittelten Daten genau, aktuell und vollständig sind.[329] Übersteigen die überwachten Risiken die anhand der Modelle gemessenen Soll-Werte, kann ein unberücksichtigtes Währungsrisiko der Grund dafür sein. Möglich sind ebenfalls Fehler in der Modellspezifikation, so dass ein *Backtesting* im Rahmen der Risikokontrolle einen hohen Stellenwert besitzt. An dem Beispiel des VaR angelehnt, kann dieses Verfahren wie folgt verdeutlicht werden: Nutzt das Unternehmen den $VaR_{1\%}$, als tägliches Risikomaß einer Position, wird diese im Mittel an $1\% \cdot 250 = 2,5$ Handelstagen im Jahr den errechneten Verlust überschreiten. Tritt dieser Vorgang an fünf oder sechs Tagen im Jahr auf, liegt die Vermutung nahe, dass ein Modell- oder Messfehler vorliegt. Prüfen lässt sich eine Fehlspezifikation mithilfe von Vertrauensintervallen, außerhalb derer das Modell verworfen wird.[330]

---

[326] Vgl. Filipiuk 2008, S. 42.
[327] S. Kapitel 5.1.1 auf Seite 137.
[328] Vgl. Müller u. a. 2006, S. 7.
[329] Vgl. Rosenkranz und Mißler-Behr 2005, S. 347.
[330] Zum Backtesting bei Verwendung des VaR s. Jorion 2007, S. 139 ff.; Hager 2004, S. 266 ff.

5. Währungsrisikomanagement für KMU

Die Einleitung der vorliegenden Arbeit führt ein Zitat von EILENBERGER auf, in dem er KMU schlechte Aussichten im Management von Währungsrisiken verkündet. Er bezweifelt nicht die Bedeutung, die Währungsrisiken für international tätige Unternehmen besitzen, sondern stellt sich die Frage, ob KMU angesichts ihrer begrenzten Kapazitäten nicht mit dem Währungsrisikomanagement überfordert sind. Eine Lösung dieses Problems sieht EILENBERGER im Dienstleistungsangebot von Kreditinstituten. Die Inanspruchnahme befreit die Unternehmensführung und – insofern vorhanden – die Finanzabteilung jedoch nicht davon, sich das nötige Wissen über das internationale Währungsgeschehen und die Einflüsse auf das eigene Unternehmen anzueignen. Es stellt stattdessen die Voraussetzung dar, Empfehlungen externer Berater überprüfen und alternative Vorschläge unterbreiten zu können.[1] Die Grundlagen des benötigten Wissens legen die vorangegangenen Kapitel, die nun hinsichtlich der Eigenheiten und Bedürfnisse kleiner und mittlerer Unternehmen eine Vertiefung erfahren.

5.1. Notwendigkeit und Vorteilhaftigkeit

Bei Entscheidungen über die Gestaltung eines Währungsrisikomanagements können sowohl rechtliche Vorgaben als auch wirtschaftliche Abwägungen eine Rolle spielen. Existieren institutionell-juristische oder regulatorische Vorgaben seitens der Gesetzgebung oder von Aufsichtsbehörden, besteht die Notwendigkeit diese zu erfüllen.[2] Die bei Missachtung drohenden Sanktionen lassen andere wirtschaftliche Überlegungen zunächst zweitrangig erscheinen. Es ist jedoch zu prüfen, ob neben den Vorschriften unternehmensexterner Institutionen auch unternehmensinterne Gründe den Einsatz von Ressourcen für ein Management von Währungsrisiken rechtfertigen. Dies ist der Fall, wenn ihr Einsatz zum Erreichen der KMU-Ziele beiträgt.[3]

5.1.1. Vorschriften zum Risikomanagement in KMU

Für Kreditinstitute in Deutschland gelten die am 20. Dezember 2005 von der Bundesanstalt für Finanzdienstleistungsaufsicht (BaFin) per Rundschreiben veröffentlichen *Mindestanforderungen an das Risikomanagement* (MaRisk (BA)).[4]

---

[1] Vgl. Eilenberger 2004, S. 78.

[2] Vgl. Kürsten 2009, S. 201.

[3] Vgl. Kapitel 2.2.2 auf Seite 15.

[4] Zur Zeit gilt die im Rundschreiben 15/2009 veröffentlichte Fassung. Vgl. BaFin 2009. Für Erläuterungen und Anmerkungen zum Erstentwurf siehe Nemet und Althoff 2006. Für einen Überblick über die zweite Novellierung siehe Dürselen und Schulte-Mattler 2009.

Diese beinhalten grundsätzliche Prinzipien zur Ausgestaltung des Risikomanagements (AT), aber auch spezifische Anforderungen an das interne Kontrollsystem (BT 1) sowie die Interne Revision (BT 2). Die Vorgaben zwingen betroffene Unternehmen zur Messung, Überwachung und zum Management von Liquiditätsrisiken, was zu einer Begrenzung der Risikoübernahme und zu einem vernünftigen Umgang mit Marktrisiken, also auch Währungsrisiken, führen soll.[5] Letzteres wird durch die Solvabilitätsverordnung (SolvV) des Bundesministeriums der Finanzen unterstützt, in der Standardverfahren zur Messung der Marktpreisrisiken und qualitative/quantitative Anforderungen zur Verwendung eigener „interner Modelle" vorzufinden sind.[6] Auch für Unternehmen der Versicherungswirtschaft wurden Mindestanforderungen (MaRisk (VA)) herausgegeben – Unternehmen außerhalb dieser Branchen unterstehen hingegen keiner derartig detaillierten Unternehmensüberwachung.

Der Diskurs zum Thema „Corporate Governance" in Politik und Wissenschaft – eine Folge spektakulärer Unternehmenskrisen und -zusammenbrüche Anfang der neunziger Jahre – wirkte sich aber auch auf Nicht-Finanzinstitute aus, wie das vom Bundestag am 05.03.1998 beschlossene *Gesetz zur Kontrolle und Transparenz im Unternehmensbereich* (KonTraG) zeigt.[7] Es nahm unter anderem Änderungen am Aktien- und Handelsgesetz vor, um den Prozess der Unternehmensüberwachung mittels interner und externer Überwachungsträger dahingehend zu überarbeiten, dass ein langfristiges Überleben des Unternehmens gewährleistet ist.[8] Die Unternehmensführung ist demnach verpflichtet, ein Risikofrüherkennungs- und Überwachungssystem einzurichten, ohne dass der Gesetzeswortlaut oder die Gesetzesbegründung ausführt, wie dieses konkret auszusehen hat.[9] Das KonTraG regelt stattdessen Pflichten und Aufgaben der Unternehmensführung sowie der einzelnen Überwachungsträger neu und lässt jedem betroffenen Unternehmen die Gestaltung der Umsetzung frei.[10]

Von der Pflicht zur Installation eines Risikomanagements durch das KonTraG sind grundsätzlich nur Aktiengesellschaften und damit ein geringer Anteil von KMU direkt betroffen.[11] Obwohl entsprechende Gesetze nicht im GmbHG aufgenommen wurden, macht der Gesetzgeber in der allgemeinen Begründung des

---

[5] Vgl. Hartmann-Wendels u. a. 2007, S. 595.
[6] Vgl. SolvV, Teil 3, Kapitel 3 und 4.
[7] S. Fiege 2006, S. 8; BGBl I 1998/24.
[8] Vgl. Fiege 2006, S. 9.
[9] Vgl. Pampel 2005, S. 40 f.
[10] Vgl. Fiege 2006, S. 9.
[11] Zu verschiedenen Standpunkten über den Kreis der Betroffenen s. Zimmer und Sonneborn 2001; vgl. hierzu auch Abschnitt 2.2.1 sowie Abb. 2.1.

KonTraG deutlich, dass für „*Gesellschaften mit beschränkter Haftung je nach ihrer Größe, Komplexität ihrer Struktur usw. nichts anderes gilt und die Neuregelung Ausstrahlungswirkung auf den Pflichtenrahmen der Geschäftsführer auch anderer Gesellschaftsformen hat.*"[12] Die Änderungen im AktG lassen sich nur sinnvoll auf Gesellschaften übertragen, bei denen eine Trennung von Unternehmensführung und Überwachungsorganen vorliegt, so dass der Großteil der Nicht-AG-KMU von diesen Regelungen unbetroffen bleibt.[13]

FAISST weist im Zusammenhang mit der Ausstrahlungswirkung auf eine Änderung für prüfungspflichtige GmbHs hin, nach der die Geschäftsführung einem „Risikobericht" im Rahmen des Lageberichts zu erstellen hat. Besitzt das Unternehmen kein Risikomanagement, kann dies im Krisenfall zu einer verschärften Haftung der Unternehmensleitung und des Wirtschaftsprüfers führen. Auch die Vorverlagerung der Insolvenzantragsstellung[14], die in der Novellierung der Insolvenzordnung beschlossen wurde und sich auf alle Rechtsformen bezieht, ist praktisch nur umsetzbar, wenn eine Bedrohung der Existenz mittels Risikomanagement frühzeitig erkannt wird. Das Fehlen eines Frühwarnsystems kann auch bei KMU als Verletzung ordnungsgemäßer Unternehmensführung angesehen und die Unternehmensführung persönlich für Mängel haftbar gemacht werden.[15] Insbesondere die Beobachtung der eigenen Ertrags- und Liquiditätssituation ist zum Ausschluss der drohenden Haftung auch in KMU unerlässlich.[16]

Während die MaRisk von Finanzinstituten das Vertrauen der Kunden in die Ausfallsicherheit ihrer Einlagen und die Stabilität des Finanzsystems stärken soll, verfolgt der Gesetzgeber mit dem KonTraG die Intention, den Bestandsschutz der Unternehmen zu erhöhen.[17] Obwohl die Neuregelung primär auf große Unternehmen zielt, besteht seitens des Gesetzgebers das Interesse, den Bestandsschutz aller Unternehmen zu verbessern. Es wird jedoch auch eingestanden, dass die Umsetzung der neuen Regelungen mit Mehrkosten verbunden sind, weshalb aus Belastungsgründen kleine Unternehmen von zwingenden Regelungen

---

[12] Deutscher Bundestag 1998, S. 15.
[13] Vgl. Hommelhoff und Mattheus 1999, S. 439; Fiege 2006, S. 28. Andere Autoren führen ein am Kapitalgesellschaften- und Co-Richtliniengesetz (KapCoRiLiG) und § 267 Abs. 1 HGB orientiertes Größenkriterium auf, nachdem Unternehmen, die zwei der drei folgenden Kriterien erfüllen, zur Einführung verpflichtet sind: Bilanzsumme > 3,438 Mio. €, Umsatz > 6,875 Mio. € und Mitarbeiterzahl > 50. Vgl. Gleißner u. a. 2004, S. 11.
[14] S. zum Ablauf des Tests auf Zahlungsunfähigkeit und zur Insolvenzverschleppung Becker u. a. 2009 im Zusammenhang mit dem Urteil IX ZR 123/04 des BGH.
[15] Vgl. Faißt 2001, S. 226.
[16] Vgl. Becker u. a. 2009, S. 1660 ff.
[17] Vgl. Kürsten 2009, S. 201 f.; § 91 Abs. 2 AktG.

ausgeschlossen bleiben.[18] Zwar werden von mehreren Autoren und Verbänden Überwachungssysteme, wie beispielsweise Frühwarnindikatoren, für jedes KMU als sinnvoll erachtet[19], der Gesetzgeber sieht jedoch keinen Regulierungsbedarf und beschränkt sich auf die Ausstrahlungswirkung, die denjenigen Teil der KMU erreichen soll, der zur Einführung eines Risikomanagements in der Lage ist. Die Kosten werden durch die die folgende Ausführung gerechtfertigt: *„Die geringfügigen Mehrkosten sind gerechtfertigt, weil ihnen ein erheblicher Gewinn an Transparenz und Kontrolle innerhalb der Unternehmen gegenübersteht, der im Interesse des Finanzplatzes, insbesondere der Anteilseigner und letztlich auch der Verbraucher und Arbeitnehmer ist."*[20] Damit wird ausdrücklich auf Shareholder- und Stakeholder-Interessen Bezug genommen.[21] Inwiefern diese politischen Interessen auch betriebswirtschaftlich gerechtfertigt sind, klären theoretische und empirische Untersuchungen, die Thema des nächsten Abschnitts sind.

5.1.2. Wirtschaftliche Gründe für Risikomanagement in KMU

In der finanzwirtschaftlichen Literatur wird die Diskussion für und wider ein finanzwirtschaftliches Risikomanagement auf Unternehmensebene kontrovers geführt.[22] Verbunden ist sie mit den Zielen des Unternehmens, die je nach Interessensgruppe im Unternehmen (Shareholder oder Stakeholder) unterschiedlich ausfallen. Auch die Unternehmensgröße und die Eigentümerstruktur besitzen einen Einfluss auf Unternehmensziele und damit auch die betriebswirtschaftliche Rechtfertigung von finanzwirtschaftlichen Risikomanagementinstrumenten.

KÜRSTEN, der sich in mehreren Ausarbeitungen mit der Thematik des Risikomanagements auseinandersetzt[23] und die Frage nach der Adressierung und dem Sinn als „Kardinalsfrage des Risikomanagements" bezeichnet, hält eine Rechtfertigung aus einem allgemeinen „Unternehmensinteresse" für schwierig. In der Regel wird die Risikoreduzierung aus der Prämisse risikoaverser Wirtschaftssubjekte oder nicht diversifizierter Shareholder begründet.[24] Zu Rechtfertigungsschwierigkeiten führen hingegen managementgeführte Unternehmen, die im Interesse risikofreudiger Shareholder[25] handeln, da deren Anteile mit

---

[18] Vgl. BT-Drucks. 13/9712, S. 2.
[19] S. BDU 2005, S. 1 und die in Fiege 2006, S. 28 aufgeführte Literatur.
[20] BT-Drucks. 13/9712, S. 12.
[21] S. hierzu auch Abschnitt 2.2.2 auf Seite 15.
[22] Vgl. Gleißner und Löffler 2007, S. 556.
[23] S. Kürsten 2009, 2006a,b.
[24] Vgl. Kürsten 2006a, S. 3.
[25] Am Markt diversifizierte Anleger, die dem SV-Gedanken folgen und eine hohe Eigenkapitalrendite anstreben, agieren risikofreudig; vgl. Kürsten 2006b, S. 180.

steigendem Unternehmensrisiko regelmäßig im Wert steigen. Auch exogene Friktionen, die in der Literatur zur Begründung einer Risikoaversion von Shareholdern aufgeführt werden, wissen KÜRSTEN nicht zu überzeugen. Zu selten und zu konstruiert wirkend äußern sich diese „modelltechnischen Sonderfälle", so dass ein finanzwirtschaftliches Risikomanagement lediglich aus Stakeholdersicht – also entgegen der Einschätzung des Gesetzgebers nur aus Partikularinteresse – gerechtfertigt scheint.[26]

Da es sich bei KMU überwiegend um eigentümergeführte Unternehmen handelt, die sich nicht im Besitz diversifizierter Shareholder, sondern mehrheitlich im Besitz eines oder einiger weniger eng mit dem Unternehmen verbundener Personen befinden[27], betrifft sie die zuvor ausgeführten Bedenken weniger stark, als große Unternehmen. Berücksichtigt man zudem die Hinweise, dass KMU neben dem Ziel einer Wertsteigerung ihre Unternehmensausrichtung überproportional oft auf den Fortbestand ausrichten[28], lässt sich die Einführung eines Währungsrisikomanagements in KMU auch mit Unternehmensinteressen rechtfertigen. Die Ablehnung einer Risikoreduzierung aus Sicht der finanzwirtschaftlichen Theorie begründet sich auf den 1958 veröffentlichten Theoremen von MODIGLIANI und MILLER.[29] Sie verwiesen darauf, dass unter der Prämisse eines vollkommenen Kapitalmarktes ohne Steuern, Insolvenzkosten und asymmetrischen Informationen weder die Veränderung des Verschuldungsgrades noch ein Risikotransfer eine Auswirkung auf den Unternehmenswert besitzen. Da die Maßnahmen zur Risikoreduzierung jedoch Ressourcen benötigen, wird der Unternehmenswert de facto verringert.[30]

Beim neoklassischen Modell von MODIGLIANI und MILLER darf nicht übersehen werden, dass dessen Prämissen in der Realität unerfüllt bleiben.[31] Marktunvollkommenheiten sorgen für Abweichungen von der Theorie und stellen eine Möglichkeit dar, Wertzuwächse durch Risikobegrenzung in Unternehmen zu begründen. So zeigten beispielsweise Anfang der neunziger Jahre BESSEMBINDER sowie FROOT u. a., dass eine Absicherung von finanzwirtschaftlichen Risiken Liquiditätsengpässe senken und die Flexibilität von Unternehmen erhöhen. Dies reduziert nicht nur die Häufigkeit von Situationen, in denen Unternehmen lukrative Investitionen aufgrund ungenügender Liquidität nicht tätigen können,

---

[26] Vgl. Kürsten 2009, S. 202 f.

[27] S. Abschnitt 2.2.1, S. 13.

[28] S. Abschnitt 2.2.2, S. 15.

[29] S. Modigliani und Miller 1958.

[30] Vgl. Gleißner und Löffler 2007, S. 557; Borchert 2006, S. 16 f.

[31] MILLER selbst zeigt dreißig Jahre später in einer Veröffentlichung, welche Änderungen sich aus der Berücksichtigung von Steuern und weiteren Marktunvollkommenheiten ergeben; vgl. Miller 1988.

sondern ebenso übereilte Investitionen, die aufgrund von Ängsten vor zukünftigen Liquiditätsengpässen geschehen.[32]

Neben der Reduzierung von Liquiditätsengpässen bestehen weitere Gründe, von denen einige ebenfalls KMU betreffen.[33] Unter der Voraussetzung einer *progressiven Unternehmensbesteuerung*, wie sie in Deutschland für einen Großteil der KMU (Personengesellschaften/Einzelunternehmer) Bestand hat, fällt das versteuerte Einkommen bei volatilem Einkommen vor Steuern niedriger aus als bei vergleichbar hohem, aber stabilem Einkommen vor Steuern. Gelingt es mittels finanzwirtschaftlicher Instrumente die Volatilität zukünftiger Gewinne zu mindern, fällt die steuerliche Belastung der KMU über die Jahre gesehen geringer aus. Des Weiteren können KMU hierfür *Absicherungsinstrumente*, wie Währungsklauseln und Natural Hedging, nutzen, die reinen Anteilseignern nicht zur Verfügung stehen.

Eine Antwort des ehemaligen Vorstandsvorsitzenden der Porsche AG WIEDEKING auf kritische Fragen zu USD-Absicherungskosten im Rahmen einer Hauptversammlung verdeutlicht einen weiteren Aspekt: *„Wenn wir in den letzten 30 Jahren keine Termin- und Optionsgeschäfte gemacht hätten, wären unsere Fremdwährungserlöse identisch gewesen. Während dieser Periode wären wir jedoch dreimal in Konkurs gegangen."*[34] Während eine Insolvenz für KMU mit einer engen Verbindung zum Eigentümer oft mit dessen persönlichem Schicksal verbunden ist, verursacht das Verfahren auch für diversifizierte Shareholder *Insolvenzkosten*, die den Absicherungskosten gegenübergestellt werden müssen. Weitere Kosten entstehen, wenn die Rückzahlung von Fremdkapital an eine Einkommensgrenze gebunden ist, so dass sie bei Unterschreitung eines festen Wertes fällig wird. Außerdem veranlasst eine hohe Volatilität in den Cashflows Kreditinstitute dazu, KMU mit höheren *Finanzierungskosten* zu belasten oder gar Kredite zu verweigern.[35]

Unberücksichtigt blieb bei der bisherigen Betrachtung die „Prospect Theory", auf die zuvor in Zusammenhang mit der Risikodefinition verwiesen wurde.[36] Aufgrund des zu beobachtenden irrationalen Verhaltens in Unsicherheitssituationen sind Individuen grundsätzlich bereit, auf Einkommen zu verzichten, wenn dieses sicher und nicht risikobehaftet ist.[37] Diese Erkenntnis widerspricht dem Bild

---

[32] Vgl. Bessembinder 1991; Froot u. a. 1993; Boyle und Guthrie 2006.
[33] Vgl. Levi 2009, S. 337 f.; Gleißner und Löffler 2007, S. 557; Lambertz 2007, S. 21; Gleißner u. a. 2004, S. 17; Barnes 1999, S. 354 ff. Für die Relativierung einiger Vorteile siehe Kürsten 2006b.
[34] Zitiert nach Härle-Willerich und Rekowski 2005, S. 5.
[35] Vgl. Levi 2009, S. 338.
[36] S. Abschnitt 4.1.1, S. 47 sowie Kahneman und Tversky 1984.
[37] Vgl. Lambertz 2007, S. 21.

risikofreudiger Shareholder und unterstützt ebenfalls ein finanzwirtschaftliches Risikomanagement auf Unternehmensebene.

Empirische Befunde zum Thema Unternehmenswertveränderung durch Risikobegrenzung existieren nicht nur zahlreich, sondern decken auch unterschiedliche Fragestellungen ab.[38] Die Grundlage bilden Studien, deren Untersuchungsgegenstand die Auswirkungen von Wechselkursschwankungen auf den Unternehmenswert sind. Ohne diese Verbindung – die Abschnitt 4.4.2 exemplarisch darstellt – ist auch kein Zusammenhang zwischen finanzwirtschaftlichem Risikomanagement und Unternehmenswert herzustellen. Obwohl die Auswirkungen von Wechselkursbewegungen auf den Unternehmenswert durch mehrere Studien belegt werden, liegt die Stärke des Zusammenhanges unter den Erwartungen der Autoren.[39] Wie eine Studie von BARTRAM zeigt, ist dies nicht auf einen allgemeinen schwachen Zusammenhang zwischen Wechselkurs und Unternehmenswert, sondern auf risikoreduzierende Maßnahmen seitens der untersuchten Unternehmen zurückzuführen.[40] Empirische Studien ermitteln den Zusammenhang, nachdem Maßnahmen zur Absicherung bereits gewirkt haben. Da diese Maßnahmen zum Ziel haben, das Unternehmen von Wechselkursbewegungen unabhängig zu machen, fällt der ermittelte Zusammenhang auch entsprechend niedrig aus.

Diese Erkenntnis basiert auf Studien, die den Zusammenhang zwischen Risikomanagementinstrumenten und einer Exposurereduzierung herstellen.[41] Diese Verbindung wird durch frühere Studien nicht nur belegt, sondern in der Studie von BARTRAM auch quantifiziert. Demnach reduzierte sich der Einfluss auf die Exposures eines Unternehmens durch Preisanpassungen sowie operative Sicherungsinstrumente um je 10–15 % und durch die Nutzung finanzwirtschaftlicher Sicherungsinstrumente um rund 40 %.[42] Hiermit bestätigen sich die Erwartungen, finanzwirtschaftliche Instrumente zur Absicherung gegen Währungsrisiken nutzen zu können.

Ob eine Reduzierung der Exposures oder Cashflows zu einer Unternehmenswertsteigerung führt, untersucht eine dritte Gruppe von Erhebungen.[43] Der Unternehmenswert verhält sich demnach umgekehrt proportional zur erwarteten

---

[38] Einen Auszug zeigen die Auflistungen in Smithson und Simkins 2005. Frühe bedeutende Untersuchungen sind Dufey 1983; Smith und Stulz 1985.

[39] Vgl. Bartram und Bodnar 2007, S. 642 und die dort angeführten Quellen.

[40] Vgl. Bartram u. a. 2010, S. 169.

[41] Vgl. Smithson und Simkins 2005, S. 242 f. und die dort aufgeführten Quellen.

[42] Vgl. Bartram u. a. 2010, S. 179. Zu einem deutlich stärkerem Einfluss finanzwirtschaftlicher gegenüber operativer Absicherungsinstrumente kommen auch Allayannis u. a. 2001.

[43] Vgl. Smithson und Simkins 2005, S. 243 ff.

Cashflow-Volatilität. Dieser Zusammenhang ist bei finanzschwachen Unternehmen – wie KMU – besonders stark ausgeprägt.[44] Erreichen Unternehmen durch finanzwirtschaftliche Instrumente eine Glättung zukünftiger Cashflows, wird den empirischen Erhebungen zufolge der Unternehmenswert nicht vernichtet, sondern gesteigert. Studien, die direkt den Einfluss von Risikomanagementmaßnahmen auf den Unternehmenswert untersuchen, zeigen hingegen unterschiedliche Resultate:[45]

- Untersuchungen des Währungsmanagements von Industriefirmen lieferten einen positiven Zusammenhang zwischen der Risikobegrenzung und dem Unternehmenswert.[46] Eine Studie von NAIN zeigt zudem, dass ein Verzicht auf Währungssicherung in Branchen, in denen eine Absicherung gängig ist, zu einem Unternehmenswertverlust führt.[47]

- Auch die finanzwirtschaftliche Absicherung gegen Zinsveränderungen besitzt einen positiven Einfluss auf den Unternehmenswert.

- Die Absicherung gegen Rohstoffpreise ist nicht oder negativ mit dem Unternehmenswert verknüpft. Negative Zusammenhänge waren insbesondere bei Unternehmen zu erkennen, bei denen der Rohstoffpreis den stärksten finanzwirtschaftlichen Einfluss besitzt (Rohstoff- und Energiesektor).

Letzteres wird von SMITHSON und SIMKINS als Besonderheit angesehen, da von Shareholdern die Abhängigkeit von den Rohstoffen explizit gewünscht ist und die beschriebenen Risikomaßnahmen das Unternehmen für Investoren weniger interessant machen.

Zusammenfassend kommt die Mehrheit der Studien zu dem Schluss, dass Währungsmanagement sowie auch das Management weiterer finanzwirtschaftlicher Risiken einen positiven Einfluss auf den Unternehmenswert besitzen. Lediglich die Begrenzung von Risiken, die von den Eigentümern gewünscht sind, also dem operativen Geschäft zuzuordnen sind, wirkt sich negativ auf den Unternehmenswert aus. Auch ohne verbindliche rechtliche Anforderungen ist KMU ein Währungsrisikomanagement nahezulegen, insofern es sich nicht ums Geschäftsfeld handelt. Zum einen unterstützt es im ohnehin ausgeprägten Streben nach

---

[44] Vgl. Shin und Stulz 2000, S. 20 sowie die bei Smithson und Simkins 2005, S. 246 aufgeführten Quellen.

[45] Vgl. Quellen in Smithson und Simkins 2005, S. 149 f. und Kürsten 2009, S. 204; Strange 2004, S. 108 ff.

[46] Die Unternehmenswertveränderungen wurden mehrheitlich durch Tobins Quotienten, einem Kurs-Substanzwert-Verhältnis, gemessen; s. hierzu Nain 2004, S. 28 f.; Allayannis u. a. 2001, S. 393 f.

[47] Vgl. Nain 2004.

einer Fortbestandsicherung und zum anderen ist mit einer Unternehmenswert-vernichtung aufgrund einer bloßen Risikobegrenzung nicht zu rechnen.

5.1.3. Verbreitung des Währungsmanagements in KMU

Bei einem System, dessen Nützlichkeit sowohl Gesetzgeber als auch wissen-schaftliche Ausarbeitungen propagieren, liegt die Vermutung nahe, dass sein Einsatz auch unter KMU hohe Zustimmung findet. Inwiefern diese zutrifft, wurde durch empirische Erhebungen mit unterschiedlichen Schwerpunkten untersucht (Tabelle 5.1). Eine qualitative Studie von BLAKE und MAHADY unterstützt die-se Vermutung am Beispiel von drei mittelgroßen US-Unternehmen Anfang der neunziger Jahre.[48] Sie kommen zu dem Schluss, dass Risikomanagementsysteme für KMU – trotz einer gewissen Skepsis gegenüber der eigenständigen Nutzung von derivativen Absicherungsinstrumenten – eine signifikante und wachsende Bedeutung besitzen. Sie führen dies auf eine Entwicklung zu Beginn der acht-ziger Jahre zurück, bei der es durch einen schnellen Zinsanstieg und hohen Devisenkursvolatilitäten auf dem US-amerikanischen Markt zum Angebot von Risikomanagement-Service-Paketen miteinander konkurrierender Investment- und Geschäftsbanken kam. Das wachsende Interesse von Geschäftskunden ge-nerierte steigende Handelsvolumina mit derivativen finanzwirtschaftlichen In-strumenten und führte zu einer weiten Verbreitung von Kenntnissen über deren Einsatz.

ARNSFELD u. a. kommen in einer Studie von 2007 zu dem Ergebnis, dass auch deutsche KMU sich regelmäßig mit ihren Risiken befassen.[49] Rund 30 % neh-men eine monatliche Bewertung vor, weitere 20 % eine vierteljährliche sowie knapp 30 % eine jährliche Bewertung. Etwas über 20 % der befragten KMU ge-ben an, Risiken nie zu bewerten. Diese Zahlen deuten auf einen weit gefassten Risikomanagementbegriff hin, bei dem sowohl operative als auch strategische Maßnahmen als Risikomanagement gewertet werden. Ein kontinuierlicher, am Liquiditätsmanagement orientierter Risikomanagementprozess benötigt eine relativ hohe Überwachungsfrequenz, so dass es allenfalls ein Teil der ersten Gruppe (monatliche Bewertung) und damit weniger als 30 % verwenden. Zu diesem Ergebnis kommt auch eine Studie von HENSCHEL.[50] Sie ermittelte an einer Stichprobe von 240 deutschen KMU, dass Risikomanagement in KMU überwiegend rudimentär betrieben wird und nur wenige KMU ein umfassendes System besitzen.

---

[48] Vgl. Blake und Mahady 2005, S. 24.
[49] S. Arnsfeld u. a. 2007, S. 493.
[50] Vgl. Henschel 2006.

Tabelle 5.1.: Empirische Untersuchungen zum Risikomanagement in KMU

Nr.	Quelle	RM/WRM Zeitraum	Untersuchungsobjekt Typ
01	Blake und Mahady 2005 (EV: 1991)	RM/WRM 1991	3 mittlere US-Unternehmen Qualitative Studie
02	Bartram 1999b	RM/WRM 1986–1996	Derivatehandel Marktunters.
03	Bodnar u. a. 2003	RM 1997/1998	351 niederl. und US-Untern. Umfrage
04	Pennings und Garcia 2004	RM 1998	415 niederländische KMU Interviews
05	Hagelin und Pramborg 2004	WRM 1997–2001	462 schwedische Untern. Marktunters.
06	Eichhorn 2004	RM	22 deutsche Mittelständler Interviews
07	Henschel 2006	RM	240 deutsche KMU Umfrage
08	Baird 2006	WRM 2006	14 amerikanische KMU Interviews
09	Arnsfeld u. a. 2007	RM 2006	97 deutsche KMU Umfrage
10	Rautenstrauch und Wurm 2008	RM/WRM 2000–2006	Metastudie

EV = Erstveröffentlichung, RM = Risikomanagement, WRM = Währungsrisikoman.

Die Ausgrenzung kleiner und mittlerer Unternehmen aus dem Kreis der gesetzlich Verpflichteten weckt ebenso Zweifel an einer weiten Verbreitung eines Risikomanagements in KMU, wie weitere empirische Befunde, die auf ein grundsätzlich unterentwickeltes Währungs- und allgemeines Risikomanagement von KMU hindeuten. Zu diesem Ergebnis kommen beispielsweise RAUTENSTRAUCH und WURM in ihrer 2008 veröffentlichten Metastudie über siebzehn Untersuchungen der Jahre 2000 bis 2006.[51] Sie nehmen des Weiteren Bezug auf die Ursachen, die sie vor allem in den folgenden vier Aussagen begründet sehen:

- KMU scheuen die zusätzlichen Kosten für die Konzeption und die Implementierung eines Risikomanagementsystems.

- KMU widerstrebt der Zeitbedarf für die Umsetzung eines Risikomanagements. Ihnen fehlen zudem Humanressourcen.

---

[51] Vgl. Rautenstrauch und Wurm 2008, S. 106. Von den siebzehn Studien enthalten neun Aussagen zu KMU.

- KMU unterstellen, dass sich ein Risikomanagement bei ihnen aufgrund der geringen Betriebsgröße nicht lohnt.

- KMU fehlen Kenntnisse über Methoden zum Risikomanagement.

Das Währungsrisikomanagement spielt bei den vorliegenden empirischen Erhebungen eine Nebenrolle, so dass die Ergebnisse nur einen Hinweis auf seine Verbreitung innerhalb kleiner und mittlerer Unternehmen geben. Aufgrund fehlender aktueller empirischer Untersuchungen des Wechselkursrisikos bei KMU, wird auf eine – den Stand von 1987 widerspiegelnde – Studie von HERRMANN zurückgegriffen, an der sich größenunabhängig rund 1500 Unternehmen beteiligten.[52] Die Ergebnisse sind nach Betriebsgrößenklassen aufgeschlüsselt, so dass sich ihnen entnehmen lässt, dass Wechselkursschwankungen in Abhängigkeit der Fristigkeit bei 5 % bis 38 % der KMU eine Bedeutung für das Risikomanagement besitzen.[53] Vor allem längerfristige Wechselkursschwankungen stehen im Fokus der risikobewussten KMU.

Insgesamt lässt sich anhand der aufgeführten empirischen Erhebungen kein deutliches Bild über den Stand eines Währungs- oder weiterer Risikomanagementsysteme in KMU zeichnen. Dies kann zum einen an den sehr unterschiedlichen Unternehmen innerhalb dieser Gruppe, zum anderen aber auch an einer unterschiedlichen Größenklassifikation liegen. Erhebungen mit einem hohen Anteil von mittleren Unternehmen kommen zu anderen Ergebnissen als KMU-Studien, die überwiegend Kleinstunternehmen untersuchen, da ihnen aufgrund ihres umfangreicheren Ressourcenpools der Aufbau eines Risikomanagements leichter fällt.[54] Während ein Teil der KMU Risikomanagement betreibt, deuten einige Erhebungen auf begründete Defizite im Risikomanagement anderer KMU hin. Übernimmt man die von RAUTENSTRAUCH und WURM ermittelten Ursachen für diesen Sachstand, lässt sich letzteres zum Teil bereits dadurch ändern, dass kleinen und mittleren Unternehmen die Bedeutung von finanzwirtschaftlichen Risiken und mögliche Wege eines Risikomanagements näher gebracht werden. Während die Bedeutung im vorderen Teil der vorliegenden Arbeit bereits herausgearbeitet wurde, widmen sich die folgenden Kapitel den Anforderungen an die Gestaltung eines Währungsrisikomanagements für KMU.

---

52 Vgl. Herrmann 1988, S. 10.
53 Kleine Unternehmen: 5 % tägliche, 31 % monatliche, 14 % quartale und 38 % längerfristige Schwankungen. Mittlere Unternehmen: 12 % tägliche, 29 % monatliche, 14 % quartale und 32 % längerfristige Schwankungen.
54 Diese Vermutung wird von ARNSFELD u. a. geäußert. Ihre Stichprobe ergibt jedoch keinen signifikanten Zusammenhang zwischen Größe und Einsatz von Risikomanagementsystemen in KMU; vgl. Arnsfeld u. a. 2007, S. 490.

5.2. Anforderungen an die Gestaltung

Die in Kapitel 4 erfolgte Untersuchung der Risikokomponenten findet losgelöst von der Unternehmensgröße und damit auch von Restriktionen und Eigenheiten kleiner und mittlerer Unternehmen statt. Das Prinzip des Regelkreises zur Risikobehandlung bedarf keiner unternehmensspezifischen Anpassung, die Umsetzung der einzelnen Phasen wird hingegen sowohl von den abweichend priorisierten Zielen als auch von den speziellen Merkmalen kleiner und mittlerer Unternehmen und ihrer Risikopositionen beeinflusst. Was für KMU bei der Gestaltung der beiden Phasen Modellierung und Messung zu berücksichtigen ist, klären die folgenden Abschnitte. Ihnen geht eine Bewertung der in Abschnitt 4.4.1 eingeführten Währungsrisiken für KMU voraus.

5.2.1. Bewertung der Währungsrisiken im Hinblick auf KMU

Jede der vier vorgestellten Risikokategorien[55] besitzt für das Währungsrisiko eines jeden kleinen oder mittleren Unternehmens ein eigenes Gewicht. Es setzt sich aus dem Risikoniveau und einem unternehmensspezifischen Profil der Währungsrisikopositionen zusammen und kann nur über eine detaillierte Analyse des Unternehmens ermittelt werden. Allgemeine Aussagen über die Bedeutung einzelner Risikokategorien müssen nicht mit der Situation bestimmter KMU übereinstimmen. Auch die angeführten empirischen Erhebungen stellen lediglich eine Momentaufnahme der Auswirkung von Währungsrisiken auf einige an der Erhebung teilgenommenen KMU dar. Verknüpft ist die folgende Betrachtung mit ersten konkreten Absicherungsmöglichkeiten, insofern sie über verhältnismäßig einfach zu handhabende Instrumente (z. B. Versicherungen) zu bewerkstelligen sind.

5.2.1.1. Währungseventual-, Transfer- und Konvertierungsrisiken

Zahlungsverzögerungen und -ausfälle bei Auslandsforderungen, die zu Liquiditätsengpässen bei KMU führen können, werden durch das *Erfüllungsrisiko* beschrieben. Eine Studie der Atradius Kreditversicherung, der eine Befragung von 3 538 Personen aus zwanzig Ländern im Zeitraum 07.2009 bis 08.2009 zugrunde liegt, untersucht das Zahlungsverhalten von Unternehmen weltweit.[56] Als durchschnittliches Zahlungsziel wurde innerhalb Deutschlands eine Zeitspanne von 22 Tagen ermittelt. Mit Ausnahme von Polen lag in allen weiteren Ländern das Zahlungsziel höher – in Italien beispielsweise beim Dreifachen (67 Tage). Neben den höheren Zahlungszielen wiesen die befragten deutschen

---

[55] Vgl. Kapitel 4.4.1, S. 111.
[56] S. Atradius 2009.

Unternehmen im Außenhandel auch durchschnittliche Verspätungen im Zahlungseingang aus.[57] So bewerteten 38 % der befragten deutschen Unternehmen die Zahlungsmoral aller ausländischen Geschäftspartner als „schlecht" oder „mittelmäßig". Sollte der Hauptkunde für bereits gelieferte Waren und Dienstleistungen unerwartet nicht mehr zahlen, gaben 23 % in einer vorherigen Studie an, in ernsthafte Liquiditätsprobleme zu geraten, was die Bedeutung dieser Risikokategorie unterstreicht. Weitere vier Prozent befürchteten daraufhin Insolvenz anmelden zu müssen.[58]

Zu einem ähnlichen Ergebnis kommt eine Studie der Euler Hermes Kreditversicherungs-AG und des Marktforschungsinstituts Psychonomics aus dem Jahr 2004. In der sowohl qualitativen als auch quantitativen Studie wurden rund 400 Unternehmen zu ihrer allgemeinen Risikoeinschätzung befragt.[59] 60 % der Unternehmen schätzen Forderungsausfälle als großes oder mittleres Risiko ein. Bei jedem fünften bis sechsten mittelständischen Unternehmen beeinträchtigen Forderungsausfälle die Liquidität sehr stark bis erheblich.

Wie beim Devisenhandel wurden gegen den Ausfall von Auslandsforderungen Instrumente entwickelt, die auf einer Zug-um-Zug-Abwicklung[60] oder einer Voraus-/Anzahlungsvereinbarung beruhen. Je nach Zahlungsbedingung verändert sich das Erfüllungsrisiko des exportierenden Unternehmens (Abb. 5.1). Während Vereinbarungen eine gute Verhandlungsposition voraussetzen und sich negativ auf das Vertrauensverhältnis auswirken können, verursachen externe Sicherungsinstrumente zusätzliche Kosten. Aus diesem Grund ist die Bonität des Handelspartners bei der Wahl eines geeigneten Sicherungsinstruments ausschlaggebend. Während der Handel mit unbekannten und unseriösen Geschäftspartnern oder Unternehmen schlechter Bonität ein für Absicherungsmaßnahmen ausreichend hohes Risiko birgt, verzichten Unternehmen beim Zahlungsverkehr mit bekannten, namenhaften oder zahlungskräftigen Geschäftspartnern auf Sicherungsmaßnahmen.[61]

Ähnlich handeln KMU bei der Absicherung gegen *Konvertierungs- und Transferrisiken.* Ein Großteil verzichtet auf entsprechende Absicherungsmaßnahmen im

---

[57] Die befragten deutschen Unternehmen warteten auf Zahlungen aus dem Ausland durchschnittlich 14 Tage länger als das Zahlungsziel einräumte; vgl. Atradius 2009, S. 51.

[58] Vgl. Atradius 2007, S. 41.

[59] S. Euler Hermes 2006.

[60] S. Dokumenteninkasso (d/p oder d/a) und Dokumentenakkreditiv (Letter of Credit L/C) in Büter 2007, S. 274 f.

[61] Eine Studie aus dem Jahr 2004 zeigt, dass ein Anteil von 33 % der befragten Unternehmen immer eine Bonitätsprüfung neuer Kunden veranlasst. Der Anteil, der auch immer eine Bonitätsprüfung bei bestehenden Kunden durchführt, beläuft sich auf 10 %; vgl. Euler Hermes 2006, S. 15.

Abbildung 5.1.: Zahlungsbedingungen im Außenhandel

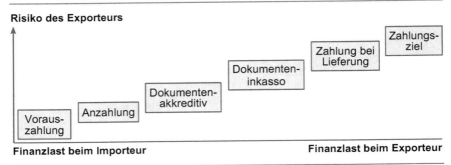

Quelle: eigene Abb. nach Büter 2007, S. 273

Handel mit Unternehmen oder Behörden aus Industrieländern und nutzen sie vorrangig beim Export in Entwicklungsländer.[62] Ein Vergleich der Schäden durch politische Ursachen gegenüber Schäden wirtschaftlichen Ursprungs im Zeitraum 1995 bis 2005 ergibt einen deutlichen Trend schwindender politischer und an Bedeutung gewinnender wirtschaftlicher Risiken. 1995 besaßen 95,4 % der Auszahlungssumme der staatlichen Kreditversicherung politische Hintergründe. Im Jahr 2005 betrug der Anteil nur noch 37,4 %, nachdem er mit 21,2 % im Jahr 2003 seinen Tiefstand erreichte. Absolut sanken die Auszahlungen für politische Schäden in den beobachteten 10 Jahren von 1 729,3 Mio. € auf 258,3 Mio. €, während die Ausgaben für wirtschaftliche Schäden von 83,3 Mio. € auf 432,9 Mio € anstiegen.[63]

KMU sind bei der Bewertung der Schuldner- und Länderrisiken nicht auf sich selbst gestellt. Die Ressourcenknappheit kleiner und mittlerer Unternehmen lässt eine umfassende und aktuelle Länderanalyse ohnehin nur in seltenen Fällen zu. Eine Länderanalyse beinhaltet neben Stichdaten auch Ausführungen über die politische Lage und Entwicklung, aus der eine Stabilitätseinschätzung des Landes hervorgeht. Des Weiteren ist die wirtschaftliche Lage und Entwicklung von Bedeutung, insbesondere die des Finanzsystems, da politische Stabilität und politisches Wohlwollen kein Garant für störungsfreie Finanzströme sind.[64]

---

[62] Die Deckungsrate von Exporten in Industrieländer durch die staatliche Kreditversicherung (Euler Hermes Kreditversicherungs AG) betrug 1997 bis 2001 nur 0,1 %. Währenddessen erreichte sie 11,8 % bis 17 % bei Exporten in Entwicklungsländer; vgl. Schilling 2008, S. 57 ff.

[63] Vgl. Schilling 2008, S. 19 ff.

[64] Vgl. Bernstorff 2008, S. 38 ff.; Stocker 2006, S. 42 ff.; S. Kohlhaussen 2001.

Die zu ermittelnden Daten sind nicht nur umfangreich, sondern unterliegen im Laufe der Zeit auch Änderungen. Möchte das Unternehmen Fehleinschätzungen minimieren, gilt es die Daten zeitnah zu erfassen und die Länderanalyse in regelmäßigen Abständen zu wiederholen. Für eine umfassende Bewertung des Erfüllungsrisikos ist auch länderspezifisches Wissen über die Gesetzgebung, insbesondere das Haftungsrecht, nötig. So können sich die Unternehmensformen und damit verbunden auch die Haftung des Geschäftspartners im Ausland von der in Deutschland bekannten Gesetzgebung unterscheiden.

Für KMU bietet sich bei der Bewertung ausländischer Geschäftspartner sowie der Analyse von Länderrisiken aus diesen Gründen ein Zugriff auf Dienstleistungen Dritter an: Banken, die durch das Auslandskreditgeschäft auf die Bewertung von Länderrisiken angewiesen sind, verfügen über entsprechende Kenntnisse.[65] Informationen über den Geschäftspartner erhält die eigene Hausbank über den Kontakt mit ausländischen Banken. Diese *Bankauskünfte* sind verhältnismäßig günstig und gehen über die frei verfügbaren Informationen aus Geschäftsberichten, Jahresabschlüssen und der Presse hinaus. Sie werden jedoch unverbindlich gewährt und reichen nicht immer für eine zuverlässige Einschätzung der finanziellen Situation des Geschäftspartners aus. Während die Informationen über Länderrisiken aufgrund des Eigennutzens eine hohe Aktualität aufweisen, ist dies für Schuldnerinformationen nicht gewährleistet. Die Einholung der Informationen kann, in Abhängigkeit vom jeweiligen Land, mehrere Monate dauern.[66]

Neben den Banken existieren weitere günstige oder kostenlose Informationsmöglichkeiten: die Bundesagentur für Außenwirtschaft, regionale Handelskammern, die Internationale Handelskammer ICC oder Berufsverbände sowie Länderrating-Listen, die verschiedene Rating-Agenturen erstellen.[67] Auch internationale Institutionen, wie der Internationale Währungsfonds oder die Weltbank, bieten KMU Unterstützung bei der Einschätzung von Konvertierungs- und Transferrisiken. Der Internationale Währungsfonds veröffentlicht jährlich einen Bericht über Regelungen und Restriktionen im Devisengeschäft mit einer detaillierten Betrachtung der gegenwartsnahen Entwicklung. Für Unternehmen, denen der Inhalt oder die Aktualität dieser Quellen nicht ausreicht, bieten sich die Dienste eines privaten Anbieters an. Zusätzlich zu allgemeinen Informationen und Kennzahlen leisten diese eine unternehmens- und situationsbedingte Analyse und Beratung.

---

[65] Vgl. Bernstorff 2008, S. 38 ff.

[66] Vgl. Schilling 2008, S. 47 f.

[67] Länderratings gibt es beispielsweise von den Rating-Agenturen Moody's und Standard & Poors. S. Büschgen 1997, S. 296.

Entscheiden sich KMU für Maßnahmen gegen *Währungseventual-, Konvertierungs- oder Transferrisiken*, stehen ihnen die als „Hermesdeckung" oder „Hermes-Versicherung" bekannten Instrumente der staatlichen Ausfuhrkreditversicherung zur Verfügung. Dabei handelt es sich um eine Exportförderung der Bundesrepublik Deutschland, deren Wurzeln über 150 Jahre zurück reichen und deren Organisation und Geschäftsführung im Jahre 1949 der Euler Hermes Kreditversicherungs AG in Zusammenarbeit mit der PricewaterhouseCoopers AG[68] übertragen wurde.[69] Unter gewissen Voraussetzungen übernimmt die Bundesregierung die Garantie bzw. Bürgschaft für den Ausfall vor und nach einem Warenversand, wozu auch die Deckung eines Forderungsverlustes bei Lieferantenkreditgewährung gehört. Handelt es sich beim Geschäftspartner der KMU um einen privaten Schuldner, vergibt die Bundesregierung eine Garantie, bei ausländischen Regierungen oder Körperschaften des öffentlichen Rechts, eine Bürgschaft. Die Voraussetzungen zur Übernahme regeln die vom Bundesminister für Wirtschaft und Technologie verfassten „Richtlinien für die Übernahme von Ausfuhrgewährleistungen" sowie die Allgemeinen Bedingungen der Euler Hermes Kreditversicherungs-AG[70]. Darin ist vermerkt, dass nur förderungswürdige Exportgeschäfte eine Zustimmung erhalten. Als forderungswürdig gelten Exportgeschäfte, deren Vertragsbedingungen einer Mindestanforderung genügen und deren Durchführung nicht mit Interessen der Bundesrepublik Deutschland in Konflikt stehen. Geschäfte mit Zulieferungen aus den neuen Bundesländern bzw. hoher mittelständischer Beteiligung gelten als besonders förderungswürdig.

Ein Anteil von rund 75 % an den Deckungsanträgen zeigt, dass KMU durch ihre grundsätzlich niedrigere Kapitaldecke im hohen Maße gefährdet sind und verstärkt auf die Hermesdeckung zurückgreifen.[71] Die Versicherung ist kostenbehaftet und beinhaltet eine Selbstbeteiligung von bis zu 15 %. Die Kosten setzen sich aus Bearbeitungsgebühren (abhängig vom Auftragswert) und einem Entgelt (u. a. abhängig vom Land und der Laufzeit) zusammen und werden in einer Produktinformation mit 1 % bis rund 4,5 % des zu versichernden Betrags beworben.[72] Die gesetzliche Kreditversicherung begrenzt ihren Deckungsschutz für Schuldner-bedingte Schadensfälle auf die Insolvenzrisiken.[73] Darüber hinaus müssen KMU auf den Versicherungsschutz eines der inzwischen zahlreichen privaten Anbieter zurückgreifen. Auch die Multilaterale Investitionsgarantie-

[68]   Ehemals Hermes Kreditversicherungs-AG und Treuhand-AG.
[69]   Vgl. Bernstorff 2008, S. 166 ff.; Schilling 2008; Eilenberger 2004, S. 208 f.
[70]   Für die geltende Fassung siehe Bundesanzeiger Nr. 59 vom 26. März 2002, S. 6077 f.
[71]   Vgl. Schilling 2008, S. 10.
[72]   Vgl. Euler Hermes 2008, S. 20 f.
[73]   Vgl. Greuter 2000, S. 24.

Agentur (Multilateral Investment Guarantee Agency, MIGA) der Weltbank bietet ein Versicherungsangebot gegen Konvertierungs- und Transferrisiken an.[74]

In einer Untersuchung von SCHILLING aus dem Jahre 2008 ist über die Jahre 1975 bis 2005 ein stetiger Anstieg der absoluten neu gedeckten Auftragswerte zu verzeichnen. Betrug der Wert 1975 noch rund 10,1 Mrd. €, stieg er bis 2005 unter starken Schwankungen auf annähernd das Doppelte (19,8 Mrd. €) an. Entgegen diesem Trend verringerte sich der relative Bedarf an der Ausfuhrkreditversicherung. Hierfür spricht die Deckungsquote, die 1975 bei einem Gesamtexportwert von 113,3 Mrd. € rund 8,9 % betrug, 1977 mit 12,3 % ihren höchsten Wert erreichte und bis 2005 – bei einem inzwischen auf 786,2 Mrd. € angewachsenem Gesamtexport – auf 2,5 % sank. Die Bedeutung der Kreditversicherung für den Handel mit Entwicklungsländern unterstreicht der Anteil von 72,2 % an allen staatlich abgesicherten Auftragswerten 2005, gefolgt von 18,2 % mit Ländern aus Mittel- und Osteuropa sowie 9,6 % mit Industriestaaten. Insgesamt wies die gesamtwirtschaftliche Deckungsquote beim Export in Industriestaaten 2005 nur einen Wert von 0,3 % auf. Bei diesen Exporten handelt es sich überwiegend um Großgeschäfte, deren Risiko für KMU allein aufgrund des Geschäftsvolumens eine Absicherung erfordert.[75]

Alternative Instrumente zum Management der *Währungseventual-, Transfer- und Konvertierungsrisiken* sind Bürgschaften und Garantien Dritter sowie vertragliche Pfandrechte gegenüber einem Handelspartner. Alle diese Instrumente greifen, sobald die Begleichung der Forderung ausfällt und helfen den KMU die aus der Zahlungsunfähigkeit entstandenen Ausfälle durch Zahlungen dritter oder Verwertung verpfändeter Gegenstände zu kompensieren.[76] Die Option, bei ausbleibendem Zahlungseingang das eigene Recht vor Gericht durchzusetzen, ist bei Auslandsgeschäften mit zusätzlichem Wissen und größerem Zeitaufwand verbunden. Neben den Prozesskosten, die bei einem Gerichtsstand im Ausland vergleichsweise hoch sind (Prozessrisiko), besteht auch bei Gerichtsstandsvereinbarungen das Risiko, die Vollstreckung von Gerichtsentscheidungen aufgrund fehlender internationaler Abkommen nicht durchsetzen zu können.[77] Bleiben die Zahlungen aus Insolvenzgründen aus, ist ohnehin nur selten mit Rückflüssen zu rechnen.[78]

---

[74] S. IMF Bonn 1986; Shihata 1988.
[75] S. Schilling 2008.
[76] Vgl. Bernstorff 2008, S. 160 ff.; Eilenberger 2004, S. 223 ff.
[77] Vgl. Bernstorff 2008, S. 143.
[78] Vgl. Schilling 2008, S. 47.

Eine Möglichkeit für KMU, dem Ausfall von Auslandsforderungen zu entgehen, ist ihre *Forfaitierung*. Hierbei übernimmt ein Forfaiteur, eine Einzelforderung samt Risiken (echte Forfaitierung) und begleicht diese im Voraus gegen Abzug eines Forfaitierungssatzes. Das Unternehmen reduziert nicht nur das Ausfall- und Wechselkursrisiko, sondern beschleunigt zusätzlich den Zahlungseingang, wodurch temporär ein Finanzierungseffekt auftritt. Aus diesem Grund eignet sich die Forfaitierung insbesondere für Großgeschäfte, deren Risiko und Finanzierungsbedarf KMU an ihre Grenzen bringen. Die Forfaitierung ist beschränkt auf regresslose, einredefreie, abtretbare und existente Forderungen in Höhe einer zugesicherten Kreditlinie. Eine natürliche Grenze bildet die Höhe der eingegangenen Risiken – nicht jede Forderung findet einen Forfaiteur als Abnehmer und mit Ausnahme von Geschäften mit Schuldnern sehr guter Bonität wird vom Exporteur eine Bankbesicherung gefordert. In der Regel wird deshalb vor Angebotsabgabe des Exporteurs der Kontakt zu einem Forfaiteur gesucht und über eine Zusage und die Konditionen verhandelt. Die Kosten hängen vom Schuldnerland, der Forderungswährung, der -qualität und weiteren Parametern ab.[79]

Wie die Forfaitierung bietet auch das Export-/Import-*Factoring* die Möglichkeit, Schuldnerrisiken abzutreten und einen Finanzierungseffekt zu erzielen. Hier bleiben jedoch sowohl das politische als auch das Transferrisiko weiterhin im Unternehmen. Neben der Delkredere- und Finanzierungsfunktion weist das Factoring eine zusätzliche Dienstleistungsfunktion auf und betrifft im Gegensatz zur Forfaitierung nicht nur Einzelgeschäfte, sondern im Rahmen eines Vertrages alle kurzfristigen Forderungen der KMU, die innerhalb einer zuvor festgelegten Zeitspanne entstehen. Die zu erbringende Gebühr beinhaltet durch die abgetretenen Dienstleistungen Komponenten für die Rechnungsstellung, das Debitorenmanagement, das Mahnwesen/Inkasso und Überwachungs- sowie Informationsdienstleistungen. Dieses kann zu einer Entlastung von KMU führen, ist aufgrund der verbundenen Kosten jedoch kritisch zu hinterfragen. Trotz ihrer Ähnlichkeit handelt es sich bei der Forfaitierung und dem Factoring nicht um Alternativen, sondern um zwei Instrumente mit unterschiedlichen Einsatzgebieten. Während insbesondere mittel- bis langfristige Forderungen mit hohem Volumen, also beispielsweise Investitionsgüter, an einen Forfaiteur verkauft werden, sind kurzlebige Güter und Dienstleistungen das bevorzugte Objekt eines Factoringgeschäfts.[80]

---

[79] Vgl. Bernstorff 2007, S. 19 f.; Haunerdinger und Probst 2006, S. 97 ff.; Eilenberger 2004, S. 169 f.; Karsten 2001; Bilstein 2001, S. 350.

[80] Vgl. Eilenberger 2004, S. 170 f.; Karsten 2001; Bilstein 2001, S. 350. Für eine Gegenüberstellung von Factoring und Forfaitierung vgl. Haunerdinger und Probst 2006, S. 98; Euler Hermes 2004, S. 14 ff. und Karsten 2001, S. 428 f.

Das vorgestellte Zahlungsbarometer von Atradius sowie die Untersuchung der Euler Hermes Kreditversicherungs-AG und Psychonomics verdeutlichen die Bedeutung, die sowohl Währungseventual- als auch Transfer- und Konvertierungsrisiken für KMU besitzen.[81] Auf der anderen Seite zeigen sie, dass sich der Großteil der Unternehmen dieser Risiken bewusst ist und im Voraus Gegenmaßnahmen ergreift. Das Zahlungsbarometer beziffert ihren Anteil unter den befragten deutschen Unternehmen auf ca. 72 %. Angeführt wird die Liste der Maßnahmen vom Instrument der Kreditversicherung (30 %), gefolgt von der Zahlungsvereinbarung „Vorauszahlung" (30 %) und internen (13 %) sowie externen (11 %) Inkassoverfahren/-diensten.[82] Die Untersuchung der Euler Hermes Kreditversicherungs-AG ermittelt ein ähnliches Ergebnis: Die befragten Debitorenmanager schätzen das Risiko, endgültig Forderungsausfälle zu erleiden, als gering oder sehr gering ein, weil Unternehmen sich der Gefahren bewusst sind und mittels Kundenauswahl und Gegenmaßnahmen geeignete Maßnahmen ergreifen.[83]

5.2.1.2. Valuta- und Swapsatzrisiken

Um die Bedeutung des *Valutarisikos* zu verdeutlichen, empfiehlt sich eine Beobachtung von Geschäftsberichten verschiedener international tätiger Unternehmen ab dem Ende des Bretton-Woods-Systems. NIKOLOV zeichnet den Verlauf verschiedener Währungspaare nach und zeigt auf, welche Spuren Wechselkursbewegungen an dreizehn weltweit agierenden Unternehmen in der Zeit von 1979 bis 2003 hinterlassen haben. Darunter befinden sich Verluste in Höhe von 19 Mio. US-$ (Eastman Kodak Inc., 2002), Umsatzeinbußen von 800 Mio. € (Volkswagen AG, 2003), eine Insolvenz (Slite Shipping Company, 1992/1993), aber auch ein Umsatzanstieg von 3,9 Mio. DM (Siemens AG, 1997).[84] Es wird gezeigt, dass insbesondere die nachhaltige Befestigung der Heimatwährung Unternehmen und ganze Branchen wiederholt in wirtschaftlich schwierige Situationen führt. Die beschriebenen Krisen verdeutlichen zudem, dass nicht nur offene Cashflows, sondern ebenso die Wettbewerbssituation dem Valutarisiko unterliegt. Ein weiterer Unterschied des Valutarisikos zu den zuvor bewerteten Währungseventual-, Konvertierungs- und Transferrisken ist, dass die Beeinflussung sowohl auf dem Weltmarkt tätige als auch lokal begrenzte Unternehmen trifft. Dieser Umstand macht es für KMU unmöglich, sich dem Einfluss der Wechselkursentwicklung zu entziehen.

---

81 Vgl. Kapitel 4.4.1.3 auf Seite 148.
82 Vgl. Atradius 2007, S. 33 ff.
83 Vgl. Euler Hermes 2006, S. 14.
84 Vgl. Nikolov 2005, S. 63 ff.

Swapsatzrisiken entstehen durch die laufzeitinkongruente Absicherung von Valutarisiken und werden von KMU in Kauf genommen, um Valutarisiken auszuschließen.[85] Unternehmen führen diesen Risikowechsel durch, um das Gesamtrisiko zu mindern. FRENKEL untersuchte 1994 den Swapsatz- und Kassakursverlauf des DM/US-$-Wechselkurses zwischen 1978 und 1991 und stellte die Ergebnisse zeitversetzt gegenüber.[86] Der Swapsatz zeigte sowohl in der 1-Monats- als auch in der 3-Monats-Frist eine um vier- bis neunfach geringere Standardabweichung als der Kassakurs auf. Ein Wechsel reduziert damit trotz Generierung einer neuen Risikoposition das finanzwirtschaftliche Gesamtrisiko des Unternehmens.[87]

5.2.2. Risikomodellierung für KMU

Die vorausgehende Untersuchung verschiedener Währungsrisikokategorien hat die besondere Stellung der Wechselkursrisiken hervorgehoben. Als probates Mittel zum Währungsrisikomanagement von KMU folgt daraus die Modellierung von Wechselkursen anhand eines in Kapitel 4.2 vorgestellten Verfahren. Obwohl die dargelegten Modelle und Ansätze nur einen Ausschnitt aus einer Fülle von Wechselkursmodellen darstellen, verdeutlichen sie die bestehende Uneinigkeit hinsichtlich der relevanten exogenen Parameter. Die fehlende Dominanz eines Ansatzes wird durch empirische Untersuchungen, die an einer universellen Eignung eines einzelnen Modells zweifeln, unterstrichen.[88] Sie bedeutet nicht, dass einige Modelle nicht zumindest eine der folgenden Teilaufgaben erfolgreich erfüllen:[89]

- *Erklärende Modelle*, die beispielsweise den Wechselkursverlaufs modellieren, können mittels statistischer Verfahren und historischer Wechselkursdaten auf ihren *Erklärungsgehalt* hin überprüft werden. Ein in-sample-Test ermittelt die Abweichung zwischen den aufgezeichneten und den vom Modell ausgegebenen Werten und errechnet daraus eine Güte-Kennzahl wie beispielsweise das Bestimmtheitsmaß R^2. Es handelt sich um einen in-sample-Test, wenn die Daten sowohl für die Schätzung der Modellparameter als auch zur Überprüfung der Modellgüte herangezogen werden. Gibt ein Modell die Wechselkursentwicklung wieder, hilft dies zu verstehen, in welchem Verhältnis der Einfluss der exogenen Größen auf den Wechselkurs innerhalb der beobachteten Zeitspanne steht.

---

[85] Vgl. Kapitel 4.4.1.2 auf Seite 113.
[86] Vgl. Frenkel 1994, S. 58.
[87] Für eine Beispielrechnung siehe auch Jokisch und Mayer 2002, S. 195 ff.
[88] Für eine Übersicht über fundamentale Modelle und ihrer empirischen Überprüfung siehe Sarno und Taylor 2002, S. 97–142.
[89] S. Königsmarck 2000, S. 78.

- *Kurs-prognostizierende Modelle* nutzen zusätzliche Daten, um mittels eines *out-of-sample-Tests* den Erklärungsgehalt für zusätzliche Zeiträume zu berechnen. Entscheidend ist die Nichtberücksichtigung der Daten für die Parameterschätzung, wodurch dieser Zeitraum der tatsächlich noch ausstehenden Entwicklung ähnelt. Out-of-sample-Tests ermöglichen die Ermittlung der *bedingten* Prognosegüte, weil das Ergebnis des Modells von bereits bekannten exogenen Größen abhängt. Die bedingte Prognosegüte unterscheidet sich von der zukünftiger Zeiträume, bei denen auch die exogenen Größen geschätzt werden müssen. Erst eine ex-post-Betrachtung mittels out-of-sample-Test ermöglicht letztendlich die Beurteilung dieser *unbedingten* Prognosegüte.[90]

- *Volatilitäts-prognostizierende Modelle* funktionieren ähnlich den Kurs-prognostizierenden Verfahren, beschränken sich jedoch auf die Prognose der Höhe zukünftiger Wechselkursbewegungen. Durch eine Verteilungsannahme kann aus der Streuung einer Risikogröße der potentielle Verlust im Sinne eines Downside-Risikomaßes gewonnen werden. Aus diesem Grund ist bereits eine derartige Erkenntnis für das Wechselkursmanagement von KMU als hilfreich einzustufen.

- *Trend-prognostizierende Modelle* sind von Volatilitätsmodellen zu unterscheiden. Letztere verzichten zwar ebenfalls auf eine Punktprognose, konzentrieren sich aber auf die Stärke und nicht die Richtung zukünftiger Abweichung.

Modelle, die einen Beitrag zur Erklärung von Wechselkursbewegungen leisten, eignen sich nur bedingt für das operative Risikomanagement von KMU. Sie können aber helfen, die Abhängigkeit der KMU von Wechselkursen zu erklären, und diese durch geeignete Maßnahmen mittel- und langfristig zu reduzieren. Erstrebenswert für ein operatives Währungsrisikomanagement sind hingegen Modelle mit einer hohen Kursprognosegüte. Solche Modelle verringern nicht nur das Risiko, sondern reduzieren zugleich die Kosten der KMU für Absicherungsmaßnahmen. Besitzt das Unternehmen einen Wissensvorsprung gegenüber dem Markt, kann es die antizipierten Wechselkursbewegungen sogar gewinnbringend einsetzen.

Modelle, die eine Prognose der Wechselkursvolatilität ermöglichen, eignen sich ebenfalls zum Währungskursrisikomanagement von KMU. Da eine hohe Volatilität auch die Gefahr hoher Verluste birgt, ermöglicht die Prognose die Risikosicherung in den „richtigen" Momenten und vermeidet überhöhte Sicherungskosten

---

90 Für die Unterscheidung zwischen bedingter und unbedingter Prognose vgl. von Auer 2007, S. 125.

in volatilitätsarmen Zeiten. Trendprognosen ermöglichen in erster Linie die Erwirtschaftung von Spekulationsgewinnen und eignen sich nur bedingt zur operativen Devisenkursabsicherung, da hierfür die Einschätzung der Abweichungshöhe unabdingbar ist. Bei der strategischen Devisenkurssicherung sind Trends einer Wechselkursbefestigung und -abschwächung hingegen hilfreich, Standorte für zukünftige Produktionsstätten zu finden oder eine Verlagerung von Zulieferern zu planen (Natural Hedging).

Je nach bestehender Währungsrisikoposition interessiert das Unternehmen die Prognose eines bestimmten Zeithorizonts. Während strategische Entscheidungen, wie die Expansion in ein Fremdwährungsgebiet, durch langfristige Devisenkursprognosen beeinflusst werden, sind Devisenkurssicherungsentscheidungen im operativen Bereich von der kurz- bis mittelfristigen Wechselkursentwicklung abhängig. Ein wesentlicher Aspekt bei der Beurteilung von Devisenkursprognosen ist daher der Zeithorizont, über den das Prognosemodell eine Aussage treffen kann.

5.2.2.1. KMU-eigene Wechselkursprognosen

KMU sind bei der Modellierung ihrer Wechselkursrisiken auf keine bestimmte Methode festgelegt, besitzen aufgrund ihrer definitionsgemäß knappen Ressourcen jedoch nur bedingt das Know-how/Personal sowie die Infrastruktur, um aufwändige oder komplizierte Verfahren anzuwenden. Aufgrund dieser Einschränkungen und der gemischten empirischen Befunde[91] eignen sich die vorgestellten innovativen Verfahren für die Mehrheit der KMU nur schlecht. Einige fundamentale und technische Verfahren können hingegen auch ohne hohen Aufwand verwendet werden. Wie gut sie ihre angedachte Aufgabe erfüllen, klären empirische Erhebungen.

MEESE und ROGOFF fanden in einer Studie von 1983 heraus, dass fundamentale Prognosemodelle der siebziger Jahre gute Werte im in-sample-Bereich erreichten, out-of-sample jedoch durch ein Random-Walk-Modell übertroffen wurden.[92] Einzelne Modelle erreichen in bestimmten Zeithorizonten und bei bestimmten Währungspaaren eine überdurchschnittliche Güte. Dafür schneiden sie bei anderen Währungen oder Zeithorizonten schlechter als der Random-Walk ab.[93] Zusammenfassend bemerkt VON KÖNIGSMARCK, dass *„Makroökonomische Wechselkursmodelle .. nicht befriedigend in der Lage* [sind], *vergangene Kursbewegun-*

---

[91] Vgl. Abschnitt 4.2.4, S. 81.
[92] S. Meese und Rogoff 1983.
[93] Vgl. Cheung u. a. 2005a, S. 1171; Chinn u. a. 2005, S. 14.

gen zu erklären, geschweige denn Kurse für die Zukunft zu prognostizieren"[94] und FRENKEL stellt zuvor die folgenden Erkenntnisse zusammen:[95]

- Keine befriedigende Erklärung der Wechselkursentwicklung durch strukturelle Wechselkursmodelle.

- Von den Wechselkursmodellen wird die Volatilität deutlich unterschätzt.

- Kurzfristig sind die Modelle dem Random-Walk unterlegen, während sie ihn langfristig teilweise schlagen.

DE GRAUWE und GRIMALDI ergänzen:[96]

- Der Wechselkurs scheint von den zugrunde liegenden Fudamentaldaten die meiste Zeit abgekoppelt. Änderungen der Devisenkurse geschehen, während keine Neuigkeiten über Fundamentaldaten beobachtet werden können.

- Die Volatilität von Wechselkursen übersteigt die der Fundamentaldaten.

- Die Abweichungen von der Kaufkraftparitätentheorie sind groß und nachhaltig.

Für das schlechte empirische Abschneiden fundamentaler Prognosemodelle werden verschiedene Ursachen verantwortlich gemacht: Fehlspezifikationen der Modelle, Schätzprobleme sowie nicht-fundamentale Einflüsse. Fehlspezifikationen äußern sich sowohl durch fehlende oder fehlerhafte exogene Variablen als auch durch idealisierte und realitätsfremde Modellannahmen. Ist ein Modell korrekt spezifiziert, können sich Fehlprognosen durch Fehlschätzung exogener Parameter ergeben. Selbst Fundamentaldaten, die regelmäßig geschätzt und gut dokumentiert werden, können sich ex post als Fehlschätzung herausstellen.[97] Nicht-fundamentale Einflüsse, wie *Noise-Trading*, *Spekulationsblasen* und *Herdenverhalten*, sind am Markt zu beobachtende Merkmale, die einen Einfluss besitzen, der in den Modellen keine Berücksichtigung findet und deshalb zu Fehlprognosen führt.[98]

Neuere Modelle versuchen die Güte durch nichtlineare Modelle und die Berücksichtigung von Marktunvollkommenheiten zu verbessern. 2005 veröffentlichten DE GRAUWE und GRIMALDI beispielsweise ein nichtlineares Wechselkursmodell

---

[94] Königsmarck 2000, S. 79; s. auch Engel 2006; Cheung u. a. 2005b; Sarno und Taylor 2002; Bankhofer und Rennhak 1998.
[95] Vgl. Frenkel 1994, S. 51.
[96] Vgl. De Grauwe und Grimaldi 2005, S. 549 f. und die dort aufgeführten Quellen.
[97] Vgl. Ein Beispiel ist die Schätzung des BIP; s. Faust u. a. 2000.
[98] Vgl. Menkhoff 1995, S. 58 ff..

mit heterogenen Marktteilnehmern.[99] Ein Teil dieser Akteure nutzen fundamentale Prognoseregeln, während der andere Teil Chartisten-Regeln befolgte. Obwohl das Modell eine einfache nichtlineare Struktur besitzt, generiert es komplexe dynamische Wechselkursbewegungen. Es reagiert auf manche Parameter chaotisch, so dass kleine Veränderungen bereits zu verschieden hohen Ausschlägen führen. Zwar kann es einige der Marktunvollkommenheiten erklären, jedoch nicht von KMU zu Prognosezwecken eingesetzt werden.[100]

Die Eignung und Bedeutung technischer Modelle zur Wechselkursprognose ist seit den siebziger Jahren Gegenstand empirischer Untersuchungen. Dabei wird der technischen Analyse oftmals eine hohe Beliebtheit attestiert.[101] MENKHOFF, der die Bedeutung unter professionellen Währungshändlern in Deutschland untersuchte, kommt in seiner Studie (1997) zu dem Schluss, dass 87 % der Befragten den Methoden der technischen Analyse zumindest eine Gewichtung von 10 % beimessen – im Durchschnitt sind es 35,1 %.[102] Die hohe Beliebtheit ist nicht zuletzt durch einen verhältnismäßig geringen Aufwand bei Nutzung klassischer Verfahren begründet.[103] Eine jüngere Studie weist neun Jahre später auf eine noch höhere Bedeutung der Technischen Analyse hin.[104] Demnach stellen Marktteilnehmer, die bevorzugt technische Analysemethoden benutzen, zwischenzeitlich die größte Gruppe der Währungshändler und die zweitgrößte Gruppe im Fondsmanagement dar.[105]

Ob technische Verfahren eine gute Prognosegüte aufweisen, untersuchen zahlreiche weitere Studien. PARK und IRWIN zählen im Zeitraum 1960 bis 2004 vierundvierzig Studien, die technische Analyseverfahren im Bereich „Foreign exchange Markets" untersuchen – alle Märkte betreffend sind es 137.[106] In der Regel sind sie als vergleichende Studien konzipiert, d. h., sie vergleichen die Performance zwischen Nutzung einer naiven Buy & Hold (B&H) Strategie und Strategien auf Basis technischer Methoden.

---

[99] S. De Grauwe und Grimaldi 2005.

[100] Weitere Modelle zur Erklärung von Marktunvollkommenheiten finden sich in De Grauwe u. a. 2005; De Grauwe und Markiewicz 2006.

[101] S. Gehrig und Menkhoff 2006; Menkhoff 1997; Taylor und Allen 1992; Frankel und Froot 1990.

[102] Vgl. Menkhoff 1997, S. 310.

[103] Rund die Hälfte aller professionellen Devisenhändler nutzen die technischen Analyse allerdings nur, weil andere ebenfalls auf sie zurückgreifen; vgl. Menkhoff 1997, S. 316.

[104] Vgl. Gehrig und Menkhoff 2006, S. 336.

[105] Obwohl sich Analysten grundsätzlich dem Lager der „Fundamentalisten" oder der „Chartisten/techn. Analysten" zuordnen lassen, nutzen sie zur Stützung ihrer Erkenntnisse auch Verfahren der jeweils anderen Kategorie; vgl. Murphy 1999, S. 5; Gehrig und Menkhoff 2003, S. 9 f.

[106] Vgl. Park und Irwin 2007, S. 788.

1989 führte STÖTTNER einen solchen Vergleich im Rahmen einer Vorstellung eines markttechnischen Analysemodells durch.[107] Das Ergebnis zeigt, dass die B&H Strategie über den beobachteten Zeitraum (1980 bis 1986) die zweithöchste absolute Durchschnittsrendite aufweist, sich in der jahresdurchschnittlichen Rendite jedoch von den meisten untersuchten Strategien auf Basis der technischen Analyse geschlagen geben muss. LEITHNER und SPAHN untersuchten 1991, über den Zeitraum 1977 bis 1988 die Devisenrenditen verschiedener Wechselkurse auf Regelmäßigkeiten sowie die Vorhersagekraft konvexer Strategien anhand dreier Handelsregeln der technischen Prognose.[108] Es wurden signifikante Trends über Teile des Beobachtungszeitraums festgestellt, die durch die Strategien auch für nahezu alle Währungspaare genutzt werden konnten. Der ökonomische Wert der Strategie muss jedoch in Abhängigkeit der Risikoneigung relativiert werden, so dass die Vorteilhaftigkeit nur für einen Teil der Wechselkurse signifikant bleibt.

DORFLEITNER und KLEIN untersuchten 2003 die Auswirkung dreier Investitionsstrategien auf Basis einer technischen Analyse und stellten im Vergleich mit einer B&H-Strategie Performanceverluste und eine höhere Volatilität fest. Eine zuvor (2002) durchgeführte empirische Untersuchung von auf technischen Verfahren basierenden Empfehlungen einer großen deutschen Börsenzeitschrift ergab ebenfalls keine systematische Überrendite. Die Autoren räumten jedoch ein, dass neuere statistisch-ökonometrische Analyse-Modelle in der Analyse nicht berücksichtigt wurden und ein besseres Abschneiden dieser auch nicht ausgeschlossen werden kann.[109]

Dieser kurze Auszug macht bereits deutlich, dass die Ergebnisse empirischer Erhebungen zu technischen Analyseverfahren kein eindeutiges Bild zeichnen.[110] PARK und IRWIN weisen in ihrer Studie verschiedener Erhebungen darauf hin, dass Testverfahren bis Ende der achtziger Jahre eine Reihe methodischer Fehler aufweisen. Trotz einer Verbesserung sind weiterhin methodische Unterschiede mit Auswirkung auf die Beurteilungen zu erkennen.[111] Dies führt zu unterschiedlichen Aussagen und erschwert einen Vergleich der Studien. Einige Wissenschaftler identifizieren dennoch einen Trend, der auf den Abbau von Ineffizienzen im

---

[107] Vgl. Stöttner 1989, S. 435.

[108] Eine konvexe Strategie wird verfolgt, wenn bei steigenden Kursen ge- und bei fallenden Kursen verkauft wird. Sie verspricht beim Vorliegen von Trends Vorteile gegenüber einer B&H Strategie; s. Leithner und Spahn 1991.

[109] Vgl. Dorfleitner und Klein 2003, S. 12; Dorfleitner und Klein 2002, S. 517.

[110] PARK und IRWIN fassen die Ergebnisse neuerer Studien mit Bezug auf Devisenmärkte wie folgt zusammen: 24 positiv, 6 gemischt, 8 negativ; vgl. Park und Irwin 2007, S. 806.

[111] Vgl. Park und Irwin 2007, S. 799 ff.

Abbildung 5.2.: Bedeutung von Prognosemodellen in Abhängigkeit der Frist

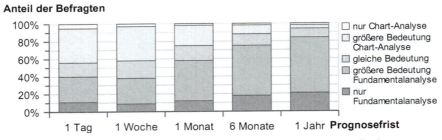

Die Ergebnisse geben die Meinung von ca. 200 Devisenhändlern Londoner Banken
sowie ausgewählter Makler wieder.

Quelle: eigene Abb. nach Königsmarck 2000, S. 138

Devisenmarkt hindeutet: Während vor allem Untersuchungen, die auf Daten
bis Mitte der achtziger Jahre zurückgreifen, eine systematische Überrendite feststellen[112], nimmt diese über die Jahre ab und kann für neuere Datensätze nicht
mehr eindeutig festgestellt werden.[113]

Weder fundamentale noch technische Prognoseansätze haben bislang eine Güte
erreicht, die KMU über alle Fristen zuverlässig vor dem Einfluss von Wechselkursrisiken schützt. Auch die im wachsenden Interesse stehenden nicht-linearen
Modelle erreichen nur teils und nur langfristig und auf einige Länder beschränkt
bessere Ergebnisse als lineare Modelle.[114] Die fristen- und währungsabhängige
Güte, die auch Tests linearer Modelle aufzeigen, ermöglicht eine sinnvolle Nutzung allenfalls bei entsprechenden Rahmenbedingungen. Die eingangs genannte
Wahl eines bestimmten Zeithorizonts wäre ein solches Kriterium, das – aufgrund
des laufzeitabhängigen Charakters der verschiedenen Exposurearten – zumindest die Nutzung für einzelne Exposurearten möglich machen würde. Einen
ersten Hinweis geben laufzeitabhängige Bewertungen von Devisenhändlern und
Maklern, wie sie Abb. 5.2 darstellt.

Den empirischen Erhebungen nach eignen sich fundamentale Devisenkursprognosen für die *kurze Frist* nicht. Der Grund sind hohe Volumen spekulativer
Devisentransaktionen und zugehörige Erwartungen am Devisenmarkt. Diese

---

[112] S. Pruitt und White 1988; Brocks u. a. 1992.
[113] S. Olson 2004; Gehrig und Menkhoff 2003; Neely und Weller 2001.
[114] S. Rapach und Wohar 2006.

Erwartungen sorgen für Entwicklungen, die kurz- bis mittelfristig von theoretischen ökonomischen Verläufen abweichen und entscheidenden Einfluss auf die Wechselkurse besitzen. FILC macht in diesem Zusammenhang wechselnde „Modewellen" aus, in denen einzelnen wirtschaftlichen Größen besondere Beachtung geschenkt wird. Es wechseln sich also beispielsweise Phasen, in denen das Geldmengenwachstum einen entscheidenden Einfluss besitzt, mit Phasen hoher Aussenhandelsbedeutung ab. Gelingt dem Unternehmen die Identifikation einer solchen Modewelle, können entsprechende Prädiktoren ein Übergewicht erlangen und sich zu einer entscheidenden Größe in der Prognose von Devisenkursen entwickeln.

Kurzfristige, behavioristische Einflüsse, die selten in fundamentalen Prognosemodellen Einzug finden, erzeugen Trends oder Barrieren, die durch Verfahren der technischen Devisenkursprognose identifiziert werden können. Ihr Vorteil ist, dass sie losgelöst von der Vorgabe eines vollkommenen Marktes und rational handelnder Marktakteure agieren. Doch auch technische Prognoseverfahren sind kurzfristig nicht als unkritisch anzusehen. Vor allem den klassischen Verfahren fehlt teilweise die Eindeutigkeit, d. h., ihr Ergebnis und ihre Güte ist von der Deutung des Prognostikers abhängig, und andererseits die theoretische Grundlage.[115] Statistische/mathematische Verfahren versprechen hier einen höheren Nutzen, kommen aufgrund ihrer höheren Ansprüche für KMU jedoch nur dann in Frage, wenn sie automatisiert innerhalb von Softwarepaketen angeboten werden.

In der *mittleren Frist* nimmt der Einfluss spekulativer Devisenkurstransaktionen ab und die Bedeutung von Währungsbeständen institutioneller und staatlicher Marktteilnehmer zu. In diesem Zusammenhang gewinnen auch fundamentale Prognosemodelle an Gewicht. Prädiktoren, wie beispielsweise Zinssätze, Inflationsraten oder die Leistungsbilanz einer Volkswirtschaft, beeinflussen die Währungspräferenz von Investoren, die sich in der Entwicklung des Wechselkurses niederschlägt. In der *langen Frist* nehmen die Einflüsse realwirtschaftlicher Faktoren zu. Wie die Untersuchung fundamentaler Prognosemodelle gezeigt hat, steigt damit auch die Güte einiger Prognosen. Studien mit gegenteiligen Ergebnissen zeigen jedoch, dass sowohl anhaltende Störgrößen als auch widersprüchliche Einflüsse unterschiedlicher Prädiktoren langfristige Prognosen für die dauerhafte Sicherung kleiner und mittlerer Unternehmen unbrauchbar machen.

---

[115] Vgl. Filc 1998, S. 94 f.

5.2.2.2. Professionelle Prognosen für KMU

Das Erstellen von Wechselkursprognosen mittels fundamentaler oder technischer Modelle stellt für KMU eine besondere Herausforderung dar. Durch die begrenzten monetären und personellen Ressourcen besitzen KMU in wenigen Fällen die Mittel, eigene umfangreiche Prognosen zu erstellen. Einen Ausweg bietet die Orientierung an Marktprognosen verschiedener Spezialisten. Diese Expertisen können sowohl von professionellen Anbietern als auch von wissenschaftlichen Instituten bezogen werden. Während ein Teil der Einschätzungen kostenlos zur Verfügung gestellt wird, sind andere kostenpflichtig. Eine Alternative stellen für KMU kostenlose Marktprognosen ihrer Hausbanken dar. Diese verfügen stets über Zugriff auf ausgebildete Volkswirte[116] und erhoffen sich durch die Beratung von Firmenkunden deren Inanspruchnahme beim Währungssicherungsmanagement und damit einhergehend Devisentransfergeschäfte und Verkäufe von Währungssicherungsinstrumenten.

Inwiefern sich die Zuhilfenahme professioneller Wechselkursprognosen empfiehlt, untersucht eine empirische Arbeit von SCHMIDT aus dem Jahre 2003.[117] Darin wird die Qualität dreier Marktprognosen des Euro im Verhältnis zum US-Dollar im Zeitraum 1999 bis Anfang 2003 untersucht und das Ergebnis dem Resultat zweier naiver Methoden gegenübergestellt. Auf der einen Seite stehen Prognosen von „Consensus Economics", „Reuters" und „Zentrum für Europäische Wirtschaftsforschung (ZEW)-Finanzmarkttest" – auf der anderen Seite eine Prognose auf Basis eines Random-Walks sowie eines Modells, das den korrespondierenden Terminkurs als Referenzmaßstab nutzt. Untersucht wird die Eignung als Punktprognose sowie als Richtungsprognose über einen Zeitraum von 1, 3, 6, 12 und 24 Monaten. Die Untersuchung mittels nicht-normierter Fehlermaße ergibt – abhängig von der Prognosefrist und vom Fehlermaß – keine eindeutige Reihenfolge unter den drei Prognoseanbietern. Während Reuters die besseren Dreimonats- und Einjahresprognosen liefert, schneiden im Sechsmonatshorizont die Prognosen des ZEW-Finanzmarkttests besser ab. Eine Untersuchung mittels normierter Fehlermaße[118] ermöglicht einen Vergleich mit den Referenzsystemen Random-Walk und Terminkurs. Die drei Anbieter schneiden über alle untersuchten Horizonte schlechter als die Referenzprognosen ab, wobei die Güte des Random-Walk-Modells über der des Terminkurses liegt.

---

[116] Im eigenen Haus oder in übergeordneten Zentral-/Spitzeninstituten.

[117] S. Schmidt 2003.

[118] Es wurde der Theil'sche Ungleichheitskoeffizient U und das Bestimmtheitsmaß R^2 benutzt. Vgl. Schmidt 2003, S. 6 ff.

Zu einem ähnlichen Ergebnis kam mehrere Jahre zuvor bereits eine Studie, die dreizehn professionelle Anbieter von Wechselkursprognosen in den Vereinigten Staaten untersuchte.[119] Die Prognosen, die über einen Monat bis hin zu zwei Jahren reichen und bis zu neun Währungen beinhalten, besaßen durchschnittlich einen höheren mittleren absoluten Fehler als das Referenzmaß – der Terminkurs. Die Berücksichtigung der Tendenz (Wechselkurs steigt/sinkt) führt zu besseren Ergebnissen, so dass einige Anbieter bei manchen Währungen signifikant besser als der Terminkurs abschnitten. Mit Zunahme der Laufzeit verschlechterte sich jedoch die Prognosegüte.

Im Vergleich zwischen der Prognosegüte professioneller und nicht-professioneller Anbieter kommt SCHMIDT zu dem Ergebnis, dass professionelle Anbieter sich durch Fundamentaldaten fehlleiten lassen[120] und deshalb öfter schlechtere Prognosen bilden, als Anfänger, die sich verstärkt auf technische Analyseverfahren beschränken.[121] Um die Ursache der schlechten Prognosequalität detaillierter zu ermitteln, führte er weitere Untersuchungen durch: Ein Test auf Unverzerrtheit der Prognose analysiert, ob der Erwartungsfehler einem zufälligen Verlauf folgt oder systematisch ist. Der Test ergibt im Zeitraum 1999 bis 2001 eine systematische fehlerhafte Aufwertungserwartung des Euro, die sich gegen Ende des Beobachtungszeitraums in eine systematische fehlerhafte Abwertungserwartung wandelt. Eine detaillierte Untersuchung der Prognosefehler mittels Prognose-Realisations-Diagramm[122] zeigt, dass zudem die Anzahl der Wendepunktefehler verhältnismäßig hoch ist. Dies bedeutet, dass neben einer systematischen Über- bzw. Unterschätzung der Aufwertungs- und Abwertungsentwicklungen auch die Tendenz der Prognose verfehlt wird. Nur bei 37,40 % bis 46,67 % der Daten wurde eine Ab- bzw. Aufwertung des Euro gegenüber dem US-Dollar richtig prognostiziert.[123] Hieraus schließen BOFINGER und SCHMIDT, dass die untersuchten Marktprognosen sich nicht nur als ungeeignete Punktprognosen, sondern auch als unterdurchschnittliche Trendprognosen erweisen.[124]

Auch DE GRAUWE und ROVIRA KALTWASSER stellen in einer Untersuchung aus dem Jahr 2006 fest, dass Wechselkursmodelle, die auf rationalen Erwartungen von Marktteilnehmern basieren, in empirischen Untersuchungen überwiegend

---

[119] S. Levich 1985.

[120] Für die Bedeutung der Fundamentalanalysen bei professionellen Händlern siehe auch Menkhoff 1997, S. 316.

[121] Vgl. Schmidt 2006, S. 163.

[122] Entwickelt von MINCER und ZARNOWITZ; s. Mincer und Zarnowitz 1969.

[123] Vgl. Schmidt 2003, S. 17, Tabelle 7.

[124] Vgl. Bofinger und Schmidt 2003, S. 10.

schwach abschneiden.[125] Sie beobachten ein Verhalten von Marktteilnehmern, das sich nicht mit der Annahme rationaler Erwartungen vereinbaren lässt und bereits 1990 von FRANKEL und FROOT aufgezeigt wurde:[126] Marktteilnehmer sind nicht in der Lage, die hohe Komplexität der Märkte vollständig zu begreifen, weshalb sie auf einfache, heuristische Entscheidungsregeln ausweichen. Anschließend vergleichen sie getroffene Entscheidungen mit dem tatsächlichen Ergebnis, bewerten und modifizieren ihre Entscheidungsregeln oder tauschen sie durch neue vermeintlich bessere aus.

Ein solches Verfahren ist die Verankerungs- und Anpassungsheuristik. Marktteilnehmer tendieren bei Schätzungen dazu, sich an einem Ankerwert zu orientieren und diesen unter Berücksichtigung zusätzlicher Informationen in die Richtung des vermuteten Wertes anzupassen. TVERSKY und KAHNEMAN haben ermittelt, dass der Anpassungsumfang tendenziell zu niedrig ausfällt, so dass eine systematische Verzerrung in Richtung des Ankerwertes festzustellen ist.[127] Die Orientierung des Prognosewertes an der aktuellen Kursentwicklung wird gegenwartsorientierte Verlaufsanpassung (GOVA) genannt und führt zu einem Verlust des Zukunftsbezuges. Anhand des GOVA-Koeffizienten – einem Maß für die Stärke der Anpassung – kann der Grad des Gegenwartsbezuges beziffert werden. Besitzt der Koeffizient einen Wert kleiner eins, dann besitzt die Prognose eine höhere Korrelation mit dem aktuellen Kursverlauf als mit dem tatsächlichen Kursverlauf nach Ablauf des Prognosezeithorizonts. In der Studie von SCHMIDT weisen beispielsweise alle drei Marktprognosen einen GOVA-Koeffizienten von 0,1261 bis 0,8781 auf.[128]

Aus diesen Studien ergeben sich für KMU gleich mehrere Erkenntnisse für das Management ihrer Wechselkursrisiken. Zum einen können sie auf die Inanspruchnahme professioneller Kursprognosen verzichten, da die ernüchternden Ergebnisse professioneller Anbieter die damit verbundenen Kosten nicht rechtfertigen. Obwohl das Devisenkursverhalten nachweislich nicht dem eines reinen Random-Walks entspricht und die oft zugrunde liegende Normalverteilung insbesondere in Krisenzeiten zur Unterschätzung des Risikos führt, stellen eigene oder kommerzielle Prognosen auf Basis von Fundamentaldaten, technischer Analysen oder innovativer Verfahren auf Dauer keinen Mehrwert dar. KMU, die auf Punkt- und Trendprognosen nicht verzichten wollen, stehen die bereits erwähnten kostenlosen Prognosen der Kreditinstitute oder wissenschaftlichen Institute

---

[125] Vgl. De Grauwe und Rovira Kaltwasser 2006, S. 2.
[126] S. Frankel und Froot 1990.
[127] Vgl. Tversky und Kahneman 1982, S. 14 f.
[128] Vgl. Schmidt 2003, S. 18 ff.

zur Verfügung. Ihnen sollte jedoch bewusst sein, dass es sich bei Entscheidungen auf Basis von Prognosemodellen mit schlechter Güte um Spekulation handelt.

Untersuchungen der Hintergründe zeigen, dass behavioristische Verhaltensmuster, neben weiteren Marktunvollkommenheiten, für systematische Prognosefehler verantwortlich sind. Da auch KMU vor dieser Art von Einflüssen nicht geschützt sind, empfiehlt es sich auf mathematische Verfahren, wie Trendfolgesysteme und Systeme für zufällige Schwankungen, zurückzugreifen. Diese sind frei von einem Interpretationszwang und lassen eine Fokussierung auf Volatilitäten zu. Zwar finden sich in der Fachliteratur auch regelmäßig Fundamentalprognose-Modelle, die eine dem Random-Walk überlegene Prognosegüte aufweisen[129] – gute Ergebnisse eines Modells in vergangenen Perioden müssen aber nicht zwangsweise zu gleichwertigen Ergebnissen in der Zukunft führen. FAUST, ROGERS und WRIGHT untersuchten die Robustheit von Studien mittels neuerer Wechselkursdaten und fanden heraus, dass sich die ursprünglich überdurchschnittlich guten Ergebnisse nicht wiederholen ließen.[130]

5.2.3. Risikomessung für KMU

Neben einem Modell müssen sich KMU auch für ein mathematisch/statistisch geeignetes und ihren Bedürfnissen entsprechendes Risikomaß entscheiden. Während sich Kapitel 4.3 primär mit Merkmalen sinnvoller Risikomaße auseinandersetzt, liegt der Fokus des aktuellen Kapitels auf dem Merkmal Handhabbarkeit. Ressourcenarme KMU müssen in der Lage sein, das Risikomaß mit niedrigem Aufwand zu errechnen, aber auch die Verständlichkeit des Risikomaßes und eine einfache Risikoaggregation nehmen Einfluss auf die Handhabung.

Aufgrund neuer Vorschriften der Regulierungsbehörden und den internen Bemühungen das Risikomanagement zu verbessern, hat sich in den letzten Jahren auf dem Gebiet der finanzwirtschaftlichen Risikomodellierung viel verändert.[131] Im Zuge dieser Veränderungen fand das VaR-Maß Einzug ins finanzwirtschaftliche Risikomanagement und entwickelte sich zum Standardmaß zur Quantifizierung von Marktrisiken durch Finanzanalysten.[132] Neben der Anerkennung durch die

---

[129] BLOMBERG und HESS vermuten beispielsweise, dass die ungenügende Berücksichtigung politischer Faktoren für das schlechte Abschneiden fundamentaler Modelle mit verantwortlich ist. Sie entwickelten ein Modell, das politische Faktoren berücksichtigt und bei ihren Untersuchungen besser als ein Random-Walk-Modell abschnitt; siehe Blomberg und Hess 1997.

[130] Als Beispiel dient ein Modell von MARK (s. Mark 1995.), das entgegen seiner ersten Untersuchung außerhalb der ursprünglich betrachteten Jahre schlechter als der Random-Walk abschnitt; vgl. Faust u. a. 2003, S. 57. Auch weitere Studien stützen die Ergebnisse Marks nur teilweise und lehnen sie in der Mehrzahl ab.Vgl. Engel 2006, S. 17.

[131] Vgl. Daníelsson 2004, S. 13.

[132] Vgl. Albrecht und Maurer 2008, S. 130; Jorion 2007, S. 49 f.; Manganelli und Engle 2004, S. 123.

Bankenaufsicht förderte die verhältnismäßig einfache Handhabung und Interpretation die Verbreitung des VaR, so dass dieses Maß in abgewandelter Form auch für Unternehmen attraktiv wurde.[133] Es entstanden die VaR-äquivalenten Risikomaße *Cashflow at Risk* (CFaR) und *Earnings at Risk* (EaR), die sich an der Zahlungsstromebene und nicht an der Wertebene orientieren.[134]

Die anhaltende Kritik am VaR-Maß durch wissenschaftliche Publikationen führte zur Untersuchung alternativer Maße, die festen Anforderungen – wie den Kohärenzkriterien – genügen und Vorteile gegenüber einzelnen VaR-Eigenschaften besitzen. Für KMU empfiehlt sich aufgrund der fehlenden Eignung zum Management des Insolvenzrisikos eine Abkehr von der alleinigen Verwendung des VaR.[135] Aufgrund des gleichbleibend intuitiven Konzeptes, bei dem das Risiko einer Position mittels einer einzelnen und ökonomisch leicht verständlichen Größe gemessen wird, bietet sich als VaR-Alternative der CVaR an.

Wie beim VaR besteht auch beim CVaR die Wahl zwischen verschiedenen Ermittlungsverfahren, zu denen auch die drei gängigen Berechnungsverfahren des VaR gehören.[136] Diese unterscheiden sich nicht nur im zu leistenden Aufwand, sondern in der zugrunde liegenden Theorie, den Annahmen und Voraussetzungen. Wie stark sich die Wahl des Verfahrens damit auf die Kenngröße auswirkt, zeigte ein Modellvergleich von BEDER, bei dem die Ermittlung des VaR mittels verschiedener Verfahren um bis zum Vierzehnfachen variiert.[137] Dennoch sollten KMU, die den Aufwand einer Simulation oder der Datensammlung und -verwaltung nicht bewältigen können oder scheuen, weniger bekannte Alternativen in ihre Überlegungen einbeziehen.

5.2.3.1. Eine modellfreie Möglichkeit der Risikomessung

Das folgende Verfahren bedarf keiner Parametrisierung und erfordert von KMU lediglich die Kenntnis einiger Options-Marktpreise.[138] Die prinzipielle Funktionsweise beruht auf der impliziten Volatilität, die bestimmten derivativen Finanzinstrumenten zugrunde liegt. So ist zur Berechnung eines Währungsoptionspreises die Angabe der Volatilität der Währungsrendite nötig.[139] Umgekehrt sind bei Betrachtung einer angebotenen Währungsoption sowohl ihr Marktwert als auch

---

[133] Vgl. Schiller u. a. 2004, S. 437.

[134] Vgl. Hager 2004, S. 5.

[135] Die Verletzung (also das Überschreiten) des VaR sagt nichts über die Wahrscheinlichkeit aus, insolvent zu werden; vgl. Daníelsson 2004, S. 14.

[136] Vgl. Abschnitt 4.3.3, S. 96.

[137] S. Beder 1995.

[138] Das Verfahren wird in Anlehnung an HANISCH vorgestellt; vgl. Hanisch 2006, S. 110 ff.

[139] Vgl. Volkart 2008, S. 452.

alle zur Berechnung des Preises erforderlichen Parameter, wie Ausübungspreis, risikoloser Zinssatz oder die Restlaufzeit, bekannt – mit Ausnahme der Volatilität.[140] Diese lässt sich iterativ oder analytisch ermitteln und stellt zusammen mit einer Normalverteilungsannahme die Grundlage der Berechnung dar.

Die Methode setzt einen vollkommenen Kapitalmarkt voraus. Da Finanzmarktuntersuchungen wiederholt Abweichung von diesem Ideal feststellten, handelt es sich bei der ermittelten Größe um einen Näherungswert, der zudem die Erwartungen der Marktteilnehmer über die Währungsentwicklung beinhaltet. Anders als die alleinige Berücksichtigung historischer Daten setzt das Verfahren nicht nur auf die Beibehaltung vergangener Entwicklungen. Es unterstellt die objektive Bewertung aller unsicheren Zahlungsströme zur Bildung einer linearen Marktwertfunktion und die Gleichsetzung des empirischen Erwartungswertes mit dem Erwartungswert der linearen Funktion.[141] Unter diesen Voraussetzungen wird die auf einer Bemessungsgrundlage X basierende Portfoliostrategie $C_\alpha(X)$ untersucht:[142]

- Kauf einer Devisen-Put-Option mit:
  Underlying X, Fälligkeit H, Signifikanzniveau α und Basispreis z.

- Risikofreie Anlage/Aufnahme in Höhe von $\alpha \cdot z$ Geldeinheiten.

Aus (4.58), einem Zielwert z von $-\text{VaR}_\alpha$ und der Voraussetzung, dass der faire Preis der Portfoliostrategie $\pi\big(C_\alpha(X)\big)$ gleich dem Erwartungswert der Strategie ist, folgt:

$$\pi\big(C_\alpha(X)\big) = \mathbf{E}\big(C_\alpha(X)\big)$$
$$= \mathbf{E}\big(-\text{VaR}_\alpha - X\big)^+ + \alpha \cdot \text{VaR}_\alpha$$
$$= \alpha \left(\frac{1}{\alpha} \text{LPM}_1(-\text{VaR}_\alpha, X) + \text{VaR}_\alpha \right)$$
$$= \alpha \cdot \text{CVaR}_\alpha \tag{5.1}$$

Der CVaR entspricht nach (5.1) unter den genannten Voraussetzungen und unter Kenntniss des VaR_α dem $1/\alpha$-fachen des Marktpreises der Portfoliostrategie. Um die Berechnung des VaR_α zu umgehen, kann die aus (4.59) gewonnene Erkenntnis, den CVaR_α als lineares Optimierungsproblem anzusehen, genutzt

---

[140] Vgl. Hager 2004, S. 78 ff.
[141] Es wird ferner die Existenz eines risikolosen Zinssatzes $r = 0$ vorausgesetzt. Für eine detaillierte Ausführung der Voraussetzungen s. Hanisch 2006, S. 110 ff. und die dort aufgeführten Quellen.
[142] Vgl. Hanisch 2006, S. 110.

Tabelle 5.2.: Puts auf EUR/USD am 05.03.2010

9 PUTS auf EUR/USD			Kurs: 1,362 USD (außerbörsl ..., 05.03., 17:04:45)				
WKN	*Emittent*	*Basispr.*	*Währ.*	*Fälligkeit*	*B.-V.*	*Geld*	*Brief*
GS1Q8V	Goldman Sachs	1,200	USD	19.03.10	100	0,001	0,031
GS1Q8X	Goldman Sachs	1,260	USD	19.03.10	100	0,002	0,032
GS1Q90	Goldman Sachs	1,300	USD	19.03.10	100	0,034	0,064
GS1Q92	Goldman Sachs	1,320	USD	19.03.10	100	0,110	0,140
GS1Q9A	Goldman Sachs	1,340	USD	19.03.10	100	0,311	0,341
GS1Q9H	Goldman Sachs	1,360	USD	19.03.10	100	0,780	0,810
GS1Q9S	Goldman Sachs	1,380	USD	19.03.10	100	1,650	1,680
GS1QA0	Goldman Sachs	1,400	USD	19.03.10	100	2,880	2,910
GS1QA5	Goldman Sachs	1,420	USD	19.03.10	100	4,280	4,310

Quelle: www.onvista.de

werden. In diesem Fall gibt man die Forderung $z = -\text{VaR}$ auf und berechnet die Portfoliostrategie in Abhängigkeit verschiedener Basiswerte z:

$$\pi\big(C_\alpha(X;z)\big) = \mathbf{E}(z - X)^+ - \alpha \cdot z \qquad (5.2)$$

Führt man diese Portfoliostrategie mit einer ausreichend hohen Anzahl von Basispreisen z durch, lässt sich ein aussagefähiges Minimum ermitteln, das durch α geteilt gemäß (4.59) und (5.2) dem CVaR_α entspricht.

$$\begin{aligned}
\text{CVaR}_\alpha(X) &= \min_{z \in \mathbb{R}} \left\{ \frac{1}{\alpha} \mathbf{E}(z - X)^+ - z \right\} \\
&= \frac{1}{\alpha} \min_{z \in \mathbb{R}} \left\{ \mathbf{E}(z - X)^+ - \alpha \cdot z \right\} \\
&= \frac{1}{\alpha} \min_{z \in \mathbb{R}} \left\{ \pi\big(C_\alpha(X;z)\big) \right\}
\end{aligned} \qquad (5.3)$$

Hierfür reicht den KMU der Blick in ein frei zugängliches Finanzportal. Ein kleines oder mittleres Unternehmen beschließt am 05.03.2010, eine in elf Handelstagen zur Verfügung stehende Position in Höhe von 100 000 € zu Investitionszwecken in US-$ zu tauschen. Das Unternehmen plant aufgrund des aktuellen Kassakurses von 1,362 US-$/€ mit einer Investition in Höhe von 136 200 US-$. Aufgrund der Wechselkursschwankungen möchte das Unternehmen zur besseren Einschätzung des Risikos den 11-Tage-VAR$_{1\%}$ und 11-Tage-CVaR$_{1\%}$ anhand von Marktdaten ermitteln. Tabelle 5.2 zeigt hierzu alle benötigten Informationen. Nach einer Anpassung des Bezugsverhältnisses auf 1:1, Mittelung der Geld-Brief-Spanne und Anwendung von (5.2) ergibt sich Tabelle 5.3, aus der sich ein VaR$_{1\%}$

Tabelle 5.3.: Berechnung des CVaR mittels Marktdaten

Basispreis z	Optionspreis $\mathbf{E}(z - X)^{+}$	Risikofreie Anlage $-\alpha z$	Portfoliopreis $\pi\left(C_{\alpha}^{X}\right)$	$CVaR_{\alpha}$ $\frac{1}{\alpha}\min_{z\in\mathbb{R}}\left\{\pi\left(C_{\alpha}^{X}\right)\right\}$
US-$	US-$	US-$	US-$	US-$
1,200	0,00016	-0,0120	-0,0118	
1,260	0,00017	-0,0126	-0,0124	
1,300	0,00049	-0,0130	-0,0125	-1,251
1,320	0,00125	-0,0132	-0,0120	
1,340	0,00326	-0,0134	-0,0101	
1,360	0,00795	-0,0136	-0,0057	
1,380	0,01665	-0,0138	0,0029	
1,400	0,02895	-0,0140	0,0150	
1,420	0,04295	-0,0142	0,0288	

$\alpha = 0,01,\quad S = 1,362\ \text{US-\$/€},\quad \text{VaR}= -1,300\ \text{US-\$}$

Quelle: in Anlehnung an Hanisch 2006, S. 112

von $-1,300\ \text{US-\$} \cdot 100\,000 = -130\,000\ \text{US-\$}$ sowie ein $\text{CVaR}_{1\%}$ von $-1,251\ \text{US-\$} \cdot 100\,000 = -125\,100\ \text{US-\$}$ ablesen lässt.[143]

Negative Beträge entstehen, weil es sich bei beiden Maßen definitionsgemäß um Verlustgrößen handelt. Das Wechselgeschäft ergibt jedoch keinen Verlust, sondern einen positiven Betrag einer anderen Währung. Das Unternehmen kann damit rechnen, dass sich der Wechselkurs innerhalb der nächsten elf Handelstage mit einer Wahrscheinlichkeit von einem Prozent dermaßen verschlechtert, dass die 100 000 € nach einem Kassageschäft 130 000 US-$ wert sind ($\text{VaR}_{1\%}$). In diesem Fall würde der Umtausch durchschnittlich einen Devisenbetrag von 125 100 US-$ erbringen ($\text{CVaR}_{1\%}$). Steht die Rendite im Mittelpunkt der Betrachtung, müssen die Kalkulationsbasis und die Risikomaße addiert werden. Demnach ist mit einem maximalen Währungsverlust von 6 200 US-$ zu rechnen ($\text{VaR}_{1\%}$). Wird diese Erwartung nicht erfüllt, ist mit einem durchschnittlichen Währungsverlust von 10 100 US-$ zu kalkulieren ($\text{CVaR}_{1\%}$).

Sowohl der VaR als auch der CVaR sind im vorgestellten Beispiel Risikomaße, mit denen die Gefahr einer Euro-Abschwächung quantifiziert werden kann. Dieses Beispiel lässt sich auch auf importierende KMU mit ausstehenden Auslandsverbindlichkeiten anwenden, indem der Kehrwert der Risikomaße benutzt wird.

---

[143] Das Verfahren liefert einen VaR- und CVaR-Wert, die einer Investition von 1 € entsprechen. Sie müssen daher noch mit dem Volumen multipliziert werden.

Die Nutzung bei Exporteuren mit ausstehenden Devisen-Forderungen ist aber nicht ohne Weiteres möglich. Hierzu muss das Verfahren zunächst durch Anpassung der Portfoliostrategie $C_\alpha(X; z)$ modifiziert werden. Die neue Strategie $C_\alpha^*(X; z)$ leitet sich aus (5.3) ab und verwendet Devisen-Call-Optionen anstatt Devisen-Put-Optionen:

$$\begin{aligned} \mathrm{CVaR}_\alpha(X) &= \frac{1}{\alpha} \min_{z \in \mathbb{R}} \left\{ \pi\left(C_\alpha^*(X; z)\right) \right\} \\ &= \frac{1}{\alpha} \min_{z \in \mathbb{R}} \left\{ \mathbf{E}(z - X)^+ + \alpha \cdot z \right\} \end{aligned} \tag{5.4}$$

Der Aufwand ist vergleichbar mit dem ursprünglichen Vorgehen: Nachdem die Call-Optionspreise einem kostenlosen Internetportal entnommen wurden, ermittelt das Unternehmen – z.B. mittels eines Tabellenkalkulationsprogramms – die Kosten der neuen Portfoliostrategie. Dort, wo die Kosten am niedrigsten sind, entspricht der Basiswert annähernd dem VaR. Der zugehörige Portfoliopreis dividiert durch das Signifikanzniveau α ergibt den CVaR.

Das modellfreie Verfahren ist durch KMU ohne großen Aufwand zu verwenden, weist jedoch die folgenden Nachteile auf: Eine Anwendung ist nur möglich, wenn entsprechende Devisenoptionen auch gehandelt werden. An der „Börse Stuttgart" besteht Handel mit Devisen-Optionen aus zehn verschiedenen Währungen[144] – darüber hinaus lässt sich kein Portfoliopreis ermitteln, so dass die Methode scheitert. Des Weiteren ist die Güte der ermittelten Näherung von der Anzahl der angebotenen Basiswerte und der Höhe des Handelsvolumens abhängig. Während ersteres die Ermittlung des Minimums verbessert, gewährleistet letzteres die stetige Anpassung der Marktpreise an die Erwartungen der Marktteilnehmer.

Bei einer vergleichenden Berechnung verschiedener VaR/CVaR-Verfahren (Abb. 5.3) wurden alle angebotenen Optionen eines Internetportals innerhalb einer Laufzeit von 250 Handelstagen auf ihre Verwendung hin überprüft. Von den 1 398 Optionspreisen mit 43 verschiedenen Fälligkeiten konnten 856 Optionen in 23 Fälligkeiten verwendet werden. Während für zwei Fälligkeiten lediglich drei Basiswerte zur Auswahl standen, fehlten bei 18 anderen Fälligkeiten Basiswerte im Bereich des VaR, so dass das Minimum nicht exakt genug ermittelt werden konnte. Hiervon muss ausgegangen werden, wenn der niedrigste oder der höchste Basiswert aller angebotenen Optionen eines Fälligkeitzeitpunktes

---

[144] Australischer Dollar (AUD), Schweizer Franken (CHF), Tschechische Krone (CZK), Pfund Sterling (GBP), Ungarischer Forint (HUF), Japanischer Yen (JPY), Norwegische Krone (NOK), Polnischer Złoty (PLN), Türkische Lira (TRY) und US-Dollar (USD). Basiswährung: Euro.

das Minimum ergibt. Aufgrund der begrenzten Anzahl von Fälligkeitszeitpunkten können die Risikomaße nicht für exakt die benötigte Haltedauer ermittelt werden. Eine Lösung stellt das einfach zu realisierende Verfahren der linearen Interpolation von Risikomaßen zweier benachbarter Zeitpunkte dar.[145]

Neben diesen Nutzungseinschränkungen ist vor allem die Gleichsetzung des empirischen Erwartungswertes mit dem Erwartungswert der Marktwertfunktion kritisch zu sehen, da diese Voraussetzung Risikoprämien für den Besitz riskanter Anlageformen nicht berücksichtigt. Eine Rechtfertigung ist streng genommen nur auf Märkten mit einer ungenügenden Anzahl alternativer Anlagen oder bei Risikoneutralität der Marktteilnehmer möglich.[146] Ein Vergleich verschiedener Berechnungsverfahren[147] (Abb. 5.3) zeigte eine prinzipielle Überschätzung des Risikos und eine weitere Streuung des Verfahrens gegenüber den Modell-Varianten. Auf der anderen Seite ist es das einzige Verfahren des Vergleichs, das implizite Volatilitäten verwendet, so dass die Abweichungen auch aus den Markterwartungen resultieren können.

5.2.3.2. Ein hybrides Verfahren zur Risikomessung

In Fällen, in denen keine oder keine ausreichend hohe Anzahl an Devisenoptionen zur Verfügung stehen, sind KMU zur Nutzung alternativer Verfahren gezwungen. Als Kompromiss zwischen einer guten Handhabung und Güte präsentieren BOUDOUKH u. a. 1998 einen hybriden Ansatz aus Varianz-Kovarianz-Methode und Historischer Simulation.[148] Die Autoren versprechen sich durch Kombination beider Verfahren, die Vorteile zu vereinen und Nachteile der einzelnen Methoden durch das jeweils andere Verfahren auszugleichen. So muss für die hybride Methode, wie bereits beim Einsatz der Historischen Simulation, keine Annahme über die Verteilungsfunktion getroffen werden. „Fat Tails", Schiefe und weitere Eigenschaften der Verteilung werden durch Verwendung der historischen Wahrscheinlichkeitsverteilung ohne zusätzlichen Aufwand für die KMU berücksichtigt.[149]

Damit die Quantilsberechnung auf einer höheren Anzahl von Beobachtungen beruht, als es bei der herkömmlichen Historischen Simulation üblich ist, können

---

[145] Abb. 5.3 zeigt anhand des grauen durchlaufenden Verlaufs das Ergebnis des modellfreien Verfahrens.

[146] Vgl. Hanisch 2006, S. 114.

[147] US-$/€-Wechselkurs am 5. März 2010, $\alpha = 0,01$. 1 – 250 Handelstage Haltedauer.

[148] Vgl. Boudoukh 1998, S. 64.

[149] Vgl. Abschnitt 4.3.3.2, S. 102.

Abbildung 5.3.: Berechnung des VaR und des CVaR mittels verschiedener Verfahren

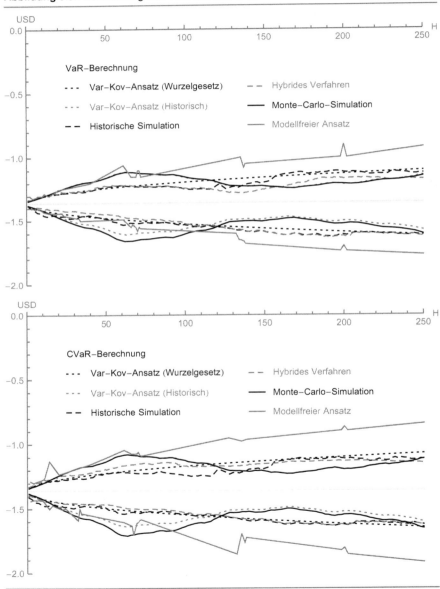

Tabelle 5.4.: Ermittlung der Vollbewertungen für das hybride Verfahren

Lag	Datum	Kassak.	Rendite		Bewertung	
L	t	S	ΔS_{log}		x_L	
Tage		US-$/€			US-$	
0	05.03.10	1,3582	0,001105	$= \ln(S_{11}) - \ln(S_0)$	1,35970	$= S_0\, e^{\Delta S_0}$
1	04.03.10	1,3668	−0,004235	$= \ln(S_{12}) - \ln(S_1)$	1,35246	$= S_0\, e^{\Delta S_1}$
2	03.03.10	1,3641	−0,000586	$= \ln(S_{13}) - \ln(S_2)$	1,35740	$= S_0\, e^{\Delta S_2}$
⋮	⋮	⋮	⋮	⋮	⋮	⋮
497	27.03.08	1,5786	0,028660	$= \ln(S_{508}) - \ln(S_{497})$	1,39769	$= S_0\, e^{\Delta S_{497}}$
498	26.03.08	1,5710	0,018827	$= \ln(S_{509}) - \ln(S_{498})$	1,38401	$= S_0\, e^{\Delta S_{498}}$
499	25.03.08	1,5569	0,016188	$= \ln(S_{510}) - \ln(S_{499})$	1,38037	$= S_0\, e^{\Delta S_{499}}$

Bewertung: 05.03.10. Daten: Tägliche US-$/€-Wechselkurse vom 06.03.08–05.03.10.
Kassakurs $S = 1{,}3582$ US-$/€, $H = 11$ Handelstage, $\alpha = 0{,}01$.

Quelle: Eurostat-Datenbank, eigene Rechnung

KMU das verwendete Zeitfenster ausdehnen, ohne eine vergleichbare Verzerrung zu befürchten. Die Gleichgewichtung weit vergangener und jüngerer Daten entfällt durch die exponentielle Gewichtung aus dem RiskMetrics-Verfahren, bei dem jüngere Kursbewegungen gegenüber älteren eine stärkere Gewichtung erhalten. Gegenüber der Historischen Simulation ermitteln BOUDOUKH u. a. mit diesem Verfahren einen bis zu 43 % niedrigeren absoluten Fehler.[150] Ein Vergleich zwischen dem hybriden Modell, der klassischen Historischen Simulation und dem Monte-Carlo-Verfahren über sechs Zeitreihen stützt mittels fünf unterschiedlicher Tests die überlegene Güte des hybriden Modells gegenüber der Historischen Simulation. Es zeigt zudem, dass mit geringerem Aufwand die Präzision und Güte der Monte-Carlo-Simulation erreicht werden konnte.[151]

Die Berechnung des VaR und des CVaR verläuft zunächst äquivalent zur Historischen Simulation. Das Verfahren ist nicht auf die Nutzung spezieller Risikomanagemensoftware angewiesen, sondern kann auch in einem Tabellenkalkulationsprogramm umgesetzt werden. Die Tabellen 5.4 und 5.5 zeigen die Ergebnisse der einzelnen Schritte. Nachdem die Kassakurse des gewünschten Währungspaares (S) ermittelt wurden[152], liefern sie die Daten für eine Liste der beispielsweise

---

[150] Die Werte beziehen sich auf den $\text{VaR}_{1\%}$; vgl. Boudoukh 1998, S. 64.

[151] Vgl. Sinha und Chamú 2000, S. 8.

[152] Eine kostenlose Quelle stellt beispielsweise die Datenbank des Statistischen Amtes der Europäischen Gemeinschaft (EuroStat) dar. Siehe epp.eurostat.ec.europa.eu.

500 jüngsten, überlappenden, logarithmierten Wechselkursänderungen (ΔS_{log}) der gewünschten Laufzeit:[153]

$$\Delta S_L = \ln(S_L) - \ln(S_{(L+H)}) \quad \text{mit: } 0 \leq L \leq 499 \tag{5.5}$$

$$\Delta x_L = W \cdot S_0 \cdot e^{S_L} \tag{5.6}$$

mit L = Lag-Parameter (Zeitverzug) $\rightarrow S_L = S_{t_{0-L}}$
H = Laufzeit
x = Ausprägung der Risikogröße
W = Währungsrisikoposition

Diese Renditen werden auf die Währungsrisikoposition W angewandt und mittels des aktuellen Kassakurses in die gewünschte Währung getauscht (Gl. 5.6). Es entsteht eine Liste von 500 Vollbewertungen, die auf vergangenen Entwicklungen beruhende Ergebnisse nach Eingang und Transformation des Währungsbetrags darstellen. Möchte das Unternehmen mehrere Währungsrisikopositionen bewerten, bietet es sich an, eine Währungsrisikoposition von einem Euro zu bewerten und später die einzelnen Volumina durch Multiplikation zu berücksichtigen. In diesem Fall ergibt sich eine Liste von Bewertungen (x_L), die betragsmäßig 500 potentiellen Kassakursen in H Tagen entspricht. Bevor die Liste der Bewertungsgröße nach sortiert wird, erhält jede Position eine vom Zeitverzug (Lag) abhängige Gewichtung nach (4.51). Es entsteht eine Liste, wie sie die ersten fünf Spalten der Tabelle 5.5 zeigen.[154] Die beiden zusätzlichen Spalten zeigen die Ergebnisse, die eine Historische Simulation ermittelt.

Da die Gewichtung – anders als bei der Historischen Simulation – von Zeile zu Zeile variiert, entspricht die Bewertung der Zeile an Position $\alpha \cdot n$ auch nicht dem VaR$_\alpha$. Stattdessen ist diejenige Bewertung zu suchen, deren kumulierte Gewichtung α entspricht. Ihr negativer Betrag entspricht dem VaR$_\alpha$. In Fällen, in denen dies auf keine in der Tabelle enthaltene Bewertung zutrifft, ist zwischen den umliegenden Werten zu interpolieren. Während die Gleichgewichtung innerhalb der Historischen Simulation einen VaR$_{1\%}$ von $-1{,}255$ US-\$ (Position 5) und einen VaR$_{1\%}$ von $-1{,}289$ US-\$ (Pos. 25) ergibt, resultiert aus dem hybriden Verfahren nach linearer Interpolation ein VaR$_{1\%}$ von $-1{,}290$ US-\$ (Pos. 26/27) und ein VaR$_{5\%}$ von $-1{,}311$ US-\$ (Pos. 59/60).[155] Der CVaR$_\alpha$ ist der Erwartungswert

---

[153] Vgl. Gleichung (4.10), S. 60.
[154] Passagen ohne Relevanz sind ausgeblendet, Zellen von besonderer Bedeutung hervorgehoben.
[155] Der VaR entspricht aufgrund der Definition als Verlustmaß dem negativen Bewertungsbetrag.

Tabelle 5.5.: Ermittlung des VaR mittels des hybriden Verfahrens

Pos. p	Bewertung x_p	Lag L_p	Hybrides Verfahren		Historische Simulation	
			Gewichtung ω_p^{EWMA}	kum. Gew. $\sum_{i=1}^{p} \omega_i^{\text{EWMA}}$	Gewichtung ω_p^{MA}	kum. Gew. $\sum_{i=1}^{p} \omega_i^{\text{MA}}$
	US-\$	Tage				
1	1,24628	346	0,000018	0,000018	0,002	0,002
2	1,24737	345	0,000019	0,000037	0,002	0,004
3	1,25039	347	0,000018	0,000055	0,002	0,006
4	1,25379	292	0,000055	0,000110	0,002	0,008
5	1,25463	357	0,000015	0,000125	0,002	0,010
6	1,26061	291	0,000056	0,000181	0,002	0,012
7	1,26121	344	0,000019	0,000200	0,002	0,014
⋮	⋮	⋮	⋮	⋮	⋮	⋮
23	1,28786	53	0,006855	0,007370	0,002	0,046
24	1,28797	298	0,000049	0,007419	0,002	0,048
25	1,28884	399	0,000006	0,007425	0,002	0,050
26	1,28932	284	0,000064	0,007490	0,002	0,052
27	1,29097	54	0,006718	0,014208	0,002	0,054
28	1,29120	289	0,000058	0,014266	0,002	0,056
29	1,29216	394	0,000007	0,014273	0,002	0,058
⋮	⋮	⋮	⋮	⋮	⋮	⋮
57	1,30945	352	0,000016	0,045702	0,002	0,114
58	1,30984	224	0,000217	0,045918	0,002	0,116
59	1,31131	379	0,000009	0,045928	0,002	0,118
60	1,31154	51	0,007138	0,053066	0,002	0,120
61	1,31155	225	0,000212	0,053278	0,002	0,122
62	1,31189	55	0,006584	0,059862	0,002	0,124
⋮	⋮	⋮	⋮	⋮	⋮	⋮
498	1,50026	307	0,000040	0,999921	0,002	0,996
499	1,50389	309	0,000039	0,999960	0,002	0,998
500	1,57264	308	0,000040	1,000000	0,002	1,000
Σ			1,000000		1,000	

Bewertung: 05.03.10. Daten: Tägliche US-\$/€-Wechselkurse vom 06.03.08–05.03.10.
Kassakurs $S = 1{,}3582$ US-\$/€, $H = 11$ Handelstage, $\alpha = 0{,}01$.
Ermittlung mittels 500 überlappender, logarithmierter Renditen.

aller Bewertungen jenseits des VaR_α (4.56). Er berechnet sich aus der Summe jener gewichteter Bewertungen, dividiert durch das Signifikanzniveau:

$$CVaR_\alpha(X) = -\frac{1}{\alpha} \sum_{p_1}^{p_{VaR}} x_p \cdot \omega_p \tag{5.7}$$

Aus der Tabelle ergibt sich ein $CVaR_{1\%}$ von $-1{,}288$ US-\$ und einen $CVaR_{5\%}$ von $-1{,}300$ US-\$. Gegenüber den Ergebnissen der Historischen Simulation ($CVaR_{1\%}$ $= -1{,}250$ US-\$ und $CVaR_{5\%} = -1{,}271$ US-\$) zeigen sich deutlich geringere Werte. Der Unterschied beruht auf den verhältnismäßig geringen Wechselkursschwankungen in der Zeit vor dem 5. März gegenüber auftretenden Schwankungen der letzten 500 Tage.

Beide Verfahren stellen für KMU Alternativen dar, die ohne Simulation bzw. ohne Simulation und historischen Daten die Messung von VaR und CVaR ermöglichen. Während sich das modellfreie Verfahren auf Erwartungen des Marktes stützt, basiert das hybride Verfahren auf vergangenen Marktentwicklungen – auch wenn die jüngsten Entwicklungen stärker in die Berechnung eingehen. Mit der Verwendung des modellfreien Verfahrens für Währungsrisiken sind KMU auf einige wenige Währungen beschränkt. Außerdem steigt die Verzerrung der Risikomaßzahlen umgekehrt proportional zum Handelsvolumen und der Anzahl angebotener Basiswerte und proportional zur Zeitspanne zwischen Haltedauer und Dauer bis zum Ausübungszeitpunkt der Optionen. Das hybride Verfahren ist durch das kostenlose und umfangreiche Wechselkursangebot verschiedener statistischer Ämter bei einer größeren Anzahl von Währungen einzusetzen. Ein weiterer Vorteil ist die Implikation linearer und nicht-linearer Korrelationen bei Berechnung von Portfolios und Positionen, die gleichzeitig mehreren Risiken ausgesetzt sind.

5.3. Bewertung und Handhabung direkter Exposures

Nachdem KMU mit den vorgestellten Verfahren über Möglichkeiten der Risikoquantifizierung verfügen, fehlen ihnen zum Management der Währungsrisiken noch Kenntnisse über die unternehmensspezifischen Währungsrisikopositionen und Exposures. Erst diese ermöglichen es, die Auswirkungen der Risiken auf zukünftige Fremdwährungscashflows und Bilanzpositionen des Unternehmens angemessen einzuschätzen, um darauf aufbauend Entscheidungen über das Ergreifen von Absicherungsmaßnahmen treffen zu können. Die kurz- bis mittelfristige Sicherung der Liquidität erfolgt über das Management der direkten Währungsexposures, da diese einen unmittelbaren Einfluss auf bevorstehende Fremdwährungscashflows und Vermögenspositionen aufweisen.

5.3.1. Translation Exposures

KMU, die in der Pflicht stehen, zum Ende eines jeden Geschäftsjahres einen Jahres- oder Konzernabschluss zu erstellen, müssen ihre Vermögenspositionen und Verbindlichkeiten in Fremdwährung mittels eines vom Gesetzgeber vorgegebenen Umtauschkurses in die Heimatwährung umrechnen.[156] Hat sich der entsprechende Wechselkurs seit dem Abschluss im Vorjahr bzw. dem zwischenzeitlichen Erwerb verändert, kann dies bei der Neubewertung am Wirtschaftsjahresende zu einer bilanziellen Wertveränderung führen. Diese Währungsrisikopositionen, die bilanzielle Währungsverluste, aber auch -gewinne generieren können, entsprechen dem *Translation Exposure*. Ihr unmittelbarer Einfluss begrenzt sich auf die Abschlüsse des Unternehmens oder des Konzerns – die Liquidität bleibt zunächst unberührt.

5.3.1.1. Währungsumrechnung in Jahresabschlüssen und bei der Konsolidierung

Vor dem Bilanzmodernisierungsgesetz (BilMoG) fehlte bei der Erstellung des *Jahreseinzelabschlusses* nach HGB eine explizite Vorgabe zur Währungsumrechnung. Stattdessen war nach den Grundsätzen ordnungsmäßiger Buchführung (GoB), wie dem Realisations- und dem Imparitätsprinzip, zu handeln.[157] Bei der *Konsolidierung* im Konzernverbund führten fehlende Vorgaben zur Entwicklung unterschiedlicher Übertragungsmethoden, bei denen sowohl Stichtagskurse als auch durchschnittliche oder historische Kurse Verwendung fanden.[158] Die Wahl der Umrechnungsmethode besaß nicht nur Auswirkungen auf die Bilanz, sondern auch auf die Erfolgswirksamkeit der Devisenkursveränderungen.[159] Mit dem Inkrafttreten des BilMoG am 29.05.2009 regelt das HGB erstmals die Währungsumrechnung auf fremder Währung lautender Vermögensgegenstände und Verbindlichkeiten im Einzelabschluss neu.[160] Die Folgebewertung am Abschlussstichtag ist grundsätzlich zum dann geltenden Devisenkassamittelkurs[161] (DKMK) durchzuführen. Für Restlaufzeiten von einem Jahr und mehr gelten auch

---

[156] Bezüglich der Pflichten vgl. § 242 HGB (Jahresabschluss), § 290 HGB (Konzernabschluss/-lagebericht) und § 244 HGB (Währungseinheit). Ausgenommen sind Einzelkaufleute unter den in § 241a HGB geltenden Bedingungen.

[157] Aus diesen Grundsätzen entwickelten sich fallbezogene, umfassende Bestimmungen; vgl. Hommel und Laas 2008, S. 1666 f.; S. zur Zugangs- und Folgebewertung auch § 253 HGB.

[158] S. Bleuel 2008, S. 2; Jokisch und Mayer 2002, S. 181 ff.; Gamper 1995, S. 141 ff. Die Wahl der Methode musste jedoch aufgrund des Stetigkeitsprinzips beibehalten werden. IAS (IAS 21) und US-GAAP (SFAS No. 52) folgten dem Prinzip der funktionalen Währung; vgl. Müller 2003, S. 151.

[159] Vgl. Müller 2003, S. 154.

[160] S. BGBl vom 28.5.2009 Teil 1, Nr. 27.

[161] Devisenkassamittelkurs = arithmetisches Mittel aus Geldkurs und Briefkurs. Vgl. BGBl vom 28.5.2009 Teil 1, 1.13.

weiterhin Realisations- und Imparitätsprinzip, so dass die Stichtagsbewertung die Wertobergrenze bzw. -untergrenze darstellt. Bei kurzfristigen Restlaufzeiten gilt dies jedoch ausdrücklich nicht, so dass es dort zur Ausweisung unrealisierter Währungsgewinne kommen kann.[162]

Auch für die Konsolidierung brachte das BilMoG Veränderungen. So wurden zwei der drei Grenzwerte (Bilanzsumme und Umsatzerlös), unter denen ein Unternehmen von der Konzernaufstellungsverpflichtung befreit ist, um rund 20 % erhöht und ein Zwang zum Zwischenabschluss bei Erstkonsolidierung zum Erwerbszeitpunkt eingeführt.[163] Die Währungsumrechnung auf fremder Währung lautender Abschlüsse ist durch das BilMoG vereinfacht worden und nur noch mittels der modifizierten Stichtagskursmethode möglich. Diese rechnet das Eigenkapital zum historischen Kurs und sämtliche weitere Bilanzposten zum Stichtagskurs (DKMK) um. Posten der Gewinn- und Verlustrechnung sind zum monatlichen, bei unwesentlich veränderten Wechselkursen auch zum jährlichen Durchschnittskurs umzurechnen. Eine aus der Umrechnung des Eigenkapitals zum historischen Kurs entstandene Differenz wird erfolgsneutral als „Eigenkapitaldifferenz aus Währungsumrechnung" ausgewiesen und nur bei Veräußerung des Tochterunternehmens oder Teilen davon erfolgswirksam.[164]

Das am 09.07.2009 verabschiedete Regelwerk „International Financial Reporting Standard for Small and Medium-sized Entities" (IFRS for SMEs) vom IASB zeigt, obwohl es noch keine unmittelbare Rechtswirkung entfaltet, dass auch für KMU eine Bilanzierung nach IFRS interessant sein kann.[165] Die Währungsumrechnung nach full IFRS unterscheidet zwischen monetären und nicht-monetären Posten. Während bei Ersteren zum Devisenkassakurs am Bilanzstichtag umgerechnet wird, erfolgt die Umrechnung von nicht-monetären Posten nach IAS 21 zum historischen Devisenkassakurs. Umrechnungsdifferenzen sind nach IAS 21.28 erfolgswirksam zu erfassen.[166] Die Konzernabschlusserstellung erfolgt gemäß IAS 21.38 ff. Alle Positionen aus Einzelabschlüssen, die nicht mit der „funktionalen Währung"[167] übereinstimmen, werden grundsätzlich zum Stichtagskurs umgerechnet. Lediglich für einige Eigenkapitalkomponenten muss der historische Devisenkurs genutzt werden. Aufwendungen und Erträge werden wiederum nach Transaktions- und bei unerheblichen Schwankungen auch nach

---

[162] Vgl. § 256a Satz 2 HGB; Künkele und Zwirner 2010, S. 34 f. Siehe zu Ausnahmefällen Heyd und Kreher 2010, S 115 f.

[163] S. § 293 HGB; § 301 Abs. 2 HGB. Vgl. Engel-Ciric 2009, S. 549.

[164] S. § 308a HGB. Vgl. Heyd und Kreher 2010, S. 153; Engel-Ciric 2009, S. 548.

[165] Vgl. Henselmann und Roos 2009. Siehe zu den Unterschieden zwischen IFRS und HGB (nach dem BilMoG) auch Kirsch 2010.

[166] Für Ausnahmen siehe Heyd und Kreher 2010, S. 117.

[167] Zum Konzept der funktionalen Währung siehe Gassen u. a. 2007, S. 171 f.

dem Durchschnittskurs aller Geschäftsvorfälle umgerechnet. Umrechnungsdifferenzen sind auch nach IFRS gesondert erfolgsneutral als Ergebnisbestandteil auszuweisen.[168]

5.3.1.2. Relevanz von Translation Exposures für KMU

BLEUEL sieht aus entscheidungstheoretischer Sicht die beschriebenen bilanziellen Effekte aufgrund ihres Vergangenheitscharakters nicht als entscheidungsrelevant an. Auch zukunftsgerichtete Translationsrisiken stellen für ihn keine geeignete Basis wertorientierter Managemententscheidungen dar, weil zum einen kaum zahlungswirksame Effekte vorliegen und zum anderen bilanzielle Positionen i. d. R. nicht mit den Marktwerten übereinstimmen.[169] JOKISCH und MAYER – wie auch weitere Autoren[170] – stehen einer Absicherung von Translation Exposures ebenfalls kritisch gegenüber und verweisen in diesem Zusammenhang auf eine potentielle Belastung von Unternehmen durch verpflichtende liquiditätswirksame Devisenkurssicherungsinstrumente.[171] So könnte einem bilanziellen Währungsgewinn eine Zahlungsverpflichtung durch den kompensierenden Währungsverlust des derivativen Absicherungsinstruments gegenüberstehen. Obwohl sich beide Positionen wertmäßig ausgleichen, muss das Unternehmen den Bedarf aus seinen Liquiditätsreserven bedienen, da er grundsätzlich nicht durch Veräußerungen der an Wert gestiegenen bilanziellen Positionen bedient werden kann. Auf der anderen Seite stehen bei einer gegenteiligen Entwicklung den bilanziellen Wertverlusten kompensierende Finanzströme gegenüber. Aufgrund der schlechten Prognosemöglichkeiten haftet einer derartigen Absicherung jedoch ein Spekulationscharakter an.

Eine Untersuchung des Absicherungsverhaltens von Translation Exposures in 25 Ländern und über einen Zeitraum von vier Jahren (2003–2006) förderte anhand der Jahresberichte zutage, dass ein Teil der großen multinationalen Unternehmen entgegen den wissenschaftlichen Erkenntnissen Translation Exposures absichern.[172] Obwohl die untersuchten Unternehmen die Relevanz dieser Exposurekategorie gegenüber den Transaction Exposures erkennbar geringer einschätzten und die Gefahr einer Liquiditätsbelastung droht, setzen 18 % auch externe Instrumente zur Kompensierung ein. Eine mögliche Begründung stellt die Priorisierung einer größeren Unabhängigkeit des Unternehmenswertes von

---

[168] Vgl. Heyd und Kreher 2010, S. 155 f.; Henselmann und Roos 2009, S. 19 ff.; Gassen u. a. 2007, S. 173.
[169] Vgl. Bleuel 2008, S. 3 f.
[170] S. Stulz und Williamson 2005.
[171] Vgl. Jokisch und Mayer 2002, S. 188.
[172] Vgl. Salvi u. a. 2009.

Abbildung 5.4.: Bewertung von Finanzierungsalternativen zur Kapitalbedarfsdeckung

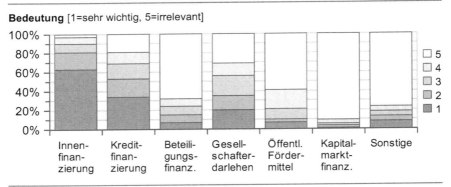

Quelle: Eigene Abb. nach Ahrweiler u. a. 2003, S. 385

Devisenkursschwankungen dar.[173] Ein weiterer Grund zur Absicherung von Translation Exposures ist die Vermeidung indirekter Auswirkungen, wie die einer höheren Besteuerung und höherer Finanzierungskosten.

Wie die Ausführungen über den Einzel- und über den Konzernabschluss zeigen, beeinflusst der Wechselkurs die Gewinnermittlung nach HGB[174] und IFRS. Weil das tatsächlich erwirtschaftete Periodenergebnis aus der Ertragsteuer-/Einheitsbilanz als Ausgangslage für die Steuerbemessung der Einkommens-, Körperschafts- und Gewerbeertragsteuer dient[175], beeinflussen Translation Exposures über die abzuführende Besteuerung indirekt die Liquidität des Unternehmens.

Eine weitere indirekte Beeinflussung der Liquidität kleiner und mittlerer Unternehmen erfolgt über ihre Finanzierungsbedingungen. Mit einer geringen Eigenkapitalquote[176] und einem traditionell hohen Kreditfinanzierungsanteil sind KMU stärker als große Unternehmen von der Kreditvergabepraxis der Ban-

---

[173] Bezüglich des Zusammenhangs von Translation Exposure Hedging und der Unternehmenswertentwicklung siehe Hagelin und Pramborg 2004 und die dort aufgeführte Literatur.

[174] Umstritten bleibt, ob die Ausweisung unrealisierter Gewinne nach § 256a Satz 2 HGB aufgrund des Grundsatzes der Maßgeblichkeit auch Auswirkung auf die Steuerbilanz besitzen. Es besteht ein Verstoß gegen § 6 Abs. 1 Nr. 1, 2 EStG. Vgl. Künkele und Zwirner 2010, S. 35; Heyd und Kreher 2010, S 118.

[175] Vgl. Bähr u. a. 2006, S. 203.

[176] Einer Umfrage (Herbst 2009) nach sind bei einem Drittel der KMU weniger als zehn Prozent der Bilanzsumme mit Eigenkapital finanziert. Nur ein Viertel besitzt eine solide Eigenkapitalausstattung. Vgl. Creditreform 2009, S. 20.

ken abhängig.[177] Die Abhängigkeit steigt in Krisenzeiten, in denen ihr wichtigstes Finanzierungsmittel – die Innenfinanzierung – aufgrund sinkender Umsätze und Gewinnmargen die benötigte Liquidität nicht mehr deckt (Abb. 5.4).[178] Durch die Basel II Neuregelungen sind Banken gezwungen, ihre Kredite risikoabhängig mit Eigenkapital zu unterlegen. Die Risikoeinschätzung erfolgt dabei anhand externer Ratings oder interner Ratingverfahren, bei denen KMU aufgrund ihrer quantitativen und qualitativen Struktur in tendenziell niedrigere Klassen eingestuft werden.[179] Als zentrales Element der Kreditwürdigkeitsprüfung ist der Jahresabschluss dafür mitverantwortlich.[180] Die bankinternen Ratingsysteme vergleichen die aus ihm gewonnenen Kennzahlen mit Normwerten und Daten brancheninterner Konkurrenten, so dass eine bilanzielle Schlechterstellung sich in gestiegenen Finanzierungskosten niederschlagen kann.[181]

Aufgrund einer potentiellen Gefährdung der Mittelstandsfinanzierung wurden verschiedene Modifikationen eingeführt, die zu einer geringeren Eigenkapitalunterlegung für Kredite an KMU und damit auch zu einer Relativierung der befürchteten Auswirkungen auf die Kreditvergabe führen.[182] Dennoch können auch hohe bilanzielle Währungsverluste zu einer Schlechterstellung oder Kreditablehnung führen. Während eine allgemeine Absicherung aller Translation Exposures mittels finanzwirtschaftlicher Instrumente aufgrund des Kosten/Nutzen-Verhältnisses und der potentiellen Liquiditätsbedarfe abzulehnen ist, empfiehlt sich für KMU die Überprüfung möglicher bilanzieller Währungsverluste im Hinblick auf Auswirkungen auf die Finanzierungskosten.[183]   *Hedge Accounting?*

5.3.2. Transaction Exposures

KMU, die internationalen Handel mit Partnern oder Tochtergesellschaften in fremden Währungsgebieten betreiben und dabei Devisen-Cashflows aufweisen, sehen sich Transaction Exposures ausgesetzt. Lediglich diejenigen Unternehmen, deren ein- und ausgehende Cashflows ausschließlich in Heimatwährung erfolgen, bleiben von dieser Exposurekategorie unberührt. Im Gegensatz zum Translation Exposure, das zunächst nur buchhalterischer Natur ist, beeinflusst ein Transaction Exposure unmittelbar und direkt die Liquidität der KMU, weshalb

---

[177] Vgl. Stiefl 2008, S. 118; Ahrweiler u. a. 2007, S. 294; Müller u. a. 2006, S. 3.

[178] S. Stiefl 2008, S. 118.

[179] Vgl. Ahrweiler u. a. 2007, S. 298.

[180] Vgl. Müller u. a. 2006, S. 3; Sachverständigenrat 2005, S. 473.

[181] Vgl. Schmitz und Wehrheim 2006, S. 25 ff.; Müller u. a. 2006, S. 13.

[182] Vgl. Ahrweiler u. a. 2007, S. 299 f.

[183] Vgl. Rehkugler und Schindel 2004, S. 348. Zur Sicherung von Wechselkursrisiken in der Rechnungslegung nach deutschem Handelsrecht und IFRS siehe Borchert 2006.

sie von Währungsmanagement betreibenden Unternehmen oft als die wichtigste aller Exposurearten angesehen wird.[184]

Die Mehrheit der KMU, die Export- oder Import-Geschäfte mit dem Währungsausland betreiben oder dort Tochterunternehmen besitzen, weisen eine der folgenden Beispieltransaktionen und damit Devisen-Cashflows und Transaction Exposures auf:[185]

- In fremder Währung fakturierte Importe und Exporte

- Auslandsverbindlichkeiten/-forderungen

- Zinseinkünfte und -ausgaben aus Auslandsinvestitionen

- Konzerninterne Fremdwährungstransaktionen

Überwiegend handelt es sich hierbei um Positionen der kurzen bis mittleren Frist.[186] Ein Transaction Exposure entsteht mit Abschluss eines Fremdwährungsvertrags (Kontrahierung) und endet, sobald der vereinbarte Betrag bezahlt und in die gewünschte Währung getauscht wurde (Konvertierung).[187] Während das Unternehmen für die Kalkulationsbasis des zu erwartenden konvertierten Betrags üblicherweise den bei Vertragsabschluss gültigen Kassakurs S_{t_1} heranzieht (Gl. 5.8), ergibt sich der tatsächliche Cashflow in Heimatwährung aus dem Produkt von vertraglich zugesichertem (Fremdwährungs-)Preis P^*, der Menge Q und dem zum Konvertierungszeitpunkt geltenden Kassakurs S_{t_2} (Gl. 5.9). Alle zwischenzeitlich erfolgten Devisenkursveränderungen besitzen einen Einfluss auf den endgültigen Cashflow. Entscheidend für den Währungsverlust/-gewinn ist ex post die Differenz der beiden Kassakurse (Gl. 5.10).

$$\mathbf{E}(C) = Q \cdot P^* \cdot \mathbf{E}(S_{t_2}) = Q \cdot P^* \cdot S_{t_1} \qquad (5.8)$$

$$C = Q \cdot P^* \cdot S_{t_2} \qquad (5.9)$$

$$\Delta C = C - \mathbf{E}(C) = Q \cdot P^* \cdot \left(S_{t_2} - S_{t_1} \right) = Q \cdot P^* \cdot \Delta S \qquad (5.10)$$

mit C = Cashflow
ΔC = Währungsverlust/-gewinn
Q = Menge
P^* = Preis in Fremdwährung
S_{t_2} = Wechselkurs in Mengennotierung zum Zeitpunkt t_2

---

[184] Vgl. Henk 2003, S. 73 ff. Diese Einschätzung wird auch von verschiedenen Befragungen unterstützt; s. Bloss u. a. 2009, S. 13 ff.; Glaum 2000, S. 41; Glaum und Roth 1993, S. 1186.

[185] S. Bloss u. a. 2009, S. 57; Gamper 1995, S. 132.

[186] Vgl. Stulz und Williamson 2005, S. 169.

[187] Vgl. Jokisch und Mayer 2002, S. 177.

Die Währungsgewinne und -verluste der Transaction Exposures werden unmittelbar mit der Konvertierung liquiditäts- und mit dem Jahresabschluss erfolgswirksam.

Die zentrale Rolle, die der zukünftige Kassakursverlauf für die Währungsverlust- und Währungsgewinnermittlung spielt, weckt den Bedarf nach Devisenkursprognosen. Kapitel 5.2.2 zeigt jedoch, dass sich Kursprognosen in den hier überwiegend vorliegenden kurzen bis mittleren Fristen nicht zur Bestimmung oder Eingrenzung des Wechselkursrisikos von KMU eignen. Volatilitätsmodelle erlauben es KMU hingegen, Wechselkursrisiken mittels historischer Daten oder impliziter Volatilitäten zu quantifizieren, ohne konkrete Angaben über zukünftige Kursstände zu fingieren. Dabei ist der aktuelle Kassakurs – wie bereits bei einer Simulation mittels Random-Walk[188] – der beste Schätzer für die Lagegröße: den zukünftigen Kassakurs.[189] Das Risiko wird mittels einseitiger, lageabhängiger Risikomaße, wie dem VaR und dem CVaR, gemessen und gibt das Verlustpotential zum gewählten Signifikanzniveau bzw. die durchschnittliche Verlusthöhe jenseits des Konfidenzintervalls an.[190] Es folgt ein Vergleich mit der Risikotragfähigkeit der KMU, aus der sich die Entscheidung zur Risikominderung oder Risikoakzeptanz ergibt.

5.3.2.1. Wahl der Kalkulationsbasis

Wählen KMU zur Berechnung des Erwartungswertes – wie z. B. von MOSER vorgeschlagen[191] – vom aktuellen Kassakurs abweichende Wechselkurse, schaffen sie eine neue *Kalkulationsbasis*, die sich auch auf die Ermittlung der Währungsverluste und -gewinne auswirkt. Als Beispiel dient ein kleines inländisches Unternehmen, das einen am Zahlungsziel orientierten Terminkurs ansetzt. Bei einem US-Exportgeschäft mit dreimonatiger Zahlungsfrist ergeben sich, in Abhängigkeit von fünf unterstellten zukünftigen Umweltzuständen z_1 bis z_5, die in Tabelle 5.6 dargestellten Ergebnisse. Der Kalkulationsvergleich von Kassakurs- und Terminkursbasis zeigt, dass sich trotz gleicher Wechselkursentwicklung und gleichen Cashflows die Bewertungen des Wechselkurseinflusses unterscheiden.

Die Kalkulationsbasis geht zudem in die Berechnung der Absicherungskosten ein, wodurch sie einen Einfluss auf die Bewertung von Absicherungsmaßnahmen ausübt. Ist der Swapsatz ungleich null und erfolgt die Kalkulation auf Grundlage des aktuellen Kassakurses, führt ein Termingeschäft zu einem vom erwarteten

---

[188] Vgl. Kapitel 4.2.1.2 auf Seite 58.
[189] Vgl. Gamper 1995, S. 132 f.
[190] Vgl. Kapitel 4.3 auf Seite 85.
[191] S. Moser 1985, S. 78.

Tabelle 5.6.: Währungsgewinne/-verluste in Abhängigkeit der Kalkulationsbasis

				ungesichert		gesichert	
z	P^*	S_{3M}	$\mathbf{E}(C)$	C	ΔC	C	ΔC
	US-\$	US-\$/€	€	€	€	€	€
			Kalkulationsbasis: Kassakurs $S_0 = 1{,}375$ US-\$/€				
1	750 000	1,335	545 455	561 798	16 343	547 445	−1 990
2	750 000	1,355	545 455	553 506	8 051	547 445	−1 990
3	750 000	1,375	545 455	545 455	0	547 445	−1 990
4	750 000	1,395	545 455	537 634	−7 821	547 445	−1 990
5	750 000	1,415	545 455	530 035	−15 420	547 445	−1 990
			Kalkulationsbasis: 3M−Terminkurs $F_{3M} = 1{,}370$ US-\$/€				
1	750 000	1,335	547 445	561 798	14 353	547 445	0
2	750 000	1,355	547 445	553 506	6 061	547 445	0
3	750 000	1,375	547 445	545 455	−1 990	547 445	0
4	750 000	1,395	547 445	537 634	−9 811	547 445	0
5	750 000	1,415	547 445	530 035	−17 410	547 445	0

Die Sicherung findet ohne weitere Kosten zu F_{3M} statt.
Es wurde auf ganze Stellen gerundet.

Quelle: Eigenes Beispiel

Cashflow abweichenden Betrag. Diese Abweichung ist – je nach Vorzeichen des Swapsatzes – als Absicherungskosten bzw. als Absicherungserlös zu interpretieren. Kalkulieren KMU mit dem der Fälligkeit entsprechenden Terminkurses, fallen bei einer Absicherung auf Basis dieses Terminkurses definitionsgemäß keine Kosten an. Die Kosten/Erlöse fehlen jedoch nur aufgrund der niedrigeren/höheren Erwartung. Die Absicherungsgeschäfte erzeugen unabhängig von der Kalkulationsbasis die gleichen Cashflows, so dass auch die Liquidität des Unternehmens unabhängig von der Wahl der Kalkulationsbasis die gleiche ist. KMU sollten daher diesen Effekt berücksichtigen und Absicherungsentscheidungen in Abhängigkeit der resultierenden Cashflows treffen.

Die Kalkulationsbasis können KMU einerseits über den zugrunde gelegten Wechselkurs, andererseits aber auch über eine Anpassung des Fremdwährungspreises beeinflussen (5.8). Eine Preisanpassung beeinflusst neben der Kalkulationsbasis auch den tatsächlichen Cashflow (5.9) und damit die Liquidität der KMU. Dieses Vorgehen entspricht einer Selbstversicherung durch die Einpreisung einer Risikoprämie, was die eigenen Produkte verteuert und sich bei KMU in einer

Tabelle 5.7.: US-$-Positionen eines kleinen Unternehmens am 05.03.2010

Pos.	Art	Volumen	Fälligkeit		Net Transaction Exp.
		US-$	Datum	H	US-$
1.	Verbindlichkeit	20 000	09.03.2010	2	+20 000
1.	Verbindlichkeit	20 000	11.03.2010	4	+40 000
2.	Forderung	100 000	11.03.2010	4	+60 000
3.	Verbindlichkeit	30 000	23.03.2010	12	−40 000
4.	Verbindlichkeit	50 000	26.03.2010	15	−10 000
1.	Verbindlichkeit	10 000	31.03.2010	17	+40 000
5.	Forderung	50 000	31.03.2010	17	+50 000

Quelle: Eigenes Beispiel

gespannten Konkurrenzsituation nur selten im Markt durchsetzen lässt.[192] KMU, die keine Alternativen zu einer kundenorientierten Strategie besitzen, sind darauf angewiesen, auf Währungswünsche der Abnehmer einzugehen und für ein hohes Exportvolumen geringere Deckungsbeiträge in Kauf zu nehmen.[193]

5.3.2.2. Ermittlung der Währungsrisikopositionen und Exposures

Die Ermittlung der Währungsrisikopositionen für das Transaction Exposure ist verhältnismäßig unproblematisch, da sie der Finanz-/Liquiditätsplanung entnommen werden können.[194] Diese Instrumente nehmen für die Existenzsicherung eines Unternehmens einen derart hohen Stellenwert ein, dass sie in allen KMU auf die eine oder andere Weise vorzufinden sind.[195] Benötigt werden Volumina, Fristigkeiten und Währungen aller Fremdwährungspositionen, die in der Vergangenheit entstanden und zu einem bekannten zukünftigen Termin fällig sind. Aktuelle Kassakurse können bei Kreditinstituten erfragt oder kostenlosen Internetportalen entnommen werden. Mit Ausnahme der zukünftigen Kassakurse sind alle zur Berechnung der Transaction Exposures benötigten Komponenten bekannt.

Der erste Schritt in der Exposureermittlung ist die Aufschlüsselung aller Währungsrisikopositionen nach Währung und Fristigkeit. Tabelle 5.7 zeigt für den

---

[192] Vgl. Mayer-Fiedrich 2007, S. 337.

[193] Vgl. Diller 2008, S. 300. Dieser Effekt wird durch eine empirische Erhebung gestützt; s. Samiee und Anckar 1998, S. 125.

[194] Vgl. Henk 2003, S. 78. Siehe zur Eignung des Cash-Managements für die Währungssicherung auch Mayer-Fiedrich 2007. Dass eine zeitnahe Ermittlung der Exposures mitunter auch Probleme bereitet, zeigt eine empirische Erhebung bei Baird 2006, S. 66.

[195] Vgl. Küpper 2005, S. 174.

Abbildung 5.5.: Konzepte zur Ermittlung der Netto Transaction Exposures

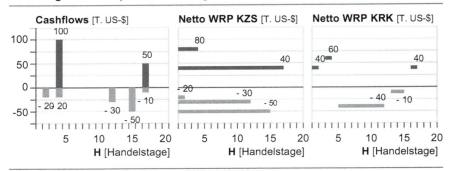

Quelle: Eigene Abb.

05.03.2010 eine entsprechende Liste der US-$-Forderungen und -Verbindlichkeiten eines kleinen inländischen Unternehmens – Abb. 5.5 zeigt im linken Diagramm eine grafische Darstellung. Das US-$-Exposure des Unternehmens ist nicht gleich der einzelnen Währungsrisikopositionen, sondern entspricht den Nettopositionen (*Net Transaction Exposures*).[196] Die Saldierung gegenläufiger Positionen kann über zwei Verfahren erfolgen:[197]

- *Konzept der Zeitpunktsaldierung* (KZS): Es werden nur diejenigen Positionen saldiert, die sowohl die gleiche Währung als auch den gleichen Fälligkeitstag aufweisen. Abb. 5.5 stellt im mittleren Diagramm grafisch die Netto Währungsrisikopositionen dar. Positionen, die eine Zeit lang nebeneinander existieren, jedoch nicht am gleichen Fälligkeitstag enden, werden nicht miteinander saldiert, obwohl der Wechselkurs nur das Saldo beeinflusst. Die Vorteile dieses Konzepts sind eine leichtere Zuordnung zu den originären Positionen sowie eine allgemein höhere Verständlichkeit des Prinzips. Des Weiteren laufen KMU bei einer Absicherung der Transaction Exposures nicht Gefahr, zwischenzeitliche Liquiditätsbedarfe bedienen zu müssen. Nachteilig ist das Ignorieren der tatsächlich an einem Tag existierenden Exposurehöhe und -richtung, das zu unnötigen entgegengesetzten Absicherungen und damit zu höheren Absicherungskosten führen.

- Konzept der Rückwärtskumulation (KRK): Damit sich auch in den überschneidenden Zeiten die Währungsrisikopositionen einer Währung miteinander saldieren, werden sie, ausgehend von der Position mit dem spä-

---

[196] Vgl. Priermeier 2005, S. 66; Henk 2003, S. 78; Zunk 2002, S. 93.
[197] Vgl. Beike 1995, S. 83 ff.

testen Fälligkeitstermin, rückwärts aufaddiert. Es entsteht ein Profil der Währungsrisikopositionen, wie es Abb. 5.5 auf der rechten Seite veranschaulicht. Dieses Profil zeigt die tatsächliche Höhe der Exposures, lässt jedoch die pagatorische Wirkung der einzelnen Positionen außer Acht.

Für KMU, die einerseits wenig Währungsrisikopositionen aufweisen und deren Priorität in der Liquiditätssicherung liegt, eignet sich das KZS.[198] Die vermeintlich höheren Absicherungskosten treten auf, wenn entgegengesetzte Absicherungsgeschäfte getätigt werden, was sich bei kleinen Unternehmen mit zentralem Entscheider leicht aufdecken und mittels des KRK überprüfen lässt.

Damit KMU ausreichend früh Maßnahmen gegen Währungsrisiken einleiten können, eignet sich eine rollende Liquiditätsplanung. Diese legt den Planungszeitraum im Gegensatz zur Blockplanung nicht erst nach Ablauf neu fest, sondern erweitert ihn in regelmäßigen Abständen im Sinne eines nicht endenden kontinuierlichen Prozesses. Dabei können KMU den Aufwand beschränken, wenn sie in Abhängigkeit der Zahlungsströme, der Kapazitäten und der Marktlage unterschiedlich feine Zeitspannen für die Anpassungsintervalle wählen. Während für Unternehmen mit einer verhältnismäßig geringen Anzahl von Zahlungsströmen und niedrigen personellen Ressourcen monatliche Intervalle sinnvoll erscheinen, können Krisenlagen oder rege Zahlungsströme wöchentliche oder tägliche Zeitspannen erfordern.[199]

Obwohl eine Liquiditäts- und Finanzplanung überwiegend EDV-gestützt, also mittels einer Finanzsoftware oder zumindest eines Tabellenkalkulationsprogramms erfolgt und daher ein Großteil der für das Währungsmanagement benötigten Daten elektronisch vorhanden ist, fehlt überwiegend die Implementierung eines Währungsrisiko-Managementsystems. ZUNK stellte während seiner Untersuchung verschiedener Cash- und Treasury-Managementsysteme im Jahr 2005 fest, dass selbst bei Programmen der höheren Preiskategorie die Entwicklung hin zu integrierten Risikomanagementfunktionen erst mit dem gestiegenen Risikobewusstsein und den Anforderungen durch die Einführung des KonTraG begonnen hat. Zwar bieten zahlreiche Produkte mittlerweile die Berücksichtigung derivativer, finanzwirtschaftlicher Absicherungsinstrumente an – häufig fehlt jedoch die benötigte Verknüpfung zu den originären Exposures und damit die Möglichkeit zu einer Aggregation der einzelnen Exposures zu einem Gesamtexposure.[200]

---

[198] Dieses Verfahren wird, ohne es zu bezeichnen, auch von anderen Autoren angewandt; vgl. Henk 2003, S. 78.

[199] Vgl. Volkart 2008, S. 1009 f.; Stocker 2006, S. 253 f.

[200] Vgl. Zunk 2005.

5.3.2.3. Bewertung und Aggregation

Das Bewerten von Einzelpositionen mittels des VaR und die anschließende Aggregation zu einem übergeordneten Wert wird VaR-Verfahren genannt.[201] Dieses eignet sich für die Risikomessung von Finanzprodukten, die sich leicht bepreisen und innerhalb einer kurzen Frist an Finanzmärkten handeln lassen. KMU aus dem Industrie- und Handelssegment weisen aber hauptsächlich Vermögensgegenstände zur Leistungserstellung oder aus ihr gewonnene Waren auf, für die es aufgrund der Spezifität und des geringen Wertes für Dritte oft keine den Kapitalmärkten entsprechenden Märkte gibt.[202] Auch der Betrachtungszeitraum liegt mit bis zu einem Jahr höher als die übliche VaR-Berechnung über zehn Handelstage bei Kreditinstituten.[203]

Stattdessen wird ein Cashflow-basiertes Verfahren mit der Bezeichnung *Cashflow at Risk* (CFaR) verwendet, das ohne die Berechnung von Barwerten auskommt. Eine Verwendung des CVaR ist gleichfalls möglich und wird im Folgenden entsprechend als *Conditional Cashflow at Risk* (CCFaR) bezeichnet. Analog zum VaR_α-Risikomaß definiert sich der (absolute) $CFaR_\alpha$ nach Wahl des Signifikanzniveaus α sowie des Betrachtungszeitraums H als negatives Quantil der Cashflows innerhalb H. Als relativer CFaR wird die Abweichung des CFaR vom erwarteten Cashflow bezeichnet.[204] Der CCFaR entspricht dem erwarteten Cashflow im Fall einer Überschreitung des CFaR. Auch hier beschreibt der relative CCFaR die Differenz zum Erwartungswert.

Die Bewertung der einzelnen Transaction Exposures erfolgt mit den Risikowerten der entsprechenden Fälligkeitsfristen. Der unmittelbare Vergleich mit den aus der Liquiditätsplanung zu entnehmenden Plan-Cashflows zeigt die Gefahr, die der Liquidität des Unternehmens durch den entsprechenden Fremdwährungs-Cashflow droht (Abb. 5.6). Da KMU nicht nur drohende Währungsverluste aus Forderungen und Verbindlichkeiten eines einzelnen Tages, sondern ganzer Zeiträume und mehrerer Währungen interessieren, liegen die nächsten Schritte in der Berücksichtigung von Wirkungszusammenhängen und die Aggregation zu einem Währungsrisiko.[205] Die *Exposureaggregation* innerhalb einer Risikokategorie und Währung stellt sich verhältnismäßig einfach dar, weil sie ohne die Berücksichtigung von Wirkungszusammenhängen mit weiteren Risikogrößen auskommt.

---

[201] Für J.P. Morgans Verfahren RiskMetrics siehe J. P. Morgan 1996.

[202] Vgl. Winter 2004, S. 291.

[203] Vgl. Küpper 2005, S. 177 f.; Priermeier 2005, S. 64 ff.; Hager 2004, S. 205; Winter 2004, S. 291.

[204] Vgl. Winter 2004, S. 291.

[205] Vgl. Priermeier 2005, S. 67.

Abbildung 5.6.: Bewertung der Exposures mittels VaR und CVaR

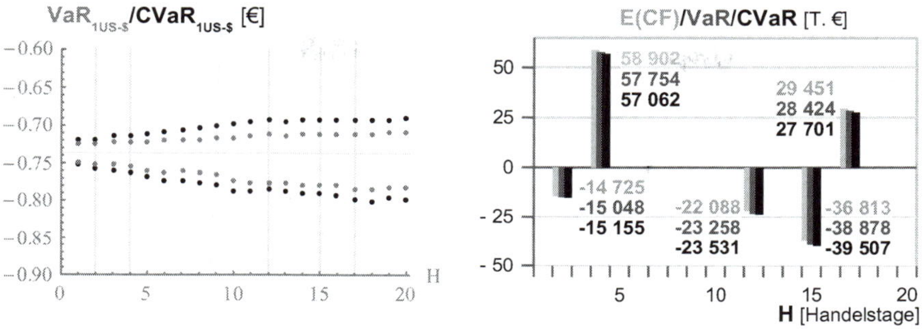

Quelle: Eigene Abb.

Beim Vorliegen von Net Transaction Exposures[206] mehrerer Währungen läuft es für KMU in der *Exposureaggregation* nur in Ausnahmefällen auf eine reine Addition der einzelnen Währungsexposures hinaus.[207] Währungen weisen untereinander Zusammenhänge unterschiedlicher Richtung und Stärke auf, die sich bei der Aggregation exposuremindernd auswirken. Der wesentliche Anteil besteht aus einem linearen Zusammenhang, der mittels eines Korrelationskoeffizienten für jedes Währungspaar berücksichtigt werden kann.[208]

Da KMU neben Währungsrisiken auch durch einen Bedarf an Rohstoffen von Preis- oder durch ihre Fremdfinanzierung von Zinsrisiken betroffen sind und die Entwicklung von Rohstoffpreisen und Zinsen auch von Währungsverläufen abhängen, wird für die exakte Gesamtexposureberechnung eine umfassende Berücksichtigung aller Korrelationen benötigt.[209] Dieses individuelle Verfahren wird auch als *Exposuremapping* bezeichnet und idealerweise mittels Monte-Carlo-Simulation durchgeführt.[210] Kleine Unternehmen, die entsprechende Ressourcen nicht aufbringen, müssen den Gesamtrisikoumfang alternativ überschlägig bestimmen oder auf die Berücksichtigung von Korrelationen verzichten.[211]

---

[206] Im Folgenden wird ohne weitere Kennzeichnung davon ausgegangen, dass gegenläufige Exposures der gleichen Währung während ihres Bestehens saldiert werden.

[207] Vgl. Rehkugler und Schindel 2004, S. 346.

[208] Vgl. Beike 1995, S. 69 ff.; vgl. auch Abschnitt 170, S. 91.

[209] Vgl. hierzu auch das Beispiel in Hager 2004, S. 134 ff.

[210] Vgl. Priermeier 2005, S. 67; Hager 2004, S. 189 ff. Für ein Beispiel s. Henk 2003, S. 159.

[211] S. zu vereinfachten Verfahren Gleißner u. a. 2004, S. 78 ff.

Dass die Wahl durch die zur Verfügung stehenden Ressourcen beschränkt ist, zeigt eine Untersuchung des Absicherungsverhaltens bei deutschen Industrie- und Handelsunternehmen von GLAUM. Dort überraschte der verhältnismäßig hohe Anteil von Unternehmen, die eine Kurssicherung auf der Basis individueller Wechselkursrisikopositionen und nicht anhand aggregierter Exposures betreiben.[212] Die Studie ergab, dass der Anteil derart vorgehender Unternehmen mit steigender Unternehmensgröße abnimmt.[213]

Verzichten KMU aufgrund des Aufwands auf die Nutzung von Korrelationen, drohen Verzerrungen in Form einer Überschätzung des Gesamtexposures. Obwohl daraus unmittelbar keine Unternehmensgefährdung resultiert, sind entsprechende KMU potentiell von höheren Absicherungskosten betroffen. KÜPPER rät dennoch zur Ausblendung von Währungskorrelationen, weil diese in der Vergangenheit keine Stabilität im Zeitablauf zeigten.[214] Insbesondere in Stresssituationen verändern sich die zuvor ermittelten Korrelationskoeffizienten, so dass in Zeiten, in denen das Unternehmen auf den Schutz durch das Risikomanagement angewiesen ist, sich die Prognosefehler erhöhen. Verfolgen KMU keine Strategie der regelgebundenen Absicherung, bei der jede Position oder zumindest ein Anteil jeder Position abgesichert wird, reduzieren sich die drohenden Mehrkosten. Diese können dann unter Berücksichtigung der eingesparten Ressourcen gerechtfertigt sein.

Die Funktion einer stetigen Exposureberechnung ohne regelgebundene Absicherung ist mit der eines Frühwarnsystems zu vergleichen. Alleine die Sammlung der benötigten Daten für die Exposureberechnung verbessert bereits das Verständnis der Risikostruktur sowie die Aufmerksamkeit für Gefährdungen von KMU. Der Verzicht auf die Absicherung jeder einzelnen Position vermeidet liquiditätsbelastende Absicherungskosten. Die Untersuchung von GLAUM ergab, dass nur 9 % der befragten Unternehmen Transaction Exposures außer Acht lassen und ein Anteil von 64 % sie zielgerichtet steuern. Die übrigen Unternehmen beschränken sich auf eine regelmäßige Beobachtung.[215] Mittlere Unternehmen, deren Ressourcen Absicherungsvorgaben mit regelmäßigen Hedging-Maßnahmen beinhalten, sollten Exposuresimulationen nutzen, um unnötige Absicherungen zu vermeiden und Kosten zu senken.

---

[212] Vgl. auch Loderer 2000.
[213] Vgl. Glaum 2000, S. 43.
[214] Vgl. Küpper 2005, S. 190.
[215] Vgl. Glaum 2000, S. 41.

Abbildung 5.7.: Hedging-Prinzip mit unbedingten Derivaten

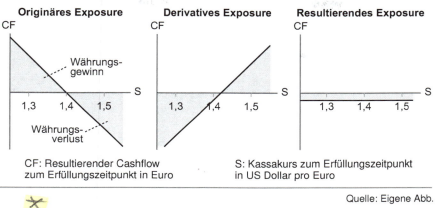

CF: Resultierender Cashflow
zum Erfüllungszeitpunkt in Euro

S: Kassakurs zum Erfüllungszeitpunkt
in US Dollar pro Euro

Quelle: Eigene Abb.

5.3.2.4. Prinzip der Absicherung gegen Transaction Exposures

Die Absicherung eines Transaction Exposures mittels finanzwirtschaftlicher Instrumente erfolgt über die Generierung einer derivativen Währungsrisikoposition, die vom gleichen Risiko entgegengesetzt zur originären Währungsrisikoposition beeinflusst wird. Das folgende vereinfachte Beispiel verdeutlicht
den Hedging-Vorgang schematisch:[216] Ein kleines oder mittleres Unternehmen
hat zum gegenwärtigen Kassakurs (1,400 US-$/€) ein Exportgeschäft mit zwei-
monatigem Zahlungsziel getätigt. Zum Fälligkeitszeitpunkt kann der US-$/€-
Wechselkurs angestiegen sein, so dass dem Unternehmen beim Umtausch des
Devisenbetrags in die Heimatwährung aufgrund des Transaction Exposures ein
Währungsverlust droht. Bei einer entgegengesetzten Entwicklung erwirtschaf-
tet das Unternehmen hingegen einen Währungsgewinn (Abb. 5.7: links). Durch
Devisentermingeschäfte mit Kreditinstituten (Devisen-Forwards) oder an Terminbörsen (Devisen-Futures) bildet das Unternehmen ein entgegengesetztes
Exposure, das bei steigendem US-$/€-Wechselkurs einen Währungsgewinn und
bei fallenden Kursen einen -verlust generiert (Abb. 5.7: Mitte). Da sich die Finanzströme gegenseitig kompensieren, reduziert sich das resultierende Exposure
bis hin zur vollkommenen Unabhängigkeit vom Wechselkurs (Perfect Hedge,
Abb. 5.7: rechts).

---

[216] Für eine detaillierte Behandlung finanzwirtschaftlicher Hedging-Instrumente siehe Albrecht und
Maurer 2008, S. 557 ff.

Eine Absicherung in Form einer vollkommenen Unabhängigkeit vom Wechselkurs ist nicht zwingend notwendig. Sowohl der VaR als auch der CVaR einer
Risikogröße lassen sich bereits durch die Absicherung eines Exposureanteils
reduzieren.[217] Dabei ist die positive Homogenität[218] eine hilfreiche Eigenschaft
der verwendeten Risikomaße, da beispielsweise eine Absicherung der Hälfte
eines Exposurebetrags zu einer entsprechenden Reduzierung des Risikobetrags
führt. Die Überwachung und Absicherung der Transaction Exposures ist für KMU
– losgelöst von den anderen Exposureklassen – eine zu bewältigende Aufgabe,
da sie nicht zwingend hohe Anforderungen an das Unternehmen stellt. Weil
sie zudem das Risikobewusstsein steigert, sollte das Management der Transaction Exposures von allen KMU benutzt werden, die Fremdwährungscashflows
aufweisen und damit direkt vom Währungsrisiko betroffen sind.

5.3.3. Contractual Exposures

Contractual Exposures werden in Exposureklassifizierungen nur selten als eigene
Klasse geführt. Wissenschaftliche Beiträge zum Währungsrisikomanagement
ordnen sie üblicherweise den Economic Exposures zu, während einige Autoren
sie in die Klasse der Transaction Exposures einbeziehen.[219] Der Grund für die
unterschiedliche Zuordnung des Contractual Exposures ist die Übereinstim-
mung einiger Merkmale mit Eigenschaften von Transaction Exposures und die
Übereinstimmung anderer mit denen von Economic Exposures.[220] Contractual
Exposures weisen aber auch Eigenschaften auf, die im Widerspruch zu beiden
Exposureklassen stehen, weshalb sie in der vorliegenden Arbeit als gesonderte
Klasse behandelt werden.[221]

Als Contractual Exposures gelten alle kurz- bis mittelfristigen Währungsrisikopositionen, die vertraglich fixiert sind und (noch) nicht gebuchten Transaktionen
entspringen. Während Transaction Exposures risikobehaftete *deterministische
Devisencashflows* beschreiben, handelt es sich bei Contractual Exposures um
stochastische Devisencashflows.[222] Das bedeutet, dass bei Contractual Exposures
sowohl der Betrag in Heimatwährung als auch der Betrag vor dem zukünftigen
Währungstausch risikobehaftet sind. Das Risiko der Cashflows wird in Anlehnung
an (5.9) Preisrisiko genannt. Der Cashflowverlust setzt sich aus dem Währungsverlust und dem Preisverlust zusammen (5.13). Es wird unterstellt, dass dieses

---

[217] S. Abb. 4.20, S. 129.

[218] S. Gleichung (4.24), S. 87.

[219] Vgl. Henk 2003, S. 82; s. auch Tab. 4.2, Position 3.

[220] Auch Economic und Transaction Exposures lassen sich nicht überschneidungsfrei trennen; vgl.
Küpper 2005, S. 175.

[221] S. Stulz und Williamson 2005, S. 172.

[222] S. von Stosch 2006, S. 73. S. auch Abschnitt 4.4.2.2, S. 126.

– in Abgrenzung zu den noch ausstehenden Economic Exposures – vom Währungsrisiko unabhängig ist.

$$\mathbf{E}(C) = \mathbf{E}(Q_{t_2} \cdot P^*_{t_2}) \cdot \mathbf{E}(S_{t_2}) \qquad \text{mit: } \mathrm{Cov}(Q \cdot P^*, S) = 0 \qquad (5.11)$$

$$C = Q_{t_2} \cdot P^*_{t_2} \cdot S_{t_2} \qquad (5.12)$$

$$\Delta C = C - \mathbf{E}(C) = Q_{t_2} \cdot P^*_{t_2} \cdot S_{t_2} - \mathbf{E}(Q_{t_2} \cdot P^*_{t_2}) \cdot \mathbf{E}(S_{t_2}) \qquad (5.13)$$

mit C = Cashflow
   ΔC = Cashflowdifferenz
   $Q_{t_2} \cdot P^*_{t_2}$= Devisencashflow zum Zeitpunkt t_2
   S_{t_2} = Wechselkurs in Mengennotierung zum Zeitpunkt t_2

Während ein in drei Monaten erwarteter Devisenbetrag von 100 000 US-$, der bei Zahlung in die Heimatwährung Euro umzutauschen ist, ein Transaction Exposure darstellt, entspricht ein risikobehafteter Betrag von 100 000 US-$ ± 20 000 US-$ unter gleichen Bedingungen einem Contractual Exposure – ebenso wie ein Devisenbetrag von 100 000 US-$, dessen Zahlungseingang unbestimmt ist. Einige Autoren weisen darauf hin, dass sichere zukünftige Cashflows nicht existieren.[223] In Verbindung mit obiger Definition sind alle Transaction Exposures als Conditional Exposures anzusehen. Durch die sich stark unterscheidende Wahrscheinlichkeit von Fremdwährungszinszahlungen als Beispiel sicherer Cashflows und Zahlungsströme ausländischer Absatzerlöse als Beispiel unsicherer Cashflows ist eine Unterscheidung in beide Klassen gerechtfertigt.

Inwiefern Contractual Exposures in der Praxis des Währungsmanagements eine Rolle spielen, zeigt die Untersuchung des Risikomanagementverhaltens von deutschen Industrie- und Handelsunternehmen durch GLAUM. Obwohl bei der Frage nach den abgesicherten Exposureklassen die Kategorie der Contractual Exposures fehlt, lässt sich mittels einer Kontrollfrage erkennen, dass 50 % der befragten Unternehmen erwartete künftige Zahlungseingänge und -ausgänge in die Berechnungen der Hedging-Positionen mit einbeziehen und damit Contractual Exposures managen.[224] Die Absicherung beider Exposureklassen findet in einem gemeinsamen Prozess statt.

5.3.3.1. Risikobehaftete Währungsrisikopositionen

Der für das Management der Transaction Exposures verwendete Cashflow at Risk-Prozess lässt sich in modifizierter Form auch für das Management von

---

[223] Vgl. Sercu 2009, S. 459; von Stosch 2006, S. 74 f.
[224] Vgl. Glaum 2000, S. 41; s. auch Henk 2003, S. 91.

Contractual Exposures verwenden. Zuvor bedarf es der Ermittlung aller risikobehafteten Währungsrisikopositionen, was angesichts der fehlenden Buchungen und der Anzahl beeinflussender Faktoren KMU bei manchen Währungsrisikopositionen schwer fällt. Betroffen sind insbesondere durch externe Faktoren beeinflusste Positionen, da interne Faktoren definitionsgemäß im Einflussbereich des Unternehmens liegen. Investitionszahlungen sind ein Beispiel für Cashflows, die überwiegend von internen Faktoren abhängen und durch eine Investitionsplanung relativ gut prognostiziert werden können. Absatzerlöse sind hingegen vom externen Faktor Nachfrage abhängig und schwieriger zu prognostizieren.[225]

Als flexibelstes Prognoseverfahren bieten sich die bei der Transaction Exposure Aggregation aufgeführten *Exposuremapping*-Verfahren an.[226] Über formale Funktionszusammenhänge, wie Absatzfunktionen, wird ein Modell der Wirkung aller zu berücksichtigenden Faktoren auf die Währungsrisikoposition erstellt. Durch die Monte-Carlo-Methode werden zufällige Ausprägungen der einzelnen Faktoren erzeugt und mittels des Modells zu einer von mehreren tausend Ausprägungen zusammengeführt. Die Gesamtheit der Ergebnisse stellt die Risikoverteilung der Währungsrisikoposition und die Grundlage für die Bewertung durch das Währungsrisiko dar.[227]

Entschließen sich KMU zur Anwendung dieses Verfahrens, kann die Wechselrisikobewertung und Aggregation zur übergeordneten CFaR/CCFaR-Kennzahl in einer gemeinsamen Monte-Carlo-Simulation erfolgen. Problematisch ist neben dem verhältnismäßig hohen Aufwand eine exakte Modellierung wirtschaftlicher Zusammenhänge, was aufgrund deren Komplexität oft nicht möglich ist.[228] Stattdessen werden Schätzwerte und Näherungen verwendet, die aufgrund des umfangreichen Verfahrens zu einer Scheingenauigkeit und bei den KMU zu einer Scheinsicherheit führen können. Wird dieses Verfahren durch den hohen Aufwand abgelehnt, müssen KMU alternative Verfahren, wie die Bestimmung der Exposures auf Basis von historischen Daten (Regressionsverfahren) oder durch Managementeinschätzung, verwenden.[229]

Cashflow-Prognosen sind Bestandteil des Liquiditätsmanagements. Obwohl Cashflows ein anderes Verhalten als Wechselkurse aufweisen, können KMU die

---

[225] Vgl. von Stosch 2006, S. 81 ff.

[226] Vgl. Priermeier 2005, S. 67; Hager 2004, S. 189 ff.; Henk 2003, S. 159.

[227] Hierzu müssen die Ausprägungen, wie bei einem Histogramm, durch Aggregation innerhalb gleich großer Bereiche in eine diskrete Verteilung überführt werden.

[228] Vgl. Bartram 2000b, S. 283.

[229] Vgl. von Stosch 2006, S. 75 ff.; Bartram 2000b, S. 1284. Das Regressionsverfahren wird auch für ein Management von Economic Exposures benutzt und im entsprechenden Abschnitt vorgestellt. Vgl. Abschnitt 5.4.2.1, S. 207.

aus der Devisenkursprognose bekannten statistischen Verfahren der Zeitreihenanalyse[230] verwenden. Allerdings haben in der Liquiditätsprognose konjunk-
turelle und saisonale Einflüsse sowie Trends eine stärkere Rolle als bei Devisenkursprognosen.[231] Weil es sich bei der Zeitreihenanalyse um ein vergangen-
heitbezogenes Prognoseverfahren handelt, ist eine ausreichend hohe Anzahl
vergleichbarer historischer Daten Voraussetzung für einen Einsatz. Je länger der
Prognosezeitraum ist, desto weniger Daten sind vorhanden, was die Ermittlung
zusätzlich zum größeren Einfluss von Störgrößen noch erschwert. Auch Strukturbrüche können KMU dazu zwingen, auf eine Prognose mittels historischer
Daten zu verzichten und Managementeinschätzungen zu nutzen.

5.3.3.2. Bewertung und Absicherung

Ist das Risiko der Cashflows quantifiziert, folgt die Bewertung durch Berücksichtigung des Währungsrisikos. Durch die Annahme, dass die Ausprägung der
Cashflows von der Wechselkursentwicklung unabhängig ist, ergibt sich ein Korrelationskoeffizient von null. Eine Addition der VaR/CVaR-Werte würde das Risiko
überschätzen, weil es lediglich die Situation berücksichtigt, in der die beiden
VaR/CVaR-Ausprägungen gleichzeitig eintreten. Bei einem Signifikanzniveau
α von 1 % entspricht der sich ergebende VaR dem gleichzeitigen Auftreten des
höchstmöglichen Währungsverlustes (mit $p = 0,99$) und höchstmöglichen Preis-
verlustes[232] (mit $p = 0,99$).[233] Dieses Vorgehen ist für KMU leicht umzusetzen,
führt jedoch zu einem verstärkten Absicherungsverhalten und damit langfristig
zu höheren Absicherungskosten.

Die passenden Risikowerte lassen sich mittels einer Monte-Carlo-Simulation
ermitteln. Indem zufällige Ausprägungen des preisrisikobehafteten Cashflows P^*
mit zufälligen Ausprägungen des wechselkursrisikobehafteten Kassakurses K_{t_2}
multipliziert werden, nähert sich mit der Anzahl der Wiederholungen die resultierende Verteilung der gemeinsamen an. Dieser Verteilung kann der tatsächliche
VaR/CVaR, der unter dem zuvor errechneten liegt, entnommen werden.

Gleichgültig, welches der beiden Verfahren angewandt wird, ergeben sich Ex-
posureprofile, die dem Profil aus Abbildung 5.6 (rechts) gleichen. Das aus Abschnitt 5.7 bekannte Prinzip der Absicherung von Währungsexposures behält
seine Bedeutung grundsätzlich bei – auch wenn es aufgrund der risikobehafteten originären Positionen um einige Überlegungen erweitert werden muss.

---

[230] Vgl. Abschnitt 4.2.3.2.
[231] Eine Ausführliche Darstellung der Cashflow-Prognose findet sich in von Stosch 2006, S. 75 ff.
[232] Mit Preisverlust ist der VaR des tatsächlichen Cashflows gemeint.
[233] Vgl. Hager 2004, S. 223.

Insbesondere in Situationen, in denen das Preisrisiko deutlich über dem Währungsrisiko liegt, müssen sich KMU die Frage stellen, ob eine Absicherung mittels der vorgestellten[234] unbedingten Absicherungsinstrumente sinnvoll ist.

Die Gefahr, die KMU droht, verdeutlicht das folgende vereinfachte Beispiel der Teilnahme an einer internationalen Submission.[235] Die verbindliche Angebotsabgabe erzeugt einen erwarteten Cashflow, der im Fall einer Auftragszusage dem Auftragswert entspricht und in Situationen, in denen das Unternehmen bei der Ausschreibung unberücksichtigt bleibt, einen Wert von null annimmt. Da das Unternehmen mit der verbindlichen Abgabe aufgrund des Fremdwährungspreises ein Contractual Exposure aufbaut und das „Offen lassen" der Position die aufgrund der Konkurrenzsituation geringen Deckungsbeiträge gefährdet, entschließt es sich das Währungsrisiko abzusichern. Erhält es den Zuschlag nicht, hat das Unternehmen eine originäre Position gesichert, die nicht existiert. Die von dieser Position rechtlich unabhängige derivative Hedging-Position bleibt bestehen und stellt ohne Gegenposition einen potentiellen Währungsverlust dar.[236] In diesem Fall helfen bedingte Absicherungsinstrumente, wie Optionen und Versicherungsinstrumente.[237] Diese bedingten Instrumente sichern das Exposure ab, ohne beim Ausfall der originären Risikoposition selbst eine unbedingte Risikoposition darzustellen. Der Verlust ist somit auf die Preise dieser Instrumente begrenzt, die jedoch im Vergleich zu unbedingten Instrumenten aufgrund ihres Options- bzw ihres Versicherungscharakters hoch ausfallen.

Obwohl der Aufwand einer Ermittlung und Absicherung der Contractual Exposures kleine und mittlere Unternehmen dazu zwingen kann, Abstriche in der Genauigkeit hinzunehmen, haben die Ausführungen über direkte Währungsexposures gezeigt, dass auch mit geringem Aufwand ein Währungsrisikomanagement grundsätzlich betrieben werden kann. Damit ist die Voraussetzung erfüllt, dass sich auch kleine Unternehmen mit geringen Erfahrungen im internationalen Handel gegen Gefahren unerwarteter Wechselkursbewegungen zur Wehr setzen können. Weil die zur Verfügung stehenden Ressourcen innerhalb der Gruppe kleiner und mittlerer Unternehmen unterschiedlich hoch ausfallen, sollte auch das verwendete Risikomanagementverfahren an die Unternehmensgröße angepasst werden.[238] Während sich kleine Unternehmen sowie mittlere Unternehmen mit ersten Internationalisierungsschritten noch auf einfache Ver-

---

[234] Vgl. Abb. 5.7.

[235] S. Jokisch und Mayer 2000.

[236] Vgl. auch das Beispiel in Sercu 2009, S. 459.

[237] Vgl. Sercu 2009, S. 459; Breuer 2000, S. 276 ff.; Jokisch und Mayer 2000, S. 832 f.; Beike 1995, S. 224 ff.

[238] Vgl. Boutellier u. a. 2006, S. 26.

Abbildung 5.8.: Exposures in Abhängigkeit von Beschaffungs- und Absatzmarkt

Direkte und indirekte Währungsexposures	Beschaffung aus dem Währungsausland		Absatz ins Währungsausland
Indirekte Währungsexposures	Beschaffung aus dem Währungsinland unter Importkonkurrenz	KMU	Absatz ins Währungsinland unter Importkonkurrenz
Keine Währungsexposures	Beschaffung aus dem Währungsinland ohne Importkonkurrenz		Absatz ins Währungsinland ohne Importkonkurrenz

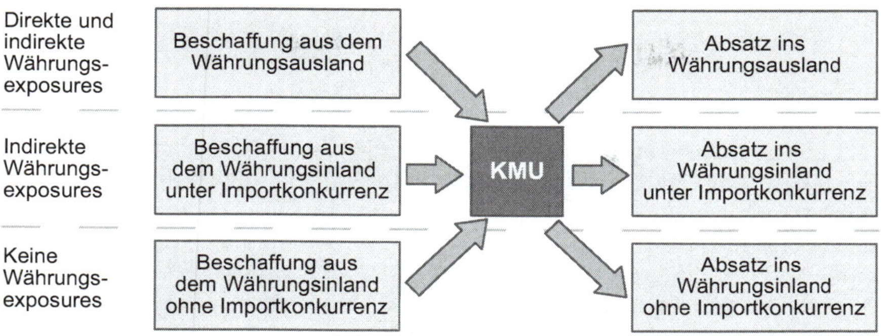

Quelle: Eigene Abb. in Anlehnung an Moser 1985, S. 112

fahren ohne Simulation oder die Berücksichtigung von Korrelationen beschränken können, sollten mittlere Unternehmen mit hohem Auslandsengagement und regelmäßigen Absicherungsmaßnahmen Simulationsverfahren mit einer exakteren Exposureermittlung verwenden.

5.4. Bewertung und Handhabung indirekter Exposures

Neben den drei Klassen direkter Währungsexposures besteht eine weitere Kategorie mit indirekten Exposures. Diese trägt die Bezeichnung *Economic Exposure* und beeinflusst nicht umgehend die finanzielle und bilanzielle Lage des Unternehmens, sondern entfaltet ihre Wirkung erst langfristig und indirekt über die Verlagerung von Konkurrenzsituationen. Betroffen sind all jene KMU, die in direkter Konkurrenz zu Unternehmen aus dem Euro-Ausland stehen. Damit können negative Wechselkursentwicklungen auch jene KMU treffen, die ausschließlich lokal tätig sind, also weder Import, Export, noch andere Geschäfte in Fremdwährung tätigen.[239] Abb. 5.8 zeigt welche Exposureart in Abhängigkeit des Beschaffungs- und Absatzmarktes auf das Unternehmen wirkt. Ausschließlich Unternehmen, die im Währungsinland tätig sind und sich nicht gegen Konkurrenten mit Währungsauslandimporten durchsetzen müssen, weisen keine Währungsexposures auf.[240]

---

[239] Vgl. Sercu 2009, S. 462; Lessard und Lightstone 2006, S. 233; Schäfer 1995, S. 102.
[240] Vgl. Moser 1985, S. 113.

Das Economic Exposure setzt sich aus nicht kontrahierten Währungsrisikopositionen zusammen. Diese sind, ähnlich zu den Positionen der Contractual Exposures, sowohl in der Höhe als auch in der Fälligkeit unbekannt. Vor der Suche nach einem geeigneten Berechnungsverfahren bedarf es zunächst einer Analyse der Wirkung indirekter Währungsexposures auf KMU.

Obwohl die Devisenkurssicherung von Unternehmen oft nur über kurze Fristen betrieben wird[241], zeigt der vorherige Abschnitt, dass auch langfristige Wechselkursveränderungen über das Economic Exposure Unternehmenscashflows beeinflussen. Ob kurz- oder langfristige Veränderungen die größeren Auswirkungen haben, untersucht eine Studie von MARTIN und MAUER aus dem Jahr 2003.[242] Anhand der Auswertung von 107 US-Unternehmen gelangen die Autoren zur Erkenntnis, dass langfristige Wechselkursbewegungen Cashflows stärker beeinflussen als kurzfristige Bewegungen. Zu einem ähnlichen Ergebnis kommt eine Studie von PRITAMANI u. a. aus dem Jahr 2005, in der die Währungsexposures von vier Gruppen amerikanischer Unternehmen untersucht werden.[243] Die Gruppe der Unternehmen ohne internationale Aktivitäten, aber mit internationaler Konkurrenz wiesen höhere Exposures als die Gruppen der exportierenden, importierenden und lokalen Unternehmen ohne internationaler Konkurrenz aus.

In beiden Resultaten sind jedoch auch die von den Unternehmen zuvor getroffenen Absicherungsmaßnahmen enthalten, so dass die Autoren als mögliche Begründung der Ergebnisse die Absicherungspraxis anführen. Weil die Exposures im kurzfristigen Bereich als direkte Exposures – insbesondere als Transaction Exposures – auftreten und diese leichter zu bewältigen sind, fallen sie bei Marktuntersuchungen im Verhältnis zum Economic Exposure geringer aus.[244] Dennoch ist die Bedeutung indirekter Währungsexposures für Unternehmen unbestritten, so dass von mehreren Autoren gefordert wird, das Economic Exposure stärker in den Fokus des Währungsrisikomanagements zu setzen.[245]

5.4.1. Wirkung indirekter Währungsexposures

Als Beispiel für die Wirkung indirekter Exposures dient ein ausschließlich im Euro-Gebiet operierendes kleines Unternehmen, das aufgrund fehlender direkter

---

[241] Vgl. die Umfrageergebnisse in der Studie von Glaum 2000, S. 46.
[242] S. Martin und Mauer 2003.
[243] Vgl. Pritamani u. a. 2005.
[244] Zu dieser Erkenntnis gelangen auch Bartram u. a. 2010.
[245] S. Rietsch 2008, S. 25; Henk 2003, S. 85; Brunner 2003, S. 28 f.

Exposures kein Währungsrisikomanagement betreibt. Entgegen seiner Erwartung steht das Unternehmen trotz seines fehlenden Auslandsengagements bei unerwarteten Wechselkursbewegungen im Währungsrisiko. Wie bereits umrissen, liegt der Ursprung in Veränderungen der Wettbewerbsverhältnisse zwischen KMU und Konkurrenten aus dem Währungsausland oder inländischen Wettbewerbern, die Importaktivitäten mit dem Währungsausland aufweisen.

5.4.1.1. Der Wettbewerbseffekt

Das fiktive kleine Unternehmen, dass seine Rohstoffe, Löhne und sonstigen Kosten in Euro begleicht, kalkuliert auf Basis dieser Aufwendungen die Preise seiner Produkte. Weil sich durch Wechselkursveränderungen seine Kosten nicht verändern, bleiben auch die Berechnungsgrundlage und die Preise in Phasen einer US-\$-Abschwächung konstant. Unternehmen, die ihre Rohstoffe aus dem US-\$-Raum beziehen oder dort Produktionsstätten besitzen, werden von der Devisenkursveränderung hingegen direkt beeinflusst. In Euro umgerechnet ergibt sich durch die geringeren Beträge ein Kostenvorteil, der über eine Preisanpassung an den Markt gegeben werden kann. Den inländischen Unternehmen, die vom Umrechnungsvorteil nicht profitieren können, drohen bei Beibehaltung ihrer nun verhältnismäßig hohen Preise geringere Umsätze. Senken sie hingegen die Preise, um die Konkurrenzfähigkeit der Preise zu bewahren, sinkt die Gewinnmarge. In beiden Fällen ist langfristig aufgrund der veränderten Cashflows eine schlechtere Liquiditätslage zu erwarten. Dieser bekannten direkten Exposures entfalten ihre Wirkung hingegen über den *Umwechslungseffekt* (conversion effect).[246]

Der *Wettbewerbseffekt* wirkt nicht nur dem Beispiel folgend in eine Richtung. Befestigt sich der US-Dollar, ergeben sich für importierende Unternehmen daraus höhere Euro-Beträge, die höheren Kosten entsprechen. Im Umkehrschluss können ausschließlich im Euro-Inland tätige Unternehmen durch Wechselkursbewegungen nicht nur Wettbewerbsnachteile erleiden, sondern gegenüber Konkurrenten, die aus dem Euro-Ausland importieren, auch Vorteile erfahren. Entscheidend für den Wettbewerbseffekt sind reale Wechselkurse R.[247] Diese beziehen jeweils die Preise eines Warenkorbs in zwei Währungsgebieten ein (3.3), wodurch eine Berücksichtigung der Wettbewerbssituation erfolgt. Schwächt sich beispielsweise der nominelle US-\$/€-Kurs um 2 % ab, erwirtschaften in den US-\$-Markt exportierende inländische Unternehmen beim Devisentausch der Erlöse in die Heimatwährung einen um 2 % geringeren Euro-Betrag. Diese Währungsverluste

---

[246] Vgl. Flood und Lessard 1986, S. 23.
[247] Vgl. Abschnitt 3.1, S. 29.

Abbildung 5.9.: Realer effektiver Wechselkurs Deutschlands

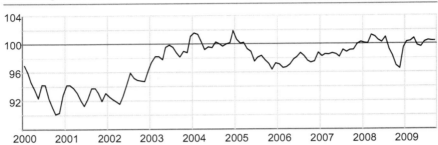

Monatliche Daten, 01/2000 bis 09/2009. Index, 1999=100.
Deflator: Verbraucherpreisindizes – 41 Handelspartner.

Quelle: Eigene Abb. Daten: EuroStat-Datenbank.

werden bei einer um 2 % höheren Inflation im US-$-Währungsgebiet durch die dann entsprechend höheren US-$-Preise langfristig ausgeglichen.

Dieses Beispiel zeigt, dass bei Einhaltung der Kaufkraftparität[248] der Wettbewerbseffekt nicht auftritt, da die Preisänderungen die Bewegungen des Wechselkurses ausgleichen.[249] Dies würde einem stets gleich hohen realen Wechselkurs entsprechen. Da gleich mehrere Gründe existieren, die für einen von der Kaufkraftparitätentheorie abweichenden Wechselkurs sprechen, ist mit einem dauerhaften Gleichgewicht der Kaufkraftparitäten nicht zu rechnen.[250] Dies wird durch Abb. 5.9, die den Verlauf des effektiven realen Wechselkurses Deutschlands darstellt, unterstrichen.[251]

Von Wechselkursbewegungen beeinflusste Wechselwirkungen mit anderen Unternehmen bestehen nicht nur unter Konkurrenten, sondern auch zwischen Abnehmern und Zulieferern. Der US-$/€-Wechselkurs beeinflusst beispielsweise den Absatz von Fahrzeugen auf dem US-$-Markt deutscher Automobilhersteller und indirekt auch die Auftragslage lokal tätiger kleiner Automobilzulieferer. Entwickelt sich der Devisenkurs für den Abnehmer so, dass der Preis gesenkt und die Absatzzahlen gesteigert werden können, verbessert sich auch die Auftragslage der zuliefernden KMU. Verschlechtert sich die Lage für den Exporteur hingegen,

---

[248] S. Abschnitt 4.2.2.1, S. 68 und Abschnitt 3.1, S. 30.

[249] Vgl. Rietsch 2008, S. 30; Brunner 2003, S. 10.

[250] Vgl. Berlemann 2005, S. 232; Gärtner und Lutz 2004, S. 259 f.; Brunner 2003, S. 10.

[251] Effektive oder auch multilaterale Wechselkurse stellen die Heimatwährung in Bezug zu mehreren Währungen.

wird dies auch der national agierende Zulieferer spüren – durch einen Rückgang in seinen Auftragsbüchern oder einem höheren Preisdruck für zugelieferte Güter.[252]

Bisher wurde der Wettbewerbseffekt im Zusammenhang mit ausschließlich im Währungsinland tätigen Unternehmen untersucht. Abb. 5.8 zeigt aber, dass auch im- und exportierende KMU von Economic Exposures betroffen sind und sich sowohl direkten als auch indirekten Wechselkursbeeinflussungen ausgesetzt sehen. Der Nachteil, der in den vorausgehenden Absätzen für lokal tätige KMU identifiziert wurde, entspricht einem Vorteil für ins Euro-Ausland exportierende KMU, die sich auf dem Auslandsmarkt gegen ausschließlich lokal tätige Konkurrenten behaupten müssen. Die Befestigung der Heimatwährung verhilft den exportierenden Unternehmen auch gegenüber Konkurrenten aus anderen Währungsgebieten zu Wettbewerbsvorteilen.

International agierende KMU sehen sich bei einer gegenteiligen Entwicklung aber auch der Gefahr von Wettbewerbsnachteilen ausgesetzt. Dabei hilft es nur begrenzt, dass sich exportierende Unternehmen aus Märkten mit zu ausgeprägten Wettbewerbsnachteilen auch zurückziehen können, da diese Entscheidung langfristiger Natur und meist mit hohen Verlusten verbunden ist.[253] Auch importierende Unternehmen, die sich durch ungünstige Wechselkursveränderungen höheren Beschaffungskosten ausgesetzt sehen, können kurz- bis mittelfristig nicht ohne Weiteres zu neuen Zulieferern aus anderen Währungsgebieten wechseln.

Ein Vergleich des Economic und des Contractual Exposures unter Berücksichtigung von (5.11) zeigt die Nähe, aber auch Unterschiede beider Exposureklassen:

Umwechslungseffekt

$\downarrow$

$$\mathbf{E}(C) = \mathbf{E}(Q_{t_2}) \cdot \mathbf{E}(P_{t_2}^*) \cdot \mathbf{E}(S_{t_2}) \qquad (5.14)$$

$\uparrow \qquad \uparrow$

Wettbewerbseffekt

mit Q_{t_2} = Menge zum Zeitpunkt t_2
 $P_{t_2}^*$ = Preis in Fremdwährung zum Zeitpunkt t_2
 S_{t_2} = Wechselkurs in Mengennotierung zum Zeitpunkt t_2

---

[252] Vgl. Bernhard 1992, S. 106; Adler und Dumas 1984, S. 41.
[253] Vgl. Bernhard 1992, S. 97 f.

Sowohl in (5.11) als auch (5.14) sind der zukünftige Kassakurs S_{t_2}, die Menge Q und der Preis in Fremdwährung P^* risikobehaftet. In beiden Fällen beschreibt der Umwechslungseffekt die Auswirkung von Wechselkursbewegungen auf den Kassakurs zum Zeitpunkt der Konvertierung. Anders als beim Contractual Exposure wirkt sich langfristig der Wechselkurs aber auch auf die Anzahl der Erträge und Aufwendungen sowie deren Höhe aus.[254] Zwischen den drei Parametern herrschen vom jeweiligen Cashflow abhängige Korrelationen, die sich nicht verallgemeinern lassen und sich im Zeitverlauf verändern.

5.4.1.2. Beeinflussende Faktoren

Der Wettbewerbseffekt entfaltet seine Wirkung auf die betroffenen Unternehmen über *Preis-* und *Mengeneffekte*[255], weshalb davon auszugehen ist, dass die Marktmacht eines Unternehmens Einfluss auf die Auswirkungen der Economic Exposures besitzt. Weil KMU grundsätzlich nicht über die Marktmacht und Mittel eines großen multinationalen Unternehmens verfügen, laufen insbesondere sie Gefahr, unter den indirekten Auswirkungen der Wechselkursbewegungen zu leiden. Zu dieser Erkenntnis verhilft der folgende Vergleich, den STULZ und WILLIAMSON am Beispiel eines Monopolisten und eines als Preisnehmer agierenden Unternehmens durchführen.[256] Obwohl die Mehrheit großer Unternehmen keine Monopolstellung besitzt und auch KMU, beispielsweise in Marktnischen, preisgestaltend agieren, sind kleine und mittlere Unternehmen tendenziell als Preisnehmer einzuordnen.[257]

Das Beispiel geht von exportierenden inländischen Unternehmen mit Euro-geprägter Kostenstruktur und US-Dollar-geprägten Erlösen aus. Unter der Annahme, dass ein großes Unternehmen als Preisgestalter auftritt, das kleine Unternehmen keinen Einfluss auf den Marktpreis besitzt (Preisnehmer) und sich die Wechselkursveränderung nicht auf die Inlandsnachfrage auswirkt, ergeben sich die in Abb. 5.10 gezeigten Verläufe. Ausgehend vom Marktgleichgewicht, produzieren große Unternehmen die mit Q gekennzeichnete Menge an Gütern, die sich aus dem Schnittpunkt der Grenzerlöskurve MR und Grenzkostenkurve MC ergibt. Das Unternehmen wird die Güter zum Preis P anbieten, zu dem laut Nachfragekurve DD alle hergestellten Güter abgesetzt werden können. Schwächt sich nun der US-Dollar gegenüber dem Euro ab, wirkt sich dies wie dargestellt auf die Grenzerlös- und Nachfragekurve aus: Die Kosten, die überwiegend in

---

[254] Vgl. Glaum 1991, S. 47.

[255] Vgl. Henk 2003, S. 126 ff.

[256] Vgl. Stulz und Williamson 2005, S. 172 f. S. außerdem Knetter 2003.

[257] Vgl. Kropfberger 1986, S. 37 sowie die KMU-Merkmale in Rohlfing und Funck 2002, S. 4, Anh. 2; Pfohl 1997, S. 21.

Abbildung 5.10.: Economic-Exposures-Auswirkung in Abhängigkeit der Marktmacht

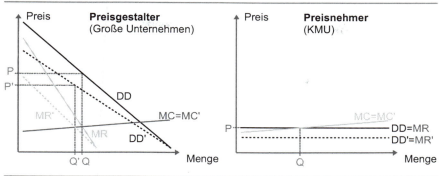

Quelle: Eigene Abb. in Anlehnung an Stulz und Williamson 2005, S. 173

Euro anfallen, bleiben unberührt (MC=MC'). Erlös- und Nachfragekurve sind US-Dollar-geprägt und müssen aufgrund des geänderten Devisenkurses angepasst werden (MR' und DD').

Für KMU, die als Preisnehmer fungieren, stellt die Nachfragekurve DD und damit auch die Grenzerlöskurve MR eine Waagerechte dar. Die Nachfrage bricht ein, sobald das Unternehmen versucht, zu einem über dem Marktpreis liegenden Wert zu verkaufen.[258] Handelt es sich beispielsweise um einen Zulieferer, der mit gleichwertigen Unternehmen in Konkurrenz steht, provoziert die Preiserhöhung einen Zuliefererwechsel beim Abnehmer. Schwächt sich der US-Dollar wie zuvor ab, verschiebt sich in der Abb. die Nachfragekurve samt Erlöskurve unter die Grenzkostenkurve, so dass kein profitabler Absatz im US-Dollar-Raum mehr möglich ist. Über eine kurze Dauer kann das Unternehmen unter den neuen Gegebenheiten bestehen – langfristig ist das Unternehmen ohne Veränderung jedoch nicht konkurrenzfähig.

Das Economic Exposure eines Unternehmens hängt von der Fähigkeit und den Möglichkeiten ab, auf die neue Situation zu reagieren.[259] Große Unternehmen, die ihre Produktion in ein anderes Land verlagern oder sich aus einem Markt zurückziehen können, besitzen ein geringeres Exposure als beispielsweise KMU, die lediglich auf dem Heimatmarkt tätig sind und sich aufgrund einer ungünstigen Wechselkurssituation erstarkten ausländischen Wettbewerbern ausgeliefert sehen. Neben der Anpassungsgeschwindigkeit beeinflussen auch die Kosten der

---

[258] Vgl. Allayannis und Weston 2005, S. 336.
[259] Vgl. Stulz und Williamson 2005, S. 173.

Anpassung das Economic Exposure. Auch Determinanten des Marktes, wie die Preiselastizität der Nachfrage und der Substitutionsgrad des Gutes, wirken sich auf den in Abb. 5.10 durchgeführten Vergleich aus und sind bei der Ermittlung des Exonomic Exposures als wichtige Faktoren zu berücksichtigen.[260]

Löst man sich im vorangegangenen Vergleich von der Prämisse, dass die Nachfragekurve unabhängig von Wechselkursveränderungen ist, zeigt sich erneut die Bedeutung des realen Devisenkurses für das Economic Exposure. Würde die Abschwächung des US-Dollars mit einer vergleichbaren Erhöhung des Preisniveaus einhergehen, könnte das Unternehmen seine Preise erhöhen, ohne dass sich die Ware im Vergleich zu anderen Produkten verteuert. Infolgedessen bleibt die Nachfragekurve unverändert und Wechselkursverluste kompensieren sich durch erhöhte US-Dollar-Erlöse. Anders als bei direkten Exposures ist – wie zuvor bereits erkannt – für das Economic Exposure nicht der nominale, sondern der reale Wechselkurs von Interesse.[261]

5.4.2. Ermittlung der Economic Exposures

Die Auswirkungen auf das Unternehmen müssen nicht zwangsweise so einseitig wie im Beispiel des letzten Abschnitts ausfallen. In der Regel besitzen Wechselkursschwankungen sowohl Einfluss auf die Kosten als auch auf die Erträge, wodurch sich beide Effekte teilweise gegenseitig kompensieren. Auch wenn KMU sich der Auswirkungen indirekter Exposures bewusst sind, bleibt die Frage nach deren Höhe zunächst unbeantwortet. Wie bei den direkten Exposureklassen ist ein geeignetes Berechnungsverfahren anzuwenden, bevor Entscheidungen über Absicherungsmaßnahmen getroffen werden können.

Die Messung der Economic Exposures kann in die folgenden drei methodischen Ansätze gegliedert werden:[262]

1. *Regressionsansatz* (regression approach)
   - Cashflow-basierte Messung
   - Kapitalmarktorientierte Messung

2. *Simulationsansatz* (simulation approach)
   - Deterministische Verfahren
   - Stochastische Verfahren

3. *Plandatenansatz* (pro forma statement approach)

---

[260] Vgl. Rietsch 2008, S. 32 f.; Brunner 2003, S. 32 ff.
[261] Vgl. Stulz und Williamson 2005, S. 173.
[262] Vgl. Rietsch 2008, S. 36; Stulz und Williamson 2005, S. 176 ff.

Jedes der Verfahren besitzt seine Berechtigung aufgrund spezifischer Vorteile. Für KMU gilt es erneut, besonders anwendungsfreundliche Methoden zu finden, die sich auch mit geringem Aufwand umsetzen lassen. Selbst wenn ein Verfahren nur eine Annäherung an das Economic Exposure ermitteln kann, sorgt es für eine Sensibilisierung gegenüber der Gefahr, aufgrund von Wechselkursveränderungen Wettbewerbsnachteile zu erfahren.

Wünschenswert ist ein Verfahren, das nicht nur das Gesamtexposure ermittelt, sondern zusätzlich Gefahrenstellen innerhalb des Unternehmens identifiziert. Eine Voraussetzung dafür ist das Vorhandensein entsprechender Daten. Weil das Economic Exposure auch langfristige Cashflows berücksichtigt, die nicht dem Finanz-/Liquiditäts-Plan oder der Finanzbuchhaltung entnommen werden können, sind KMU auf Cashflowprognosen angewiesen. Werden lediglich die Zahlungsströme auf höchster Ebene (Unternehmenserlöse und -kosten) prognostiziert, ist ausschließlich die Berechnung des unternehmensweiten Economic Exposures möglich. Prognostizieren KMU die Cashflows innerhalb einzelner Unternehmensbereiche, können sie zunächst Teilexposures ermitteln und anschließend das aggregierte Gesamtexposure analysieren. Dies ermöglicht es KMU, eine bevorstehende Veränderung in einem Unternehmensbereich hinsichtlich ihrer Wirkung auf das Gesamtexposure zu bewerten.

5.4.2.1. Exposureermittlung durch Regression

ADLER und DUMAS schlugen in einer vielbeachteten Ausarbeitung[263] zur Messung von Exposures das statistische Analyseverfahren der linearen Regression vor – eine einfache lineare Regression bei einer Abhängigkeit von einer Währung und eine multiple lineare Regressionsanalyse bei einer Abhängigkeit von mehreren Währungen. Die Regression sorgt für eine Trennung des währungsabhängigen vom währungsunabhängigen Anteil der Risikoposition. Das Exposure wird durch den Regressionskoeffizienten des entsprechenden Währungsregressors charakterisiert (siehe Gleichung 5.15).

$$P = \alpha + \beta_1 \cdot S_1 + \beta_2 \cdot S_2 + \dots + \beta_n \cdot S_n + \epsilon \qquad (5.15)$$

mit P = Wert in Heimatwährung
S_n = Kassakurs
α = Regressionskonstante
β_n = Regressionskoeffizient
ϵ = Störgröße mit $E(\epsilon) = 0 = \text{Cov}(\epsilon, S_n)$

---

[263] S. Adler und Dumas 1984.

Tabelle 5.8.: Exposureermittlung durch Regression

K	P^*	p	$\check{S}$	P	$\left(\check{S} - E(\check{S})\right)^2$	$\left(P - E(P)\right)\left(\check{S} - E(\check{S})\right)$
	US-$		€/US-$	€	€²/US-$²	€²/US-$
			Beispiel 1: konstanter Devisenbetrag P^*			
1	100 000	0,25	0,68	68 000	−0,0004	40,00
2	100 000	0,50	0,70	70 000	0,0000	0,00
3	100 000	0,25	0,72	72 000	0,0004	40,00
			$E(\check{S}) =$	$E(P) =$	$\mathbf{Var}(\check{S}) =$	$\mathrm{Cov}(P, \check{S}) =$
			0,70	70 000	0,0002	20,00
					$\alpha = 0$ €	$\beta = 100\,000$ US-$
			Beispiel 2: variabler Devisenbetrag P^*			
1	95 000	0,25	0,68	64 600	−0,0004	112,00
2	103 000	0,50	0,70	72 100	0,0000	0,00
3	100 000	0,25	0,72	72 000	0,0004	36,00
			$E(\check{S}) =$	$E(P) =$	$\mathbf{Var}(\check{S}) =$	$\mathrm{Cov}(P, \check{S}) =$
			0,70	70 188	0,0002	37,00
					$\alpha = -59\,300$ €	$\beta = 185\,000$ US-$

mit: $P = \alpha + \beta \cdot \check{S} + \epsilon$
      $\alpha = E(P) - \beta \cdot E(\check{S})$ $\beta = \mathrm{Cov}(P, \check{S}) / \mathbf{Var}(\check{S})$

Quelle: Eigene Rechnung in Anlehnung an Adler und Dumas 1984.

Dieses Verfahren führt auch zum Ziel, wenn der Devisenbetrag im Voraus bekannt ist, es sich also um einen konstanten Devisenbetrag handelt, wie ein Vergleich der Exposureermittlung bei konstantem und bei variablem Devisenbetrag verdeutlicht (Tabelle 5.8). Im ersten Beispiel, das aus drei Zuständen K besteht, liegt die Devisenposition P^* konstant bei 100 000 US-$. Der Wechselkurs $\check{S}$ nimmt in allen drei Zuständen unterschiedliche Werte an, wodurch sich für die Umrechnung am Fälligkeitszeitpunkt unterschiedliche Euro-Beträge P ergeben. Um die Höhe der Währungsrisikoposition zu ermitteln, muss der Regressionskoeffizient β aus (5.15) errechnet werden. In einem Diagramm, in dem die Ergebnisse P in Abhängigkeit des Wechselkurses $\check{S}$ aufgetragen sind (Abb. 5.11), entspricht β der Steigung der Regressionsgeraden: $\beta = \mathrm{Cov}(P, \check{S}) / \mathbf{Var}(\check{S})$. Das Ergebnis zeigt ein Exposure von 100 000 US-$, was der Höhe der Devisenzahlung entspricht. Folglich ergibt sich auch kein vom Wechselkurs unabhängiger Teil α.

Abbildung 5.11.: Exposureberechnung durch Regression

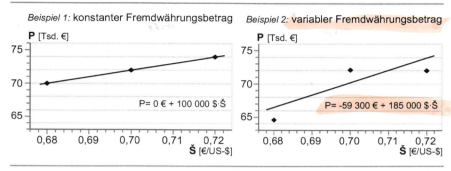

Quelle: eigene Abb.

Das zweite Beispiel unterscheidet sich durch die variablen Devisenzahlungen P^* vom ersten. Diese besitzen zusätzlich zu den Wechselkursen $\check{S}$ zustandsabhängige Werte. Beeinflusst werden sie sowohl vom Wechselkurs als auch von wechselkursunabhängigen Parametern. Die Regression spaltet den wechselkurssensiblen vom unsensiblen Teil ab. Im gewählten Beispiel ergibt sich ein Exposure, das mit 185 000 US-$ über dem Wert des Devisenbetrages liegt und zu einem negativen wechselkursunabhängigen Anteil von $-59\,300$ € führt. Sichert das Unternehmen das Exposure von 185 000 US-$ ab, ist der Devisenbetrag P^* von entsprechenden Wechselkursvolatilität unabhängig.[264] Dieses Beispiel verdeutlicht die Notwendigkeit einer Unterscheidung in Währungsrisikoposition und Exposure[265], da nur im Fall eines konstanten Devisenbetrags (Beispiel 1) beides deckungsgleich ist. Im Fall variabler Devisenbeträge kann sich das Exposure von der Währungsrisikoposition unterscheiden.

Das Regressionsverfahren arbeitet in Form einer Black-Box und damit ohne die Notwendigkeit von Kausalzusammenhängen zwischen endogenen und exogenen Größen. Dies erleichtert den Einsatz, was KMU mit ihren begrenzten Ressourcen zugute kommt. KMU können das Regressionsverfahren nutzen, um wie in dem Beispiel das Exposure einzelner Cashflows zu berechnen. Sie können aber auch das Economic Exposure von Teilen oder des gesamten Unternehmens berechnen, indem sie den Unternehmenswert als zu erklärende Größe und einen Wechselkurs als Regressor verwenden. Das Verfahren ermöglicht die Berechnung

---

[264] Vgl. Adler und Dumas 1984, S. 47.
[265] Vgl. Abschnitt 4.4.2.1, S. 118.

von Economic Exposures einer Währung oder die simultane Berechnung mehrerer Währungen. Letzteres erhöht jedoch die Komplexität des Verfahrens, führt unter Umständen zu statistischen Problemen[266] und hebt einen Teil der Vorzüge von Regressionen wieder auf. Das gleiche gilt für die Nutzung nicht-linearer Regressionsmethoden, bei denen sich die zu ermittelnden Parameter nicht mehr analytisch berechnen lassen. Stattdessen muss die Schätzung anhand rechenintensiver iterativer Berechnungen erfolgen. Es entsteht ein Aufwand, der in Relation zum Nutzen unverhältnismäßig hoch ist. Für KMU bietet es sich daher an, nicht-lineare Beziehungen durch lineare Modelle anzunähern.[267]

Obwohl das Verfahren der Regression keine Aufschlüsse über Kausalzusammenhänge liefert, kann das Bestimmtheitsmaß den KMU weitere Informationen liefern.[268] Ein Wert nahe eins bedeutet, dass ein Großteil der Abweichungen der endogenen Größe durch Kursbewegungen der beobachteten Währung zu erklären ist. Bei einem Wert nahe null wird die Varianz zu einem hohen Anteil von anderen Devisen oder anderen exogenen Größen bestimmt. Das Unternehmen kann diese Erkenntnis nutzen, um die entscheidenden Risiken zu identifizieren, indem es weitere Regressionen mit ausgetauschten exogenen Größen durchführt.[269]

Die zur Ermittlung der Regressionsparameter benötigten Daten werden üblicherweise einem historischen Verlauf entnommen. Die Regressionsmethode unterstellt, dass die darin enthaltenen Einflüsse und Verhältnisse Bestand haben. Angesichts der dynamischen Wirtschaftsentwicklung der Vergangenheit und Gegenwart lässt sich eine solche Behauptung mit zunehmender Laufzeit nicht mehr aufrechterhalten.[270] Dies trifft in besonderer Weise auf KMU zu, da bei ihnen die Hierarchie gegenüber großen Unternehmen flacher und die Reaktionszeit auf Änderungen von außen und innen kürzer ist.[271] So können bereits geringe strukturelle Veränderungen innerhalb kleiner und mittlerer Unternehmen den Einfluss, den Wechselkursveränderungen auf die Zahlungsströme ausüben, erhöhen oder senken. Selbst, wenn das Unternehmen diese Veränderungen erkennt, könnte es ohne die Ermittlung der Kausalzusammenhänge Regressionskoeffizienten nicht gezielt korrigieren.

---

[266] S. Backhaus u. a. 2008, S. 79 ff.

[267] Zur Problematik nicht-linearer Regressionen siehe Backhaus u. a. 2008, S. 503 ff.

[268] Üblicherweise wird das Bestimmtheitsmaß R^2 berechnet. Bei multivariaten Regressionen bietet sich hingegen das korrigierte Bestimmtheitsmaß R^2_{korr} an, da hier zusätzliche irrelevante Regressoren das Maß negativ beeinflussen und nicht unberührt lassen oder erhöhen; s. Backhaus u. a. 2008, S. 67 ff.

[269] Vgl. Klingenbeck 1996, S. 70; Levi 2003, S. 45.

[270] Vgl. Bernhard 1992, S. 13 f.; Klingenbeck 1996, S. 71; Bilson 2003, S. 229.

[271] Vgl. Helbling 1998, S. 189.

Das Verfahren der Regression wurde von mehreren Autoren weiterentwickelt und hat sich besonders bei der empirischen Untersuchung von Wechselkurseinflüssen auf den Unternehmenswert bewährt.[272] Unternehmen, die an der Börse gelistet sind, lassen sich mit verhältnismäßig geringem Aufwand bewerten und Devisenkursentwicklungen gegenüberstellen. Anschließend werden Sicherungsinstrumente genutzt, um mithilfe der Regressionsergebnisse den Einfluss einer Währung auf den Unternehmenswert abzuschwächen. Aufgrund des geringen Anteils an der Börse gehandelter KMU[273] ist diese Methode dort nur in Ausnahmefällen möglich. Die Alternative ist eine Anwendung auf prognostizierte einzelne Cashflows, um im Sinne des DCF-Verfahrens die Auswirkungen auf den Unternehmenswert zu analysieren.[274] Die Unternehmensbewertung mittels einer auf dem DCF-Verfahren basierenden Methode lässt sich jedoch nur unter hohem Aufwand oder mit einem hohen Standardisierungsgrad und gleichzeitiger Ungenauigkeit bewerkstelligen.[275] Ohne die Aggregation zum Unternehmenswert lassen sich die Cashflows – wie bereits beim Transaction Exposure – zur langfristigen Liquiditätsanalyse nutzen.[276]

5.4.2.2. Simulationsansätze zur Exposureberechnung

Mit der Kritik am Regresssionsverfahren entwickelten sich Methoden, die ihren Fokus auf die zukünftige Entwicklung des Unternehmens legen und nicht alleine auf Basis historischer Daten arbeiten. Zahlreiche Arbeiten, die einen Cashflow-Modellierungs-Ansatz verfolgen, bauen auf einem mikroökonomischen Modell von LEVI aus dem Jahr 1994 auf, bei dem sich der Unternehmenswert als Barwert einer unendlichen konstanten Zahlungsreihe darstellt.[277] Durch eine partielle Ableitung nach einem Wechselkurs kann die Sensitivität hinsichtlich entsprechender Devisenkursveränderungen untersucht werden. Die Weiterentwicklungen, die aufgrund der hohen Komplexität jedoch stets stark vereinfachte Modellierungen blieben, leisteten einen Beitrag zur Identifikation wichtiger Determinanten – eignen sich jedoch in der Praxis nicht, um damit ein Währungsrisikomanagement zu betreiben.[278]

Neuere Entwicklungen setzen auf einen höheren Detaillierungsgrad des zugrunde liegenden Modells und nutzen stochastische Verfahren wie die Monte-Carlo-

---

[272] S. Muller und Verschoor 2006b; Bilson 2003; Jorion 1990.

[273] Vgl. Abb. 2.1, S. 14.

[274] Vgl. Stulz und Williamson 2005, S. 180; Brunner 2003, S. 120 ff. Für einen empirischen Vergleich s. Martin und Maue 2005.

[275] Vgl. Thießen 2003, S. 123; Brunner 2003, S. 122; s. außerdem Helbling 2005; Koller u. a. 2005.

[276] S. Abschnitt 5.3.2.3, S. 190.

[277] Vgl. Rietsch 2008, S. 40. S. Levi 2003.

[278] Vgl. Rietsch 2008, S. 41.

Simulation[279] zur direkten Berechnung des Währungsrisikos. Da es sich dabei um ein ursachenbezogenes Verfahren handelt, geht es stets mit einer Analyse der Wirkungszusammenhänge innerhalb des Unternehmens und der aus in Abschnitt 5.4.1 beschriebenen Preis- und Mengeneffekte einher. Mit der Vereinfachung oder einer Ausklammerung von Teilen dieser Wirkungszusammenhänge wächst tendenziell der Fehler des Simulationsergebnisses.

Der Ablauf einer Simulation stellt sich grob wie folgt dar:[280] Auf den ersten Schritt der Spezifikation, in dem der Simulationstyp, das Risikomaß und weitere Grundlagen festgelegt werden, folgt die Modellierung des Unternehmens – das Exposuremapping.[281] Ist das Modell ausgearbeitet und in einer Simulationssoftware umgesetzt, generiert dieses eine hohe Anzahl mögliche Szenarien. Hierfür zieht das Programm für die jeweiligen Einflussfaktoren zufällige Ausprägungen ihrer in der Modellierungsphase festgelegten Risikoverteilung. Aus den Ergebnissen der einzelnen Szenarien wird im vierten Schritt ein der Risikoverteilung des Unternehmens entsprechendes Histogramm zusammengesetzt, aus dem im letzten Schritt das Währungsrisiko in Form des CFaR/CCFaR entnommen wird.

Alleine die Modellierung der Wirkungszusammenhänge stellt für kleine Unternehmen nicht nur einen hohen personellen und zeitlichen Aufwand, sondern aufgrund des benötigten Know-hows auch eine potentielle Fehlerquelle dar.[282] Zwar liegt der Detaillierungsgrad des Modells im Ermessen des Anwenders, doch stellt sich die Frage, inwiefern der Aufwand einer Simulation die Ergebnisse einer nur grob durchgeführten Berechnung rechtfertigt. Für größere mittelständische Unternehmen kann sich der Einsatz einer Unternehmenssimulation, in der nicht nur das Währungsrisiko, sondern zeitgleich weitere Unternehmensrisikokategorien analysiert werden, lohnen. Für den Großteil der KMU sind einfach zu handhabende Verfahren, wie das bereits vorgestelle Regressionsverfahren, trotz der erwähnten Nachteile besser geeignet, um eine Vorstellung bezüglich des Economic Exposures zu erhalten.

5.4.2.3. Exposureermittlung auf Grundlage von Plandaten

Die dritte Methode der Economic Exposure-Ermittlung besinnt sich auf einfach gehaltene Berechnungen, die ohne Simulationen auskommen und dennoch

---

[279] S. Abschnitt 4.3.3.3, S. 104.
[280] In Anlehnung an Henk 2003, S. 114 ff.
[281] Für Beispiele s. Rietsch 2008; Hager 2004; Henk 2003; Moser 1985.
[282] Vgl. Klingenbeck 1996, S. 163.

nicht – der historischen Simulation entsprechend – auf Wirkungszusammenhänge verzichten. Stattdessen werden Einschätzungen unter Zuhilfenahme historischer Daten genutzt, um die Veränderungen der Unternehmenscashflows
zu quantifizieren. Das Prinzip beruht auf einfachen Sensibilitäts- und Szenario-
analysen und bedient sich der vorhandenen oder eigens für das Währungsrisiko
ermittelten Plandaten. STULZ und WILLIAMSON stellten 1997 ein einfach gehalte-
nes Verfahren vor, dass auf der folgenden Gleichung beruht:[283]

$$C = E - K - T - I \tag{5.16}$$

mit C = Cashflow
E = Erlöse
K = Kosten
T = Steuern
I = Investitionen

Die Gleichung wird durch Plandaten des Jahresabschlusses gefüllt. Für die Ermittlung der Exposures stellt sich das Unternehmen anschließend die Frage, ob
und wie hoch sich die einzelnen Komponenten bei Modifikation des Wechselkurses um eine Einheit verändern. Sinken beispielsweise die Erlöse, sind auch
gleichzeitig die Unternehmenssteuern betroffen. Auch wenn es sich um kein
komplexes Modell handelt, müssen Annahmen über die Grenzerlöskurve und die
Nachfragekurve getroffen werden. Einen Hinweis geben historische Unterneh-
mensdaten. Auf Basis dieser vereinfachten Sensitivitätsanalyse werden Szenarien
extremer Kursveränderungen berechnet, deren Ausmaß sich der Wechselkurs-
risikoberechnung entnehmen lässt. Halten die Cashflowveränderungen dem
Vergleich mit der Risikotragfähigkeit der KMU nicht stand, muss das Unternehmen Absicherungsmaßnahmen ergreifen.

Das Verfahren eignet sich aufgrund seiner Simplizität primär für kleine Unternehmen. Mittlere Unternehmen können Verfahren und Modelle verfeinern, wenn
sie über die entsprechenden Ressourcen verfügen. PRINGLE stellt eine entsprechende Vorgehensweise eines in Europa ansässigen US-Tochterunternehmens
der Chemiebranche vor.[284] Den Beginn macht eine Cashflowprognose über zukünftige Cashflows in einem Zeitraum von zwölf Monaten für jedes relevante
Währungsgebiet. Es folgt die Ermittlung der Sensitivität von Erlösen und Kosten jeder Produktgruppe in Bezug auf jeden entsprechenden Wechselkurs. Dies
geschieht innerhalb einer Produktgruppe, indem Warenkörbe repräsentativer
Produkte ausgesucht und zu jedem Produkt ein Interview mit dem zugehörigen

---

[283] Vgl. Stulz und Williamson 2005, S. 177.
[284] S. Pringle 1991, S. 80 f.

Produktmarketing-Manager gehalten wird. Sie werden um Einschätzungen zu den wichtigsten Konkurrenten, zur Preisfindung und den größten Kostenfaktoren gebeten, um damit eine Bewertung der Produkte mit einem Wert von 0 bis 100 vornehmen zu können. Der Wert null wird bei stark auf Wechselkursveränderungen reagierenden Produkten vergeben – ein Wert von 100, wenn der Wechselkurs keine Auswirkung auf die Produktpreise besitzt. Die Bewertung beinhaltet sowohl direkte als auch indirekte Effekte und dient der Einschätzung, wie stark die Wechselkursbewegungen die Kosten und die Erlöse der Produkte beeinflussen.

Die geschätzten Cashflows werden anschließend mit der ermittelten Bewertung der Kosten bzw. Erlöse multipliziert, so dass sich jeder Cashflow in zwei Werte spaltet: in einen währungsabhängigen und einen währungsunabhängigen Wert. Ein Produkt-Cashflow von 100 000 € mit einer US-$-Bewertung von 60 ergibt beispielsweise ein Economic Exposure von 60 000 € und einen US-$-unabhängigen Anteil von 40 000 €. Dieses Verfahren wird über alle Tochterunternehmen und Cashflows wiederholt und zu einem Gesamtexposure aggregiert.

Die Exposureberechnung auf Grundlage von Plandaten verläuft erfolgreich, wenn es sich um kleine Unternehmen handelt und einzelne Risikokategorien im Fokus der Betrachtung stehen.[285] Für mittlere Unternehmen müssen die Verfahren erweitert werden und Erfahrungsberichte/Expertenmeinungen gesammelt werden.[286] Wenn die Wechselwirkungen zwischen verschiedenen Risiken für einfache Modelle zu groß werden und mehrere Währungen in die Betrachtung einbezogen werden, bieten sich Regressionsverfahren auf Basis historischer Daten an. Dabei muss stets beachtet werden, dass anstehende Strukturbrüche bei der Berechnung keine Berücksichtigung finden. Simulationsansätze versprechen die besten Ergebnisse, weisen für kleine Unternehmen aber zu hohe Anforderungen und einen zu hohen Aufwand auf.

5.4.3. Maßnahmen gegen indirekte Exposures

KMU, die mittels der letzten beiden Kapitel ihr Economic Exposure identifizieren und quantifizieren, besitzen die nötigen Voraussetzungen, es im Rahmen eines Risikoregelkreises auch in seiner Höhe zu begrenzen. Während das Management direkter Exposures sich der Gefahr potentieller Liquiditätsengpässe durch kurz- und mittelfristige Wechselkursbewegungen annimmt, verhilft das Management des Economic Exposures dem Unternehmen auch langfristig zu mehr Sicherheit, indem es einer potentiellen Verschlechterung der Wettbewerbsposition

---

[285] Stulz und Williamson 2005, S. 186.
[286] Vgl. Levi 2009, S. 329.

Abbildung 5.12.: Lineare und nicht-lineare Exposures

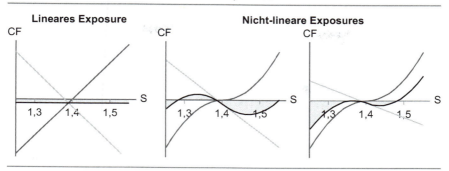

Quelle: eigene Abb.

entgegenwirkt. Die zahlreichen Wege, über die das Wechselkursrisiko das Unternehmen im Rahmen des Economic Exposures beeinflussen kann, erschweren nicht nur die Identifikation der Exposures, sondern auch die geeigneter Absicherungsmaßnahmen. Eine Verwendung der Absicherungsinstrumente, die sich beim Management von direkten Exposures bewährt haben, ist kritisch zu prüfen. Zum einen besitzen Economic Exposures eine längere Laufzeit und zum anderen handelt es sich bei ihnen nur in Ausnahmefällen um lineare Exposures.[287]

5.4.3.1. Hedging nicht-linearer Exposureprofile

Das Profil eines Transaction Exposures, wie es beispielsweise Abb. 5.7 und 5.12 entnommen werden kann, entspricht einer Geraden.[288] Während die Steigung dieser Geraden ein Maß für die Exposurehöhe darstellt[289], ergibt sich aus ihrer Form, dass der resultierende Cashflow linear von der Abweichung zwischen Wechselkurs und Kalkulationsbasis abhängt. Das Hedging dieser Position setzt eine ebenfalls lineare, aber konträr verlaufende derivative Position voraus, die zusammen mit der originären Position einen Cashflow ergibt, dessen Wechselkursabhängigkeit reduziert oder im Fall eines „Perfect Hedge" sogar aufgehoben wird.[290]

Beim Economic Exposure besteht das Profil aufgrund der Preis- und Mengeneffekte[291] aus einer gekrümmten Linie, die einen nicht-linearen Zusammenhang

---

[287] Vgl. Sercu 2009, S. 460 f.
[288] Der Abszissenschnittpunkt liegt beim Wert der Kalkulationsbasis.
[289] S. Abschnitt 5.4.2.1, S. 207.
[290] Vgl. Abschnitt 5.3.2.4, S. 193.
[291] Vgl. Abschnitt 5.4.1, S. 200.

zwischen Cashflow und Wechselkursabweichung beschreibt.[292] Diese Nichtlinearität erschwert die Absicherung des Economic Exposures, da mittels linearer Absicherungsinstrumente keine exakt gegenläufige Position konstruiert werden kann. Das mittlere Diagramm von Abb. 5.12 zeigt ein solches nicht-lineares Exposureprofil im Vergleich zu einem linearen (linkes Diagramm). In beiden grafischen Darstellungen steht den originären Positionen eine lineare derivative Position – wie es für eine Absicherung mittels eines bedingten Finanzinstruments typisch ist – entgegen. Die resultierenden Gesamtexposures zeigen, dass sich nicht-lineare Exposures nur eingeschränkt durch klassische Absicherungsinstrumente mit linearem Charakter managen lassen. BARTRAM schlägt als Lösung den Einsatz nichtlinearer Instrumente wie Finanz- und Realoptionen vor.[293] Die Auswahl eines geeigneten Instruments und die Berechnung der entsprechend benötigten Parameter stellen für KMU eine hohe Hürde dar.[294] Bei der Nutzung angepasster Absicherungsinstrumente sind sie auf die Unterstützung von Kreditinstituten angewiesen.

Eine pragmatische – wenn auch suboptimale – Lösung ist eine partielle Absicherung unter Beibehaltung gängiger linearer Instrumente. Erlaubt die Risikotragfähigkeit der KMU die Akzeptanz von Risikoanteilen, führt diese partielle Absicherung zu einer Reduzierung des Exposures in der Nähe der Kalkulationsbasis (Abb. 5.12, rechts). Dieses Vorgehen erreicht nicht die Sicherheit, die angepasste derivative Instrumente bieten, verhilft den KMU aber zu einer Teileinschränkung des Risikos unter geringeren Absicherungskosten als bei einer Absicherung in voller Höhe des Exposurebetrags.[295]

5.4.3.2. Absicherungsinstrumente gegen Economic Exposures

Neben der Nichtlinearität sorgt eine zweite Eigenschaft der Economic Exposures für Probleme in der Risikobewältigung: ihre Laufzeit. Da Economic Exposures langfristige Positionen beinhalten und die Laufzeit finanzwirtschaftlicher Absicherungsinstrumente selten deutlich mehr als ein Jahr beträgt[296], müsste die Nutzung klassischer finanzwirtschaftlicher Sicherungsinstrumente mittels einer revolvierenden Absicherungsstrategie erfolgen.[297] Eine Absicherung über fünf Jahre ergibt sich beispielsweise aus einem Termingeschäft mit einer Laufzeit

---

[292] Vgl. Sercu 2009, S. 460 f.; Bartram 2000a, S. 113; Bartram 1999a, S. 206 ff.

[293] Vgl. Bartram 2000b, S. 1274; vgl. außerdem Pfennig 1998, S. 71; Rudolph 1996, S. 71.

[294] BARTRAM selbst rät in einer anderen Ausarbeitung aufgrund der Funktionalität und der Komplexität vom Einsatz exotischer/synthetischer Finanzinstrumente ab. Vgl. Bartram 2000a, S. 115 und die dort aufgeführten Quellen.

[295] Vgl. Sercu 2009, S. 471.

[296] Vgl. Bleuel 2006, S. 1058.

[297] Vgl. Jokisch und Mayer 2002, S. 195 ff.; Sercu 2009, S. 473.

von zwölf Monaten und mehreren anschließenden Devisenswapgeschäften.[298] Sobald ein Absicherungsgeschäft ausläuft, kann das anschließende Geschäft allerdings nur noch zu den dann geltenden Konditionen getätigt werden, so dass eine revolvierende Absicherung einem Wechsel in das Swapsatzrisiko[299] entspricht. KMU tauschen damit die Schwankungen des Kassakurses gegen die des Terminkurses – als Basis aller klassischen Absicherungsinstrumente – aus. Langfristig können KMU auf diese Weise nicht der Entwicklung an den Devisenmärkten entgehen.[300]

Der Wechsel vom Währungsrisiko in das Swapsatzrisiko birgt eine weitere Gefahr, die von KMU nicht unterschätzt werden darf. Mit dem Wechsel in das Swapsatzrisiko, dessen Determinante das Zinsrisiko ist, steigt bei einer sich vergrößernden Zinssatzdifferenz beider Währungsgebiete der Spread an. Dies führt dazu, dass zu den Revolvierungszeitpunkten ein temporärer Liquiditätsbedarf entsteht, der die Liquidität des Unternehmens belasten kann.[301] Da die Erhaltung der Liquidität zur Sicherung des Unternehmensfortbestandes ein zentrales Ziel des Risikomanagements darstellt, wirkt sich eine revolvierende Devisenkurssicherung unter Umständen schädigend aus. BLEUEL steht sogar allen vertraglich fixierten Absicherungsinstrumenten kritisch gegenüber, da sie „nicht der Logik des Economic Exposures" und dessen stark veränderbaren zukünftigen Cashflows entsprechen.[302]

Dies führt auch bei mehreren anderen Autoren zur Beurteilung, dass sich klassische externe Instrumente zum Management von Economic Exposures nicht eignen.[303] Sie verweisen auf das *Natural Hedging* – eine Absicherung mittels operativer Maßnahmen, mit denen die Angriffsfläche gegenüber Economic Exposures gesenkt werden kann. Im Allgemeinen benötigt deren Umsetzung jedoch viel Zeit und sie verursachen hohe Transaktionskosten.[304] Unternehmen können die Reduzierung der Währungsrisikopositionen beispielsweise durch die folgenden zwei Ansätze erreichen:[305]

---

[298] Devisenswapgeschäfte bestehen aus einem Kassageschäft und einem entgegengesetzten Termingeschäft mit der gleichen Partei. Zur detaillierten Anwendung der revolvierenden Devisenkurssicherung siehe das Beispiel in Jokisch und Mayer 2002, S. 195 ff.

[299] S. Abschnitt 4.4.1.2, S. 113.

[300] Vgl. Sercu 2009, S. 457 ff..

[301] Vgl. Jokisch und Mayer 2002, S. 200; Sercu 2009, S. 473.

[302] Bleuel 2006, S. 1058.

[303] Vgl. Sercu 2009, S. 473; Stocker 2006, S. 358; Küpper 2005, S. 191; Henk 2003, S. 236; Bartram 2000a, S. 115.

[304] Vgl. Bartram 2000a, S. 115.

[305] Vgl. Bleuel 2006, S. 1058 f.. Für diese und weitere Ansätze s. Shapiro und Sarin 2009, S. 294.

Der erste Ansatz verfolgt eine Angleichung der Währungsstruktur von Kosten und Erlösen. International Handel betreibende Unternehmen ohne Tochterunternehmen im Währungsausland können eine Angleichung durch die Steuerung der Importvolumen verschiedener Zulieferer bis hin zur Wahl neuer ausländischer Exporteure betreiben. Auf der anderen Seite können KMU versuchen, ihren Absatz in entsprechenden Währungsgebieten zu intensivieren oder neue Absatzmärkte zu erschließen. Eine finanzwirtschaftliche Möglichkeit der Angleichung stellt die Fremdwährungsfinanzierung dar. Besitzt ein Unternehmen einen Erlösüberschuss in einer Währung, beschließt es, die nächste Fremdkapitalaufnahme in Fremdwährung abzuschließen. Dies kann auch über die lokale Hausbank erfolgen, bedarf also nicht zwangsweise eines Zugriffs auf ausländische Kapitalmärkte. Durch die Begleichung der US-$-Zinszahlungen aus den US-$-Erlösen reduziert sich der Nettocashflow in US-Dollar und damit das US-$-Economic Exposure.

Erreichen KMU das Ziel einer Angleichung der Währungsstruktur, reduziert sich ihr Economic Exposure, ohne jedoch gegen Wechselkursbewegungen zu imunisieren. Der Grund liegt im Wettbewerbseffekt, der diese Unternehmen weiterhin indirekt beeinträchtigt. Ausgeglichene Unternehmen sind lediglich in der Situation, in der sich auch ausschließlich im Währungsinland tätige Unternehmen befinden. Unternehmen aus dem Währungsausland, deren Währungsstruktur unausgeglichen ist, können weiterhin Wettbewerbsvorteile erfahren und die Erlöse der inländischen ausgewogenen KMU negativ beeinflussen.

Der zweite realwirtschaftliche Ansatz basiert auf Erkenntnissen der Portfoliotheorie.[306] Indem Unternehmen ihre internationale Geschäftstätigkeit möglichst gleichmäßig auf mehrere Währungsgebiete aufteilen, also Diversifikation betreiben, erhöht sich ihre Unabhängigkeit von einzelnen Währungen. Hierbei darf es sich nicht um ein System fixer Wechselkurse handeln.[307] Die einzelnen Währungen sollten stattdessen möglichst wenig – im Idealfall negativ – miteinander korrelieren. Damit führen positive Wechselkurseffekte in einem Währungsgebiet zur Kompensation negativer Effekte in einem anderen.[308] Damit KMU Diversifikationseffekte für sich nutzen können, müssten sie weit gefächert außerhalb des Euroraums über mehrere Tochterunternehmen, Zulieferer oder Abnehmer verfügen, was nur auf einen begrenzten Anteil der Unternehmen zutrifft.[309] Außerdem

---

[306] Vgl. Abschnitt 4.3.1, S. 91.

[307] Vgl. Abschnitt 3.3, S. 39.

[308] Vgl. Bleul 2006, S. 1059.

[309] Vgl. Abschnitt 2.2.3, S. 19.

können Standortentscheidungen nicht alleine aus Diversifikationsgründen getroffen werden, so dass diese Variante des Natural Hedgings von KMU nur selten genutzt werden kann.

Zusammenfassend lässt sich festhalten, dass sich die Verwendung von Finanzinstrumenten zur Absicherung des Economic Exposures aufgrund der Exposure-Fristigkeit, des -Profils und seines zeitlichen Wandels nicht eignet. Eine wirkungsbezogene Absicherung bietet sich für bereits kontrahierte Währungsrisikopositionen an, deren Höhe und Fälligkeitszeitpunkt bekannt oder zumindest prognostizierbar sind. Die mit ihnen geschaffenen derivativen Positionen laufen nicht Gefahr, ihre originären Pendants zu verlieren und sich selbst in eine Bedrohung für das Unternehmen zu verwandeln.

Realwirtschaftliche Absicherungsstrategien vermögen es hingegen, eine Ursache des Exposures – die Währungsrisikoposition – zu beeinflussen und das Economic Exposure auf ein Mindestmaß zu begrenzen. Hierzu müssen jedoch Maßnahmen ergriffen werden, die in die strategische Planung der Unternehmen eingreifen, also langfristiger Natur sind.[310] Für KMU ist es daher wichtig, möglichst frühzeitig mit dem Management von Währungsrisiken zu beginnen und dessen Erkenntnisse in die Planung potentieller Internationalisierungsvorhaben einzubeziehen. Eine kostspielige nachträgliche Angleichung der Währungsstruktur der Kosten und Erträge kann so vermieden werden.

---

[310] Für eine ausführliche Behandlung möglicher Instrumente siehe Henk 2003, S. 236 ff.

6. Schlussbetrachtung

Das in der Einleitung aufgeführte kritische Zitat von EILENBERGER veranschaulicht die Skepsis, die sich bei der Vorstellung einer Verknüpfung von komplexen Verfahren des Risikomanagements auf der einen Seite und ressourcenarmen Unternehmen auf der anderen Seite einzustellen vermag. Diesem Zweifel nimmt sich die vorliegende Arbeit an, indem sie das finanzwirtschaftliche Thema des Währungsrisikomanagements in Verbindung mit KMU untersucht. Sie setzt sich im ersten Kapitel zum Ziel, die verschiedenen Währungsrisiken und ihre Auswirkungen auf KMU zu klassifizieren und Wege einer angemessenen Modellierung und Messung sowie eines ressourcenschonenden Risikomanagements aufzuzeigen.

Um die Verknüpfung zwischen Währungsrisikomanagement und KMU vollziehen zu können, bedarf es zunächst einer Definition des Untersuchungsobjekts. Das zweite Kapitel überprüft die quantitative Definition der Europäischen Gemeinschaft auf ihre Eignung und stellt Lücken in der Charakterisierung wichtiger KMU-Merkmale fest. Die im anschließenden Abschnitt untersuchten qualitativen Definitionen helfen, diese Lücken zu füllen. Eine Untersuchung der Eigentümerstruktur kleiner und mittlerer Unternehmen stellt zunächst die enge Bindung zwischen Inhaber und Unternehmen heraus, aus der sich erste Hinweise auf eine spezifische Risikoneigung ableiten lassen. Die anschließende Analyse der Unternehmensziele unterstreicht den Hang kleiner und mittlerer Unternehmen, Risiken besonders kritisch zu begegnen und dem Fortbestand des Unternehmens eine besondere Bedeutung beizumessen. Vor dem Hintergrund der im dritten Abschnitt skizzierten Zunahme der internationalen Verflechtung folgt, dass sich KMU verstärkt um ein Management der Währungsrisiken bemühen müssen.

Das dritte Kapitel bietet Fachwissen, das für die spätere Einschätzung von Gefahren im internationalen Handel und die Ergreifung von Gegenmaßnahmen benötigt wird. So stellt sich bei der Untersuchung von Devisen, ihrer Kursbildung und ihrem Handel heraus, dass KMU nicht nur über ihre Kreditinstitute, sondern auch unmittelbar über EDV-Plattformen am Devisenhandel teilnehmen können. Von besonderer Bedeutung für das später im Fokus stehende Wechselkursrisiko sind die im dritten Abschnitt vorgestellten Währungssysteme. Sie zeigen auf, dass KMU im internationalen Handel in Abhängigkeit des vorherrschenden Währungssystems mit unterschiedlichen Bedrohungen rechnen müssen. Der historische Verlauf verdeutlicht die Gefahr unerwarteter Wechselkursveränderungen, die deutsche Unternehmen mit der Entwicklung ihrer Heimatwährung durchlaufen mussten. Die aktuelle Situation stellt sich für KMU innerhalb des

Euro-Währungsgebietes als verhältnismäßig sicher dar. Im Handel mit dem Währungsausland bestehen jedoch teils beachtliche Wechselkursbewegungen, die im späteren Verlauf analysiert werden.

Um die Gefahren, die sich aus dem internationalen Handel ergeben, zu konkretisieren, widmet sich das vierte Kapitel dem Internationalen Risikomanagement. Dieses Thema stellt die zweite Hälfte der späteren Verknüpfung zwischen KMU und dem Währungsrisikomanagement dar, befasst sich zunächst aber mit einer grundlegenden Diskussion zur Definition des Risikobegriffs. Diese mündet in der Identifikation zweier Risikoauffassungen: dem Risiko als Verlustgefahr und dem Risiko als Streuungsmaß. Ohne eine der Definitionen hervorzuheben, befasst sich der anschließende Abschnitt mit der entscheidungstheoretischen Einordnung des Risikobegriffs. Dieser stellt sich als Beschreibung einer Unsicherheitssituation heraus, die im Gegensatz zur Ungewissheit oder Spekulation über quantifizierte potentielle Zustände verfügt. Während betriebswirtschaftliche Entscheidungen, deren Ergebnisse von Wechselkursbewegungen abhängen, ohne das Ergreifen von Maßnahmen als Unsicherheitssituation zu bezeichnen sind, erfolgt durch eine Modellierung und Quantifizierung des Wechselkurses die Überführung in eine Risikosituation.[1]

Diese Erkenntnis bedingt den weiteren Verlauf des Kapitels, der sich zunächst mit der Modellierung des Wechselkurses, anschließend mit seiner Quantifizierung und letztendlich auch mit seinem Management beschäftigt. Hinsichtlich der Modellierung legen grafische Darstellungen die Beschreibung von Wechselkursen als Zufallspfad (Random-Walk) nahe, was sich durch nachfolgende Untersuchungen des Devisenmarktes aber lediglich als Näherung herausstellt. Die Untersuchungen ergeben Merkmale, die auf Marktunvollkommenheiten und einer Abhängigkeit vergangener Devisenkursentwicklungen hindeuten. Um diese angemessen beschreiben zu können, erfolgt eine Diskussion verschiedener Methoden der Wechselkurs-Modellierung bzw. -Prognose.

Die Suche eines geeigneten Risikomaßes geschieht auf Basis vorgeschlagener Referenzmerkmale. Dabei zeigt sich, dass die im ersten Abschnitt vorgestellten Risikodefinitionen zwar unterschiedliche Auffassungen abbilden, sich Risikomaße beider Definition aber ineinander überführen lassen. Die Suche beginnt mit einer Analyse von Standardabweichung und Varianz als klassische Maße der Streuung einer Risikogröße. Da sich Unternehmen, die sich um ihren Fortbestand sorgen, primär für die Seite der drohenden Gefahren und nicht für

---

[1] Eine Entscheidung, die entgegen errechneten Wahrscheinlichkeiten getroffen wird, trägt die Bezeichnung Spekulation.

die der potentiellen Währungsgewinne interessieren, wird darauf aufbauend das vielseitige – aber vergleichsweise wenig beachtete – einseitige Risikomaß der Lower Partial Moments behandelt. Es stellt sich heraus, dass ein Spezialfall des LPM-Maßes einer häufig genutzten Risikogröße entspricht: dem Value at Risk. Dieses Risikomaß beschränkt sich auf eine einzelne Zahl, deren Bedeutung leicht zugänglich ist und sich gut für KMU eignet. Die bestehende Lücke, jenseits des vom VaR gemessenen Risikos, füllt das vierte vorgestellte Risikomaß: das Conditional Value at Risk.

Den Kreis des Risikomanagementprozesses schließen die Phasen Risikobewältigung und Risikokontrolle. Erstere befasst sich mit den unterschiedlichen Arten des Währungsrisikos und der Begrenzung ihrer Auswirkungen auf Währungsrisikopositionen von Unternehmen. Dabei ist in Abhängigkeit der Währungsrisikopositionen zwischen vier Exposurearten zu unterscheiden. Sie bilden das Fundament für spätere Überlegungen zum Einsatz von Absicherungsinstrumenten. Drei der vier Exposurearten, das Translation, das Transaction und das Contractual Exposure beeinflussen Unternehmen direkt – das Economic Exposure entfaltet seine Wirkung indirekt über die lokalen und internationalen Märkte. Die erwähnten Absicherungsinstrumente eignen sich, um die mit dem gemessenen Risiko behafteten Exposures – und damit auch die Auswirkungen auf die Unternehmen – zu verringern. Um welchen Anteil dies zu geschehen hat, muss eine individuelle Untersuchung der Unternehmens-Risikotragfähigkeit ergeben. Eine Absicherung des gesamten Exposures ist nicht nötig. Das mit dem VaR/CVaR-Maßen ermittelte Verlustpotential sollte lediglich auf ein akzeptables Maß reduziert werden.

Im letzten, zentralen Kapitel findet die Anwendung der bisherigen Erkenntnisse auf das Untersuchungsobjekt der KMU statt. Vorab stellt sich jedoch die Frage, welche endogene und exogene Gründe in Form von Vorschriften und betriebswirtschaftlichen Vorteilen KMU neben der Sicherung des Unternehmensfortbestandes zur Implementierung eines Währungsrisikomanagementsystems veranlassen. Aus rechtlicher Sicht wirkt sich insbesondere das Gesetz zur Kontrolle und Transparenz im Unternehmensbereich auf das Risikomanagement von Unternehmen aus. Obwohl es in erster Linie große Unternehmen anspricht, ist es durch seine Ausstrahlungswirkung auch für KMU von Relevanz. Es beinhaltet keine Vorgaben zur Ausgestaltung des Risikomanagementsystems, sondern zwingt KMU, deren Geschäftsführung sich nicht haftbar machen möchte, zur Auseinandersetzung mit der Risikoproblematik. Aus betriebswirtschaftlicher Sicht erscheint das Management von Währungsrisiken sinnvoll, wie die Untersuchung im anschließenden Abschnitt zeigt. Empirische Erhebungen zum

Risikomanagement in KMU zeigen im Gegensatz zu den Erkenntnissen der vorangehenden Kapitel die verbreitete Vernachlässigung und den offensichtlichen Bedarf an geeigneten Lösungen.

Dieser Aufgabe nehmen sich die Abschnitte des fünften Kapitels an. Eine Analyse der vorgestellten Risikokategorien zeigt KMU zunächst, wie sie die vorgestellten Währungsrisikoarten neben dem Wechselkursrisiko mit einfachen Instrumenten absichern können. Das Wechselkursrisiko stellt aufgrund seiner stetigen Präsenz das größte Risiko dar und bedarf einer besonderen Behandlung durch Modellierung, Messung und Management. Da eine Wechselkursprognose weder durch die KMU selbst noch extern durch professionelle Anbieter zuverlässige Entscheidungen erlauben, stellen Volatilitätsmodelle eine geeignete Form der Wechselkursmodellierung dar.

Die Risikomessung kann prinzipiell mittels der gängigen Verfahren erfolgen. Die finanzwirtschaftliche Literatur, bietet jedoch noch Verfahren an, die durch eine einfachere Handhabung besser auf die Anforderungen ressourcenarmer KMU zugeschnitten sind. Die vorliegende Arbeit befasst sich mit einer angepassten modellfreien Methode und einem hybriden Verfahren zur Berechnung des VaR/CVaR. Das modellfreie Verfahren besitzt den Vorteil, keine Datensammlung zu benötigen. Stattdessen nutzt sie frei zugängliche Marktwerte von Devisenoptionen, um aus deren impliziten Volatilität die Risikomaße zu gewinnen. Das Hybride Verfahren erfordert hingegen eine Sammlung historischer Daten, lässt sich aber auch in Fällen fehlender Optionspreise verwenden. Während dieses Verfahren die zukünftige Entwicklung auf Grundlage des historischen Verlaufs prognostiziert, beinhaltet das Ergebnis der modellfreien Methode Erwartungen von Marktteilnehmern über zukünftige Wechselkursentwicklungen.

Die Ausgestaltung des Wechselkursrisikomanagements erfolgt getrennt nach Exposure-Kategorien. Die Untersuchung der direkten Exposures liefert zusammenfassend gute Möglichkeiten für KMU, die auftretenden Exposures zu begrenzen. Es stellt sich jedoch die Frage, ob die Absicherung der reinen Bilanzpositionen des Translation Exposures sinnvoll erscheint. Ihre Auswirkungen treffen die Liquidität der KMU nicht direkt, sondern allenfalls über höhere Finanzierungskosten und eine höhere Besteuerung, was unternehmensindividuell zu prüfen ist. Ein Hedging mit Finanzinstrumenten ist hingegen nicht nur mit Absicherungskosten verbunden, sondern kann unter Umständen auch zu späteren unerwarteten Liquiditätsbedarfen führen.

Für Transaction und Contractual Exposures steht mit Cashflow-basierten Verfahren ein KMU-geeignetes Managementverfahren zur Verfügung. Beide Exposurearten erlauben den sinnvollen Einsatz einfacher klassischer Absicherungsinstrumente. Die Messung und das Management der Economic Exposures geht im Vergleich zur Handhabung direkter Exposurekategorien mit einer deutlichen Zunahme der Komplexität einher. Da es sich um langfristige und unsichere Cashflows handelt, kann mit angemessenem Aufwand nur eine grobe Exposureermittlung erfolgen. Zudem stellt sich deren Absicherung als äußerst schwierig heraus, da sich finanzwirtschaftliche Instrumente aufgrund ihrer geringen Laufzeit, der vertraglichen Bindung oder ihrer Komplexität nicht für KMU eignen. Kleine und mittlere Unternehmen müssen stattdessen frühzeitig mit der Exposureermittlung beginnen und realwirtschaftliche Maßnahmen ergreifen.

A. Exkurse

A.1. Weltweite Wechselkursregelungen

Die folgenden drei Tabellen geben einen Überblick über die weltweiten Wechselkursregelungen und den geldpolitischen Rahmen im Jahr 2008. Der aktuelle Stand kann den jährlichen Berichten des Internationalen Währungsfonds (IMF 2008) oder der Devisenkursstatistik der Deutschen Bundesbank (Deutsche Bundesbank 2009) entnommen werden.

Tabelle A.1.: Wechselkursregelungen und geldpolitischer Rahmen im Jahr 2008 (I)

Wechselkursziel				
US-Dollar			*Euro*	*Währungskorb*	*Sonstige*

US-Dollar			Euro	Währungskorb	Sonstige
Wechselkursregime ohne eigenes gesetzliches Zahlungsmittel					
Ecuador	F. S. von	Panama	Montenegro	:	Kiribati
El Salvador	Mikron.	Timor-Leste	San Marino	:	:
Marshallins.	Palau	:	:	:	:
Wechselkursband mit festem Leitkurs					
:	:	:	Slowakei[1]	AR. Syrien	:
:	:	:	:	Tonga	:
Gleitender Leitkurs ohne Wechselkursband (Crawling peg)					
Äthiopien	VR. China	Nicaragua	:	Botsuana	:
PS. Bolivien	Irak	Usbekistan	:	IR. Iran	:
Wechselkursband mit gleitendem Leitkurs (Crawling band)					
Costa Rica	:	:	:	Aserbaidschan	:

[1] Teilnahme an der Europäischen Wirtschafts- u. Währungsunion.

Quelle: IMF 2008, S. 14 f.

Tabelle A.2.: Wechselkursregelungen und geldpolitischer Rahmen im Jahr 2008 (II)

Wechselkursziel

US-Dollar			Euro		Währ.korb	Sonstige	Geldmengenziel
Regelung in Form eines "Currency Board"							
Antigua u. B.[1]	Grenada[1]	St. Lucia[1]	Bosnien u. Herz.		:	Brunei Daruss.	:
Dominica[1]	Hongkong	St. Vincent u.	Bulgarien		:	:	:
Dschibuti	St. Kitts u. N.[1]	d. Grenad.[1]		:	:	:	:
Sonstige konventionelle Regelungen mit festen Wechselkursen							
Angola	Jemen	Seychellen	Äquit.guinea[4]	Lettland[2]	Fidschi	Bhutan	Argentinien
Argentinien	Jordanien	Sierra Leone	Benin[3]	Mali[3]	Kuwait	Lesotho	Malawi
Aruba	Kasachstan	Simbabwe	Burkina Faso[3]	Mazedonien	Lyb.-Arab. Dchama.	Namibia	Ruanda
Bahamas	Saudi Arabien	Sri Lanka	Côte d'Ivoire[3]	Niger[3]	Marokko	Nepal	Sierra Leone
Bahrain	Libanon	Suriname	Dänemark[2]	Senegal[3]	Russische Föder.	Swasiland	:
Bangladesch	Malawi	Tadschikistan	Gabun[4]	Togo[3]	Samoa	:	:
Barbados	Malediven	Tri. u. Tobago	Guinea-Bissau[3]	Tschad[4]	Tunesien	:	:
Belarus	Mongolei	Turkmenistan	Kamerun[4]	Zentralafr. Republik[4]	:	:	
Belize	Niederl. Ant.	Venezuela	Kap Verde	:	:	:	
Eritrea	Oman	VA. Emirate	Komoren	:	:	:	
Guyana	Ruanda	Vietnam	Kongo[4]	:	:	:	
Honduras	Salomonen		Kroatien	:	:	:	

Mitgliedschaft/Teilnahme: [1] Ostkaribische Währungsunion, [2] WKM II, [3] Westafrikanische Wirtschafts- u. Währungsunion, [4] Zentralafrikanische Wirtschafts- u. Währungsunion.

Quelle: IMF 2008, S. 14 f.

Tabelle A.3.: Wechselkursregelungen und geldpolitischer Rahmen im Jahr 2008 (III)

Wechselkursziel		Geldmengenziel		Inflationsziel			Sonstige Rahmenbed.
US-Dollar	Währ.korb						
Kontrolliertes Floating ohne einen vorgegebenen Wechselkurspfad							
Kambodscha	Algerien	Afghanistan	Rep. Moldau	Armenien			Ägypten
Kirgisistan	Singapur	Burundi	Mosambik	Ghana			Dom. Rep.
DVR. Laos	Vanuatu	Gambia	Nigeria	Guatemala			Indien
Liberia	:	Georgien	Papua-Neug.	Indonesien			Malaysia
Mauretanien	:	Guinea	Sao Tomé	Kolumbien			Pakistan
Mauritius	:	Haiti	u. Príncipe	Peru			Paraguay
Myanmar	:	Jamaika	Sudan	Rumänien			Thailand
Ukraine	:	Kenia	VR. Tansania	Serbien			:
:	:	Madagaskar	Uganda	Uruguay			:
Unabhängiges Floating							
:	:	Sambia	Albanien	Italien[1]	Portugal[1]		Japan
:	:	:	Australien	Kanada	Schweden		DR. Kongo
:	:	:	Belgien[1]	Rep. Korea	Slowenien[1]		Schweiz
:	:	:	Brasilien	Luxemburg[1]	Spanien[1]		Somalia
:	:	:	Chile	Malta[1]	Südafrika		Vereinigte
:	:	:	Deutschland[1]	Mexiko	Tsch. Rep.		Staaten
:	:	:	Finnland[1]	Neuseeland	Türkei		:
:	:	:	Frankreich[1]	Niederlande	Ungarn		:
:	:	:	Griechenland[1]	Norwegen	Vereinigtes Königr.		:
:	:	:	Irland[1]	Österreich[1]	Zypern[1]		:
:	:	:	Island	Philippinen	:		:
:	:	:	Israel	Polen			:

Mitgliedschaft: [1] Europäische Wirtschafts- u. Währungsunion.

Quelle: IMF 2008, S. 14 f.

A.2. Historischer Verlauf vor 1976

Anfang des 20. Jahrhunderts war der *klassische Goldstandard* das international
dominierende Währungssystem. Es zeichnet sich durch Gold als einziges offizi-
elles Reservemedium, einem fixen Wechselkurs zwischen Heimatwährung und
Gold, einer unbegrenzten Tauschverpflichtung seitens der Währungsbehörden
(Konvertibilitätsverpflichtung) sowie einem festen Verhältnis von Goldreserven
zur umlaufenden Geldmenge aus.[1] Anders als bei einer Goldumlaufswährung,
bei der das umlaufende Geld aus Gold besteht, handelte es sich beim klassischen Goldstandard um eine Goldkernwährung, bei der Papiernoten und min-
derwertige Metalle hierfür Verwendung finden.[2] Die Einführung des gemeinsamen Währungsankers Gold führte zu festen Wechselkursen zwischen den
Goldstandard-Ländern.[3] 1871 in Deutschland eingeführt, endete der klassische
Goldstandard mit Beginn des ersten Weltkrieges im Jahr 1914 durch Aufhebung
der Konvertibilitätsverpflichtung der am Krieg teilnehmenden Nationen.[4]

Im Anschluss an den ersten Weltkrieg konnten sich die herkömmlichen Paritäten
aufgrund der unterschiedlichen Goldab-/Goldzuflüsse und der unterschiedlichen Inflationsentwicklungen nicht erneut einstellen, so dass eine Zeit flexibler
Wechselkurse folgte. Erst nach der Konferenz von Genua im Jahr 1922 begann
die Rückkehr zum Goldstandard[5] in Form eines *Golddevisenstandards*, der sich
jedoch vom Währungssystem zu Beginn des Jahrhunderts unterschied. Die Schaf-
fung einer Golddevisenwährung forderte nicht mehr das Halten eigener Goldreserven, sondern erlaubte auch den Ersatz durch Devisen. Hierfür kamen jedoch
nur Währungen in Betracht, die durch ausreichend große Goldreserven hinter-
legt waren. Bis 1925 eignete sich hierfür nur der US-Dollar, später entstanden
weitere Geldmärkte in England, den Niederlanden, Schweden, Norwegen und
Frankreich.

Diese Phase fester Wechselkurse endete durch den Zusammenbruch der Golddesi-
visenwährungen der meisten europäischen Länder im Verlauf der Weltkreditkrise

---

[1]   Im Fall des deutschen Kaiserreichs bedeutete dies einen festen Wechselkurs von 2790 Mark das
      Kilogramm Gold sowie eine Deckungsrate von einem Drittel der umlaufenden Geldmenge; vgl.
      Rübel 2002, S. 160.
[2]   Vgl. Zwingli 1937, S. 13 f.
[3]   Durch die gesetzlich verankerte Parität von 664,6 US-Dollar für das Kilogramm Gold in den
      Vereinigten Staaten von Amerika ergab sich beispielsweise ein fixer Devisenkurs von 4,20 Mark
      für einen US-Dollar. Tatsächlich gab es wegen der mit Goldbewegungen verbundenen Transakti-
      onskosten unterschiedliche Goldimport- und Goldexportkosten, wodurch auch der Wechselkurs
      eine geringe Bandbreite aufwies; vgl. Jarchow 2002, S. 183.
[4]   Vgl. Jarchow 2002, S. 482.
[5]   Deutschland 1924, England 1925 und Frankreich 1928; vgl. Fratianni und Hauskrecht 1999, S. 247.

Abbildung A.1.: Entwicklung ausgewählter Devisen zur Mark/Reichsmark

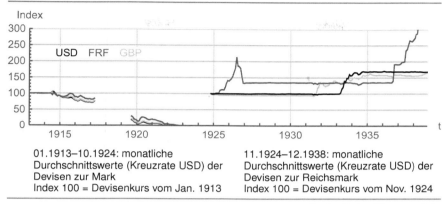

01.1913–10.1924: monatliche	11.1924–12.1938: monatliche
Durchschnittswerte (Kreuzrate USD) der	Durchschnittswerte (Kreuzrate USD) der
Devisen zur Mark	Devisen zur Reichsmark
Index 100 = Devisenkurs vom Jan. 1913	Index 100 = Devisenkurs vom Nov. 1924

Quelle: Federal Reserve 1943

von 1931.[6] Deutschland und das Vereinigte Königreich hielten die Golddevisenwährung bis 1931 aufrecht, Frankreich bis 1936. Es folgte erneut eine Zeit flexibler Wechselkurse.[7] Eine Übersicht über die Perioden fester und flexibler Wechselkurse zwischen 1913 und 1938 zeigt Abb. A.1. Dort sind die Devisenkurse des US-Dollars, des Französischen Francs und des Britischen Pfundes im Verhältnis zur Mark bzw. Reichsmark abgebildet.

Am 22. Juli 1944 beschlossen Sachverständige aus 44 Nationen im nordamerikanischen Bretton Woods Konventionen für einen internationalen Währungsfonds (IWF) und eine Internationale Bank für Wiederaufbau und Entwicklung.[8] Das fortan als *Bretton-Woods-System* (BWS) bekannte Währungssystem sollte den internationalen Handel nach Beendigung des zweiten Weltkrieges fördern, brach jedoch ca. ein viertel Jahrhundert später in sich zusammen.[9] In dieser Zeitspanne befanden sich die bedeutendsten Währungen in einer festgelegten Parität zum US-Dollar und somit auch in einem festen Wechselkursverhältnis zueinander. Durch den festen Wechselkurs der „US Federal Reserve Bank" von 35 $ je Unze Gold bestand auch im BWS eine Bindung des Geldes am Rohstoff Gold. Einmal fixiert, durfte der Kurs einer Währung nur in festgelegten Grenzen und nur zur Korrektur fundamentaler Gleichgewichtsstörungen verändert werden.

---

[6]   Auslöser war der New Yorker Börsencrash vom 24. Oktober 1929; vgl. Eichengreen 1992, S. 14 f.
[7]   Vgl. Zwingli 1937, S. 23–32; Eichengreen 1992, S. 14.
[8]   International Monetary Fund (IMF), International Bank for Reconstruction and Development (IBRD), Bachmann 1945, S. 2 ff.
[9]   Vgl. Sylla 2002, S. 81 ff.

Ein solcher Schritt setzte zudem die Kenntnisnahme oder Zustimmung des internationalen Währungsfonds voraus und war zum Teil an Bedingungen des IWF gebunden. Für die Einhaltung der Parität waren die Zentralbanken der Mitgliedsländer zuständig. Bei Unter- oder Überschreitung des festgelegten Wechselkurses um mehr als 1 % (Bandbreite ab 1971: ±2,25 %) waren diese verpflichtet, am Devisenmarkt zu intervenieren. Bei einer Befestigung der Heimatwährung gegenüber dem US-Dollar wurden US-Dollar gekauft und eine Devisen-Reserve aufgebaut, bei einer Abschwächung wurde diese durch den Verkauf von US-Dollar wieder abgebaut. Dieses Verhalten der Zentralbanken sorgte für eine langfristige Stabilität der Devisenkurse und somit für Planungssicherheit international agierender Unternehmen.

Eine Abwertung des Pfund Sterlings 1967 um rund 14,3 % und des Französischen Franc 1969 um ca. 12,5 % sowie eine Aufwertung der Deutschen Mark 1969 um 8,5 % kündigten bereits das Ende des BWS an. Am 9. Mai 1971 ging die Deutsche Mark durch die Aufhebung der Interventionspflicht der Deutschen Bundesbank in ein Floating über, ebenso der Niederländische Gulden. Nachdem am 15. August 1971 US-Präsident Nixon die Konvertibilität des Dollar in Gold vorübergehend aussetze, lösten sich weitere westeuropäische Staaten sowie Japan vom BWS.[10]

Den weiteren Verlauf schildert Abschnitt 3.3.1, S. 41.

---

[10] Bis 1969 bestand für die Zentralbanken der Mitgliedsländer die Möglichkeit, ihre US-Dollar-Reserven gegen Gold zu tauschen. Da sich die Goldreserven in Höhe von ca. 10 Mrd. US-$ Devisenreserven anderer Zentralbanken von zusammengerechnet rund 50 Mrd. US-$ gegenüber gestellt sahen, wurde die Goldbindung des US-Dollars aufgehoben. Vgl. auch Buckley 2004, S. 22 f.; Meyer und Stadtmüller 1972, S. 32.

B. Programmcode und Diagramme

Der folgende Programmcode wurde in der Software Wolfram Mathematica 7 geschrieben und zeigt einen Weg, den VaR und CVaR für eine vorgegebene Anzahl von Handelstagen mit unterschiedlichen Methoden zu berechnen. Er wurde genutzt um die Diagramme in Abb. 5.3, S. 174 zu erzeugen.

Wechselkursdatenimport

```
filename="CVaRdata.xls";
file=ToFileName[NotebookDirectory[],filename];
curCol=2; (*USD=2,GBP=8,JPY=11*)

(*exchange rates import*)
data=Import[file,{"Sheets","FX",All,{1,curCol}}];
curName=data[[1,2]]; (*currency*)
data=Drop[data,1]; (*drop the column heading*)
datData=data[[All,1,1;;3]]; (*get year, month and day*)
curData=data[[All,2]]; (*get the exchange rates*)
Column[Print["FX-DATA: ",curName," (Last:",DateString[
  Last[datData],"Day",".","Month",".","YearShort"],")"]];

(*put options import*)
data=Import[file,{"Sheets","Put",All,{3,4,6,7,8,9}}];
putCurName=data[[1,2]]; (*currency*)
ratio=Round[data[[1,4]]]; (*quantity of underlying asset*)
putList=DeleteDuplicates[Round[data[[All,3]]]];
  (*list of expiration dates*)
optData=Transpose[{Round[data[[All,3]]],data[[All,1]],
  (data[[All,5]]+data[[All, 6]])/(2ratio)}];
putData=Table[optData[[Flatten[Position[
  optData[[All,1]],i]]]],i,putList];
Column[Print["PUT-DATA: ",putCurName,"(",Length[data],
  " Options, ",Length[putList]," Expiries)"]];

(*call options import*)
data=Import[file,"Sheets","Call",All,3,4,6,7,8,9];
callCurName=data[[1,2]]; (*currency*)
ratio=Round[data[[1,4]]]; (*quantity of underlying asset*)
callList=DeleteDuplicates[Round[data[[All,3]]]];
  (*list of expiration dates*)
optData=Transpose[Round[data[[All,3]]],data[[All,1]],
  (data[[All,5]]+data[[All,6]])/(2ratio)];
callData=Table[optData[[Flatten[Position[
```

```
optData[[All,1]],i]]]],i,callList];
Column[Print["PUT-DATA: ",callCurName,"(",Length[data],
  " Options, ",Length[callList]," Expiries)"]];

Remove[filename, file, curCol, data, optData];
```

Definitionen/Parameter/Formeln

```
(*colors*)
HSUred=RGBColor[197/255,0/255,66/255];
HSUblue=RGBColor[0/255,48/255,71/255];
HSUyellow=RGBColor[255/255,206/255,76/255];
HSUgreen=RGBColor[151/255,148/255,44/255];
HSUocher=RGBColor[192/255,111/255,0/255];

(*styles*)
plotStyle1=Directive[HSUred,Opacity[1],PointSize[Tiny],
  AbsoluteThickness[Medium]];
plotStyle2=Directive[HSUocher,Opacity[1],PointSize[Tiny],
  AbsoluteThickness[Medium]];
plotStyle3=Directive[DarkGray,Opacity[1],PointSize[Tiny],
  AbsoluteThickness[Medium]];
plotStyle4=Directive[Black,Opacity[1],PointSize[Tiny],
  AbsoluteThickness[Medium]];
plotStyle5=Directive[HSUgreen,Opacity[1],PointSize[Tiny],
  AbsoluteThickness[Medium]];
plotStyle6=Directive[HSUyellow,Opacity[1],PointSize[Tiny],
  AbsoluteThickness[Medium]];
axesStyle=Directive[Gray,AbsoluteThickness[Medium]];
baseStyle=Directive[FontFamily->"Helvetica",FontSize->8];
fillingStyle=Directive[HSUred,Opacity[0.3]];
gridStyle=Directive[LightGray,AbsoluteThickness[Medium]];
helpStyle=Directive[Gray,Opacity[1],
  AbsoluteThickness[Medium]];
plotStyle=Directive[HSUred,Opacity[1],PointSize[Tiny],
  AbsoluteThickness[Medium]];

(*image parameters*)
imageSize=800;
aspektRatio=2/3;

(*parameters*)
t0=2010,03,05; (*$t_0$*)
n=250; (*$H$*)
pos=Position[datData,t0][[1,1]]; (*position of $t_0$*)
```

```
α=0.01; (*significance level*)
λ=0.94; (*EWMA-parameter1*)
κ=0.98; (*EWMA-parameter2*)
hB=1; (*H_min*)
hE=250; (*H_max*)
kassa=curData[[pos]]; (*spot rate*)

(*formulas*)
uList[h_,n_]:=Table[Log[curData[[pos-i]]]-
   Log[curData[[pos-h-i]]]],{i,0,n-1}];
ewmaList=Table[(1-κ)/(1-κ^2n)κ^(i-1),{i,1,2n}];
uMatrix=Table[uList[i,n],{i,1,hE}];
hmListD[h_]:=Sort[Transpose[{kassa(e^uList[h,2n],ewmaList}]];
hmListU[h_]:=Sort[Transpose[{kassa(e^uList[h,2n],ewmaList}],
   #1[[1]]]>#2[[1]]&];

πCu[h_]:=callData[[Position[callList,h][[1,1]],All,3]]+
   (α callData[[Position[callList,h][[1,1]],All,2]]);
πCd[h_]:=putData[[Position[putList,h][[1,1]],All,3]]+
   (-α putData[[Position[putList,h][[1,1]],All,2]]);

μ[h_]:=Mean[uMatrix[[h]]];
σ[h_]:=Sqrt[(1-λ)/(1-λ^n)Sum[λ^(i-1)uMatrix[[h,i]]^2,{i,1,n}]];

Column[Print["PARAMETER: Date= ",DateString[t0,"Day","."],
   "Month",".","YearShort"]," ; kassa=",kassa," ; α=",α]];

Remove[t0];
```

Berechnung VaR

```
(*Berechnung des VaR mittels Varianz-Kovarianz-Methode*)
VaRvk[μ_,σ_]:=kassa(e^Quantile[NormalDistribution[μ,σ],α]);
VaRvkWΔ=Table[VaRvk[0,σ[1]Sqrt[i]]-kassa,{i,hB,hE,2}];
VaRvkHΔ=Table[VaRvk[0,σ[i]]-kassa,{i,hB,hE,2}];

(*Berechnung des VaR mittels historischer Simulation*)
VaRhsU=Table[-Interpolation[Sort[kassa(e^uMatrix[[i]])],
   InterpolationOrder->1][α n],{i,hB,hE,2}];
VaRhsD=Table[-Interpolation[Sort[kassa(e^uMatrix[[i]])],
   InterpolationOrder->1][(1-α)n],{i,hB,hE,2}];

(*Berechnung des VaR mittels hybrider Methode*)
Off[InterpolatingFunction::"dmval"]
VaRhmUh[h_]:=Transpose[{Accumulate[hmListU[h][[All,2]]],
   hmListU[h][[All,1]]}];
```

```
VaRhmDh[h_]:=Transpose[{Accumulate[hmListD[h][[All,2]]],
   hmListD[h][[All,1]]}];
VaRhmU=Table[-Interpolation[VaRhmUh[i],
   InterpolationOrder->1][α],{i,hB,hE,5}];
VaRhmD=Table[-Interpolation[VaRhmDh[i],
   InterpolationOrder->1][α],{i,hB,hE,5}];

(*Berechnung des VaR mittels der modellfreien Methode*)
VaRmfDlist[h_]:=putData[[Position[putList,h]
   [[1,1]],All,2]];
VaRmfUlist[h_]:=callData[[Position[callList,h]
   [[1,1]],All,2]];
VaRmfD=Transpose[{putList,Table[-VaRmfDlist[i]
   [[Position[πCd[i],Min[πCd[i]]][[1,1]]]],{i,putList}]}];
VaRmfU=Transpose[{callList,Table[-VaRmfUlist[i]
   [[Position[πCu[i],Min[πCu[i]]][[1,1]]]],{i,callList}]}];

(*Berechnung des VaR mittels Monte-Carlo-Simulation*)
VaRmc[h_,α_]:=-Quantile[kassa
   (e^RandomReal[NormalDistribution[0,σ[h]],1000000]),α];
VaRmcU=Table[VaRmc[i,1-α],{i,hB,hE,5}];
VaRmcD=Table[VaRmc[i,α],{i,hB,hE,5}];
```

Berechnung CVaR

```
(*Berechnung des CVaR mittels Varianz-Kovarianz-Methode*)
CVaRvk[μ_,σ_]:=kassa
   (e^(1/α)NIntegrate[Quantile[NormalDistribution[μ,σ],a],{a,0,α}]);
CVaRvkWΔ=Table[CVaRvk[0,σ[1]Sqrt[i]]-kassa,{i,hB,hE,2}];
CVaRvkHΔ=Table[CVaRvk[0,σ[i]]-kassa,{i,hB,hE,2}];

(*Berechnung des CVaR mittels historischer Simulation*)
hsFuncU[h_]:=Interpolation[Sort[kassa(e^uMatrix[[h]])],
   InterpolationOrder→1];
CVaRhsU=Table[-1/(α n)NIntegrate[hsFuncU[i][x],{x,0,α n}],
   {i,hB,hE,2}];
hsFuncD[h_]:=Interpolation[Sort[kassa(e^uMatrix[[h]]),Greater],
   InterpolationOrder->1];
CVaRhsD=Table[-1/(α n)NIntegrate[hsFuncD[i][x],
   {x,0,α n}],{i,hB,hE,2}];

(*Berechnung des CVaR mittels hybrider Methode*)
Off[InterpolatingFunction::"dmval"]
CVaRhmUh[h_]:=Mean[Take[hmListU[h][[All,1]],LengthWhile[
   Accumulate[hmListU[h][[All,2]]],#<=α&]+1]];
```

```
CVaRhmDh[h_]:=Mean[Take[hmListD[h][[All,1]],LengthWhile[
  Accumulate[hmListD[h][[All,2]]],#<=α&]+1]];
CVaRhmU=Table[-CVaRhmUh[i],{i,hB,hE,2}];
CVaRhmD=Table[-CVaRhmDh[i],{i,hB,hE,2}];

(*Berechnung des CVaR mittels der modellfreien Methode*)
CVaRmfU=Transpose[{callList,Table[-Min[πCu[i]]/α,
  {i,callList}]}];
CVaRmfD=Transpose[{putList,Table[Min[πCd[i]]/α,
  {i,putList}]}];

(*Berechnung des CVaR mittels Monte-Carlo-Simulation*)
m=100000;
CVaRmcU=Table[-Mean[Take[Sort[kassa
  (e^RandomReal[NormalDistribution[0,σ[i]],m])],Round[αm]],
  {i,hB,hE,2}];
CVaRmcD=Table[-Mean[Take[Sort[kassa
  (e^RandomReal[NormalDistribution[0,σ[i]],m])],-Round[αm]],
  {i,hB,hE,2}];
```

Diagramme

```
(*VaR*)
Show[{
  ListPlot[{VaRvkWΔ]-kassa,-VaRvkWΔ-kassa},DataRange→
    {1,250},Joined→True,PlotStyle→plotStyle1,PlotRange→
    {{0,250},{0,-2}},AxesLabel→{"h","USD"},BaseStyle→
    baseStyle,Axes→True,AxesStyle→axesStyle],
  ListPlot[{VaRvkWΔ]-kassa,-VaRvkWΔ-kassa},DataRange→
    {1,250},Joined→True,PlotStyle→plotStyle2],
  ListPlot[{VaRhsU,VaRhsD},DataRange→{1,250},Joined→True,
    PlotStyle→plotStyle3],
  ListPlot[{VaRhmU,VaRhmD},DataRange→{1,250},Joined→True,
    PlotStyle→plotStyle4],
  ListPlot[{VaRmcU,VaRmcD},DataRange→{1,250},Joined→True,
    PlotStyle→plotStyle5],
  ListPlot[{VaRmfU,VaRmfD},Joined→True,
    PlotStyle→plotStyle6],
  Graphics[{
    AbsoluteThickness[Medium],Text["VaR-Berechnung",
      {25,-0.3},{-1,0}],
    HSUred,Line[{{25,-0.45},{35,-0.45}}],
      Text["Var-Kov-Ansatz(Wurzelgesetz)",{40,-0.45},{-1,0}],
    HSUocher,Line[{{25,-0.6},{35,-0.6}}],
```

```
    Text["Var-Kov-Ansatz(Historisch)",{40,-0.6},{-1,0}],
   DarkGray,Line[{{25,-0.75},{35,-0.75}}],
    Text["HistorischeSimulation",{40,-0.75},{-1,0}],
   Black,Line[{{140,-0.45},{150,-0.45}}],
    Text["HybridesVerfahren",{155,-0.45},{-1,0}],
   HSUgreen,Line[{{140,-0.6},{150,-0.6}}],
    Text["Monte-Carlo-Simulation",{155,-0.6},{-1,0}],
   HSUyellow,Line[{{140,-0.75},{150,-0.75}}],
    Text["ModellfreierAnsatz",{155,-0.75},{-1,0}],
   gridStyle,Line[{{0,-kassa},{250,-kassa}}]
  }]
},AspectRatio→aspektRatio,ImageSize→imageSize]

(*CVaR*)
Show[{
  ListPlot[{CVaRvkWΔ-kassa,-CVaRvkWΔ-kassa},DataRange→
    {1,250},Joined→True,PlotStyle→plotStyle1,PlotRange→
    {{0,250},{0,-2}},AxesLabel→{"h","USD"},BaseStyle→
    baseStyle,Axes→True,AxesStyle→axesStyle],
  ListPlot[{CVaRvkHΔ-kassa,-CVaRvkHΔ-kassa},DataRange→
    {1,250},Joined→True,PlotStyle→plotStyle2],
  ListPlot[{CVaRhsU,CVaRhsD},DataRange→{1,250},Joined→True,
    PlotStyle→plotStyle3],
  ListPlot[{CVaRhmU,CVaRhmD},DataRange→{1,250},Joined→True,
    PlotStyle→plotStyle4],
  ListPlot[{CVaRmcU,CVaRmcD},DataRange→{1,250},Joined→True,
    PlotStyle→plotStyle5],
  ListPlot[{CVaRmfU,CVaRmfD},Joined→True,
    PlotStyle→plotStyle6],
  Graphics[{
    AbsoluteThickness[Medium],Text["CVaR-Berechnung",
      {25,-0.3},{-1,0}],
    HSUred,Line[{{25,-0.45},{35,-0.45}}],
      Text["Var-Kov-Ansatz(Wurzelgesetz)",{40,-0.45},{-1,0}],
    HSUocher,Line[{{25,-0.6},{35,-0.6}}],
      Text["Var-Kov-Ansatz(Historisch)",{40,-0.6},{-1,0}],
    DarkGray,Line[{{25,-0.75},{35,-0.75}}],
      Text["HistorischeSimulation",{40,-0.75},{-1,0}],
    Black,Line[{{140,-0.45},{150,-0.45}}],
      Text["HybridesVerfahren",{155,-0.45},{-1,0}],
    HSUgreen,Line[{{140,-0.6},{150,-0.6}}],
```

```
      Text["Monte-Carlo-Simulation",{155,-0.6},{-1,0}],
    HSUyellow,Line[{{140,-0.75},{150,-0.75}}],
      Text["ModellfreierAnsatz",{155,-0.75},{-1,0}],
    gridStyle,Line[{{0,-kassa},{250,-kassa}}]
  }]
},AspectRatio→aspektRatio,ImageSize→imageSize]
```

Literaturverzeichnis

Abhyankar u. a. 2005   ABHYANKAR, Abhay ; SARNO, Lucio ; VALENTE, Giorgio: Exchange rates and fundamentals: evidence on the economic value of predictability. In: *Journal of International Economics* 66 (2005), Jul., Nr. 2, S. 325–348. – ISSN 0022-1996

Acerbi u. a. 2001   ACERBI, Carlo ; NORDIO, Claudio ; SIRTORI, Carlo: *Expected Shortfall as a Tool for Financial Risk Management*. 2001. – URL http://www.citebase.org/abstract?id=oai:arXiv.org:cond-mat/0102304

Acerbi und Tasche 2002   ACERBI, Carlo ; TASCHE, Dirk: On the coherence of expected shortfall. In: *Journal of Banking & Finance* 26 (2002), Jul., Nr. 7, S. 1487–1503. – ISSN 0378-4266

Adler und Dumas 1984   ADLER, Michael ; DUMAS, Bernard: Exposure to Currency Risk: Definition and Measurement. In: *Financial Management* 13 (1984), Nr. 2, S. 41–50. – ISSN 0046-3892

Ahrweiler u. a. 2003   AHRWEILER, Sonja ; BÖRNER, Christoph J. ; GRICHNIK, Dietmar: Angebot und Nachfrage nach neuen Finanzierungswegen für den Mittelstand. In: KIENBAUM, Jochen (Hrsg.) ; BÖRNER, Christoph J. (Hrsg.): *Neue Finanzierungswege für den Mittelstand*. Wiesbaden : Gabler, 2003, S. 3–73. – ISBN 3-409-12477-2

Ahrweiler u. a. 2007   AHRWEILER, Sonja ; BÖRNER, Christoph J. ; RÜHLE, Jörg: Auswirkungen von Basel II auf die Finanzierungssituation mittelständischer Unternehmen in Deutschland. In: HOFMANN, Gerhard (Hrsg.): *Basel II und MaRisk : Regulatorische Vorgaben, bankinterne Verfahren, Risikomanagement*. Frankfurt a. M. : Bankakademie-Verl., 2007, S. 291–313. – ISBN 978-3-937519-55-5

Al-Zoubi und Daal 2005   AL-ZOUBI, Haitham A. ; DAAL, Elton: *A Note on the Foreign Exchange Market Efficiency Hypothesis: Does Small Sample Bias affect Inference?* Working Paper, University of New Orleans, Department of Economics and Finance. Aug. 2005. – URL http://louisdl.louislibraries.org/cgi-bin/showfile.exe?CISOROOT=/EFW&CISOPTR=32

Albrecht 2003   ALBRECHT, Peter: *Zur Messung von Finanzrisiken*. Mannheim : Univ., Inst. für Versicherungswissenschaft, Jan. 2003 (Mannheimer Manuskripte zu Risikotheorie, Portfolio Management und Versicherungswirtschaft 143)

Albrecht und Maurer 2008   ALBRECHT, Peter ; MAURER, Raimond: *Investment- und Risikomanagement*. 3. Aufl. Stuttgart : Schäffer-Poeschel, 2008. – ISBN 978-3-7910-2827-9

Alexakis und Apergis 1996   ALEXAKIS, Panayotis ; APERGIS, Nicholas: ARCH effects and cointegration: Is the foreign exchange market efficient? In: *Journal of Banking & Finance* 20 (1996), Nr. 4, S. 687–697. – ISSN 0378-4266

Allayannis u. a. 2001   ALLAYANNIS, George ; IHRIG, Jane ; WESTON, James P.: Exchange-Rate Hedging : Financial Versus Operational Strategies. In: *American Economic Review* 91 (2001), Mai, Nr. 2, S. 391–395. – ISSN 0002-8282

Allayannis und Weston 2005   ALLAYANNIS, George ; WESTON, James P.: The Use of Foreign Currency Derivatives and Industry Structure. In: BROWN, Gregory W. (Hrsg.) ; CHEW, Donald H. (Hrsg.): *Corporate risk : strategies and management*. Risk, 2005, S. 329–337. – Originally published in 1999. – ISBN 1-904339-98-0

Altmann 2007   ALTMANN, Jörn ; BERNSTORFF, Christoph Graf von (Hrsg.): *Zahlungssicherung im Aussenhandel : Akkreditive taktisch zur Erfolgssicherung nutzen*. Köln : Bundesanzeiger Verlag, 2007. – ISBN 978-3-89817-575-3

Anderson 1962   ANDERSON, Theodore W.: On the Distribution of the Two-Sample Cramer-von Mises Criterion. In: *The Annals of Mathematical Statistics* 33 (1962), Nr. 3, S. 1148–1159. – ISSN 0003-4851

Anderson und Darling 1952   ANDERSON, Theodore W. ; DARLING, A.: Asymptotic Theory of Certain „Goodness of Fit" Criteria Based on Stochastic Processes. In: *Annals of Mathematical Statistics* 23 (1952), Nr. 2, S. 193–212

Arnsfeld u. a. 2007   ARNSFELD, Torsten ; BERKAU, Carsten ; FREY, Andreas: Risikomanagement im Mittelstand: Luxus oder Notwendigkeit? Empirische Studie zum Einsatz von Risikomanagement in der Unternehmenssteuerung. In: *Controller-Magazin* 32 (2007), Nr. 5, S. 488–493. – ISSN 0343-267x

Artzner u. a. 1999   ARTZNER, Philippe ; DELBAEN, Freddy ; EBER, Jean-Marc ; HEATH, David: Coherent Measures of Risk. In: *Mathematical Finance* 9 (1999), Jul., Nr. 3, S. 203–228. – ISSN 0960-1627

Assenmacher 2002   ASSENMACHER, Walter: *Einführung in die Ökonometrie*. 6. Aufl. München : Oldenbourg, 2002. – ISBN 3-486-25429-4

Astrachan u. a. 2002   ASTRACHAN, Joseph H. ; KLEIN, Sabine B. ; SMYRNIOS, Kosmas X.: The F-PEC Scale of Family Influence: A Proposal for Solving the Family Business Definition Problem. In: *Family Business Review* 15 (2002), Mär., Nr. 1, S. 45–58. – ISSN 0894-4865

Atradius 2007   Atradius Corporate Communications and Financial Times Deutschland (Veranst.): *Atradius Zahlungsmoralbarometer : Studie zum Zahlungsverhalten europäischer Unternehmen*. 2007. – URL http://www.atradius.de/images/stories/Atradius_Zahlungsmoralbarometer_Winter2007.pdf. – Zugriffsdatum: 01.09.2008

Atradius 2009   Atradius Corporate Communications and Financial Times Deutschland (Veranst.): *Atradius Zahlungsmoralbarometer : Studie zum Zahlungsverhalten europäischer Unternehmen*. 2009. – URL http://www.atradius.de/images/stories/ZMB.Sommer.2009.final.pdf. – Zugriffsdatum: 01.04.2010

Auckenthaler und Mettler 1994   AUCKENTHALER, Christoph ; METTLER, Alfred: *Chaos-Theorie und Finanzmarktforschung.* 1994. – URL http://www.isb.uzh.ch/ publikationen/workingpapers.php. – Abruf: Okt. 2007; ISB Working Paper Reihe, Nr. 1

von Auer 2007   AUER, Ludwig von: *Ökonometrie : Eine Einführung.* 4. Aufl. Berlin : Springer, 2007. – ISBN 978-3-540-70827-8

Bachelier u. a. 2006   BACHELIER, Louis ; MARK, Davis [Übers.] ; ETHERIDGE, Alison [Übers.] ; SAMUELSON, Paul [Vorw.]: *Théorie de la spéculation.* Kap. 2, S. 15–79. In: *Louis Bachelier's Theory of Speculation: The Origins of Modern Finance.* Princeton, NJ : Princeton University Press, 2006. – ISBN 978-0-691-11752-2

Bachmann 1945   BACHMANN, Hans: *Die Konventionen von Bretton Woods : Internationaler Währungsfonds und Internationale Bank für den Wiederaufbau.* St. Gallen : Fehr, 1945 (Veröffentlichungen des Schweizerischen Instituts für Außenwirtschafts- und Marktforschung an der Handels-Hochschule St. Gallen 5)

Backhaus u. a. 2008   BACKHAUS, Klaus ; ERICHSON, Bernd ; PLINKE, Wulff ; WEIBER, Rolf: *Multivariate Analysemethoden : eine anwendungsorientierte Einführung.* 12. Aufl. Berlin : Springer, 2008 (Springer-Lehrbuch). – ISBN 978-3-540-85044-1

BaFin 2009   BUNDESANSTALT FÜR FINANZDIENSTLEISTUNGSAUFSICHT (Hrsg.): *Mindestanforderungen an das Risikomanagement - MaRisk.* Internetressource. Aug. 2009. – URL http://www.bafin.de/cln_152/nn_722758/SharedDocs/Veroeffentlichungen/ DE/Service/Rundschreiben/2009/rs__0915__ba__marisk.html. – Zugriffsdatum: 24.01.2010

Baillie u. a. 1983   BAILLIE, Richard T. ; LIPPENS, Robert E. ; MCMAHON, Patrick C.: Testing rational expectations and efficiency in the foreign exchange market. In: *Econometrica* 51 (1983), Mai, Nr. 3, S. 553–563. – ISSN 0012-9682

Baird 2006   BAIRD, Stephen: Managing Currency Risk: How Do Mid-Size Companies Meet The Challenge? In: *Business credit* 108 (2006), Nr. 10, S. 65–67. – ISSN 0897-0181

Balassa 1964   BALASSA, Bela: The Purchasing Power Parity Doctrine: A Reappraisal. In: *Journal of Political Economy* 72 (1964), S. 584–596. – ISSN 0022-3808

Bamberg und Coenenberg 2006   BAMBERG, Günter ; COENENBERG, Adolf G.: *Betriebswirtschaftliche Entscheidungslehre.* 13. Aufl. München : Vahlen, 2006. – ISBN 978-3-8006-3323-4

Bamberger und Wrona 1997   BAMBERGER, Ingolf ; WRONA, Thomas: Globalisierungsbetroffenheit und Anpassungsstategien von Klein- und Mittelunternehmen : Ergebnisse einer empirischen Untersuchung. In: *Zeitschrift für Betriebswirtschaft* 67 (1997), Nr. 7, S. 713–735. – ISSN 0044-2372

Bamberger und Wrona 2002 BAMBERGER, Ingolf ; WRONA, Thomas: Ursachen und Verläufe von Internationalisierungsentscheidungen mittelständischer Unternehmen. In: MACHARZINA, Klaus (Hrsg.): *Handbuch Internationales Management : Grundlagen, Instrumente, Perspektiven*. 2. Aufl. Wiesbaden : Gabler, 2002, S. 273–313. – ISBN 3-409-22184-0

Bankhofer und Rennhak 1998 BANKHOFER, Udo ; RENNHAK, Carsten: Ansätze zur Wechselkursprognose : ein empirischer Vergleich mittels Methoden der Multivariaten Datenanalyse. In: *Finanzmarkt und Portfolio-Management* 12 (1998), Nr. 2, S. 197–212

Barnes 1999 BARNES, Ronnie: Hedging : Fluch oder Segen? In: THE UNIVERSITY OF CHICAGO GRADUATE SCHOOL OF BUSINESS (Hrsg.): *Mastering Finance*. Stuttgart : Schäffer-Poeschel, 1999 (Handelsblatt-Reihe), S. 352–357. – ISBN 3-7910-1498-6

Bartram 1999a BARTRAM, Söhnke M.: *Corporate risk management : eine empirische Analyse der finanzwirtschaftlichen Exposures deutscher Industrie- und Handelsunternehmen*. Bad Soden/Ts : Uhlenbruch, 1999. – Zugl.: Koblenz, Wiss. Hochsch. für Unternehmensführung, Diss., 1998. – ISBN 3-933207-06-1

Bartram 1999b BARTRAM, Söhnke M.: Die Praxis unternehmerischen Risikomanagements von Industrie- und Handelsunternehmen. In: *Finanz-Betrieb* 1 (1999), Nr. 6, S. 71–77. – ISSN 1437-8981

Bartram 2000a BARTRAM, Söhnke M.: Finanzwirtschaftliches Risiko, Exposure und Risikomanagement von Industrie- und Handelsunternehmen. In: *Wirtschaftswissenschaftliches Studium* 29 (2000), Nr. 5, S. 242–249. – ISSN 0340-1650

Bartram 2000b BARTRAM, Söhnke M.: Verfahren zur Schätzung finanzwirtschaftlicher Exposures von Nichtbanken. In: JOHANNING, Lutz (Hrsg.) ; RUDOLPH, Bernd (Hrsg.): *Risikomanagement in Banken, Asset Management-Gesellschaften, Versicherungs- und Industrieunternehmen* Bd. 2. Bad Soden : Uhlenbruch, 2000, S. 1267–1294. – ISBN 3-933207-14-2

Bartram und Bodnar 2007 BARTRAM, Söhnke M. ; BODNAR, Gordon M.: The exchange rate exposure puzzle. In: *Managerial Finance* 33 (2007), Nr. 9, S. 642–666. – ISSN 0307-4358

Bartram u. a. 2010 BARTRAM, Söhnke M. ; BROWN, Gregory W. ; MINTON, Bernadette A.: Resolving the exposure puzzle: The many facets of exchange rate exposure. In: *Journal of Financial Economics* 95 (2010), Feb., Nr. 2, S. 148–173. – ISSN 0304-405x

Bawa 1975 BAWA, Vijay S.: Optimal rules for ordering uncertain prospects. In: *Journal of Financial Economics* 2 (1975), Mär., Nr. 1, S. 95–121. – ISSN 0304-405xX

BDU 2005 BUND DEUTSCHER UNTERNEHMENSBERATER E.V. (Hrsg.): *Studie des BDU Regionalarbeitskreis Baden-Württemberg zu Frühwarnindikatoren für den Mittelstand (Kurzfassung)*. Internetrecherche. 2005. – URL

http://www.rak-bw.bdu.de/docs/downloads/fg/rak_bw/anl/studie%20fr%C3%
%BChwarnindikatoren%20kurzfassung%204.2005.pdf. – Zugriffsdatum: 10.01.2010

Beatty und Zajac 1994   BEATTY, Randolph P. ; ZAJAC, Edward J.: Managerial Incentives, Monitoring, and Risk Bearing: A Study of Executive Compensation, Ownership, and Board Structure in Initial Public Offerings. In: *Administrative Science Quarterly* 39 (1994), Jun., Nr. 2, S. 313–335. – ISSN 0001-8392

Becker u. a. 2009   BECKER, Bernhard ; JANSSEN, Daniel ; MÜLLER, Stefan: Stolpersteine für die Unternehmensführung in der Krise : Zusammenwirken von Finanzmarktkrise und Rechtssprechung auf IDW-Standards und die Haftung des Geschäftsführers und Dritter. In: *Deutsches Steuerrecht* 47 (2009), Aug., Nr. 32, S. 1660–1665. – ISSN 0012-1347

Beder 1995   BEDER, Tanya S.: VAR: Seductive but Dangerous. In: *Financial Analysts' Journal* 51 (1995), Nr. 5, S. 12–24. – ISSN 0015-198X

Behringer 2004   BEHRINGER, Stefan: *Unternehmenbewertung der Mittel- und Kleinbetriebe.* 3. Aufl. Berlin : ESV, 2004. – ISBN 978-3-503-07847-9

Beike 1995   BEIKE, Rolf: *Devisenmanagement : Grundlagen, Prognosen und Absicherung; mit Fragen, Antworten und Lösungen.* Hamburg : S+W, 1995. – ISBN 3-89161-676-7

Beike 1999   BEIKE, Rolf: *Performance-Beurteilung des Devisenmanagements : Grundlagen für eine Leistungsmessung des unternehmerischen Währungsmanagements.* Berlin : E. Schmidt, 1999 (Grundlagen und Praxis der Betriebswirtschaft 70). – ISBN 3-503-04875-8

Beike und Schlütz 1996   BEIKE, Rolf ; SCHLÜTZ, Johannes: *Finanznachrichten lesen – verstehen – nutzen : Ein Wegweiser durch Kursnotierungen und Marktberichte.* Stuttgart : Schäffer-Poeschel, 1996. – ISBN 978-3-7910-0991-9

Bender 2004   BENDER, Dieter: Makroökonomik des Curency Board Systems. In: *Jahrbuch für Wirtschaftswissenschaften* 55 (2004), Nr. 1, S. 56–79. – ISSN 0948-5139

Berlemann 2005   BERLEMANN, Michael: *Makroökonomik : Modellierung, Paradigmen und Politik.* Berlin : Springer, 2005. – ISBN 978-3-540-27107-9

Bernhard 1992   BERNHARD, Wolfgang: *Management von Wechselkursrisiken : Ein Konzept zur Führung internationaler Unternehmen.* Wiesbaden : DUV, 1992. – Zugl.: Frankfurt (Main), Univ., Diss., 1990. – ISBN 3-8244-0100-2

Bernstein 2004   BERNSTEIN, Peter L.: *Wider die Götter.* 4. Aufl. Hamburg : Murmann, Nov. 2004. – ISBN 978-3-938017-13-5

Bernstorff 2007   BERNSTORFF, Christoph, Graf von (Hrsg.): *Die Exportfinanzierung.* Köln : Bundesanzeiger Verlag, 2007. – ISBN 978-3-89817-577-7

Bernstorff 2008   BERNSTORFF, Christoph, Graf von: *Risikomanagement im Auslandsgeschäft.* 4. Aufl. Frankfurt am Main : Knapp, 2008. – ISBN 978-3-8314-0807-8

Bessembinder 1991   BESSEMBINDER, Hendrik: Forward Contracts and Firm Value: Investment Incentive and Contracting Effects. In: *Journal of financial and quantitative analysis* 26 (1991), Nr. 4, S. 519–532. – ISSN 0022-1090

Betge 1996   BETGE, Peter: *Bankbetriebslehre*. Berlin : Springer, 1996. – ISBN 978-3-540-61364-0

Bähr u. a. 2006   BÄHR, Gottfried ; FISCHER-WINKELMANN, Wolf F. ; LIST, Stephan: *Buchführung und Jahresabschluss*. 9. Aufl. Wiesbaden : Gabler, 2006. – ISBN 978-3-8349-0335-8

Bickel 1981   BICKEL, Wolfgang: Der gewerbliche Mittelstand heute – Definition und Einordnung. In: *Zeitschrift für Organisation* 50 (1981), Nr. 4, S. 181–185. – ISSN 0722-7477; 0722-7604; 0044-3212

Bilson 1981   BILSON, John F. O.: The „speculative efficiency" hypothesis. In: *Journal of Business* 54 (1981), Nr. 3, S. 435–451. – ISSN 0021-9398

Bilson 2003   BILSON, John F. O.: Managing Economic Exposure to Foreign Exchange Risk : A Case Study of American Airlines. In: AMIHUD, Yakov (Hrsg.) ; LEVICH, Richard M. (Hrsg.): *Exchange Rates and Corporate Performance*. Nachdr. 1994. Washington, D.C. : Beard Books, 2003, Kap. 10, S. 221–246. – ISBN 1-587-98159-9

Bilstein 2001   BILSTEIN, Jürgen: Außenhandelsfinanzierung. In: BREUER, Rolf-E. (Hrsg.): *Handbuch Finanzierung*. 3. Aufl. Wiesbaden : Gabler, 2001, S. 325–352. – ISBN 3-409-99641-9

BIS 1996   BANK FOR INTERNATIONAL SETTLEMENTS (Hrsg.): *Central Bank Survey of foreign exchange and derivatives market activity 1995*. Mai 1996

BIS 1999   BANK FOR INTERNATIONAL SETTLEMENTS (Hrsg.): *Central Bank Survey of foreign exchange and derivatives market activity 1998*. Mai 1999

BIS 2001   BANK FOR INTERNATIONAL SETTLEMENTS (Hrsg.): *71st Annual Report*. Jun. 2001

BIS 2002   GALATI, Gabriele ; JEANNEAU, Serge ; WIDERA, Rainer ; BANK FOR INTERNATIONAL SETTLEMENTS (Hrsg.): *Triennial Central Bank Survey : Foreign exchange and derivatives market activity in 2001*. Mär. 2002

BIS 2005   GALATI, Gabriele ; FORNARI, Fabio ; MESNY, Philippe ; GALLARDO, Paola ; MALLO, Carlos ; BANK FOR INTERNATIONAL SETTLEMENTS (Hrsg.): *Triennial Central Bank Survey : Foreign exchange and derivatives market activity in 2004*. Mär. 2005

BIS 2007   HEATH, Alex ; UPPER, Christian ; GALLARDO, Paola ; MESNY, Philippe ; BANK FOR INTERNATIONAL SETTLEMENTS (Hrsg.): *Triennial Central Bank Survey : Foreign exchange and derivatives market activity in 2007*. Dez. 2007

Black 1989   BLACK, Stanley W.: Transaction Costs and Vehicle Currencies / International Monetary Fund. Nov. 1989. – Forschungsbericht. WP/89/96

Blake und Mahady 2005   BLAKE, Marshall ; MAHADY, Nelda A.: How mid-sized companies manage risk. In: BROWN, Gregory W. (Hrsg.) ; CHEW, Donald H. (Hrsg.): *Corporate risk.* Nachdr. London : Risk, 2005, S. 339–346. – Ursprünglich Veröffentlicht im Journal of Applied Corporate Finance 4(1) 1991. – ISBN 1-904339-98-0

Bleuel 2008   BLEUEL, Hans-H.: Ein Analyseraster zur Bestimmung langfristiger Wechselkursrisiken von Unternehmen / FH Düsseldorf. Düsseldorf, 2008 (2). – Online-Ressource. – URL http://fhdd.opus.hbz-nrw.de/volltexte/2008/439/. – Zugriffsdatum: 21.01.2010

Bleuel 2006   BLEUEL, Hans-Hubertus: Bestimmung und Steuerung des ökonomischen Wechselkursrisikos. In: *Das Wirtschaftsstudium* 35 (2006), Aug./Sep., Nr. 8/9, S. 1054–1059. – ISSN 0340-3084

Blomberg und Hess 1997   BLOMBERG, S. B. ; HESS, Gregory D.: Politics and exchange rate forecast. In: *Journal of International Economics* 43 (1997), Aug., Nr. 1, S. 189–205. – ISSN 0022-1996

Bloss u. a. 2009   BLOSS, Michael ; EIL, Nadine ; ERNST, Dietmar ; FRITSCHE, Harald ; HÄCKER, Joachim: *Währungsderivate : Praxisleitfaden für ein effizientes Management von Währungsrisiken.* München : Oldenbourg, 2009. – ISBN 978-3-486-58344-1

BMWi 2008   BUNDESMINISTERIUM FÜR WIRTSCHAFT UND TECHNOLOGIE (Hrsg.): *Auslandsgeschäfte : Außenhandel wird immer wichtiger.* Internetrecherche. 2008. – URL http://www.bmwi.de/BMWi/Navigation/Mittelstand/auslandsgeschaefte.html. – Zugriffsdatum: 01.02.2008

Bodnar u. a. 2003   BODNAR, Gordon M. ; JONG, Abe de ; MACRAE, Victor: The Impact of Institutional Differences on Derivatives Usage: a Comparative Study of US and Dutch Firms. In: *European financial management* 9 (2003), Nr. 3, S. 271–298. – ISSN 1354-7798

Bofinger und Schmidt 2003   BOFINGER, Peter ; SCHMIDT, Robert: Wie gut sind professionelle Wechselkursprognosen? In: *ifo Schnelldienst* 56 (2003), Nr. 17, S. 7–14. – ISSN 0018-974X

Bollerslev 1986   BOLLERSLEV, Tim: Generalized autoregressive conditional heteroskedasticity. In: *Journal of econometrics* 30 (1986), Apr., Nr. 3, S. 307–327. – ISSN 0304-4076

Borchert 2006   BORCHERT, Marcus: *Die Sicherung von Wechselkursrisiken ind er Rechnungslegung nach deutschen Handelsrecht und International Financial Reporting Standards (IFRS).* Frankfurt am Main : Lang, 2006. – Zugl.: Bochum, Univ., Diss., 2005. – ISBN 3-631-54750-1

Boudoukh 1998   BOUDOUKH, Jacob: The Best of Both Worlds. In: *Risk* 11 (1998), Mai, Nr. 5, S. 64–67. – ISSN 0952-8776

Boutellier u. a. 2006   BOUTELLIER, Roman ; FISCHER, Adrian ; PFUHLSTEIN, Hans von: Das Risikomanagement an die Unternehmensgrösse anpassen. In: *IO new management* 75 (2006), Nr. 11, S. 26–29. – ISSN 0019-9281

Box u. a. 2008   BOX, George E. P. ; JENKINS, Gwilym M. ; REINSEL, Gregory C.: *Time series analysis : forecasting and control.* 4. Aufl. Hoboken, NJ : Wiley, 2008 (Wiley series in probability and statistics). – ISBN 978-0-470-27284-8

Boyle und Guthrie 2006   BOYLE, Glenn W. ; GUTHRIE, Graeme A.: Hedging the value of waiting. In: *Journal of banking & finance* 30 (2006), Apr., Nr. 4, S. 1245–1267. – ISSN 0378-4266

Brachinger und Weber 1997   BRACHINGER, Hans W. ; WEBER, Martin: Risk as a primitive: a survey of measures of perceived risk. In: *OR Spektrum* 19 (1997), Nr. 4, S. 235–250. – ISSN 0171-6468

Branson 1977   BRANSON, William H.: Asset markets and relative prices in exchange rate determination. In: *Sozialwissenschaftliche Annalen des Instituts für Höhere Studien, Wien* 1 (1977), Nr. 3, S. 69–89. – ISSN 0377-7324

Bröder 2006   BRÖDER, Thorsten M.: *Risiko-Management im internationalen Bankgeschäft : eine holistische Analyse unter besonderer Berücksichtigung der Steuerung und Kontrolle.* Bern : Haupt, 2006. – zugl. Diss. Univ. Zürich 2005. – ISBN 978-3-258-07078-0

Brealey u. a. 2006   BREALEY, Richard A. ; MYERS, Stewart C. ; ALLEN, Franklin: *Corporate Finance.* 8. Aufl. Boston, Mass. : McGraw-Hill, 2006. – ISBN 978-0-07-111551-3

Breuer 2000   BREUER, Wolfgang: *Unternehmerisches Währungsmanagement : eine anwendungsorientierte Einführung.* 2. Aufl. Wiesbaden : Gabler, 2000. – ISBN 3-409-23572-8

Brüggemann u. a. 2000   BRÜGGEMANN, Axel ; GABRISCH, Hubert ; KÄMPFE, Martina ; LINNE, Thomas ; ORLOWSKI, Lucjan ; STEPHAN, Johannes ; POHL, Rüdiger (Hrsg.): *Währungskrisen in Mittel- und Osteuropa.* Baden-Baden : Nomos, 2000 (Schriften des Instituts für Wirtschaftsforschung Halle ; Bd. 5). – ISBN 3-7890-6813-6

Brockmann 2005   BROCKMANN, Heiner: Neudefinition kleiner und mittlerer Unternehmen der Europäischen Kommission. In: *Wirtschaftswissenschaftliches Studium* 34. (2005), Jan., Nr. 1, S. 39–40. – ISSN 0340-1650

Brocks u. a. 1992   BROCKS, William ; LAKONISHOK, Josef ; LEBARON, Blake: Simple Technical Trading Rules and the Stochastic Properties of Stock Returns. In: *Journal of Finance* 47 (1992), Dez., Nr. 5, S. 1731–1764. – ISSN 0022-1082

Brooks 1998   BROOKS, Chris: Chaos in Foreign Exchange Markets: A Sceptical View. In: *Computational economics* 11 (1998), Nr. 3, S. 265–282. – ISSN 0927-7099

Brooks 2008   BROOKS, Chris: *Introductory econometrics for finance*. 2. Aufl. Cambridge : Cambridge Univ. Press, 2008. – ISBN 978-0-521-69468-1

Brunner 2003   BRUNNER, Marko: *Das Exconomic Exposure deutscher Unternehmungen*. Frankfurt a. M. : Lang, 2003 (Europäische Hochschulschriften : Reihe 5, Volks- und Betriebswirtschaft 3022). – Zugl.: Gießen, Univ., Diss., 2003. – ISBN 3-631-51917-6

Büschgen 1997   BÜSCHGEN, Hans E.: *Internationales Finanzmanagement*. 3. Aufl. Frankfurt am Main : Knapp, 1997. – ISBN 3-7819-0602-7

Büschgen 1999   BÜSCHGEN, Hans E.: *Bankbetriebslehre : Bankgeschäfte und Bankmanagement*. 5. Aufl. Göttingen : Gabler, 1999. – ISBN 978-3-409-42077-8

Büter 2007   BÜTER, Clemens: *Aussenhandel : Grundlagen globaler und innergemeinschaftlicher Handelsbeziehungen*. Heidelberg : Physica, 2007. – ISBN 978-3-7908-1724-9

Buckley 2004   BUCKLEY, Adrian: *Multinational Finance*. 5. Aufl. Harlow : Prentice Hall, 2004. – ISBN 978-0-273-68209-7

Burgert 2005   BURGERT, Christian: *Darstellungssätze für statische und dynamische Risikomaße mit Anwendungen*. Freiburg, Albert-Ludwigs-Universität Freiburg im Breisgau, Dissertation, Jan. 2005

Cassel 1921   CASSEL, Gustav: *Theoretische Soialökonomie*. 2. Aufl. Leipzig : Winter, 1921

Cavaglia u. a. 1994   CAVAGLIA, Stefano M. F. G. ; VERSCHOOR, Willem F. C. ; WOLFF, Christian C. P.: On the biasedness of forward foreign exchange rates: Irrationality or risk premia? In: *Journal of Business* 67 (1994), Jul., Nr. 3, S. 321–343. – ISSN 0021-9398

Caves und Feige 1980   CAVES, Douglas W. ; FEIGE, Edgar L.: Efficient foreign exchange markets and the monetary approach to exchange-rate determination. In: *The American economic review* 70 (1980), Nr. 1, S. 120–134. – ISSN 0002-8282

Charkham 2001   CHARKHAM, Jonathan P.: *Keeping good company : a study of corporate governance in five countries*. Oxford : Oxford Univ. Press, 2001. – ISBN 978-0-19-828987-6

Cheung u. a. 2005a   CHEUNG, Yin-Wong ; CHINN, Menzie D. ; PASCUAL, Antonio G.: Empirical exchange rate models of the nineties: Are any fit to survive? In: *Journal of International Money and Finance* 24 (2005), Nov., Nr. 7, S. 1150–1175. – ISSN 0261-5606

Cheung u. a. 2005b   CHEUNG, Yin-Wong ; CHINN, Menzie D. ; PASCUAL, Antonio G.: What Do We Know about Recent Exchange Rate Models? : In-sample Fit and Out-of-Sample Performance Evaluated. In: DE GRAUWE, Paul (Hrsg.): *Exchange Rate Economics : Where Do We Stand?* Cambridge, Mass. : MIT Press, 2005 (CESifo Seminar Series 10), Kap. 8, S. 239–276. – ISBN 978-0-262-04222-2

Chinn u. a. 2005   CHINN, Menzie D. ; CHEUNG, Yin-Wong ; GARCIA PASCUAL, Antonio I.: *Empirical Exchange Rate Models of the Nineties: Are Any Fit to Survive?* SSRN-id318971. Jul. 2005. – URL http://ssrn.com/abstract=318971

Copeland u. a. 2002   COPELAND, Tom ; KOLLER, Tim ; MURRIN, Jack: *Unternehmenswert : Methoden und Strategien für eine wertorientierte Unternehmensführung.* 3. Aufl. Frankfurt am Main : Campus, 2002. – ISBN 978-3-593-36895-5

Cornell und Dietrich 1978   CORNELL, W. B. ; DIETRICH, J. K.: The efficiency of the market for foreign exchange under floating exchange rates. In: *Review of Economics & Statistics* 60 (1978), Feb., Nr. 1, S. 111–120. – ISSN 0034-6535

Cornell und Shapiro 1987   CORNELL, W. B. ; SHAPIRO, Alan C.: Corporate Stakeholders and Corporate Finance. In: *Financial Management* 16 (1987), Nr. 1, S. 5–14. – ISSN 0046-3892

Creditreform 2009   CREDITREFORM WIRTSCHAFTSFORSCHUNG: *Wirtschaftslage und Finanzierung im Mittelstand : Herbst 2009.* Neuss: Verband der Vereine Creditreform e.V. (Veranst.), Okt. 2009

Culp u. a. 2005   CULP, Christopher L. ; MILLER, Merton H. ; NEVES, Andrea M. P.: Value-at-Risk: Uses and Abuses. In: BROWN, Gregory W. (Hrsg.) ; CHEW, Donald H. (Hrsg.): *Corporate Risk : Strategies and Management.* London : Risk, 2005, S. 239–253. – ISBN 978-904339-98-4

Daníelsson 2004   DANÍELSSON, Jón: *The Emperor has no Clothes: Limits to Risk Modelling.* Kap. 2, S. 13–32. In: SZEGÖ, Giorgio (Hrsg.): *Risk Measures for the 21st Century.* Chichester : Wiley, 2004 (Wiley finance series). – ISBN 0-470-86154-1

Daníelsson u. a. 2006   DANÍELSSON, Jón ; JORGENSEN, Bjørn N. ; SARMA, Mandira ; VRIES, Casper G. de: Comparing downside risk measures for heavy tailed distributions. In: *Economics Letters* 92 (2006), Aug., Nr. 2, S. 202–208. – ISSN 0165-1765

Daníelsson und Zigrand 2006   DANÍELSSON, Jón ; ZIGRAND, Jean-Pierre: On time-scaling of risk and the square-root-of-time rule. In: *Journal of Banking & Finance* 30 (2006), Okt., Nr. 10, S. 2701–2713. – ISSN 0378-4266

Danmarks Nationalbank 2003   O. V.: *Monetary Policy in Denmark.* Kopenhagen : Danmarks Nationalbank, Jun. 2003. – ISBN 87-87251-36-1

De Grauwe u. a. 2005   DE GRAUWE, Paul ; DIECI, Roberto ; GRIMALDI, Marianna: *Fundamental and non-fundamental equilibria in the foreign exchange market : a behavioural finance framework.* Leuven: (Catholic University of Leuven (KUL) - Department of Economics) (Veranst.), Mär. 2005. – URL http://www.cesifo-group.de/~DocCIDL/cesifo1_wp1431.pdf. – CESifo working paper series ; 1431 : Monetary policy and international finance

De Grauwe und Grimaldi 2005 DE GRAUWE, Paul ; GRIMALDI, Marianna: The Exchange Rate and its Fundamentals in a Complex World. In: *Review of International Economics* 13 (2005), Nr. 3, S. 549–575. – ISSN 0965-7576

De Grauwe und Markiewicz 2006 DE GRAUWE, Paul ; MARKIEWICZ, Agnieszka: *Learning to forecast the exchange rate : two competing approaches*. Leuven: (Catholic University of Leuven (KUL) - Department of Economics) (Veranst.), Mai 2006. – URL http://www.cesifo-group.de/~DocCIDL/cesifo1_wp1717.pdf. – CESifo working paper series ; 1717 : Monetary policy and international finance

De Grauwe und Rovira Kaltwasser 2006 DE GRAUWE, Paul ; ROVIRA KALTWASSER, Pablo ; SSRN (Hrsg.): *A Behavioral Finance Model of the Exchange Rate with Many Forecasting Rules*. elekt. Dok. Nov. 2006. – URL http://www.cesifo-group.de/~DocCIDL/cesifo1_wp1849.pdf. – CESifo working paper series ; 1849 : Monetary policy and international finance

Deutsche Bundesbank 2005 DEUTSCHE BUNDESBANK (HRSG.): Wechselkurs und Zinsdifferenz: jüngere Entwicklungen seit Einführung des Euro. In: *Monatsbericht der Deutsche Bundesbank* 57 (2005), Jul., Nr. 7, S. 29–46. – ISSN 0012-0006

Deutsche Bundesbank 2006a DEUTSCHE BUNDESBANK (HRSG.): Weltweite Wechselkursregelungen und Anker der Geldpolitik. In: *Devisenkursstatistik : Monatsberichte der Deutschen Bundesbank / Statistische Beihefte* 11 (2006), Aug., S. 51. – ISSN 0943-8793

Deutsche Bundesbank 2006b DEUTSCHE BUNDESBANK (Hrsg.): *Zeitreihen-Datenbank*. Internetrecherche (08.08.2006). 2006. – URL http://www.bundesbank.de/statistik/statistik_zeitreihen.php

Deutsche Bundesbank 2009 DEUTSCHE BUNDESBANK (Hrsg.): *Devisenkursstatistik Dez. 2009 : Statistisches Beiheft zum Monatsbericht 5*. Dez. 2009. – URL http://www.bundesbank.de/download/volkswirtschaft/devisenkursstatistik/2009/devisenkursstatistik122009.pdf

Deutscher Bundestag 1998 BUNDESTAG, Deutscher (Hrsg.): *Entwurf eines Gesetzes zur Kontrolle und Transparenz im Unternehmensbereich (KonTraG)*. 1998. – Drucksache 13/9712

Döhring 1996 DÖHRING, Jens: *Gesamtrisiko-Management von Banken*. München : Oldenbourg, 1996. – ISBN 3-486-23766-7

Diebold u. a. 1998 DIEBOLD, Francis ; HICKMAN, Adrew ; INOUE, Atsushi ; SCHUERMANN, Til: Scale Models - Why scaling up risk by the square root of time is an even worse approximation than you might expect. In: *Risk* 11 (1998), Nr. 1, S. 104–107. – ISSN 0952-8776

Dieckmann 2007   DIECKMANN, Jens (Verf.) ; FELDMEIER, Gerhard (Hrsg.) ; SIMMERT, Heike (Hrsg.) ; LUKAS, Wolfgang (Hrsg.): *Globalisierung KMU : Entwicklungstendenzen, Erfolgskonzepte und Handlungsempfehlungen.* Leonberg : Rosenberger, 2007. – ISBN 978-3-931085-63-3

Diller 2008   DILLER, Hermann: *Preispolitik.* 4. Aufl. Stuttgart : Kohlhammer, 2008 (Kohlhammer Edition Marketing). – ISBN 987-3-17-019492-2

Donckels 2001   DONCKELS, Rik: Vom Shareholder Value zum Stakeholder Value : Die echte Herausforderung für Familienunternehmen. In: *Internationales Gewerbearchiv* 49 (2001), Nr. 3, S. 165–181. – ISSN 0020-9481

Dorfleitner und Klein 2002   DORFLEITNER, Gregor ; KLEIN, Christian: Kursprognose mit Hilfe der technischen Analyse – Eine empirische Untersuchung. In: *Financial Markets and Portfolio Management* 16 (2002), Dez., Nr. 4, S. 497–521. – ISSN 1555-4961

Dorfleitner und Klein 2003   DORFLEITNER, Gregor ; KLEIN, Christian: *Technical Analysis as a Method of Risk Management.* Apr. 2003. – Arbeitspapiere zur mathematischen Wirtschaftsforschung ; 184

Dornbusch 1976   DORNBUSCH, Rüdiger: Expectations and Exchange Rate Dynamics. In: *Journal of Political Economy* 84 (1976), Nr. 6, S. 1161–1176. – ISSN 0022-3808

Drosdowski 1989   DROSDOWSKI, Günther (Hrsg.): *Duden »Etymologie«: Herkunftswörterbuch der deutschen Sprache.* Bd. 7. 2. Aufl. Mannheim : Dudenverlag, 1989. – ISBN 978-3-411-20907-1

Dürselen und Schulte-Mattler 2009   DÜRSELEN, Karl ; SCHULTE-MATTLER, Hermann: Zweite Novellierung der MaRisk. In: *Die Bank* 32 (2009), Nr. 10, S. 48–55. – ISSN 0342-3182

Drukarczyk 2003   DRUKARCZYK, Jochen: *Unternehmensbewertung.* 4. Aufl. München : Vahlen, 2003. – ISBN 3-8006-2880-5

Duden 2007   WISSENSCHAFTLICHER RAT DER DUDENREDAKTION (Hrsg.): *Duden 5 - das Fremdwörterbuch.* Mannheim : Dudenverlag, 2007. – ISBN 3-411-04059-9

Dufey 1972   DUFEY, Gunter: Corporate Finance and Exchange Rate Variations. In: *Financial Management* 1 (1972), Nr. 2, S. 51–57

Dufey 1983   DUFEY, Sam L.: The case for corporate management of foreign exchange risk. In: *Financial management* 12 (1983), Nr. 4, S. 54–62. – ISSN 0046-3892

Durbin 1960   DURBIN, James: Estimation of Parameters in Time-Series Regression Models. In: *Journal of the Royal Statistical Society. Series B (Methodological)* 22 (1960), Nr. 1, S. 139–153. – ISSN 00359246

DZ Bank 2006   DZ BANK (Hrsg.) ; HEYKEN, Andrea (Hrsg.): *Mittelstand im Mittelpunkt : Herausforderung der Globalisierung.* Mär. 2006

EBS 2004   EBS GROUP (Hrsg.): *EBS Review 2004 : Vision for the Future*. Internetrecherche (05.10.2004). 2004. – URL http://www.ebs.com/pdf/EBSAnnualReview2004.pdf

EC-Commission 1996   COMMISSION OF THE EUROPEAN COMMUNITIES: Commission recommendation 96/280/EC of 3. Apr. 1996 concerning the definition of small and medium-sized enterprises. In: *Official Journal of the European Communities* L 107 (1996), Apr., S. 4–9. – ISSN 1012-5922

EC-Commission 2003   COMMISSION OF THE EUROPEAN COMMUNITIES: Commission communication - Model declaration on the information relating to the qualification of an enterprise as an SME. In: *Official Journal of the European Communities* C 118 (2003), Mai, S. 5–15

EC-Commission 2005   COMMISSION OF THE EUROPEAN COMMUNITIES (Hrsg.): *The new SME definition : User guide and model declaration*. Luxembourg : Off. for Off. Publ. of the Europ. Communities, 2005. – ISBN 978-92-894-7909-7

EG-Kommission 2003   KOMMISSION DER EUROPÄISCHEN GEMEINSCHAFTEN: Empfehlung der Kommission vom 6. Mai 2003 betreffend die Definition der Kleinstunternehmen sowie der kleinen und mittleren Unternehmen. In: *Amtsblatt der Europäischen Union* L 124 (2003), Mai, S. 36–41

Eichengreen 1992   EICHENGREEN, Barry ; FOGEL, Robert W. (Hrsg.) ; POPE, Clayne L. (Hrsg.): *Golden Fetters : The Gold Standard and the Great Depression, 1919–1939*. New York : Oxford Univ. Press, 1992 (NBER series on long-term factors in economic development). – ISBN 0-19-510113-8

Eichhorn 2004   EICHHORN, Franz-Josef: Financial risk management bei deutschen Mittelständlern : Erkenntnisse einer qualitativen Marktforschungsstudie. In: *Zeitschrift für das gesamte Kreditwesen* 57 (2004), Aug., Nr. 15, S. 828–832. – ISSN 0341-4019

Eilenberger 2004   EILENBERGER, Guido: *Währungsrisiken, Währungsmanagement und Devisenkurssicherung von Unternehmungen*. 4. Aufl. Frankfurt am Main : Knapp, 2004. – ISBN 3-8314-0763-0

Einzig 1975   EINZIG, Paul: *A dynamic theory of forward exchange*. 2. Aufl. London : Macmillan, 1975. – ISBN 0-333-01368-9

Eiteman u. a. 2007   EITEMAN, David K. ; STONEHILL, Arthur I. ; MOFFETT, Michael H. ; CLINTON, Denise (Hrsg.): *Multinational Business Finance*. 11. Aufl. Boston : Pearson, 2007. – ISBN 978-0-321-44956-6

Embrechts u. a. 2002   EMBRECHTS, Paul ; MCNEIL, Alexander ; STRAUMANN, Daniel: Correlation and Dependence in Risk Management : Properties and Pitfalls. In: DEMPSTER, Michael A. H. (Hrsg.): *Risk Management : Value at Risk and Beyond*. Cambridge : Univ. Press, 2002, S. 176–223. – ISBN 978-0-521-78180-0

Engel 2006   ENGEL, Charles: Exchange-Rate Models. In: *NBER Reporter* 29 (2006), S. 17–20. – ISSN 0276-119X

Engel-Ciric 2009   ENGEL-CIRIC, Dejan: Konzernrechnungslegung für mittelständische Unternehmen nach BilMoG: Anwendungsfälle. In: *Zeitschrift für Bilanzierung und Rechnungswesen* 33 (2009), Dez., Nr. 12, S. 549–554. – ISSN 1867-7940

Engle 1982   ENGLE, Robert F.: Autoregressive conditional heteroscedasticity with estimates of the variance of United Kingdom inflation. In: *Econometrica* 50 (1982), Jul., Nr. 4, S. 987–1007. – ISSN 0012-9682

ENSR 2002   KPMG SPECIAL SERVICES (Hrsg.) ; EUROPÄISCHE KOMMISSION / GENERALDIREKTION UNTERNEHMEN (Hrsg.): *Ergebnisse der Erhebung 2001.* 2002. – URL http://www.pedz.uni-mannheim.de/daten/edz-h/gdb/02/smes_observatory_2002_report1_de.pdf

ENSR 2003   SNIJDERS, Jacqueline (Koord.) ; LIN, Micha (Koord.) van ; HORST, Rob (Koord.) van der ; KPMG SPECIAL SERVICES (Hrsg.) ; EUROPÄISCHE KOMMISSION / GENERALDIREKTION UNTERNEHMEN (Hrsg.): *Ausgewählte Ergebnisse des Beobachtungsnetzes 2003.* 2003

Euler Hermes 2004   Euler Hermes Kreditversicherungs-AG (Veranst.): *Im sicheren Hafen : Die richtige Finanzierung für hohe Risiken im Auslandsgeschäft.* Nov. 2004. – URL http://www.wirtschaftkonkret.de/hermes-wirtschaft/pdf/104_wiko.pdf. – Zugriffsdatum: 01.09.2008. – Wirtschaft Konkret Nr. 104

Euler Hermes 2006   Euler Hermes Kreditversicherungs-AG (Veranst.): *In der Liquiditätsfalle : Repräsentative Untersuchung über sinkende Zahlungsmoral und Zunehmende Insolvenzen.* Mär. 2006. – URL http://www.wirtschaftkonkret.de/hermes-wirtschaft/pdf/406_wiko.pdf. – Zugriffsdatum: 01.09.2008. – Wirtschaft Konkret Nr. 406

Euler Hermes 2008   EULER HERMES KREDITVERSICHERUNG AG (Hrsg.): *Exportkreditgarantien für kurzfristige Handelsgeschäfte.* 2008

EZB 2003   EUROPÄISCHE ZENTRALBANK (HRSG.): Ziel, Konzept und Auswirkungen des CLS-Systems. In: *Monatsbericht der Europäischen Zentralbank* (2003), Jan., S. 59–74. – ISSN 1561-0292

Faißt 2001   FAISST, Boris H.: Gefahren der persönlichen Haftung durch die neue Gesetzgebung, wie z. B. KonTraG. In: *Controller-Magazin* 26 (2001), Nr. 3, S. 226–227. – ISSN 0343-267X

Fama 1970   FAMA, Eugene F.: Efficient Capital Markets: A Review of Theory and Empirical Work. In: *Journal of Finance* 25 (1970), Nr. 2, S. 383–417. – ISSN 1540-6261

Fama 1980   FAMA, Eugene F.: Agency Problems and the Theory of the Firm. In: *Journal of Political Economy* 88 (1980), Nr. 2, S. 288–307. – ISSN 0022-3808

Fama und Jensen 1983   FAMA, Eugene F. ; JENSEN, Michael C.: Separation of ownership and control. In: *Journal of law & economics* 26 (1983), Nr. 2, S. 301–325. – ISSN 0022-2186

Faust u. a. 2003   FAUST, Jon ; ROGERS, John H. ; H., Wright J.: Exchange rate forcasting : the errors we've really made. In: *Journal of International Economics* 60 (2003), Mai, Nr. 1, S. 35–59. – ISSN 0022-1996

Faust u. a. 2000   FAUST, Jon ; ROGERS, John H. ; WRIGHT, Jonathan H.: *News and noise in G-7 GDP announcements.* 2000. – International finance discussion papers ; 690

Federal Reserve 1943   BOARD OF GOVERNORS OF THE FEDERAL RESERVE SYSTEM (Hrsg.): *Banking and Monetary Statistics : 1914-1941.* Washington, D. C. : Federal Reserve System, Nov. 1943

Federici und Gandolfo 2002   FEDERICI, Daniela ; GANDOLFO, Giancarlo: Chaos and the exchange rate. In: *Journal of international trade & economic development* 11 (2002), Nr. 2, S. 111–142

Fiege 2006   FIEGE, Stefanie: *Risikomanagement- und Überwachungssystem nach Kon-TraG : Prozess, Instrumente, Träger.* Wiesbaden : DUV, 2006. – Zugl.: Berlin, Techn. Univ., Diss., 2005. – ISBN 978-3-8350-0420-7

Filc 1998   FILC, Wolfgang: Fundamentalanalyse der Wechselkursentwicklung. In: Rehm 1990, S. 82–102. – ISBN 3-927466-00-X

Filipiuk 2008   FILIPIUK, Bogna: *Transparenz der Risikoberichterstattung : Anforderungen und Umsetzung in der Unternehmenspraxis.* Wiesbaden : Gabler, 2008. – Zugl.: Frankfurt/Oder, Univ., Diss., 2008. – ISBN 978-3-8349-9959-7

Fischer 2001   FISCHER, Tom: *Examples of coherent risk measures depending on one-sided moments.* Nov. 2001. – Working Paper, Darmstadt University of Technology

Fischer-Erlach 1995   FISCHER-ERLACH, Peter: *Handel und Kursbildung am Devisenmarkt.* 5. Aufl. Stuttgart : Kohlhammer, 1995. – ISBN 3-17-013647-X

Flavell 2002   FLAVELL, Richard: *Swaps and other derivatives.* Chichester : Wiley, 2002 (Wiley finance series). – ISBN 0-471-49589-1

Fleming 1962   FLEMING, J. M.: Domestic financial policies under fixed and under floating exchange rates. In: *International Monetary Fund : Staff papers* 9 (1962), Nov., Nr. 3, S. 369–379

Flood und Lessard 1986   FLOOD, Eugene J. ; LESSARD, Donald R.: On the Measurement of Operating Exposure to Exchange Rates: A Conceptual Approach. In: *Financial Management* 15 (1986), Nr. 1, S. 25–36

Frankel 1980   FRANKEL, Jeffrey A.: Tests of Rational Expectations in the Forward Exchange Market. In: *Southern Economic Journal* 46 (1980), Apr., Nr. 4, S. 1083–1101. – ISSN : 0038-4038

Frankel und Froot 1990   FRANKEL, Jeffrey A. ; FROOT, Kenneth A.: Chartists, Fundamentalists, and Trading in the Foreign Exchange Market. In: *The American economic review* 80 (1990), Mai, Nr. 2, S. 181–185. – ISSN 0002-8282

Fratianni und Hauskrecht 1999   FRATIANNI, Michele ; HAUSKRECHT, Andreas: From the Gold Standard to a Bipolar Monetary System. In: FRATIANNI, Michele (Hrsg.) ; SALVATORE, Dominick (Hrsg.) ; SAVONA, Paolo (Hrsg.): *Ideas for the Future of the International Monetary System* Bd. 9. Boston : Kluwer, 1999, S. 609–635. – ISBN 0-7923-8435-0

Freedman und Diaconis 1981   FREEDMAN, David ; DIACONIS, Persi: On the Histogram as a Density Estimator: L2 Theory. In: *Zeitschrift für Wahrscheinlichkeitstheorie und verwandte Gebiete* 57 (1981), Dez., Nr. 4, S. 453–476. – ISSN 0044-3719

Freeman 1984   FREEMAN, R. E.: *Strategic management : a stakeholder approach*. Boston, MA : Pitman, 1984 (Pitman series in business and public policy). – ISBN 978-0-273-01913-8

Frenkel 1994   FRENKEL, Michael: *Wechselkursvolatilität und Terminkursverzerrungen*. Baden-Baden : Nomos, 1994. – ISBN 3-7890-3488-6

Froot und Rogoff 1995   FROOT, Kenneth A. ; ROGOFF, Kenneth: Perspectives on PPP and Long-Run Real Exchange Rates. In: GROSSMAN, Gene M. (Hrsg.) ; ROGOFF, Kenneth (Hrsg.): *Handbook of International Economics* Bd. 3. Amsterdam : Elsevier, 1995, Kap. 32, S. 1647–1688. – ISBN 978-0-444-81547-7

Froot u. a. 1993   FROOT, Kenneth A. ; SCHARFSTEIN, David S. ; STEIN, Jeremy C.: Risk Management: Coordinating Corporate Investment and Financing Policies. In: *Journal of Finance* 48 (1993), Nr. 5, S. 1629–1658. – ISSN 0022-1082

Gahin 1971   GAHIN, Fikry S.: Review of the Literature on Risk Management. In: *The Journal of Risk and Insurance* 38 (1971), Jun., Nr. 2, S. 309–313. – ISSN 0022-4367

Galati 2001   GALATI, Gabriele: Warum der Umsatzrückgang an den weltweiten Devisenmärkten? Anmerkungen zur Zentralbankerhebung 2001. In: *BIS Quarterly Review* 27 (2001), Dez., S. 44–53. – URL http://www.bis.org/publ/r_qt0112ger_e.pdf. – Elektronische Ressource. – ISSN 1683-0164

Galati 2002   GALATI, Gabriele: Das Erfüllungsrisiko im Devisenhandel und die CLS-Bank. In: *BIS Quarterly Review* 28 (2002), Dez., S. 63–74. – URL http://www.bis.org/publ/qtrpdf/r_qt0212ger.pdf. – Elektronische Ressource. – ISSN 1683-0164

Galati und Melvin 2004   GALATI, Gabriele ; MELVIN, Michael: Was erklärt den steilen Umsatzanstieg an den Devisenmärkten? Anmerkungen zur Zentralbankerhebung 2004. In: *BIS Quarterly Review* 30 (2004), Dez., S. 67–74. – URL http://www.bis.org/publ/qtrpdf/r_qt0412ger_f.pdf. – Elektronische Ressource

Gamper 1995   GAMPER, Philipp C.: *Banken- und finanzwirtschaftliche Forschungen*. Bd. 206: *Währungs-Exposure Management : Bewirtschaftung von Währungsrisiken in international tätigen Unternehmen*. Bern : Haupt, 1995. – Zugl.: Zürich, Univ., Diss., 1995. – ISBN 3-258-05178-X

Gassen u. a. 2007 GASSEN, Joachim ; DAVARCIOGLU, Tolga ; FISCHKIN, Michael ; KÜTING, Ulrich: Währungsumrechnung nach IFRS im Rahmen des Konzernabschlusses : ein Fallstudie zur Umrechnung von Fremdwährungsabschlüssen nach IAS 21. In: *Zeitschrift für internationale und kapitalmarktorientierte Rechnungslegung* 7 (2007), Mär., Nr. 3, S. 171–180

Gehrig und Menkhoff 2003 GEHRIG, Thomas ; MENKHOFF, Lukas: *Technical Analysis in Foreign Exchange – The Workhorse Gains Further Ground.* Mär. 2003. – Discussion paper No. 278

Gehrig und Menkhoff 2004 GEHRIG, Thomas ; MENKHOFF, Lukas: The use of flow analysis in foreign exchange : exploratory evidence. In: *Journal of international money and finance* 23 (2004), Nr. 4, S. 573–794. – ISSN 0261-5606

Gehrig und Menkhoff 2006 GEHRIG, Thomas ; MENKHOFF, Lukas: Extended evidence on the use of technical analysis in foreign exchange. In: *International journal of finance & economics* 11 (2006), Nr. 4, S. 327–338. – ISSN 1076-9307

George u. a. 2005 GEORGE, Gerard ; WIKLUND, Johan ; ZAHRA, Shaker A.: Ownership and the Internationalization of Small Firms. In: *Journal of Management* 31 (2005), Apr., Nr. 2, S. 210–233. – ISSN 0149-2063

Geyer 1998 GEYER, Alois L. J.: Berechnung und Eigenschaften von mehrperiodigen Renditen. In: *Finanzmarkt und Portfolio-Management* 12 (1998), Nr. 4, S. 441–451

Giddy und Dufey 1975 GIDDY, Ian H. ; DUFEY, Gunter: The random behavior of flexible exchange rates : implications for forecasting. In: *Journal of international business studies* 6 (1975), Nr. 1, S. 1–32. – ISSN 0047-2506

Glaum 1991 GLAUM, Martin: *Finanzinnovationen und ihre Anwendung in internationalen Unternehmungen : dargestellt am Beispiel von Devisenoptionskontrakten.* Gießen : Ferber, 1991 (Gießener Schriftenreihe zur internationalen Unternehmung 4). – Zugl.: Giessen, Univ., Diss., 1991. – ISBN 3-927835-16-1

Glaum 2000 GLAUM, Martin ; PwC DEUTSCHE REVISION / PRICEWATERHOUSECOOPERS (Hrsg.): *Finanzwirtschaftliches Risikomanagement deutscher Industrie- und Handelsunternehmen.* Frankfurt am Main : Fachverl. Moderne Wirtschaft, 2000 (Industriestudie). – ISBN 3-9805812-9-2

Glaum und Roth 1993 GLAUM, Martin ; ROTH, Andreas: Wechselkursrisiko-Management in deutschen internationalen Unternehmungen : Ergebnisse einer empirischen Untersuchung. In: *Zeitschrift für Betriebswirtschaft* 63 (1993), Nr. 11, S. 1181–1206

Gleißner 2006 GLEISSNER, Werner: Risikomaße, Safety-First-Ansätze und Portfoliooptimierung. In: *Risiko Manager* 1 (2006), Nr. 13, S. 17–23. – ISSN 8161-9363

Gleißner 2008 GLEISSNER, Werner: *Grundlagen des Risikomanagements im Unternehmen.* München : Vahlen, 2008. – ISBN 978-3-8006-3458-3

Gleißner und Löffler 2007   GLEISSNER, Werner ; LÖFFLER, Hendrik F.: Risikobewältigung : Existenzsicherung oder Wertevernichtung? Theorie vs. Praxis: Von der Diskussion um den ökonomischen Nutzen des betrieblichen Versicherungswesens. In:
Zeitschrift für Versicherungswesen 58 (2007), Nr. 17, S. 556–558. – ISSN 0514-2784

Gleißner u. a. 2004   GLEISSNER, Werner ; LIENHARD, Herbert ; STROEDER, Dirk H.: *Risikomanagement im Mittelstand : Planungssicherheit erhöhen, Rating verbessern, Unternehmen sichern.* Eschborn : RKW-Verlag, 2004. – ISBN 3-89644-224-4

Gleißner und Romeike 2005   GLEISSNER, Werner ; ROMEIKE, Frank: *Risikomanagement
: Umsetzung, Werkzeuge, Risikobewertung.* Freiburg im Breisgau : Haufe, 2005. – ISBN
3-448-06209-X

Günterberg und Kayser 2004   GÜNTERBERG, Brigitte ; KAYSER, Gunter: SMEs in Germany : Facts and Figures 2004 / IFM Bonn. Bonn, 2004. – Forschungsbericht. IfM-
Materialien; 161

Günterberg und Wolter 2002   GÜNTERBERG, Brigitte ; WOLTER, Hans-Jürgen: *Mittelstand in der Gesamtwirtschaft – Anstelle einer Definition.* Kap. 1, S. 1–22. Siehe
Günterberg und Wolter 2003

Günterberg und Wolter 2003   GÜNTERBERG, Brigitte ; WOLTER, Hans-Jürgen ; IFM
BONN (Hrsg.) ; BÖS, Dieter (Hrsg.) ; BACKES-GELLNER, Uschi (Hrsg.): *Unternehmens-
größenstatistik 2001/2002 – Daten und Fakten.* Bonn : IfM Bonn, 2003 (IfM-Materialien
157)

Goldberg 1990   GOLDBERG, Joachim: *Erfolgreiche Devisenkursprognose : Handbuch der
klassischen technischen Analyse für Devisenhandel, Aktienmärkte und Futures-Börsen.*
Frankfurt a. M. : Börsen-Zeitung, 1990. – ISBN 3-921696-47-X

Goldberg und Tille 2005   GOLDBERG, Linda S. ; TILLE, Cédric: Vehicle Currency Use in
International Trade / Federal Reserve Bank of New York. URL http://www.newyorkfed.
org/research/staff_reports/sr200.html, Jan. 2005. – Forschungsbericht. Federal Reserve Bank of New York Staff Reports

Graf u. a. 1996   GRAF, Jürgen ; WESTPHAL, Martin ; KNÖPPLER, Stefan ; ZAGORSKI, Peter:
Finanzmarktprognosen mit Neuronalen Netzen – Anforderungsprofil aus der prakti-
schen Sicht eines Anwenders. In: BOL, Georg (Hrsg.) ; NAKHAEIZADEH, Gholamreza
(Hrsg.) ; VOLLMER, Karl-Heinz (Hrsg.): *Finanzmarktanalyse und - prognose mit inno-
vativen quantitativen Verfahren : Ergebnisse des 5. Karlsruher Ökonometrie-Workshops.*
Heidelberg : Physica, 1996 (Wirtschaftswissenschaftliche Beiträge 125), S. 121–143. –
ISBN 3-7908-0925-X

Granger und Morgenstern 1974   GRANGER, Clive W. J. ; MORGENSTERN, Oskar: *Predictability of Stock Market Prices.* 3. Aufl. Lexington, Mass. : Heath, 1974 (Lexington
books)

Greiner und Whitcomb 1969 GREINER, Perry P. ; WHITCOMB, Hale C.: *The Dow Theory and the seventy-year forecast record.* Larchmont, N.Y. : Investors Intelligence, 1969

Greuter 2000 GREUTER, Thomas: *Die staatliche Exportkreditversicherung : Risiken minimieren bei Auslandsgeschäften.* 6. Aufl. Köln : Dt. Wirtschaftsdienst, 2000. – ISBN 3-87156-221-1

Grote 2003 GROTE, Michael H.: Die Evolution des Finanzplatzes Frankfurt. In: *Geographische Zeitschrift* 91 (2003), Nr. 3/4, S. 200–217. – ISSN 0016-7479

Gärtner und Lutz 2004 GÄRTNER, Manfred ; LUTZ, Matthias: *Makroökonomik flexibler und fester Wechselkurse.* 3. Aufl. Berlin : Springer, 2004. – ISBN 978-3-540-40707-2

Guo und Savickas 2008 GUO, Hui ; SAVICKAS, Robert: *Foreign Exchange Rates Don't Follow a Random Walk.* SSRN-id682741. Aug. 2008. – URL http://ssrn.com/abstract=682741

Guthoff u. a. 1998 GUTHOFF, Anja ; PFINGSTEN, Andreas ; WOLF, Juliane: Der Einfluß einer Begrenzung des Value at Risk oder des Lower Partial Moment One auf die Risikoübernahmen. In: OEHLER, Andreas (Hrsg.): *Credit Risk und Value-at-risk-Alternativen.* Stuttgart : Schäffer-Poeschel, 1998, S. 111–153. – ISBN 3-7910-1305-X

Hagelin und Pramborg 2004 HAGELIN, Niclas ; PRAMBORG, Bengt: Hedging Foreign Exchange Exposure: Risk Reduction from Transaction and Translation Hedging. In: *Journal of International Financial Management and Accounting* 15 (2004), Nr. 1, S. 1–20. – ISSN 0954-1314

Hagen 1992 HAGEN, Norbert: *Das Swapsatzrisiko : Einflußfaktoren und Absicherungsalternativen.* Basel, Universität Basel, Diss., 1992

Hager 2004 HAGER, Peter ; WIEDEMANN, Arnd (Hrsg.): *Coporate Risk Management : Cash Flow at Risk und Value at Risk.* Frankfurt am Main : Bankakademie, 2004 (Competence Center Finanz- und Bankmanagement ; Bd. 3). – Teilw. zugl. Diss. Univ. Siegen 2004. – ISBN 978-3-933165-99-2

Hamilton 1994 HAMILTON, James D.: *Time series analysis.* Princeton : Princeton University Press, 1994. – ISBN 0-691-04289-6

Hamilton 1989 HAMILTON, William P.: *The Stock Market Barometer: A Study of Its Forecast Value Based on Charles H. Dow's Theory of the Price Movement, With an Analysis of the Market and Its History Since 1897.* Detroid, IL : Omnigraphics, 1989 (Stock Market Theory Series). – Nachdruck. – ISBN 1-55888-806-3

Hanisch 2006 HANISCH, Jendrik: *Risikomessung mit dem Conditional Value-at-Risk : Implikationen für das Entscheidungsverhalten.* Jena : Kovač, 2006 (Finanzmanagement 32). – Zugl.: Jena, Univ., Diss., 2004. – ISBN 3-8300-2201-8

Hann 2000   HANN, Tae H.: Neuronale Regressionsmodelle in der Devisenkursprognose. In: BOL, Georg (Hrsg.): *Datamining und computational finance*. Physica, 2000 (Karlsruher Ökonometrie-Workshop 7), S. 1–15. – ISBN 3-7908-1284-6

Hansen und Hodrick 1980   HANSEN, Lars P. ; HODRICK, Robert J.: Forward Exchange Rates as Optimal Predictors of Future Spot Rates : An Econometric Analysis. In: *Journal of Poiitical Economy* 88 (1980), Okt., Nr. 5, S. 829–853. – ISSN 0022-3808

Hansmann 1983   HANSMANN, Karl-Werner: *Kurzlehrbuch Prognoseverfahren*. Wiesbaden : Gabler, 1983 (Gablers Kurzlehrbücher). – ISBN 3-409-13444-1

Hartmann-Wendels u. a. 2007   HARTMANN-WENDELS, Thomas ; PFINGSTEN, Andreas ; WEBER, Martin: *Bankbetriebslehre*. 4. Aufl. Berlin : Springer, 2007. – ISBN 978-3-540-38109-9

Haunerdinger und Probst 2006   HAUNERDINGER, Monika ; PROBST, Hans-Jürgen: *Finanz- und Liquiditätsplanung : in kleinen und mittleren Unternehmen*. München : Haufe, 2006. – ISBN 978-3-448-06195-6

Helbling 1998   HELBLING, Carl: *Unternehmensbewertung und Steuern : Unternehmensbewertung in Theorie und Praxis, insbesondere die Berücksichtigung der Steuern aufgrund der Verhältnisse in der Schweiz und in Deutschland*. 9. Aufl. Düsseldorf : IDW, 1998. – ISBN 3-8021-0790-X

Helbling 2005   HELBLING, Carl: *Prozess der Unternehmensbewertung : Teil G: Besonderheiten der Bewertung von kleinen und mittleren Unternehmen (KMU)*. Kap. 2-G, S. 189–199. In: PEEMÖLLER, Volker H. (Hrsg.): *Praxishandbuch der Unternehmensbewertung*. Herne : nwb, 2005. – ISBN 3-482-51183-7

Henk 2003   HENK, Alexander ; ROLFES, Bernd (Hrsg.) ; SCHIERENBECK, Henner (Hrsg.): *Strategisches Wechselkursrisiko-Management in Industrie- und Handelsunternehmen*. Frankfurt am Main : Knapp, 2003. – ISBN 978-3-8314-0753-8

Henschel 2006   HENSCHEL, Thomas: Risk management practices in German SMEs: an empirical investigation. In: *International journal of entrepreneurship and small business* 3 (2006), Nr. 5, S. 554–571. – ISSN 1476-1297

Henselmann und Roos 2009   HENSELMANN, Klaus ; ROOS, Benjamin: IFRS for SMEs – Eine interessante Option für deutsche KMUs auf dem Gebiet der Konzernrechnungslegung? / Lehrstuhl für Rechnungswesen und Prüfungswesen der Friedrich-Alexander-Universität Erlangen-Nürnberg. Erlangen, 2009 (2009-2). – Forschungsbericht. – URL www.pw.wiso.uni-erlangen.de. – Zugriffsdatum: 21.01.2010

Hermann 1983   HERMANN, Ursula: *Knaurs etymologisches Lexikon: 10 000 Wörter unserer Gegenwartssprache; Herkunft und Geschichte*. München : Knaur, 1983. – ISBN 3-426-26074-3

Herrmann 1988   HERRMANN, Anneliese: Wechselkursrisiko und Unternehmensverhalten : Ergebnisse einer Befragung. In: *Ifo-Schnelldienst* 41 (1988), Nr. 12, S. 7–19. – ISSN 0018-974x

Heyd und Kreher 2010   HEYD, Reinhard ; KREHER, Markus: *BilMoG – das Bilanzrechtsmodernisierungsgesetz : Neuregelungen und ihre Auswirkungen auf Bilanzpolitik und Bilanzanalyse.* München : Vahlen, 2010. – ISBN 978-3-8006-3563-4

Hill 1997   HILL, Wilhelm: Der Shareholder Value und die Stakeholder. In: *Die Unternehmung* 50 (1997), Jan., Nr. 6/1996, S. 411–420. – ISSN 0042-059X

Holtfrerich 1999   HOLTFRERICH, Carl-Ludwig: *Finanzplatz Frankfurt : von der mittelalterlichen Messestadt zum europäischen Bankenzentrum.* München : Beck, 1999. – ISBN 3-406-45184-5

Homaifar 2004   HOMAIFAR, Ghassem A.: *Managing global financial and foreign exchange rate risk.* Hoboken, NJ : Wiley, 2004 (The Wiley finance series). – ISBN 0-471-28115-8

Hommel und Laas 2008   HOMMEL, Michael ; LAAS, Stefan: Währungsumrechnung im Einzelabschluss – die Vorschläge des BilMoG-RegE. In: *Betriebs-Berater* 63 (2008), Nr. 31, S. 1666–1670. – ISSN 0340-7918

Hommelhoff und Mattheus 1999   HOMMELHOFF, Peter ; MATTHEUS, Daniela: KonTraG – Mehr Kontrolle und Transparenz? In: *Betriebswirtschaftliche Forschung und Praxis* 51 (1999), Nr. 4, S. 437–453. – ISSN 0340-5370

Hommes und Manzan 2006   HOMMES, Carsien H. ; MANZAN, Sebastiano: Comments on „Testing for nonlinear structure and chaos in economic time series". In: *Journal of macroeconomics* 28 (2006), Mär., Nr. 1, S. 169–174. – ISSN 0164-0704

Härle-Willerich und Rekowski 2005   HÄRLE-WILLERICH, Christa ; REKOWSKI, Klaus von: *Financial Risk Management (FiRM): Risikomangement im Überblick.* Kap. 1, S. 1–16. In: PRIERMEIER, Thomas (Hrsg.): *Finanzrisikomanagement im Unternehmen : Ein Praxishandbuch.* München : Vahlen, 2005. – ISBN 3-8006-3078-8

Hruschka 1976   HRUSCHKA, Erich: *Wettbewerbschancen für Klein- und Mittelbetriebe.* Stuttgart : Poeschel, 1976. – ISBN 3-7910-0183-3

Hsieh 1984   HSIEH, David A.: Tests of Rational Expectations and No Risk Premium in Forward Exchange Markets. In: *Journal of International Economics* 17 (1984), Mai, Nr. 1/2, S. 173–184. – ISSN 0022-1996

Huisman u. a. 1998   HUISMAN, Ronald ; KOEDIJK, Kees ; KOOL, Clemens ; NISSEN, Francois: Extreme support for uncovered interest parity. In: *Journal of International Money and Finance* 17 (1998), Feb., Nr. 1, S. 211–228. – ISSN 0261-5606

Hull 2006   HULL, John C.: *Optionen, Futures und andere Derivate.* 6. Aufl. München : Pearson Studium, 2006. – ISBN 978-3-8273-7142-3

IFM Bonn 2007a   IFM BONN (Hrsg.): *BDI-Mittelstandspanel : Ergebnisse der Online-Mittelstandsbefragung, Frühjahr 2007 - Langfassung.* 2007

IFM Bonn 2007b   IFM BONN (Hrsg.): *Die Bedeutung der außenwirtschaftlichen Aktivitäten für den deutschen Mittelstand.* Apr. 2007

IMF 2008   INTERNATIONAL MONETARY FUND (Hrsg.): *Annual Report on Exchange Arrangements and Exchange Restrictions 2008.* Washington, D.C. : IMF, Okt. 2008. – ISBN 978-1-58906-746-2

IMF Bonn 1986   INTERNATIONAL MONETARY FUND (Hrsg.): *Annual Report on Exchange Arrangements and Exchange Restrictions 1986.* 1986

Jarchow 2002   JARCHOW, Hans-Joachim: Feste oder flexible Wechselkurse? In: *Kredit und Kapital* 35 (2002), Nr. 4, S. 481–502. – ISSN 0023-4591

Jarque und Bera 1980   JARQUE, Carlos M. ; BERA, Anil K.: Efficient tests for normality, homoscedasticity and serial independence of regression residuals. In: *Economics Letters* 6 (1980), Nr. 3, S. 255–259. – ISSN 0165-1765

Jarque und Bera 1987   JARQUE, Carlos M. ; BERA, Anil K.: A test for the normality of observations and regression residuals. In: *International Statistical Review* 55 (1987), Nr. 2, S. 163–172. – ISSN 0020-8779

Jäckel 2003   JÄCKEL, Peter: *Monte Carlo methods in finance.* Chichester : Wiley, 2003. – ISBN 0-471-49741-X

Jensen 1978   JENSEN, Michael C.: Some Anomalous Evidence Regarding Market Efficiency. In: *Journal of Financial Economics* 6 (1978), Nr. 2/3, S. 95–101. – ISSN 0304-405X

Jensen und Meckling 1976   JENSEN, Michael C. ; MECKLING, William H.: Theory of the Firm: Managerial Behavior, Agency Costs and Ownership Structure. In: *Journal of Financial Economics* 3 (1976), Nr. 4, S. 305–360. – ISSN 0304-405x

Jevons 1995   JEVONS, W. S.: *The Theory of Political Economy.* Düsseldorf : Wirtschaft u. Finanzen, 1995 (Faks. Ausgabe der 1871 in London ersch. Erstausgabe). – ISBN 978-3-87881-093-3

Jokisch und Mayer 2000   JOKISCH, Jens ; MAYER, Matija D.: Finanzwirtschaftliche Überlegungen bei der Beteiligung an internationalen Submissionen. In: ZENTES, Joachim (Hrsg.) ; SWOBODA, Bernhard (Hrsg.): *Fallstudien zum internationalen Management : Grundlagen, Praxiserfahrungen, Perspektiven.* Gabler, 2000, S. 827–839. – ISBN 3-409-11513-7

Jokisch und Mayer 2002   JOKISCH, Jens ; MAYER, Matija D.: *Grundlagen finanzwirtschaftlicher Entscheidungen : Lehrbuch unter Berücksichtigung des internationalen Finanzmanagements.* München : Oldenbourg, 2002 (Lehr- und Handbücher der Betriebswirtschaftslehre). – ISBN 3-486-25966-0

Jorion 1990 JORION, Philippe: The exchange-rate exposure of US multinationals. In: *Journal of Business* 63 (1990), Jul., Nr. 3, S. 331–345. – ISSN 0021-9398

Jorion 2001 JORION, Philippe: *Value at Risk : The New Benchmark for Managing Financial Risk.* 2. Aufl. New York : McGraw-Hill, 2001. – ISBN 0-07-135502-2

Jorion 2007 JORION, Philippe: *Value at Risk : The New Benchmark for Managing Financial Risk.* 3. Aufl. New York : McGraw-Hill, 2007. – ISBN 978-0-07-146495-6

J. P. Morgan 1996 J. P. Morgan / Reuters (Veranst.): *RiskMetrics – Technical Document.* 4. Aufl. Dez. 1996

Kahneman und Tversky 1984 KAHNEMAN, Daniel ; TVERSKY, Amos: Choices, Values, and Frames. In: *American Psychologist* 39 (1984), Apr., Nr. 4, S. 341–350. – ISSN 0003-066X

Karsten 2001 KARSTEN, Wolfgang F.: Factoring und Forfaitierung - Alternativen der Fremdfinanzierung. In: BREUER, Rolf-E. (Hrsg.): *Handbuch Finanzierung.* 3. Aufl. Wiesbaden : Gabler, 2001, S. 401–433. – ISBN 3-409-99641-9

Kayser 2006 KAYSER, Gunter: Daten und Fakten - wie ist der Mittelstand strukturiert? In: KRÜGER, Wolfgang (Hrsg.): *Praxishandbuch des Mittelstands : Leitfaden für das Management mittelständischer Unternehmen.* Wiesbaden : Gabler, 2006, S. 33–48. – ISBN 3-8349-0196-2

Kerling 1998 KERLING, Matthias ; PODDIG, Thorsten (Hrsg.) ; REHKUGLER, Heinz (Hrsg.): *Moderne Konzepte der Finanzanalyse : Markthypothesen, Renditegenerierungsprozesse und Modellierungswerkzeuge.* Bad Soden : Uhlenbruch, 1998 (Financial Research 1). – zugl. Diss. Univ. Freiburg 1997. – ISBN 3-933207-00-2

KfW 2006 RED. DER KFW-BANKENGRUPPE: Die Globalisierung des Mittelstandes - Chancen und Risiken. In: *Mittelstands- und Strukturpolitik* 6 (2006), Jul., Nr. 36, S. 1–41. – ISSN 1618-8691

Kiani und Kastens 2008 KIANI, Khurshid M. ; KASTENS, Terry L.: Testing Forecast Accuracy of Foreign Exchange Rates : Predictions from Feed Forward and Various Recurrent Neural Network Architectures. In: *Comput Econ* 32 (2008), Apr., Nr. 4, S. 383–406. – ISSN 0927-7099

Kijima und Ohnishi 1993 KIJIMA, Masaaki ; OHNISHI, Masamitsu: Mean-risk analysis of risk aversion and wealth effects on optimal portfolios with multiple investment opportunities. In: *Annals of Operations Research* 45 (1993), S. 147–163. – ISSN 0254-5330

Kirsch 2010 KIRSCH, Hanno: „IFRS for SMEs" versus BilMoG : Vereinbarkeit der IFRS-SME-Rechnungslegung mit dem modernisierten HGB? In: *Praxis der internationalen Rechnungslegung* 98 (2010), Nr. 1, S. 1–6. – ISSN 1868-3118

Klein 2000   KLEIN, Sabine B.: Family Businesses in Germany: Significance and Structure. In: *Family Business Review* 13 (2000), Sep., Nr. 3, S. 157–182. – ISSN 0894-4865

Klein 2004a   KLEIN, Sabine B.: *Familienunternehmen.* 2. Aufl. Wiesbaden : Gabler, Jul. 2004. – ISBN 3-409-21703-7

Klein 2004b   KLEIN, Sabine B.: KMU und Familienunternehmen. In: *Zeitschrift für KMU und Entrepreneurship* 52 (2004), Nr. 3, S. 153–173. – ISSN 0020-9481

Klingenbeck 1996   KLINGENBECK, Matthias: *Management makroökonomischer Risiken in Industrieunternehmen : Möglichkeiten einer effektiveren Gestaltung am Beispiel des Währungsrisikos.* Bd. 23. Wiesbaden : Gabler, 1996. – Zugl.: Frankfurt (Main), Univ., Diss., 1996. – ISBN 3-409-13570-7

Knetter 2003   KNETTER, Michael M.: Exchange Rates and Corporate Pricing Strategies. In: AMIHUD, Yakov (Hrsg.) ; LEVICH, Richard M. (Hrsg.): *Exchange Rates and Corporate Performance.* Nachdr. 1994. Washington, D.C. : Beard Books, 2003, Kap. 9, S. 181–219. – ISBN 1-587-98159-9

Knight 1921   KNIGHT, Frank H.: *Risk, Uncertainty, and Profit.* Boston : Houghton Mifflin, 1921 (Hart, Schaffner and Marx Prize Essays 31)

Königsmarck 2000   KÖNIGSMARCK, Imke Gräfin von: *Volatilität von Wechselkursen im Licht der Mikrostrukturforschung.* Frankfurt am Main : Lang, 2000 (Europäische Hochschulschriften : Reihe 5, Volks- und Betriebswirtschaft 2693). – Zugl.: Frankfurt am Main, Univ., Diss.. – ISBN 3-631-36998-0

Künkele und Zwirner 2010   KÜNKELE, Kai P. ; ZWIRNER, Christian: BilMoG: Auswirkungen auf die steuerliche Bilanzierung. In: *Zeitschrift für Bilanzierung und Rechnungswesen* 34 (2010), Nr. 1, S. 31–35. – ISSN 1867-7940

Knop 2009   KNOP, Robert: *Erfolgsfaktoren strategischer Netzwerke kleiner und mittlerer Unternehmen : ein IT-gestützter Wegweiser zum Kooperationserfolg.* Wiesbaden : Gabler, 2009. – Zugl.: Klagenfurt, Univ., Diss., 2007. – ISBN 978-3-8349-8062-5

Koch und MacDonald 2003   KOCH, Timothy W. ; MACDONALD, S. S.: *Bank Management.* 5. Aufl. Mason, Ohio : Thomson/South-Western, 2003. – ISBN 978-0-03-034297-4

Kohlhaussen 2001   KOHLHAUSSEN, Martin: Bewertung von Länderrisiken. In: BREUER, Rolf-E. (Hrsg.): *Handbuch Finanzierung.* 3. Aufl. Wiesbaden : Gabler, 2001, S. 281–323. – ISBN 3-409-99641-9

Koller u. a. 2005   KOLLER, Tim ; GOEDHART, Marc ; WESSELS, David: *Valuation : measuring and managing the value of companies.* 4. Aufl. Hoboken, NJ : Wiley, 2005. – ISBN 0-471-70218-8

Kollias und Metaxas 2001   KOLLIAS, Christos ; METAXAS, Konstantinos: How efficient are FX markets? Empirical evidence of arbitrage opportunities using high-frequency data. In: *Applied Financial Economics* 11 (2001), Aug., Nr. 4, S. 435–444. – ISSN 0960-3107

Küpper 2005   KÜPPER, Bernd: *Devisenrisikomanagement.* Kap. 4, S. 171–208. In: PRIERMEIER, Thomas (Hrsg.): *Finanzrisikomanagement im Unternehmen : Ein Praxishandbuch.* München : Vahlen, 2005. – ISBN 3-8006-3078-8

Kropfberger 1986   KROPFBERGER, Dietrich: *Erfolgsmanagement statt Krisenmanagement : strategisches Management in Mittelbetrieben.* Linz : Trauner, 1986. – ISBN 3-85320-377-9

Kürsten 2000   KÜRSTEN, Wolfgang: „Shareholder Value" – Grundelemente und Schieflagen einer polit-ökonomischen Diskussion aus finanzierungstheoretischer Sicht. In: *Zeitschrift für Betriebswirtschaft* 70 (2000), Nr. 3, S. 359–381. – ISSN 0044-2372

Kürsten 2006a   KÜRSTEN, Wolfgang: Corporate Hedging, Stakeholderinteresse und Shareholder Value. In: *Journal für Betriebswirtschaft* 56 (2006), Nr. 1, S. 3–32. – ISSN 0344-9327

Kürsten 2006b   KÜRSTEN, Wolfgang: Risikomanagement und aktionärsorientierte Unternehmenssteuerung – mehr Fragen als Antworten. In: KÜRSTEN, Wolfgang (Hrsg.) ; NIETERT, Bernhard (Hrsg.): *Kapitalmarkt, Unternehmensfinanzierung und rationale Entscheidungen : Festschrift für Jochen Wilhelm.* Berlin : Springer, 2006, Kap. II, S. 179–204. – ISBN 978-3-540-27691-3

Kürsten 2009   KÜRSTEN, Wolfgang: Wozu und für wen Risikomanagement? In: SCHÄFER, Klaus (Hrsg.): *Risikomanagement und kapitalmarktorientierte Finanzierung : Festschrift zum 65. Geburtstag von Bernd Rudolph.* Frankfurt am Main : Knapp, 2009. – ISBN 978-3-8314-0826-9

Kürsten und Brandtner 2009   KÜRSTEN, Wolfgang ; BRANDTNER, Mario: Kohärente Risikomessung versus individuelle Akzeptanzmengen : Anmerkungen zum impliziten Risikoverständnis des „Conditional Value-at-Risk". In: *Schmalenbachs Zeitschrift für betriebswirtschaftliche Forschung* 61 (2009), Jun., Nr. 4, S. 358–381. – URL http://www.wiso-net.de/webcgi?START=A60&DOKV_DB=ZGEN&DOKV_NO= ZFBF060915001&DOKV_HS=0&PP=1. – Zugriffsdatum: 14.10.2009. – ISSN 0341-2687

Krumnow u. a. 2002   KRUMNOW, Jürgen (Hrsg.) ; GRAMLICH, Ludwig (Hrsg.) ; LANGE, Thomas A. (Hrsg.) ; DEWNER, Thomas M. (Hrsg.): *Gabler Bank-Lexikon : Bank, Börse, Finanzierung.* 13. Aufl. Wiesbaden : Gabler, Nov. 2002. – ISBN 3-409-46116-7

Lambertz 2007   LAMBERTZ, Christian: *Währungsrisiken in der Unternehmung : analysieren, quantifizieren, steuern.* Saarbrücken : VDM, 2007. – ISBN 978-3-8364-0343-6

Laux 2005   LAUX, Helmut: *Entscheidungstheorie.* 6. Aufl. Berlin : Springer, 2005. – ISBN 978-3-540-23576-7

Leippold und Vanini 2002   LEIPPOLD, Markus ; VANINI, Paolo: Half as many cheers –
The Multiplier Reviewed. In: *Wilmott Magazine* 3 (2002), Dez., Nr. 1, S. 104–107. –
ISSN 1540-6962

Leithner und Spahn 1991   LEITHNER, Stephan ; SPAHN, Cornelius: Konvexe Strategien
im Devisenmarkt : Vorhersagekraft und ökonomischer Wert. In: *Kredit und Kapital* 24
(1991), Nr. 2, S. 212–234. – ISSN 0023-4591

Lessard und Lightstone 2006   LESSARD, Donald R. ; LIGHTSTONE, John B.: Operating
exposure. In: RUTTERFORD, Janette (Hrsg.): *Financial strategy*. 2. Aufl. Chichester :
Wiley, 2006, S. 233–245. – ISBN 0-470-01655-8

Leung u. a. 2000   LEUNG, Mark T. ; CHEN, An-Sing ; DAOUK, Hazem: Forecasting exchange rates using general regression neural networks. In: *Computers & Operations
Research* 27 (2000), Sep., Nr. 11, S. 1017–1247

Leutwiler 2006   LEUTWILER, Thierry: *Firm Valuation and Asymmetric Foreign Exchange
Exposure*. Marburg : Tectum, 2006. – Zugl.: Oestrich-Winkel, Europ. Business School,
Diss., 2005. – ISBN 3-8288-8992-1

Levi 2003   LEVI, Maurice D.: Exchange Rates and the Valuation of Firms. In: AMIHUD,
Yakov (Hrsg.) ; LEVICH, Richard M. (Hrsg.): *Exchange Rates and Corporate Performance*.
Nachdr. 1994. Washington, D.C. : Beard Books, 2003, Kap. 3, S. 37–48. – ISBN 1-587-
98159-9

Levi 2009   LEVI, Maurice D.: *International Finance*. 5. Aufl. London : Routledge, 2009. –
ISBN 978-0-415-77458-1

Levi und Zechner 1989   LEVI, Maurice D. ; ZECHNER, Josef: *Foreign-Exchange Risk
and Exposure*. Kap. 12, S. 411–434. In: ALIBER, Robert Z. (Hrsg.): *The handbook of
international financial management*. Homewood, Ill. : Dow Jones-Irwin, 1989. – ISBN
1-556-23019-2

Levich 1985   LEVICH, Richard M.: Evaluation the Performance of the Forecasters. In:
LESSARD, Donald R. (Hrsg.): *International Financial Management: Theory and Appli-
cation*. 2. Aufl. New York : Wiley, 1985, Kap. 14, S. 218–233. – ISBN 0-471-88026-4

Lilliefors 1967   LILLIEFORS, Hubert W.: On the Kolmogorov-Smirnov Test for Normality
with Mean and Variance Unknown. In: *Journal of the American Statistical Association*
62 (1967), Jun., Nr. 318, S. 399–402. – ISSN 0162-1459

Linares 1999   LINARES, Juan C.: *Methoden, Instrumente und Strategien des
Währungsrisiko-Managements in international tätigen Unternehmen*, Univ. St. Gallen,
Diss., 1999

Lipfert 1988   LIPFERT, Helmut: *Devisenhandel mit Devisenoptionshandel*. 3. Aufl.
Frankfurt am Main : Knapp, 1988 (Taschenbücher für Geld, Bank und Börse 24). –
ISBN 3-7819-1144-6

Lisi und Schiavo 1999   LISI, Francesco ; SCHIAVO, Rosa A.: A comparison between neural networks and chaotic models for exchange rate prediction. In: *Computational statistics & data analysis* 30 (1999), Nr. 1, S. 87–102. – ISSN 0167-9473

Loderer 2000   LODERER, Claudio: Firms, do you know your currency risk exposure? Survey results. In: *Journal of empirical finance* 7 (2000), Nr. 3/4, S. 317–344. – ISSN 0927-5398

Lüpken 2004   LÜPKEN, Silke: *Alternative Finanzierungsinstrumente für mittelständische Unternehmen : vor dem Hintergrund von Basel II.* Bremen : IFD, 2004 (Schriftenreihe des IFD ; Bd. 2). – ISBN 978-3-925245-08-4

Lütkepohl und Tschernig 1996   LÜTKEPOHL, Helmut ; TSCHERNIG, Rolf: Nichtparametrische Verfahren zur Analyse und Prognose von Finanzmarktdaten. In: BOL, Georg (Hrsg.) ; NAKHAEIZADEH, Gholamreza (Hrsg.) ; VOLLMER, Karl-Heinz (Hrsg.): *Finanzmarktanalyse und - prognose mit innovativen quantitativen Verfahren : Ergebnisse des 5. Karlsruher Ökonometrie-Workshops.* Heidelberg : Physica, 1996 (Wirtschaftswissenschaftliche Beiträge 125), S. 145–171. – ISBN 3-7908-0925-X

MacDonald und Torrance 1988   MACDONALD, Ronald ; TORRANCE, Thomas S.: Exchange rates and the „news" : some evidence using UK survey data. In: *Manchester School of Economic and Social Studies* 56 (1988), Nr. 1, S. 69–76. – ISSN 0025-2034

Mandelbrot und Hudson 2005   MANDELBROT, Benoit B. ; HUDSON, Richard L.: *Fraktale und Finanzen.* München : Piper, 2005. – ISBN 3-492-04632-0

Manganelli und Engle 2004   MANGANELLI, Simone ; ENGLE, Robert F.: *A Comparision of Value-at-Risk Models in Finance.* Kap. 9, S. 123–144. In: SZEGÖ, Giorgio (Hrsg.): *Risk Measures for the 21st Century.* Chichester : Wiley, 2004 (Wiley finance series). – ISBN 0-470-86154-1

Mark 1995   MARK, Nelson C.: Exchange rates and fundamentals: Evidence on long-horizon predictability. In: *American Economic Review* 85 (1995), Nr. 1, S. 201–218. – ISSN 0002-8282

Markowitz 1952   MARKOWITZ, Harry M.: Portfolio Selection. In: *Journal of Finance* 7 (1952), Mär., Nr. 1, S. 77–91. – ISSN 0022-1082

Martin und Maue 2005   MARTIN, Anna D. ; MAUE, Laurence J.: A note on common methods used to estimate foreign exchange exposure. In: *Journal of international financial markets, institutions & money* 15 (2005), Nr. 2, S. 125–140. – ISSN 1042-4431

Martin und Mauer 2003   MARTIN, Anna D. ; MAUER, Laurence J.: Transaction versus economic exposure: which has greater cash flow consequences? In: *International Review of Economics & Finance* 12 (2003), Nr. 4, S. 437–449. – ISSN 1059-0560

Martin 2006   MARTIN, Katie: *Deutsche Bank rejects some currency clients.* The Wall Street Journal Europe. Feb. 2006

Mayer 2003   MAYER, Matija D.: *Venture Finance : zur Finanzierung innovativer Unternehmungen.* Wiesbaden : DUV, 2003 (Neue Betriebswirtschaftliche Forschung 322). – Zugl.: Braunschweig, Techn. Univ., Habil.-Schr., 2003. – ISBN 3-8244-9124-9

Mayer-Fiedrich 2007   MAYER-FIEDRICH, Matija D.: Eignung des Cash Managements für den Umgang mit Währungsrisiken in KMU. In: *Finanz-Betrieb* 9 (2007), Jun., Nr. 6, S. 335–339. – ISSN 1437-8981

McNeil u. a. 2005   MCNEIL, Alexander J. ; FREY, Rüdiger ; EMBRECHTS, Paul: *Quantitative Risk Management : Concepts, Techniques and Tools.* Princeton, NJ : Princeton University Press, 2005 (Princeton series in finance). – ISBN 978-0-691-12255-7

Meese und Rogoff 1983   MEESE, Richard A. ; ROGOFF, Kenneth: Empirical Exchange Rate Models of the Seventies : Do they fit out of sample? In: *Journal of International Economica* 14 (1983), Feb., Nr. 1-2, S. 3–24. – ISSN 022-1996

Mehr und Hedges 1963   MEHR, Robert I. ; HEDGES, Bob A.: *Risk management in the business enterprise.* Homewood : Irwin, 1963

Menkhoff 1995   MENKHOFF, Lukas: *Spekulative Verhaltensweisen auf Devisenmärkten.* Tübingen : Mohr, 1995 (Schriften zur angewandten Wirtschaftsforschung 67). – Zugl.: Freiburg, Univ., Habil.-Schr., 1994. – ISBN 3-16-146394-3

Menkhoff 1997   MENKHOFF, Lukas: Examining the use of technical currency analysis. In: *International Journal of Finance & Economics* 2 (1997), Nr. 2, S. 307–318. – ISSN 1076-9307

Menzenwerth und Metzmacher-Helpenstell 1976   MENZENWERTH, Heinz-Hermann (Bearb.) ; METZMACHER-HELPENSTELL, Jessica (Bearb.): *Die Kapitalstruktur kleiner und mittlerer Unternehmen : Ansatzpunkte für eine Verbesserung von Kapitalstrukturanalysen.* Göttingen : Schwartz, 1976 (Beiträge zur Mittelstandsforschung 12). – ISBN 3-509-00925-8

Mertens und Rässler 2005   MERTENS, Peter (Hrsg.) ; RÄSSLER, Susanne (Hrsg.): *Prognoserechnung.* 6. Aufl. Heidelberg : Physica, 2005. – ISBN 3-7908-0216-6

Metz 2006   METZ, Dennis: *Devisenhandel : Profitieren von Dollar, Euro & Co.* München : FinanzBuch, 2006. – ISBN 3-89879-065-7

Meyer und Stadtmüller 1972   MEYER, Helmut R. ; STADTMÜLLER, Klaus: Flexible Wechselkurse in der Währungsrechtsordnung. In: *Zeitschrift für das gesamte Handelsrecht und Wirtschaftsrecht* 136 (1972), Nr. 1, S. 31–51. – ISSN 0044-2437

Miller 1988   MILLER, Merton H.: The Modigliani-Miller propositions after thirty years. In: *The journal of economic perspectives* 2 (1988), Nr. 4, S. 99–120. – ISSN 0895-3309

Mincer und Zarnowitz 1969   MINCER, Jacob ; ZARNOWITZ, Victor: The evaluation of economic forecasts. In: MINCER, Jacob (Hrsg.): *Economic forecasts and expectations : analyses of forecasting behavior and performance*. New York : National Bureau of Economic Research, 1969 (Studies in business cycles 19), S. 3–46. – ISBN 0-87014-202-X

Müller 2003   MÜLLER, Stefan: *Management-Rechnungswesen*. Wiesbaden : DUV, 2003. – Zugl.: Oldenburg, Univ., Habil.-Schr., 2003. – ISBN 3-8244-9106-0

Müller u. a. 2006   MÜLLER, Stefan ; BRACKSCHULZE, Kai ; MAYER-FIEDRICH, Matija D. ; ORDEMANN, Tammo: *Finanzierung mittelständischer Unternehmen*. München : Vahlen, 2006. – ISBN 3-8006-3294-2

Modigliani und Miller 1958   MODIGLIANI, Franco ; MILLER, Merton H.: The cost of capital, corporation finance and the theory of investment. In: *The American economic review* 48 (1958), Nr. 3, S. 261–297. – ISSN 0002-8282

Moritz und Partenfelder 2008   MORITZ, Babett ; PARTENFELDER, Angelika: *Der Mittelstand im Zeitalter der Globalisierung : Markteintritt in China*. Saarbrücken : VDM, 2008. – ISBN 978-3-8364-7232-6

Moser 1985   MOSER, Reinhard: *Preis- und Finanzierungsentscheidungen im Auslandsgeschäft : ein Corporate-Modelling-Ansatz*. Wien : Verl. der Österr. Akad. der Wiss., 1985. – Zugl.: Wien, Wirtschaftsuniv., Habil.-Schr., 1981. – ISBN 3-7001-0686-6

Mugler 1998   MUGLER, Josef: *Betriebswirtschaftslehre der Klein- und Mittelbetriebe*. Bd. 1. 3. Aufl. Wien : Springer, 1998. – ISBN 3-211-83198-3

Muller und Verschoor 2006a   MULLER, Aline ; VERSCHOOR, Willem F. C.: Foreign exchange risk exposure: Survey and suggestions. In: *Journal of Multinational Financial Management* 16 (2006), Okt., Nr. 4, S. 385–410. – ISSN 1042-444X

Muller und Verschoor 2006b   MULLER, Aline ; VERSCHOOR, Willem F.: Asymmetric foreign exchange risk exposure: Evidence from U.S. multinational firms. In: *Journal of empirical finance* 13 (2006), Nr. 4, S. 495–518. – ISSN 0927-5398

Mundell 1963   MUNDELL, Robert A.: Capital mobility and stabilization policy under fixed and flexible exchange rates. In: *The Canadian journal of economics and political science* 29 (1963), Nr. 4, S. 475–485. – ISSN 0315-4890

Murphy 1999   MURPHY, John J.: *Technical analysis of the financial markets*. New York, NY : New York Institute of Finance, 1999. – ISBN 0-7352-0066-1

Nag und Mitra 2002   NAG, Ashok K. ; MITRA, Amit: Forecasting daily foreign exchange rates using genetically optimized neural networks. In: *Journal of forecasting* 21 (2002), Nr. 7, S. 501–512. – ISSN 0277-6693

Nain 2004   NAIN, Amrita: *The Strategic Motives for Corporate Risk Management*. SSRN-id583142. Mär. 2004. – AFA 2005 Philadelphia Meetings; EFA 2004 Maastricht Meetings Paper No. 5060

Naujoks 1975   NAUJOKS, Wilfried: *Unternehmensgrößenbezogene Strukturpolitik und gewerblicher Mittelstand : zur Lage und Entwicklung mittelständischer Unternehmen in der Bundesrepublik Deutschland*. Göttingen : Schwartz, 1975 (Schriften zur Mittelstandsforschung 68). – ISBN 3-509-00872-3

Neely und Weller 2001   NEELY, Christopher J. ; WELLER, Paul A.: Technical analysis and central bank intervention. In: *Journal of International Money and Finance* 20 (2001), Dez., Nr. 7, S. 949–970. – ISSN 0261-5606

Nemet und Althoff 2006   NEMET, Marijan ; ALTHOFF, Frank: Die Mindestanforderungen an das Risikomanagement (MaRisk) : Erläuterungen und Anmerkungen zum Rundschreiben der BaFin von 20.12.2005. In: *Finanzierung, Leasing, Factoring* 53 (2006), Nr. 2, S. 53–59. – ISSN 0174-3163

Nikolov 2005   NIKOLOV, Svetlozar R.: *Währungsexposures und Bankkredit*. Hamburg : Kovac, 2005. – Zugl.: Frankfurt (Main), Univ., Diss., 2004. – ISBN 3-8300-1800-2

Obst und Hintner 2000   OBST, Georg (Begr.) ; HINTNER, Otto ; HAGEN, Jürgen von (Hrsg.): *Geld-, Bank- und Börsenwesen : Handbuch des Finanzsystems*. 40. Aufl. Stuttgart : Schäffer-Poeschel, 2000. – ISBN 978-3-7910-1246-9

Oehler 2006   OEHLER, Ralph: Internationale Rechnungslegung bei KMU : Ergebnisse einer empirischen Befragung bei mittelständischen Unternehmen im Raum Mittelfranken. In: *Zeitschrift für internationale und kapitalmarktorientierte Rechnungslegung* 6 (2006), Nr. 1, S. 19–28. – ISSN 1617-8084

Oliver und Hayward 2007   OLIVER, Lee ; HAYWARD, Chloe: Banks work out you've got to be in it to win it. In: *Euromoney* 38 (2007), Mär., Nr. 455, S. 34–38. – ISSN 0014-2433

Oliver 2006   OLIVER, Leo: Another month, another platform. In: *Euromoney* 37 (2006), Jun., Nr. 446, S. 40. – ISSN 0014-2433

Olson 2004   OLSON, Dennis: Have trading rule profits in the currency markets declined over time? In: *Journal of banking & finance* 28 (2004), Jan., Nr. 1, S. 85–106. – ISSN 0378-4266

Pampel 2005   PAMPEL, Katrin ; KRAMER, Jost W. (Hrsg.): *Anforderungen an ein betriebswirtschaftliches Risikomanagement unter Berücksichtigung nationaler und internationaler Prüfungsstandards*. Wismar : HWS, 2005 (Wismarer Diskussionspapiere 2005, 13). – ISBN 3-910102-69-7

Panda 2007   PANDA, Vathsala: Forecasting exchange rate better with artificial neural network. In: *Journal of Policy Modeling* 29 (2007), Jan., S. 227–236. – ISSN 0161-8938

Park und Irwin 2007   PARK, Cheol-Ho ; IRWIN, Scott H.: What do we know about the profitability of technical analysis? In: *Journal of economic surveys* 21 (2007), Sep., Nr. 4, S. 786–826. – ISSN 0950-0804

Pausenberger 1985   PAUSENBERGER, Ehrenfried: Das Währungsmanagement der internationalen Unternehmung. In: *Das Wirtschaftsstudium* 14 (1985), Nr. 11, S. 541–547. – ISSN 0340-3084

Peat 2008   PEAT, Maurice: *Non-parametric methods for credit risk analysis : neural networks and recursive partitioning techniques.* Kap. 5, S. 137–153. In: JONES, Stewart (Hrsg.) ; HENSHER, David A. (Hrsg.): *Advances in credit risk modelling and corporate bankruptcy prediction.* Cambridge : Cambridge Univ. Press, 2008 (Quantitative methods for applied economics and business research). – ISBN 978-0-521-68954-0

Pedersen und Satchell 1998   PEDERSEN, Christian S. ; SATCHELL, Stephen E.: An extended family of financial risk measures. In: *The Geneva papers on risk and insurance theory* 23 (1998), Nr. 2, S. 89–117. – ISSN 0926-4657

Pennings und Garcia 2004   PENNINGS, Joost M. E. ; GARCIA, Philip: Hedging behavior in small and medium-sized enterprises: The role of unobserved heterogeneity. In: *Journal of Banking & Finance* 28 (2004), Mai, Nr. 5, S. 951–978. – ISSN 0378-4266

Pfennig 1998   PFENNIG, Michael: *Optimale Steuerung des Währungsrisikos mit derivativen Instrumenten.* Wiesbaden : Gabler, 1998 (Beiträge zur betriebswirtschaftlichen Forschung 83). – Zugl.: München, Univ., Diss., 1997. – ISBN 3-409-13084-5

Pflug und Römisch 2007   PFLUG, Georg C. ; RÖMISCH, Werner: *Modeling, measuring and managing risk.* New Jersey : World Scientific, 2007. – ISBN 978-981-270740-6

Pfohl 1997   PFOHL, Hans-Christian: Abgrenzung der Klein- und Mittelbetriebe von Großbetrieben. In: PFOHL, Hans-Christian (Hrsg.): *Betriebswirtschaftslehre der Mittel- und Kleinbetriebe : Größenspezifische Probleme und Möglichkeiten zu ihrer Lösung.* 3. Aufl. Berlin : Schmidt, 1997, S. 1–25. – ISBN 3-503-04016-1

Poddig 1996   PODDIG, Thorsten: *Analyse und Prognose von Finanzmärkten.* Bad Soden : Uhlenbruch, 1996 (Portfoliomanagement 3). – ISBN 3-9804400-3-6

Poddig u. a. 2009   PODDIG, Thorsten ; BRINKMANN, Ulf ; SEILER, Katharina: *Portfoliomanagement: Konzepte und Strategien : Theorie und praxisorientierte Anwendungen mit Excel.* 2. Aufl. Bad Soden : Uhlenbruch, 2009. – ISBN 978-3-933207-70-8

Pohl 1992a   HENNING, Friedrich-Wilhelm: *Börsenkrisen und Börsengesetzgebung von 1914 bis 1945 in Deutschland.* Kap. 4, S. 211–290. Siehe Pohl 1992b. – ISBN 3-7819-0519-5

Pohl 1992b   POHL, Hans (Hrsg.) ; WISSENSCHAFTLICHER BEIRAT DES INSTITUTS FÜR BANKHISTORISCHE FORSCHUNG (Hrsg.): *Deutsche Börsengeschichte.* Frankfurt am Main : Knapp, 1992. – ISBN 3-7819-0519-5

Predöhl 1972   PREDÖHL, Andreas: *Gustav Cassel, Joseph Schumpeter, Bernhard Harms : Drei richtungsweisende Wirtschaftswissenschaftler*. Göttingen : Vandenhoeck & Ruprecht, 1972. – ISBN 3-525-13137-2

Priermeier 2005   PRIERMEIER, Thomas: *Der Prozess der Risikosteuerung*. Kap. 2, S. 15–101. In: PRIERMEIER, Thomas (Hrsg.): *Finanzrisikomanagement im Unternehmen : ein Praxishandbuch*. München : Vahlen, 2005. – ISBN 3-8006-3078-8

Priermeier und Stelzer 2001   PRIERMEIER, Thomas ; STELZER, Alexandra: *Zins- und Währungsmanagement in der Unternehmenspraxis : Das Handbuch zur Optimierung von Devisen- und Zinsgeschäften*. München : Beck, 2001. – ISBN 3-406-47707-0

Pringle 1991   PRINGLE, John J.: Managing Foreign Exchange Exposure. In: *Journal of Applied Corporate Finance* 3 (1991), Nr. 4, S. 4

Pritamani u. a. 2005   PRITAMANI, Mahesh ; SHOME, Dilip ; SINGAL, Vijay: Exchange Rate Exposure of Exporting and Importing Firms. In: *Journal of Applied Corporate Finance* 17 (2005), Nr. 3, S. 87–94. – ISSN 1745-6622

Pruitt und White 1988   PRUITT, Stephen W. ; WHITE, Richard E.: The CRISMA trading system: Who says technical analysis can't beat the market? In: *Journal of Portfolio Management* 14 (1988), Nr. 3, S. 55–58. – ISSN 0095-4918

Rapach und Wohar 2006   RAPACH, David E. ; WOHAR, Mark E.: The out-of-sample forecasting performance of nonlinear models of real exchange rate behavior. In: *International Journal of Forecasting* 22 (2006), Nr. 2, S. 341–361. – ISSN 0169-2070

Rappaport 1986   RAPPAPORT, Alfred: *Creating Shareholder Value : The New Standard for Business Performance*. New York, NY : Free Press, 1986. – ISBN 978-0-02-925720-3

Rau-Bredow 2004   RAU-BREDOW, Hans: *Value-at-risk, expected shortfall and marginal risk contribution*. Kap. 5, S. 61–68. In: SZEGÖ, Giorgio P. (Hrsg.): *Risk measures for the 21st century*. Chichester : Wiley, 2004. – ISBN 0-470-86154-1

Rautenstrauch und Wurm 2008   RAUTENSTRAUCH, Thomas ; WURM, Christian: Stand des Risikomanagements in deutschen KMU : Ergebnisse empirischer Untersuchungen im Mittelstand. In: *KSI* 4 (2008), Mai/Jun., Nr. 3, S. 106–111. – ISSN 1861-0765

Rübel 2002   RÜBEL, Gerhard: *Grundlagen der Monetären Außenwirtschaft*. München : Oldenbourg, 2002 (Internationale Standardlehrbücher der Wirtschafts- und Sozialwissenschaften). – ISBN 3-486-25840-0

Rehkugler und Schindel 2004   REHKUGLER, Heinz ; SCHINDEL, Volker: Management von Währungsrisiken im Zeichen der Globalisierung (I) : Definition von Währungsrisiken und inhaltliche Gestaltung des Währungsmanagements. In: *Finanz-Betrieb* 6 (2004), Nr. 5, S. 345–354. – ISSN 1437-8981

Rehm 1990　　REHM, Hannes (Hrsg.): *Methoden und Instrumente der Zins- und Wechselkursprognose.* 2. Aufl. Bonn : Verband Öffentlicher Banken, 1990 (Berichte und Analysen 9). – ISBN 3-927466-00-X

Rejda 2005　　REJDA, George E.: *Principles of Risk Management and Insurance.* 9. Aufl. Boston, MA : Addison-Wesley, 2005. – ISBN 978-321-24846-6

Rhea 1991　　RHEA, Robert: *The Dow Theory: An Explanation of Its Development and an Attempt to Define Its Usefulness As an Aid in Speculation.* Detroit, IL : Omnigraphics, 1991 (Stock Market Theory Series). – Nachdruck. – ISBN 1-55888-807-1

Richter 2006　　RICHTER, Hans-Jörg: Mittelstand und Globalisierung. In: RICHTER, Hans-Jörg (Hrsg.): *Globalisierung und Wirtschaftswachstum mittelständischer Unternehmungen.* Rostock : Lehrstuhl für Allgemeine Betriebswirtschaftslehre und Management der Univ. Rostock, 2006 (Rostocker Hefte zur Unternehmensführung 15), S. 331–334. – ISBN 978-3-86009-302-3

Rietsch 2008　　RIETSCH, Martin: *Messung und Analyse des ökonomischen Wechselkursrisikos aus Unternehmenssicht : ein stochastischer Simulationsansatz.* Frankfurt am Main : Lang, 2008 (Forschungsergebnisse der Wirtschaftsuniversität Wien 21). – Zugl.: Wien, Wirtschaftsuniv., Diss., 2006. – ISBN 978-3-631-57052-4

Rockafellar und Uryasev 2000　　ROCKAFELLAR, R. T. ; URYASEV, Stanislav: Optimization of Conditional Value-at-Risk. In: *Journal of Risk* 2 (2000), Nr. 3, S. 21–41

Rockafellar und Uryasev 2002　　ROCKAFELLAR, R. T. ; URYASEV, Stanislav: Conditional value-at-risk for general loss distributions. In: *Journal of Banking & Finance* 26 (2002), Jul., Nr. 7, S. 1443–1471. – ISSN 0378-4266

Rockafellar u. a. 2002　　ROCKAFELLAR, R. T. ; URYASEV, Stanislav ; ZABARANKIN, Michael: *Deviation Measures in Risk Analysis and Optimization.* SSRN-id365640. Dez. 2002. – URL http://papers.ssrn.com/sol3/papers.cfm?abstract_id=365640

Roe 1993　　ROE, Mark J.: Some Differences in Corporate Structure in Germany, Japan, and the United States. In: *The Yale Law Journal* 102 (1993), Mai, Nr. 7, S. 1927–2003. – ISSN 0044-0094

Rogoff 1996　　ROGOFF, Kenneth: The Purchasing Power Parity Puzzle. In: *Journal of Economic Literature* 34 (1996), S. 647–668. – ISSN 0022-0515

Rohlfing und Funck 2002　　ROHLFING, Martina ; FUNCK, Dirk: *Kleine und mittlere Unternehmen (KMU) : kritische Diskussion quantitativer und qualitativer Definitionsansätze.* Göttingen : GHS, 2002 (IMS-Forschungsberichte 7). – ISBN 3-925327-72-X

Romeike 2004　　ROMEIKE, Frank: *Lexikon Risiko-Management.* Köln : Bank-Verlag, 2004. – ISBN 978-3-86556-005-6

Rootzén und Klüppelberg 1999   ROOTZÉN, Holger ; KLÜPPELBERG, Claudia: A Single Number Can't Hedge Against Economic Catastrophes. In: *Ambio* 28 (1999), Nr. 6, S. 550–555. – ISSN 0044-7447

Rosenberg 2003   ROSENBERG, Michael R.: *Exchange-Rate Determination : Models and Strategies for Exchange-Rate Forecasting.* New York : McGraw-Hill, 2003. – ISBN 0-07-141501-7

Rosenkranz und Mißler-Behr 2005   ROSENKRANZ, Friedrich ; MISSLER-BEHR, Magdalena: *Unternehmensrisiken erkennen und managen : Einführung in die quantitative Planung.* Berlin : Springer, 2005. – ISBN 3-540-24507-3

Rudolf und Schäfer 2005   RUDOLF, Bernd ; SCHÄFER, Klaus: *Derivative Finanzmarktinstrumente : eine anwendungsbezogene Einführung in Märkte, Strategien und Bewertung.* Berlin : Springer, 2005. – ISBN 3-540-22612-5

Rudolph 1992   RUDOLPH, Bernd: *Effekten- und Wertpapierbörsen, Finanztermin- und Devisenbörsen seit 1945.* Kap. 5, S. 291–375. In: POHL, Hans (Hrsg.) ; WISSENSCHAFTLICHER BEIRAT DES INSTITUTS FÜR BANKHISTORISCHE FORSCHUNG (Hrsg.): *Deutsche Börsengeschichte.* Frankfurt am Main : Knapp, 1992. – ISBN 3-7819-0519-5

Rudolph 1996   RUDOLPH, Bernd: Möglichkeiten des Einsatzes derivativer Sicherungsinstrumente bei Währungsrisiken. In: DEUTSCHE GESELLSCHAFT FÜR BETRIEBSWIRTSCHAFT E.V. (Hrsg.): *Globale Finanzmärkte : Konsequenzen für Finanzierung und Unternehmensrechnung.* Schäffer-Poeschel, 1996 (Kongress-Dokumentation / 49. Deutscher Betriebswirtschafter-Tag), S. 49–74. – ISBN 3-7910-1010-7

Saadi und Rahman 2008   SAADI, Samir ; RAHMAN, Abdul: Evidence of non-stationary bias in scaling by square root of time: Implications for Value-at-Risk. In: *Journal of international financial markets, institutions & money* 18 (2008), Dez., Nr. 3, S. 272–289. – ISSN 1042-4431

Sachverständigenrat 2005   SACHVERSTÄNDIGENRAT ZUR BEGUTACHTUNG DER GESAMTWIRTSCHAFTLICHEN ENTWICKLUNG (Hrsg.): *Die Chance nutzen – Reformen mutig voranbringen. Jahresgutachten 2005/06.* Wiesbaden : Statistisches Bundesamt, 2005. – ISBN 3-8246-0767-0

Salvi u. a. 2009   SALVI, Antonio ; BONINI, Stefano ; DALLOCCHIO, Maurizio ; RAIMBOURG, Philippe: *Do firms hedge translation risks?* SSRN-id106378. Mär. 2009. – URL http://ssrn.com/abstract=1063781

Samiee und Anckar 1998   SAMIEE, Saeed ; ANCKAR, Patrik: Currency Choice in Industrial Pricing: A Cross-National Evaluation. In: *Journal of marketing* 62 (1998), Nr. 3, S. 112–127. – ISSN 0022-2429

Samuelson 1964   SAMUELSON, Paul: Theoretical Notes on Trade Problems. In: *Review of Economics and Statistics* 46 (1964), Nr. 2, S. 145–154. – ISSN 0034-6535

Samuelson 1965   SAMUELSON, Paul A.: Proof That Properly Anticipated Prices Fluctuate Randomly. In: *Industrial Management Review* 6 (1965), Nr. 2, S. 41–50

Sanddorf-Köhle 1996   SANDDORF-KÖHLE, Walter G.: *Prozesse mit autoregressiver bedingter Heteroskedastie : empirische Ergebnisse für Wechselkurszeitreihen.* Münster : Lit, 1996. – Zugl.: Saarbrücken, Univ., Diss., 1996. – ISBN 3-8258-3024-1

Sarno und Taylor 2002   SARNO, Lucio ; TAYLOR, Mark P.: *The economics of exchange rates.* Cambridge : Cambridge Univ. Press, 2002. – ISBN 0-521-48133-3

Sarno und Valente 2005   SARNO, Lucio ; VALENTE, Giorgio: Empirical exchange rate models and currency risk: some evidence from density forecasts. In: *Journal of International Money and Finance* 24 (2005), Mär., Nr. 2, S. 363–385. – ISSN 0261-5606

Schachner u. a. 2006   SCHACHNER, Markus ; SPECKBACHER, Gerhard ; WENTGES, Paul: Unternehmen : Größeneffekte und Einfluss der Eigentums- und Führungsstruktur. In: *Zeitschrift für Betriebswirtschaft* 76 (2006), Nr. 6, S. 589–614. – ISSN 0044-2372

Scheller 2004   SCHELLER, Hanspeter K.: *Die Europäische Zentralbank : Geschichte, Rolle und Aufgaben.* Frankfurt am Main : Europäische Zentralbank, 2004. – ISBN 92-9181-858-5

Schäfer 2005   SCHÄFER, Henry: *Unternehmensinvestitionen : Grundzüge in Theorie und Management.* 2. Aufl. Heidelberg : Physica, 2005. – ISBN 978-3-7908-1580-1

Schäfer 1995   SCHÄFER, Thomas: *Auslandsinvestitionen und Währungsrisiken.* Wiesbaden : Dt. Univ.-Verl., 1995 (Gabler Edition Wissenschaft). – Zugl.: Köln, Univ., Diss., 1995. – ISBN 3-8244-6267-2

Schierenbeck und Hölscher 1998   SCHIERENBECK, Henner ; HÖLSCHER, Reinhold: *Bankassurance.* Bd. 4. Stuttgart : Schäffer-Poeschel, 1998. – ISBN 3-7910-1252-5

Schiller u. a. 2004   SCHILLER, Bettina ; ROSENBERG, Christina ; BITZ, Christoph ; MAREK, Michael: Messung des Wechselkursrisikos mit Hilfe des Value at Risk. In: *Finanz Betrieb* 6 (2004), Jun., Nr. 6, S. 437–443. – ISSN 1437-8981

Schilling 2008   SCHILLING, Monika: *Die Instrumente der HERMES-Exportkreditversicherung : ein Leitfaden für deutsche Exporteure.* Bremen : Salzwasser, 2008. – ISBN 978-3-86741-037-3

Schlittgen und Streitberg 2001   SCHLITTGEN, Rainer ; STREITBERG, Bernd H. J.: *Zeitreihenanalyse.* München : Oldenbourg, 2001. – ISBN 3-486-25725-0

Schlottmann 1999   SCHLOTTMANN, Ralf: *Berücksichtigung von Wechselkursrisiken in der internationalen Preispolitik am Beispiel des Großanlagenbaus.* Köln : Eul, 1999. – Zugl.: Rostock, Univ., Diss., 1999. – ISBN 3-89012-700-2

Schmid und Trede 2006   SCHMID, Friedrich ; TREDE, Mark M.: *Finanzmarktstatistik.* Berlin : Springer, 2006. – URL http://www.springerlink.com/content/h855r0/. – ISBN 3-540-27723-4

Schmidt und Terberger 2003   SCHMIDT, Reinhard H. ; TERBERGER, Eva: *Grundzüge der Investitions- und Finanzierungstheorie.* 4. Aufl. Wiesbaden : Gabler, 2003. – ISBN 978-3-409-43700-4

Schmidt 2003   SCHMIDT, Robert: *Zur Qualität professioneller Wechselkursprognosen.* Jun. 2003. – URL http://www.wifak.uni-wuerzburg.de/wilan/wifak/vwl/vwl1/wepdownload/wep36.pdf. – Zugriffsdatum: 01.02.2008

Schmidt 2006   SCHMIDT, Robert: *The Behavioral Economics of Foreign Exchange Markets : A Psychological View on Human Expectation Formation in Foreign Exchange Markets.* Frankfurt am M. : Lang, 2006. – ISBN 978-3-631-54814-1

Schmitz und Wehrheim 2006   SCHMITZ, Thorsten ; WEHRHEIM, Michael: *Risikomanagement : Grundlagen – Theorie – Praxis.* Stuttgart : Kohlhammer, 2006. – ISBN 978-3-17-019330-7

Schneider 1992   SCHNEIDER, Dieter: *Investition, Finanzierung und Besteuerung.* 7. Aufl. Wiesbaden : Gabler, 1992. – ISBN 978-409-69023-2

Schröder 2002a   SCHRÖDER, Michael: *Erstellung von Prognosemodellen.* Kap. 8, S. 397–465. In: SCHRÖDER, Michael (Hrsg.): *Finanzmarkt-Ökonometrie : Basistechniken, Fortgeschrittene Verfahren, Prognosemodelle.* Stuttgart : Schäffer-Poeschel, 2002. – ISBN 3-7910-1836-1

Schröder 2002b   SCHRÖDER, Michael: *Statistische Eigenschaften von Finanzmarkt-Zeitreihen.* Kap. 1, S. 1–32. In: SCHRÖDER, Michael (Hrsg.): *Finanzmarkt-Ökonometrie : Basistechniken, Fortgeschrittene Verfahren, Prognosemodelle.* Stuttgart : Schäffer-Poeschel, 2002. – ISBN 3-7910-1836-1

Schwenker 1996   SCHWENKER, Friedhelm: Künstliche neuronale Netze : Ein Überblick über die theoretischen Grundlagen. In: BOL, Georg (Hrsg.) ; NAKHAEIZADEH, Gholamreza (Hrsg.) ; VOLLMER, Karl-Heinz (Hrsg.): *Finanzmarktanalyse und -prognose mit innovativen quantitativen Verfahren : Ergebnisse des 5. Karlsruher Ökonometrie-Workshops.* Heidelberg : Physica, 1996 (Wirtschaftswissenschaftliche Beiträge 125), S. 1–14. – ISBN 3-7908-0925-X

Schwenker u. a. 1996   SCHWENKER, Friedhelm ; HE, Jialong ; KESTLER, Hans A. ; LITTMANN, Enno ; SCHIESZL, Sven ; PALM, Günther: Anwendungen neuraler Netze. In: BOL, Georg (Hrsg.) ; NAKHAEIZADEH, Gholamreza (Hrsg.) ; VOLLMER, Karl-Heinz (Hrsg.): *Finanzmarktanalyse und -prognose mit innovativen quantitativen Verfahren : Ergebnisse des 5. Karlsruher Ökonometrie-Workshops.* Heidelberg : Physica, 1996 (Wirtschaftswissenschaftliche Beiträge 125), S. 35–69. – ISBN 3-7908-0925-X

Sercu 2009   SERCU, Piet: *International finance : theory into practice.* Princeton : Princeton Univ. Press, 2009. – ISBN 978-0-691-13667-7

Sercu und Uppal 1995 SERCU, Piet ; UPPAL, Raman: *International financial markets and the firm*. Cincinnati, OH : South-Western College Publ., 1995. – ISBN 0-538-84023-4

Shapiro 1975 SHAPIRO, Alan C.: Exchange Rate Changes, Inflation, and the Value of the Multinational Corporation. In: *The Journal of Finance* 30 (1975), Mai, Nr. 2, S. 485–502

Shapiro und Sarin 2009 SHAPIRO, Alan C. ; SARIN, Atulya: *Foundations of Multinational Financial Management*. 6. Aufl. Hoboken, NJ : Wiley, 2009. – ISBN 978-0470-12895-4

Sharma 2004 SHARMA, Pramodita: An Overview of the Field of Family Business Studies: Current Status and Directions for the Future. In: *Family Business Review* 17 (2004), Mär., Nr. 1, S. 1–36. – ISSN 0894-4865

Sharpe 1990 SHARPE, William F.: Investor Wealth Measures and Expected Return. In: SHERRERD, Katrina F. (Hrsg.) ; TOMAL, Joni L. (Hrsg.): *Quantifying the Market Risk Premium Phenomenon for Investment Decision Making*. Charlottesville, VA : The Institute of Chartered Financial Analysts, 1990, S. 29–37. – ISBN 978-1-932495-54-6

Shihata 1988 SHIHATA, Ibrahim F. I.: *MIGA and Foreign Investment: Origins, Operations, Policies and Basic Documents of the Multilateral Investment Guarantee Agency*. Dordrecht : Nijhoff, 1988. – ISBN 978-089838903-6

Shin und Stulz 2000 SHIN, Hyun-Han ; STULZ, Rene M.: *Shareholder Wealth and Firm Risk*. SSRN-id254271. Dez. 2000

Shleifer 2003 SHLEIFER, Andrei: *Inefficient markets : an introduction to behavioral finance*. Oxford : Oxford Univ. Press, 2003. – ISBN 0-19-829227-9

Sinha und Chamú 2000 SINHA, Tapen ; CHAMÚ, Francisco: *Comparing Different Methods of Calculating Value at Risk*. SSRN-id706582. Apr. 2000. – URL http://ssrn.com/abstract=706582

Smith und Stulz 1985 SMITH, Clifford W. ; STULZ, René M.: The determinants of firms' hedging policies. In: *Journal of financial and quantitative analysis* 20 (1985), Nr. 4, S. 391–405. – ISSN 0022-1090

Smithson und Simkins 2005 SMITHSON, Charles ; SIMKINS, Betty J.: Does Risk Management Add Value? A Survey of the Evidence. In: *Journal of applied corporate finance* 17 (2005), Nr. 3, S. 8–17. – ISSN 0898-4484

Smithson u. a. 1995 SMITHSON, Charles W. ; SMITH, Clifford W. ; WILFORD, D. S.: *Managing financial risk : a guide to derivative products, financial engineering, and value maximization*. Chicago : Irwin Professional Publ., 1995. – ISBN 0-7863-0008-6

Sosvilla-Rivero und Moreno García 2006 SOSVILLA-RIVERO, Simón ; MORENO GARCÍA, Emma: *Purchasing power parity revisited*. Kap. 1, S. 1–37. In: ZUMAQUERO, Amalia M. (Hrsg.): *International Macroeconomics : Recent Developments*. New York : Nova Science Publ., 2006. – ISBN 978-1-594-54901-4

Speckbacher 1997   SPECKBACHER, Gerhard: Shareholder Value und Stakeholder Ansatz. In: *Die Betriebswirtschaft* 57 (1997), Nr. 5, S. 630–639. – ISSN 0342-7064

Speise 1982   SPEISE, David (Hrsg.): *Die Werke von Daniel Bernoulli*. Bd. 2. Analysis, Wahrscheinlichkeitsrechnung. Basel : Birkhäuser, 1982. – ISBN 978-37643-1084-4

Srinivasulu 1983   SRINIVASULU, Sam L.: Classifying Foreign Exchange Exposure. In: *Financial Executive* 51 (1983), Feb., Nr. 2, S. 36–44. – ISSN 0015-1998

Statistisches Bundesamt 2007   STATISTISCHES BUNDESAMT (Hrsg.): *Auswertung aus dem Unternehmensregister*. 2007. – Auswertung: 11.09.2007; Stand des Unternehmensregisters: 31.12.2006; Berichtsstichtag 31.12.2004;

Stiefl 2008   STIEFL, Jürgen: *Finanzmanagement : unter besonderer Berücksichtigung von kleinen und mittelständischen Unternehmen*. 2. Aufl. München : Oldenbourg, 2008. – ISBN 978-3-486-58782-1

Stocker 2001   STOCKER, Klaus: *Wechselkursmanagement auf Euro-Basis*. Wiesbaden : Gabler, 2001. – ISBN 3-409-11873-X

Stocker 2006   STOCKER, Klaus: *Management internationaler Finanz- und Währungsrisiken*. 2. Aufl. Wiesbaden : Gabler, 2006. – ISBN 978-3-409-22608-0

von Stosch 2006   STOSCH, Andreas von: *Cash Flow-orientiertes Liquiditätsrisikomanagement in Industrieunternehmen*. Frankfurt am Main : Bankakademie-Verlag, 2006. – ISBN 3-937519-47-9

Strange 2004   STRANGE, Brian: The Case for Currency Management. In: JAMES, Jessica (Hrsg.): *Currency management : overlay and alpha trading*. London : Risk Books, 2004, S. 101–119. – ISBN 1-904339-18-2

Stöttner 1989   STÖTTNER, Rainer: *Finanzanalyse : Grundlagen der markttechnischen Analyse*. München : Oldenbourg, 1989. – Zugl.: Tübingen, Univ., Habil.-Schr., 1988. – ISBN 3-486-21345-8

Stulz 2005   STULZ, René M.: Rethinking Risk Management. In: BROWN, Gregory W. (Hrsg.) ; CHEW, Donald H. (Hrsg.): *Corporate Risk : Strategies and Management*. Nachdr. London : Risk, 2005, Kap. 6, S. 85–103. – ISBN 1-89933-258-8

Stulz und Williamson 2005   STULZ, René M. ; WILLIAMSON, Rohan G.: Identifying and Quantifying Exposures. In: BROWN, Gregory W. (Hrsg.) ; CHEW, Donald H. (Hrsg.): *Corporate Risk : Strategies and Management*. Nachdr. London : Risk, 2005, Kap. 2, S. 167–188. – ISBN 1-89933-258-8

Sylla 2002   SYLLA, Richard: The Breakdown of Bretton Woods and the Revival of Global Finance. In: *Jahrbuch für Wirtschaftsgeschichte* 42 (2002), Nr. 1, S. 81–88. – ISSN 0075-2800

Szegö 2002   SZEGÖ, Giorgio: Measures of risk. In: *Journal of Banking and Finance* 26 (2002), Nr. 7, S. 1253–1272. – ISSN 0378-4266

Taylor und Allen 1992   TAYLOR, Mark P. ; ALLEN, Helen: The use of technical analysis in the foreign exchange market. In: *Journal of International Money and Finance* 11 (1992), Jun., Nr. 3, S. 304–314. – ISSN 0261-5606

Thießen 1995a   THIESSEN, Friedrich: *Der kurzfristige Wechselkurs.* Frankfurt am Main : Knapp, 1995. – ISBN 3-7819-0561-6

Thießen 1995b   THIESSEN, Friedrich: Wer braucht die Frankfurter Devisenbörse? In: *Die Bank* 18 (1995), Nr. 1, S. 15–19. – ISSN 0342-3182

Thießen 2001   THIESSEN, Friedrich: Der Devisenmarkt. In: HUMMERL, Detlev (Hrsg.) ; BREUER, Rolf-E. (Hrsg.): *Handbuch Europäischer Kapitalmarkt.* Wiesbaden : Gabler, 2001, S. 101–119. – ISBN 978-3-409-11548-3

Thießen 2003   THIESSEN, Friedrich: Unternehmensbewertung von KMU : das Problem der Standardisierung. In: MEYER, Jörn-Axel (Hrsg.): *Unternehmensbewertung und Basel II in „kleinen und mittleren Unternehmen".* Lohmar : Eul, 2003 (Jahrbuch der KMU-Forschung und -Praxis 2003 in der Edition "Kleine und mittlere Unternehmen"), S. 123–139. – ISBN 3-89936-071-0

Thießen und Wendler 1998   THIESSEN, Friedrich ; WENDLER, Antje: Die Devisenbörse Frankfurt auf dem Prüfstand. In: *Zeitschrift für das gesamte Kreditwesen* 51 (1998), Nr. 19, S. 1075–1078. – ISSN 0341-4019

Toutenburg 2004   TOUTENBURG, Helge: *Deskriptive Statistik : Eine Einführung mit Übungsaufgaben und Beispielen in SPSS.* 3. Aufl. Berlin : Springer, 2004. – ISBN 3-540-67169-2

Tversky und Kahneman 1982   TVERSKY, Amos ; KAHNEMAN, Daniel: Judgment under uncertainty: heuristics and biases. In: KAHNEMAN, Daniel (Hrsg.) ; SLOVIC, Paul (Hrsg.) ; TVERSKY, Amos (Hrsg.): *Judgment under Uncertainty : Heuristics and Biases.* Cambridge : Cambridge Univ. Press, 1982, Kap. I, S. 3–20. – Nachdruck 2001. – ISBN 978-0521284141

Vandrovych 2006   VANDROVYCH, Vitaliy: *Nonlinearities in Exchange-Rate Dynamics: Chaos?* Nov. 2006

Viehoff 1978   VIEHOFF, Felix: *Zum Begriff und zur wirtschaftlichen Bedeutung des Mittelstandes.* Frankfurt am Main : Knapp, 1978 (Veröffentlichungen der DG-Bank, Deutsche Genossenschaftsbank 11). – Zur mittelstandsbezogenen Bankpolitik des Verbundes der Genossenschaftsbanken, Teil 1. Unter Mitarbeit von Eckart Henningsen. – ISBN 3-7819-0193-9

Volkart 2008   VOLKART, Rudolf: *Corporate Finance : Grundlagen von Finanzierung und Investition.* 4. Aufl. Zürich : Versus, 2008. – ISBN 978-3-03909-114-0

Vollmer 2005   VOLLMER, Uwe: *Geld- und Währungspolitik.* München : Vahlen, 2005. – ISBN 3-8006-3186-5

Wahl und Broll 2005   WAHL, Jack. E. ; BROLL, Udo: Value at Risk, Bank Equity and Credit Risk. In: FRENKEL, Michael (Hrsg.) ; HOMMEL, Ulrich (Hrsg.) ; RUDOLF, Markus (Hrsg.): *Risk Management : Challenge and Opportunity*. 2. Aufl. Berlin : Springer, 2005, S. 159–168. – ISBN 978-3-540-22682-6

Wallau 2006   WALLAU, Frank: Mittelständische Unternehmen in Deutschland. In: SCHAUF, Malcolm (Hrsg.): *Unternehmensführung im Mittelstand*. München : Hampp, 2006, S. 9–34. – ISBN 3-86618-035-7

Wang 2005   WANG, Peijie: A re-examination of the predicting power of forward premia. In: *Applied Financial Economics* 15 (2005), Nov., Nr. 17, S. 1219–1225. – ISSN 0960-3107

Watson 1961   WATSON, Geoff S.: Goodness-of-fit tests on a circle. In: *Biometrika* 48 (1961), Jun., Nr. 1/2, S. 109–114. – ISSN 0006-3444

Watson 1962   WATSON, Geoff S.: Goodness-of-fit tests on a circle. II. In: *Biometrika* 49 (1962), Jun., Nr. 1/2, S. 57–63. – ISSN 0006-3444

Wehrspohn 2001   WEHRSPOHN, Uwe: Standardabweichung und Value at Risk als Maße für das Kreditrisiko. In: *Die Bank* 24 (2001), Nr. 8, S. 582–588. – ISSN 0342-3182

Wendler 2000   WENDLER, Antje: *Referenzkurse : Anwendungsgebiete, Ermittlungsmethoden, Beurteilungskriterien am Beispiel des Devisenmarktes*. Frankfurt am Main : Lang, 2000 (Europäische Hochschulschriften, Reihe 5, Volks- und Betriebswirtschaft ; Bd. 2566). – zugl. Diss. Techn. Univ. Chemnitz, Zwickau 1999. – ISBN 978-3-631-35796-5

Wiedemann und Hager 2004   WIEDEMANN, Arnd ; HAGER, Peter: Der Blick ueber die Grenzen lohnt – Management von Währungsrisiken bei unsicheren Cashflows. In: *Risknews* 1 (2004), Nr. 5, S. 22–26. – ISSN 1612-8931

Wißkirchen 1995   WISSKIRCHEN, Cornel: *Devidendenhandel als Bankgeschäft*. Wiesbaden : DUV, 1995. – Zugl.: Eichstätt, Univ., Diss., 1995. – ISBN 3-8244-6248-6

Winter 2004   WINTER, Peter: Cashflow at Risk als Instrument des industriellen Risikomanagements. In: *Wirtschaftswissenschaftliches Studium* 33 (2004), Mai, Nr. 5, S. 289–294. – ISSN 0340-1650

Witte 1988   WITTE, Peter: Die technische Analyse in der Praxis des Devisenhandels. In: Rehm 1990, S. 103–112. – ISBN 3-927466-00-X

Wolke 2007   WOLKE, Thomas: *Risikomanagement*. München : Oldenbourg, 2007. – ISBN 978-3-486-58198-0

Wolter und Hauser 2001   WOLTER, Hans-Jürgen ; HAUSER, Hans-Eduard: Die Bedeutung des Eigentümerunternehmens in Deutschland : eine Auseinandersetzung mit der qualitativen und quantitativen Definition des Mittelstands. In: IFM BONN (Hrsg.): *Jahrbuch zur Mittelstandsforschung* Bd. 1. Wiesbaden : DUV, 2001, S. 25–77. – ISBN 3-8244-7519-7

Wymeersch 1995 WYMEERSCH, Eddy: Unternehmensführung in Westeuropa. In: *Die Aktiengesellschaft* 40 (1995), Jul., Nr. 7, S. 299–316. – ISSN 0002-3752

Yamai und Yoshiba 2002 YAMAI, Yasuhiro ; YOSHIBA, Toshinao: Comparative Analyses of Expected Shortfall and Value-at-Risk (2): Expected Utility Maximization and Tail Risk. In: *Monetary and economic studies* 20 (2002), Apr., Nr. 3, S. 181–237. – ISSN 0288-8432

Yao und Tan 2000 YAO, Jingtao ; TAN, Chew L.: A case study on using neural networks to perform technical forecasting of forex. In: *Neurocomputing* 34 (2000), Sep., Nr. 1-4, S. 79–98. – ISSN 0925-2312

Zöfel 2003 ZÖFEL, Peter: *Statistik für Wirtschaftswissenschaftler : im Klartext.* München : Pearson, 2003. – ISBN 3-8273-7062-0

Zhang u. a. 1998 ZHANG, Guoquiang ; PATUWO, B. E. ; HU, Michael Y.: Forecasting with artificial neural networks : the state of the art. In: *International Journal of Forecasting* 14 (1998), Nr. 1, S. 35–62. – ISSN 0169-2070

Zimmer und Sonneborn 2001 ZIMMER, Daniel ; SONNEBORN, Andrea M.: *§ 91 Abs 2 AktG – Anforderungen und gesetzgeberische Absichten.* Kap. 1 B, S. 38–59. In: LANGE, Knut W. (Hrsg.) ; WALL, Friederike (Hrsg.): *Risikomanagement nach dem KonTraG : Aufgaben und Chancen aus betriebswirtschaftlicher und juristischer Sicht,* Vahlen, 2001. – ISBN 3-8006-2749-3

Zunk 2002 ZUNK, Dieter: Währungsmanagement als Teil des Risikomanagements in der Treasury von Unternehmen. In: *Finanz Betrieb* 4 (2002), Nr. 2, S. 90–97. – ISSN 1437-8981

Zunk 2005 ZUNK, Dieter: Cash- und Treasury-Managementsysteme für Unternehmen: Trends und Überblick. In: *Finanz Betrieb* 7 (2005), Nr. 7/8, S. 461–464. – ISSN 1437-8981

Zwingli 1937 ZWINGLI, Ulrich: *Die Golddevisenwährung in der Nachkriegszeit.* Zürich : Lang, 1937

Stichwortverzeichnis